TORI STEEN

AF238946

A NAME SO CURSED

DUNKELSTERN VERLAG

Copyright 2025 by

Dunkelstern Verlag GbR
Lindenhof 1
76698 Ubstadt-Weiher
http://www.dunkelstern-verlag.de
E-Mail: info@dunkelstern-verlag.de

Dieses Werk darf weder im Gesamten noch in Auszügen zum Trai-
ning künstlicher Intelligenzen, Programmen oder Systemen genutzt
werden.

Lektorat:Lektorat Mitternachtsfunke
Korrektorat: Michelle G.
Cover: Bleeding Colours Coverdesign
Satz: Bleeding Colours Coverdesign

ISBN: 978-3-98947-085-9

Für meine Eltern.
Mit jedem vorgelesenen Märchen habt ihr mir
gezeigt, was Mut, Güte und Gerechtigkeit bedeuten.

Hinweis Content Notes

Dieses Buch behandelt Themen, die potenziell belastend wirken können. Wenn du glaubst, davon betroffen zu sein, so beachte bitte die ausführliche Liste am Ende des Buches.

Prolog

Ich hatte viele Namen. Müllerstochter, Hexe, Königin. Manche halten mich für eine Betrügerin, eine junge Frau mit unverschämt viel Glück. Manche beten zu mir, als sei ich eine Göttin. Doch die meisten fürchten mich mehr als den Tod. Vielleicht stimmt das eine, vielleicht auch das andere. Ich glaube jedoch, die Wahrheit liegt irgendwo dazwischen. Es wird Zeit, dass ich meine Sicht der Dinge erzähle. Was wirklich in der Kammer voll Stroh geschah. Hier ist meine Geschichte.

Aradia

In dieser Vollmondnacht läuteten die Turmglocken der Stadt Sturm. Der kühle Bergwind trug den Geruch von brennendem Holz und Stroh über die Stadtmauern. Die drei Scheiterhaufen vor den Toren Verossas brannten lichterloh. Jedoch ohne die Frauen, die zu Unrecht der Hexerei bezichtigt worden waren. Zufrieden mit meinem Werk hockte ich hinter aufgestapelten Holzkisten nahe der Stadttore und beobachtete, wie die aus dem Schlaf gerissenen Bürger die Stadt verließen oder sich in ihren Häusern vor Schreck verbarrikadierten. Wenn nun auch die Stadtwachen hinaus zu den brennenden Scheiterhaufen eilten, um das Unheil in Augenschein zu nehmen und den Brand zu löschen, würde mein zweiter Streich beginnen. Ich würde zum Hexenturm der Stadt eilen und die drei verurteilten Frauen befreien. Schnell, leise und ohne großes Aufsehen zu erregen. So wie ich es immer tat. Vorsichtig lugte ich hinter den Holzkisten hervor. Noch immer riss der Strom an Bürgern, die durch die Tore eilten, nicht ab.

»Das ist das Werk der Hexen!«, keifte eine dürre Frau, eilig in einen Mantel gehüllt, über das allgemeine Gemurmel der Masse hinweg.

»Diese Stadt ist verflucht«, bekräftigte ein beleibter Mann mit tiefer Stimme.

»Der König hat Recht, wir müssen die Hexen vernichten!«, schrie ein weiterer Mann.

»Die brennenden Scheiterhaufen, ich sage euch, das ist Aradias Werk«, keifte wieder die Frau und quetschte sich durch die Masse, sodass ich sie nicht mehr sehen konnte.

Mein Herz begann schneller zu schlagen. Seit vielen Monaten befreite ich Mädchen, junge und alte Frauen, die dem Hexenwahn des Königs und der Menschen zu Unrecht zum Opfer gefallen waren

Doch noch nie hatte ich es gewagt, meinen Plan in einer der größeren Städte des Königreichs umzusetzen. Und selbst hier hatte sich das angebliche Treiben Aradias herumgesprochen. Es war das eine, Frauen aus einem kleinen Dorf zu befreien. Mein Auftauchen versetzte viele Dorfbewohner in Schrecken. Der Aberglaube hielt die Menschen in festem Griff. Eine Stadt mit hohen Mauern und bewaffneter Stadtwache war allerdings eine neue Herausforderung. Und es war das Wagnis wert. Wenn mir der Plan gelänge, würde König Gaspare sofort davon erfahren. Eine erfolgreiche Rettungsaktion in einer großen Stadt wäre der nächste Schlag ins Gesicht des Königs. Der Gedanke daran ließ mich lächeln. Der Hexenwahn des Königs musste ein Ende finden. Ein für alle Mal. Denn die Frauen wurden zu Unrecht der Hexerei bezichtigt. Zu viele waren in den letzten Jahren auf den Scheiterhaufen verbrannt. Zu viele, bevor ich mit meinem Feldzug gegen die Hexenverbrennungen begonnen hatte. Zu viele, die ich nicht hatte retten können. Ich fasste an mein Dekolleté und umschloss den silbernen Kettenanhänger meiner Mutter. Auch sie war dem Hexenwahn des Königs zum Opfer gefallen. Vor genau einem Jahr hatte meine Mutter auf dem Scheiterhaufen gebrannt. Nicht weil sie Magie besaß, sondern weil sie schlau gewesen war. Schlauer als die naive Bauersfrau aus dem Nachbarsdorf. Meine Mutter hatte sich mit Kräutern und Heilmitteln ausgekannt. Fast jeden Tag waren Menschen von nah und fern mit ihren Leiden gekommen, von denen sie meine Mutter erlöste. Ebenso jene Bauersfrau. Doch anfängliche Bewunderung war umgeschlagen in Neid. Neid war zu Hass geworden. Und Hass war letztlich in Irrglauben gegipfelt. Eine Rechtfertigung, um sich die eigenen Sünden nicht eingestehen zu müssen. Der Hexenwahn des Königs entschuldigte so vieles. Eine kleine Andeutung und eine Frau saß schneller in der Folterkammer, als sie *Hilfe* schreien konnte. Nein, es gab auf dieser Welt keine Hexen. Es gab keine Magie oder Zauberei. Es gab nur die Gier, die sich tief in die Herzen der Menschen grub. Und die Gier des Königs war am größten.

Ich schüttelte den Kopf, wie um meine Zweifel von mir zu werfen und lugte nochmals hinter den Holzkisten hervor. Die Luft war endlich rein. Kein schlaftrunkener Stadtbewohner war mehr zu sehen. Die Wachen

auf der Stadtmauer hatten mir und Verossa den Rücken gekehrt. Alle blickten auf die brennenden Scheiterhaufen. Ich schlüpfte aus meinem Versteck und schlich eng an die Mauer gedrückt die Außengasse der Stadt entlang. Vollkommen in schwarz gekleidet, die Kapuze tief ins Gesicht und ein Halstuch bis über die Nase gezogen, verschmolz ich in der Nacht mit den Schatten der Stadt. Mein Ziel war das Osttor Verossas mit seinem Hexenturm. Hier wurden die verurteilten Frauen bis zu ihrer Hinrichtung eingesperrt. Auch wenn ein Flüstern über Aradia, die Hexenkönigin und Retterin, mir folgte, noch nie hatte ein Mensch auf meinen Streifzügen mein Gesicht gesehen. Inzwischen hatte König Gaspare ein Kopfgeld auf mich ausgesetzt. Fünftausend Talleri für denjenigen, der mich lebendig zu ihm brachte. Doch auf den Aushängen war nicht viel mehr zu sehen als eine völlig in schwarz gehüllte Gestalt. Aradia, den alten Sagen nach Tochter der Göttin Diana und des Gottes Luzifer, Königin der Hexen auf Erden war eine gesichtslose Frau. Und das sollte auch so bleiben.

Fabio

Ich musste das Zittern meiner Hände unterdrücken. Am Rande des Tischs lagen meine letzten zweihundert Talleri neben den anderen Wetteinsätzen. Ich hatte noch eine Karte in der Hand. Einen Herz Cavall, den Reiter, meine Lieblingskarte seit Kindesbeinen an, gewiss weil sie meinen Namen trug: Cavalli. Noch konnte ich gewinnen. Alles lag nun an den Karten meiner drei Gegenspieler. Ich fixierte den Glatzkopf mit den vielen Zahnlücken, der mir gegenüber am Tisch saß und an der Reihe war. War er mir vor Spielbeginn noch mehr als betrunken vorgekommen, spielte er jetzt erstaunlich strategisch. Das war gar nicht gut. Mein zweiter Gegenspieler war etwa in meinem Alter und hatte den ganzen Abend über fast kein Wort gesagt. Seinen Oberarmen nach zu urteilen, war er sicher Zimmermann oder hatte einen anderen harten Beruf. Sein Einsatz war enorm hoch. Und ich fragte mich, wo ein gewöhnlicher Mann wie er so viel Geld aufgetrieben hatte. Vielleicht spielte er einfach oft. Der vierte Mann am Tisch war ein blasser, dünner Kerl, der mit den Fingern nervös auf seine letzte Karte trommelte. Der Glatzkopf jedenfalls ließ sich Zeit mit seinem Zug und musterte mich abschätzend. Ich hatte das dumpfe Gefühl, dass er es aus irgendeinem Grund auf mich abgesehen hatte. Allerdings war das nicht ungewöhnlich. In den meisten Städten, in denen wir königliche Boten auf unseren Reisen durchkamen, waren wir keine gern gesehenen Gäste. Schließlich war König Gaspare und damit gleichzeitig alle, die für ihn arbeiteten, schuld an der Armut des Reichs. Da konnten die Menschen noch so viele Hexen verbrennen. Hinter vorgehaltener Hand war Gaspare das Schlimmste, was Rascara je passiert war. Über den Gesang des Lautenspielers und das allgemeine Stimmengewirr in der Schenke hinweg hörte ich von draußen dumpf die Turmglocken läuten. Ungewöhnlich für diese Uhrzeit. Schließlich legte der Glatzkopf zu meiner Erleichterung einen Herzbuben auf den Tisch. Zwar war ich bemüht, mir keine Regung anmerken zu lassen, doch ein kurzes Lächeln konnte ich mir nicht verkneifen. Ich würde diesen einen Stich, wie zu Rundenbeginn angekündigt, machen und mit einem Sack voll Münzen Heim kehren. Wie zu erwarten, hatte der Muskelprotz links neben mir keine gute Karte mehr in der Hand und legte lediglich eine Treff Sieben. Triumphierend warf ich meinen Herz Reiter auf den Tisch. Meine Lieblingskarte hatte mich noch nie im Stich gelassen. Zu meiner Verwunderung grinste der Glatzkopf so breit, dass es seinen Schädel zu spalten schien. Der dürre Mann zu meiner Rechten legte seine letzte Karte. Einen Herz König.

Ich sprang vom Stuhl auf. »Betrug!« Meine Hand wanderte zu meinem Dolch am Gürtel.

Der Muskelprotz neben mir sprang ebenfalls auf, beugte sich über den Tisch und packte den dürren Mann am Kragen. »Du hast geschummelt!«.

Das hatte er, denn es war bereits ein Herz König ausgespielt worden. Da war ich mir sicher. Während der Muskelprotz den dürren Mann schüttelte, wischte der Glatzkopf seelenruhig mit seinem Arm alle Münzen vom Tisch in einen Sack.

»He!«, schnauzte ich, »was macht Ihr da?«

»Nehmen, was uns gehört«, sagte er mit sonorer Stimme.

»Uns?« Ich sah von ihm zum dürren Mann im Schwitzkasten des Muskelprotzes. Und dann fiel es mir wie Schuppen von den Augen: »Ihr habt gemeinsame Sache gemacht!«

Der Glatzkopf lachte und schnürte den Sack zu.

Dann ging alles ganz schnell. Der Muskelprotz ließ den dürren Mann fallen und rammte seine Faust ins Gesicht des Glatzkopfes. Warum diesem inzwischen so viele Zähne fehlten, war mir nun klar. Allerdings ging der Glatzkopf nicht zu Boden, sondern zum Gegenangriff über. Er rammte den Muskelprotz hart, der daraufhin über den Stuhl fiel. Dieser wiederum griff sich den Stuhl und schleuderte ihn gegen den Glatzkopf. Der schrie vor Wut auf. »Luigi, schnell!«

Der dürre Mann rannte so flink wie ein Wiesel um den Tisch, griff sich den Sack voll Münzen und bahnte sich dann einen Weg durch die Gäste, die bereits einen Kreis um unseren Kampf bildeten. Es ging doch nichts über eine schöne Schlägerei zu später Stunde. Ich sah noch einmal zu den kämpfenden Giganten, dann hatte ich meine Entscheidung getroffen. Diesem Glatzkopf ein blaues Auge oder einen weiteren Zahn auszuschlagen, war zwar verlockend, aber verdammt, die beiden hatten mich um zweihundert Talleri gebracht, die ich dringend gebrauchen konnte. Ich entschied mich, die Verfolgung von dem Wiesel aufzunehmen. Schnell bahnte ich mir meinen Weg durch den Schankraum und hinaus auf die Gasse. Es war schon weit nach Mitternacht, in wenigen Stunden würden bereits die ersten Menschen aufstehen, um ihren täglichen Beschäftigungen nachzugehen. Eine kühle Brise wehte durch die Stadt und der Geruch von Rauch lag in der Luft. Ich sah mich um. Von dem Wiesel war keine Spur zu sehen. Die Gasse lag still da, doch in der Ferne hörte ich Gezeter, als sei Markttag und die halbe Einwohnerschaft auf den Beinen. Was war hier los? Da machte ich im Augenwinkel eine Bewegung am Ende der Passage aus. Das musste der verdammte Dreckskerl sein. Den Dolch fest in der Hand nahm ich die Verfolgung auf. Als ich am Ende der Gasse um die Biegung spähte, blickte ich auf einen größeren Platz, von dem etliche schmale Straßen tiefer in die Stadt hineinführten. Wo war dieser verdammte Dreckskerl mit meinem Geld abgeblieben? Erneut machte ich eine Bewegung aus. Eine Gestalt schlich, eng an die Außenmauer gepresst, in Richtung des Osttors. Ich wollte gerade zum Angriff übergehen, als sie in den Schein einer Fackel trat. Das war nicht der dürre Mann namens Luigi. Diese Person war völlig in schwarz gekleidet, den Kopf hatte sie mit einer großen Kapuze verdeckt. Schnell schob ich mich zurück hinter die Biegung, um weiter unbemerkt zu beobachten. Verdammt, ich hatte Luigi verloren, aber diese Gestalt schlich hier wie ein Räuber in der gespenstisch verlassenen Stadt herum. Irgendetwas ging hier vor sich. Ich sah hinauf zu den Wachtürmen des Osttors und runzelte die Stirn. Es war keine Wache zu sehen. Seltsam. Hatten die Turmglocken deshalb geläutet? War Gefahr in Verzug? Die in schwarz gehüllte Person schob sich weiter an der Außenmauer

entlang und hielt geradewegs auf den Hexenturm zu. Plötzlich erregte ein Aufblitzen am Ende des großen Platzes in der gegenüberliegenden Gasse meine Aufmerksamkeit. Meine Augen hatten sich noch nicht vollends an die Dunkelheit der Nacht gewöhnt, doch ich glaubte, etwas zu erkennen. Kauerten dort mehrere Personen? Ich kniff die Augen zusammen. Wieder blitzte etwas auf. Mondschein auf silberne Rüstung. Mein Herz hämmerte wie wild. Da hinten in der gegenüberliegenden Gasse hockte die Stadtwache, die eigentlich oben auf den Wachtürmen hätte postiert sein müssen. Was zur Hölle taten sie da? Ich sah wieder zu der verhüllten Gestalt, die inzwischen das Osttor erreicht hatte. Kurz sah sie über ihre Schulter und schlüpfte dann durch die Tür des Hexenturms. Wie auf Kommando kam Bewegung in die Wachen. Stirnrunzelnd blickte ich auf die Tür, in der die Gestalt verschwunden war. In meinem Kopf begann es zu rattern. War das etwa …? Nein, das konnte nicht sein. In einer so großen Stadt doch nicht. Andererseits, warum sollten sich sonst Wachen in einer Gasse versteckt halten? Für morgen standen drei Hexenverbrennungen bevor. Die Scheiterhaufen hatte ich bei meiner Ankunft gesehen. Es konnte nicht anders sein. Die Gestalt, die gerade im Hexenturm verschwunden war, musste Aradia sein. Aradia, die gerade dabei war, ihre Hexenfreundinnen zu retten und der man eine Falle gestellt hatte. Ich grinste. Zwar hatte ich gerade eben zweihundert Talleri verloren, doch vielleicht hatte mir der Herz Reiter trotzdem Glück gebracht. Wenn ich Aradia zu König Gaspare brachte, würde ich fünftausend Talleri bekommen und vielleicht noch mehr. Es war das Risiko wert. Den Stadtwachen jedenfalls wollte ich diesen Triumph nicht überlassen. Schnell wandte ich mich um und rannte zurück zur Schenke. Es blieb nicht viel Zeit.

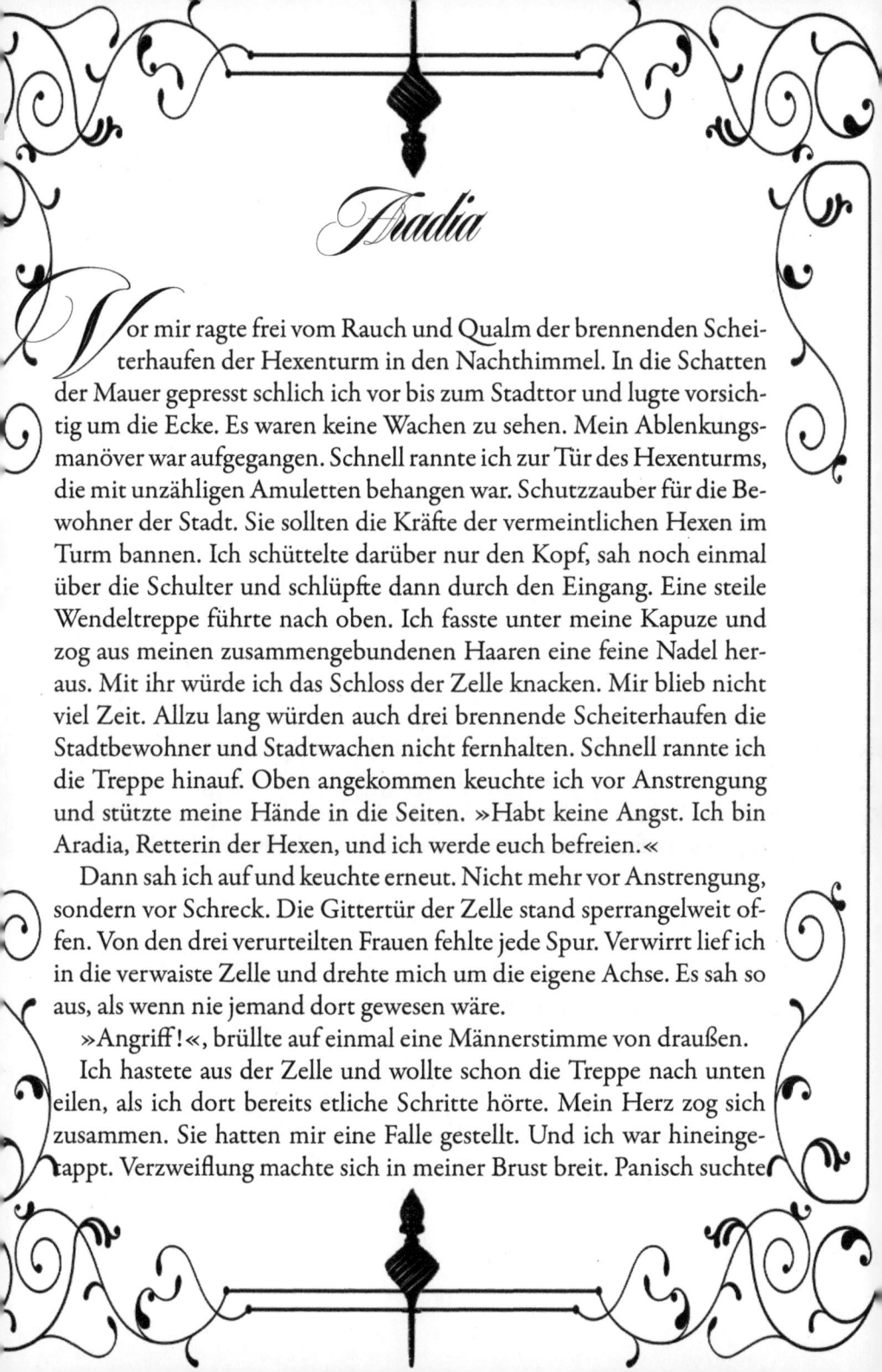

Aradia

Vor mir ragte frei vom Rauch und Qualm der brennenden Scheiterhaufen der Hexenturm in den Nachthimmel. In die Schatten der Mauer gepresst schlich ich vor bis zum Stadttor und lugte vorsichtig um die Ecke. Es waren keine Wachen zu sehen. Mein Ablenkungsmanöver war aufgegangen. Schnell rannte ich zur Tür des Hexenturms, die mit unzähligen Amuletten behangen war. Schutzzauber für die Bewohner der Stadt. Sie sollten die Kräfte der vermeintlichen Hexen im Turm bannen. Ich schüttelte darüber nur den Kopf, sah noch einmal über die Schulter und schlüpfte dann durch den Eingang. Eine steile Wendeltreppe führte nach oben. Ich fasste unter meine Kapuze und zog aus meinen zusammengebundenen Haaren eine feine Nadel heraus. Mit ihr würde ich das Schloss der Zelle knacken. Mir blieb nicht viel Zeit. Allzu lang würden auch drei brennende Scheiterhaufen die Stadtbewohner und Stadtwachen nicht fernhalten. Schnell rannte ich die Treppe hinauf. Oben angekommen keuchte ich vor Anstrengung und stützte meine Hände in die Seiten. »Habt keine Angst. Ich bin Aradia, Retterin der Hexen, und ich werde euch befreien.«

Dann sah ich auf und keuchte erneut. Nicht mehr vor Anstrengung, sondern vor Schreck. Die Gittertür der Zelle stand sperrangelweit offen. Von den drei verurteilten Frauen fehlte jede Spur. Verwirrt lief ich in die verwaiste Zelle und drehte mich um die eigene Achse. Es sah so aus, als wenn nie jemand dort gewesen wäre.

»Angriff!«, brüllte auf einmal eine Männerstimme von draußen.

Ich hastete aus der Zelle und wollte schon die Treppe nach unten eilen, als ich dort bereits etliche Schritte hörte. Mein Herz zog sich zusammen. Sie hatten mir eine Falle gestellt. Und ich war hineingetappt. Verzweiflung machte sich in meiner Brust breit. Panisch suchte ich nach einem Ausweg. Mein Blick fiel auf das gelbglasige Fenster des Hexenturms. Ich hatte keine Zeit, lange zu überlegen. Mit einem kräftigen Tritt zerschlug ich die Fensterscheibe. Ich sah hinunter und mein Herz krampfte abermals. Es ging sicher acht Mannslängen in die Tiefe. Die Schritte hinter mir wurden lauter. Ich griff unter meinen Umhang und zog ein Seil heraus. Schnell band ich es um eine Eisenstange der Zellentür und schwang das andere Ende aus dem Fenster. Ich kletterte auf den Sims, bedacht, mich nicht an den Scherben des Glases zu schneiden und umgriff fest das Seil. Ein Blick nach unten ließ mich schaudern, doch ich hatte keine andere Wahl. Mit den Füßen fest an die Steinmauer gestemmt, kletterte ich hinab.

»Die Hexe flieht! Wachen wieder nach unten!«, gab eine Wache von oben den Befehl.

Das Adrenalin schoss mir in den Kopf. Schneller, ich musste schneller klettern. Ich hatte es fast geschafft, als plötzlich die Spannung des Seils verloren ging. Einen kurzen Moment fühlte ich mich schwerelos. Das gehässig lächelnde Gesicht einer Stadtwache blickte zu mir hinab.

»Wir sehen uns unten«, röhrte die Wache und hob das Schwert wie zum Gruß.

Ihr Bastarde, dachte ich. Dann fiel ich. Der Aufprall war schmerzhaft. Jegliche Luft wurde aus meiner Lunge gepresst. Für einige wenige Augenblicke dachte ich, das hier sei das Ende, doch dann sog mein Körper gierig neue Luft ein. Ich hustete und keuchte, drehte mich schließlich auf die Seite und stemmte mich auf alle Viere. Ich durfte nicht aufgeben. Ich durfte den Wachen nicht in die Hände fallen. Fliehen, ich musste fliehen. Es war dieser Gedanke oder der pure Fluchttrieb, der mich zu fast übermenschlichen Fähigkeiten brachte. Ich rappelte mich auf und rannte los. Den Weg zurück, den ich gekommen war. Ich rannte um mein Leben.

»Ergreift sie!«, befahl eine Wache hinter mir.

Ich hörte Schritte und das Klappern von Rüstungen, sah mich aber nicht um. Ich sah stur geradeaus, hoffend, dass das Stadttor bald in Sichtweite kam. Doch war das klug? Wäre ich auf offenem Feld, in der Menge der Menschen bei den brennenden Scheiterhaufen nicht leichte Beute?

Sollte ich mich nicht lieber in den Winkeln der Stadt verstecken? Doch nichts dergleichen würde passieren. Das Herz sank mir in die Hose als ich weitere Stadtwachen mir entgegenrennen sah. Nun saß ich endgültig in der Falle.

»Gebt mir Eure Hand!«, rief jemand plötzlich von hinten. Ich hörte schnelles Getrappel von Pferdehufen. Mitten in der beengten Stadt. Ich drehte mich um. Die Wachen waren mir dicht auf den Fersen, als sie auf einmal zur Seite ausbrachen. Ein Reiter ritt scharf an ihnen vorbei und hielt direkt auf mich zu.

»Schnell, gebt mir Eure Hand!«, forderte der Reiter mich erneut auf und zügelte seinen Schimmel. Wild bäumte sich das Pferd neben mir auf. Der Reiter, der seine Kapuze wie ich tief ins Gesicht gezogen hatte, streckte mir seine Hand entgegen. »Schnell!«

Ich sah nochmal nach rechts. Die Wachen hatten uns fast erreicht. Ich ergriff seine Hand und ließ mich hinter ihn auf den Pferderücken ziehen. Der Fremde gab dem Schimmel kräftig die Sporen. Schnell schlang ich meine Arme um ihn. Die herannahenden Wachen warfen sich schützend auf die Seite, als wir mitten durch sie hindurch ritten.

»Die Hexe flieht«, warnte eine der Wachen.

»Schließt die Tore!«

Doch das Glück war uns hold. Gerade als das Stadttor sich knarrend nach unten bewegte, ritten wir hindurch, hinaus aufs offene Feld.

Wir ritten über die Wiese, an den qualmenden und teilweise immer noch lichterloh brennenden Scheiterhaufen vorbei und ließen die überraschte Menschenmenge hinter uns. Der Reiter spornte sein Pferd weiter an. Rechts, hinter der Stadt, erhoben sich die Berge. Das dortige Gelände bei Nacht zu betreten war zu gefährlich. Und so hielten wir in bahnbrechendem Tempo auf die offene Ebene zu. Ich war es nicht gewohnt, zu reiten und schlang daher meine Arme fest um meinen Retter. Plötzlich zischte etwas an meinem rechten Ohr vorbei. Ich wandte den Kopf und sah, wie uns zwei Reiter verfolgten.

»Schneller. Zwei Stadtwachen sind uns dicht auf den Fersen!«, schrie ich gegen den Wind an.

Ein zweiter Pfeil schoss nur knapp an meinem linken Arm vorbei. »Verdammt!«, fluchte der Mann, an den ich mich klammerte. »Tut etwas!«

»Was soll ich machen?« Ich wandte erneut den Kopf. Die Reiter hatten weiter aufgeholt.

»Woher soll ich das wissen? Lasst einen Blitz auf sie niedergehen oder lasst die Erde sie verschlucken. Ihr seid die Hexe.«

Panisch starrte ich auf den Rücken des Fremden. Natürlich dachte er, ich sei eine Hexe und ich konnte ihm schlecht sagen, dass ich es nicht war. Zumal die Situation nicht gerade Zeit für einen gemütlichen Plausch hergab. Die Reiter waren inzwischen nur noch zwei Pferdelängen hinter uns, die Lichter der brennenden Scheiterhaufen wurden immer kleiner, plötzliche Dunkelheit hüllte uns ein. Der Wind schnitt mir scharf ins Gesicht. Es war nur noch eine Frage der Zeit, bis wir gefangen genommen oder tot sein würden. Ich schloss die Augen. Unfähig vor lauter Panik überhaupt noch einen klaren Gedanken fassen zu können.

Auf einmal wieherte hinter uns eines der Pferde.

»Was passiert hier?«, rief einer der Männer mit bebender Stimme.

Ich öffnete die Augen und sah über die Schulter, dass die Reiter ihr Tempo drosselten, zu meiner Verwunderung tat dies ebenfalls der Fremde.

Ich blinzelte verwirrt. Die Dunkelheit war plötzlich über uns hereingebrochen, heimtückisch und unbemerkt. Erst mit Verzögerung wurde mir klar, dass sie vom Himmel kam. Mein Blick wanderte hinauf, zum Vollmond – oder dem, was von ihm übrig war. Ein Schauer durchlief mich. Der Mond, einst hell und strahlend, wurde fast vollständig verschluckt, als hätte ein gigantisches Ungeheuer den Großteil in seine unsichtbare Kehle gleiten lassen. Einzig ein schmaler Sichelrand blieb übrig, kaum genug, um den Weg zu erleuchten. Keine Wolke bedeckte den Himmel, und dennoch verschwand der Mond in dieser gespenstischen Finsternis.

Angst packte mich, tief und uralt. Meine Hände begannen zu zittern, und ich war nicht allein in meiner Furcht. Unsere Verfolger hielten plötzlich inne. Ich glaubte, ihre Köpfe gen Himmel gewandt zu sehen.

»Der Mond verschwindet!« Die Stimme der Stadtwache hallte in der drückenden Stille der Nacht umso lauter wider.

Auch der Fremde an meiner Seite zügelte sein Pferd. Es scharrte nervös mit den Hufen. Die Dunkelheit lastete auf uns wie eine schwere Decke. Man konnte kaum noch etwas sehen, außer den fahlen Schatten, die über den Boden glitten. Inmitten dieser überwältigenden Angst hatte ich einen plötzlichen Einfall. Ohne nachzudenken, sprang ich vom Pferd und richtete mich mit erhobenen Händen zum fast vollständig verschwundenen Mond auf, als könnte ich seine magische Kraft lenken.

»Maleficium maleficarum!« Meine Stimme bebte nicht, sondern hallte fest und sicher durch die Finsternis. Diese Worte, einst im Flüstern der Hexenprozesse gehört, kamen mir wie ein machtvoller Zauberspruch vor. Ihre genaue Bedeutung war mir unbekannt, doch Latein klang nach dem Omen, das in die Herzen dieser Männer Furcht säen würde. Es spielte keine Rolle, ob es Sinn ergab. In diesem Moment wollte ich die Angst derer, die uns jagten, zu meiner eigenen Waffe machen.

»Aradia lässt den Mond verschwinden!«, schlug eine der Stadtwachen Alarm.

»Verdammt, nichts wie weg hier«, schrie der andere, seine Furcht war deutlich zu hören.

Der donnernde Hufschlag ihrer Pferde durchbrach die Finsternis, als sie in wilder Panik flohen.

Ich stand reglos, die Arme noch immer zum Himmel erhoben, den Atem flach und stoßweise. Mein Blick war zum Himmelszelt gerichtet, wo vor einer Stunde noch der majestätische Vollmond geleuchtet hatte. Nun war er vollständig verschwunden, als wäre er von einem dunklen Schlund verschlungen worden. Alles, was blieb, war ein fahler, fast geisterhafter Schein, ein schwaches Leuchten, das die Stelle markierte, wo er einst gehangen hatte.

Doch dann, ganz allmählich, begann sich der Mond wieder zu zeigen – allerdings nicht wie zuvor. Statt silbernem Licht schimmerte er nun in einem tiefen, unheilvollen Rot. Der Mond schien zu bluten. Es war, als sei der Himmel selbst verflucht.

»Beim Allmächtigen«, flüsterte der Fremde voll ehrfürchtigem

Erstaunen. »Ein Blitz hätte auch gereicht. Aber das hier …« Er ließ den Satz unvollendet.

Ich hatte den Mond weder verschwinden noch sich rot färben lassen, das wusste ich – und dennoch schien es, als ob irgendeine uralte Magie auf meinen verzweifelten Ruf geantwortet hatte. Meine Hände, noch immer erhoben, zitterten leicht, als ob sie die Kälte der dunklen Nacht eingefangen hätten.

»Bleibt der Mond jetzt für immer so?«

Ich hörte die Angst in seinen Worten mitschwingen.

Langsam ließ ich meine Arme sinken, mein Herz raste. Der Blutmond, der am Nachthimmel prangte, strahlte eine düstere Macht aus, die mich frösteln ließ. Ich hatte keine Ahnung, was hier vor sich ging und genauso viel Angst wie der Fremde und unsere Verfolger. Aber um meine Rolle weiterzuspielen, durfte ich sie nicht zeigen.

»Das entscheide ich, wenn ich in Sicherheit bin«, antwortete ich schlicht.

»Dann lasst uns weiterreiten«, entschied der Mann, hielt mir seine Hand hin und half mir aufs Pferd. Meine Beine fühlten sich schwer und zittrig an, doch ich schaffte es irgendwie, mich festzuhalten.

Das Pferd setzte seinen schnellen Schritt fort, und die Hufe schlugen dumpf auf den Boden. Der Blutmond hing noch immer bedrohlich über uns, wie ein stummer Wächter über unserem Schicksal. Mein Herz raste vor Angst und Erschöpfung, und ich klammerte mich an den Fremden, ohne wirklich zu wissen, was ich tun sollte.

Jeden Moment erwartete ich, dass unsere Verfolger zurückkehren würden, dass sie uns entdecken und erneut über uns herfallen würden, doch nichts dergleichen geschah. Die Nacht blieb still, abgesehen von dem rhythmischen Stampfen der Hufe und dem gelegentlichen Rascheln der Blätter. Wir ritten mehrere Stunden und allmählich bemerkte ich, wie das Licht sich veränderte. Das unheilvolle rote Glimmen begann zu verblassen. Die Blutmondnacht, die wie ein Fluch über uns gegangen hatte, wich langsam silbernem Licht. Ich hob den Kopf und sah, wie sich der Schatten langsam zurückzog. Erhellt von einem fahlen Schimmer, kehrte der Mond nach und nach zu seiner vollen, weißen Pracht zurück.

Meine Schultern entspannten sich leicht, als ob der Bann, der uns in der Dunkelheit gefangen gehalten hatte, endlich gebrochen war. Das Pferd schnaubte leise, es schien ebenfalls Erleichterung zu spüren, als die Welt wieder in ein sanfteres Licht getaucht wurde.

»Die Finsternis ist vorbei«, flüsterte ich, fast ungläubig.

»Ja«, antwortete der Fremde knapp, während er das Pferd nun langsamer führte. Als die erste Spur des Morgens am Horizont zu erahnen war, ritten wir in den Wald. Der Himmel begann sich in ein blasses Grau zu hüllen, und das bleiche Licht des anbrechenden Tages brach sich zwischen den Bäumen.

Schließlich, als die Dämmerung den Wald ganz erfasst hatte, traten wir aus dem Dickicht auf eine Lichtung. Vor uns breitete sich ein offenes Feld aus, das vom sanften Morgennebel durchzogen war. Das Gras unter den Hufen des Pferdes war feucht vom Tau, und in der Ferne konnte man das Zwitschern der ersten Vögel hören. Es war, als hätten wir einen anderen Ort erreicht, fernab der Bedrohungen der Nacht. Wir hielten an. Der Fremde stieg ab und half mir vom Pferd. Meine Beine waren taub und zitterten vor Erschöpfung. Er führte das Pferd ein paar Schritte weiter, und wir beide standen still, der Wald hinter uns, in dem die Dunkelheit noch leise nachhallte.

»Hier werden sie uns nicht mehr finden«, meinte er leise. Sein Blick war auf den Horizont gerichtet, wo die ersten Sonnenstrahlen zaghaft durch den Morgennebel brachen. Dann klopfte er auf den Widerrist des Pferdes. »Gut gemacht, alte Dame.« Der Fremde drehte sich zu mir um und endlich konnte ich im Morgengrauen mehr vom Gesicht meines Retters erkennen. Auch wenn ihn seine Bartstoppeln ein wenig älter aussehen ließen, so schätzte ich ihn auf Anfang Zwanzig. Seine eisblauen Augen waren wachsam auf mich gerichtet. Er war groß, nicht breit gebaut wie ein Soldat, aber dennoch muskulös. Seine eng anliegende Reiterhose zeigte starke Beine. Er war offenbar viel zu Pferd unterwegs. Zweifellos war mein Gegenüber attraktiv. Um seine Schultern trug er einen dunkelroten Umhang. Keine preiswerte Ausstattung, wie ich feststellen musste.

»Warum habt Ihr mir geholfen?«, fragte ich und zog meine Kapuze

tief ins Gesicht. Auch wenn mir dieser Fremde das Leben gerettet hatte, durfte ich ihm nicht blind vertrauen. Niemand kannte mein Gesicht und das sollte so bleiben. Der Schock, beinahe in die Falle der Stadtwache getappt zu sein, saß immer noch tief.

»Keine Dankesworte?« Seine Lippen umspielte ein belustigtes Lächeln. Er musterte mich von oben bis unten.

Lächerlicherweise schoss mir dabei das Blut in den Kopf. »Ihr habt Recht, wo sind nur meine Manieren. Habt Dank, edler Reiter«, sagte ich daher ein wenig unwirsch und machte einen kleinen Knicks. Es gefiel mir nicht, dass der Fremde eine derart anziehende Wirkung auf mich hatte. Ich war Aradia, die Hexenretterin, vor der die meisten Angst hatten. Kein naives Mädchen, das sich von jungen Männern den Kopf verdrehen ließ. Ich hatte ein Ziel und auf meinem Weg dorthin gab es keinen Platz für Spielereien.

»Edler Reiter«, der Fremde lachte, »da liegt Ihr ganz falsch.« Er kam näher, doch als ich zurückwich, blieb er stehen. Sachte hob er seine Hände und zog seine Kapuze nach unten. Er hatte kurz gelocktes, aschblondes Haar. »Ich bin nur ein einfacher junger Mann, der die Hexenverfolgungen genauso hasst wie Ihr.«

Skeptisch blickte ich zu ihm auf. Noch nie hatte ich, außer meinen Vater, jemanden die Hexenverfolgungen verurteilen gehört. Es gab zwar einige, die unserer Meinung waren, die ebenso einen geliebten Menschen zu Unrecht verloren hatten, doch seine Meinung offen kundzutun war in diesen Zeiten gefährlich.

»Wen habt Ihr verloren?«, fragte ich.

Mein Retter wirkte kurz irritiert, schüttelte dann aber den Kopf. »Das ist schon lange her«, er machte eine kurze Pause, »Wie dem auch sei. Ich glaube nicht an eine Hexenverschwörung. Ich glaube, dass viel zu viele zu Unrecht sterben.«

Fasziniert musterte ich den Fremden. Wer war dieser Mann, der mit dem Feuer spielte?

»Es heißt immer, die Zauber finden im Geheimen statt. Die Hexe hat des Nachts die Hühner des Bauern verzaubert. Oder die Hexen treffen sich auf dem Drachenberg und brauen einen Trank, der den Himmel verdüstert und Blitz und Donner bringt. Aber auf frischer Tat ertappt hat sie nie jemand.«

Die Worte meines Vaters. Meine Mutter war wegen genau solcher fadenscheiniger Aussagen der Bauersfrau verurteilt worden. »Ihr seid mutig, solch heikle Meinungen einer Fremden gegenüber zu äußern.«

Der Mann grinste nun breit. »Eine Fremde. Soso. Wenn Ihr mich verratet, sage ich einfach, Ihr hättet meine Sinne verhext. Gesucht werdet Ihr seit langem, niemand würde Euch glauben.«

Ich wich zurück.

»Nein, schon gut«, er hob beschwichtigend die Hände, »so war das nicht gemeint.«

Ich kniff die Augen zusammen.

»Die einzige Hexerei, die ich je gesehen habe, war Eure heute Nacht. Ihr seid es doch? Aradia, Königin und Retterin der Hexen. So werdet Ihr vom Volk genannt, nicht wahr?« Der Fremde sah mich neugierig an und versuchte ungeniert unter meine Kapuze zu schauen.

Ich schluckte. »Ein Name, nichts weiter. Und ketzerisch zugleich.«

Er grinste. »Was habt Ihr nun vor? Was sind Eure nächsten Pläne?«

Ich verschränkte meine Arme vor der Brust. Von hier war es noch eine Tagesreise zurück in mein Heimatdorf. Dort würde ich meine Kleidung ablegen und wieder meinem normalen Dasein als Müllerstochter nachgehen. Keiner wusste von meinem Geheimnis. Noch nicht einmal mein Vater. »Warum sollte ich Euch das sagen?« So langsam irritierte mich die Fragerei des Fremden. Ja, er hatte mir das Leben gerettet. Aber ich war ihm nichts schuldig, oder? Die Bäume hinter mir standen eng beieinander. Ein Pferd würde es schwer haben, mir durch das Dickicht zu folgen. Wenn ich jetzt losrannte, könnte ich …

»Weil ich Euch helfen will, unschuldige Frauen und Mädchen vor dem Scheiterhaufen zu retten.«

Sein Satz traf mich mitten ins Herz. Der Fremde stand vor mir, zeigte keine Unsicherheit. Er meinte es ernst.

»Wer seid Ihr?«, fragte ich. Dass sich unter meiner Kapuze meine Augenbrauen zusammenzogen, konnte er nicht sehen.

»Euer Freund.«

»Nein, sagt mir Euren Namen!«

Der Reiter atmete tief ein und aus. »Fabio.«

»Und weiter?«

»Cavalli. Mein Name ist Fabio Cavalli, und ich war Bote des Königs.«

»Ein Mann des Hofs. Bei Eurer Kleidung habe ich gleich daran gedacht.« Ich lachte. *Traue niemals einem Höfling*, hatte mir meine Mutter vor vielen Jahren gesagt, als ein hochnäsiger Steuereintreiber des Königs versucht hatte, meinen Vater zu betrügen und mehr als nur den Zehnten zu verlangen. »Ich danke Euch vielmals für Eure Rettung. Seid gewiss, sollte eine Cavalli je der Hexerei bezichtigt werden, helfe ich. Das bin ich Euch schuldig. Aber nun gehe ich wieder meiner eigenen Wege.« Ich wandte mich um und trat zwischen die Bäume. Das Laub unter meinen Schuhen raschelte.

»Ich habe dem Königshaus den Rücken gekehrt. Seither streife ich durch die Lande, um Euch zu finden. Die legendäre Hexenretterin.«

»Dann seid Ihr ein Narr!« Ich lief unbeirrt weiter. Wie naiv konnte dieser Fabio sein? Auch er war heute Nacht nur knapp dem Tod entkommen. Wenn uns die Pfeile getroffen hätten ...

Bei dem Gedanken lief es mir kalt den Rücken runter.

»Ich bin nicht der Einzige«, rief er mir hinterher, »Ich habe gut ein Dutzend Leute zusammengebracht, die so denken wie wir beide.«

Jetzt blieb ich stehen. Ein Ast unter meinen Schuhen zerbrach.

»Was glaubt Ihr, wie lange Ihr noch allein Retterin der Hexen spielen könnt? Ihr arbeitet mit der Angst der Menschen. In den abgelegenen Dörfern führt Euer Auftauchen vielleicht noch dazu, dass man von den Frauen ablässt. Hingegen hier in den großen Städten ist das Wagnis zu groß. Das hat Euch die heutige Nacht hoffentlich gelehrt. Und wie lange werdet Ihr mit Euren Rettungsaktionen überhaupt noch erfolgreich sein, wenn die Truppen Eabans in Rascara einmarschieren? Wenn sie die Dörfer plündern? Wem geben die Menschen wieder die Schuld für ihre Misere?«

Es war eine rhetorische Frage. Natürlich würden die vermeintlichen Hexen als Sündenböcke herhalten müssen. Ich zwang mich, bei Fabios Worten, weiter ruhig zu atmen.

»Die Truppen belagern bereits die gesamte westliche Grenze. Wusstet Ihr das?«

Das Herz sank mir in die Hose. Dass sich der Konflikt zwischen Rascara und Eaban bereits so zugespitzt hatte, hatte ich nicht gewusst. Ich drehte mich zu Fabio um. Er war mir bis zu den ersten Sträuchern gefolgt.

»Gemeinsam sind wir stark. Gemeinsam können wir Größeres bewirken«, Fabio kam noch ein paar Schritte auf mich zu, »Schließt Euch uns an. Seid unsere Anführerin im Kampf gegen den Hexenwahn des Königs.«

Der Hexenwahn des Königs. Ich sah die Feuer um die Körper der Frauen züngeln, ich hörte die verzweifelten Schreie in meinem Kopf, ich roch den beißenden Geruch von verbranntem Fleisch. Ich sah, wie sich die Lippen meiner Mutter zu den Worten formten: »Ich werde immer bei dir sein«, ehe die Flammen und der Rauch sie verbargen. Schnell blinzelte ich die Tränen fort. Hoffnungsvoll blickte Fabio mich an. Und seine strahlenden Augen hielten mich gefangen.

»Wo habt Ihr euer Versteck?«, fragte ich nach kurzem Zögern. Dieser unverschämt gut aussehende Mann hatte leider mein Interesse geweckt, auch wenn mein Verstand mir zuschrie, besser zu gehen.

Fabio atmete erleichtert aus. »Kein Versteck, wie Ihr es vielleicht habt«, er wartete kurz, ob ich etwas dazu sagte, doch da ich schwieg, fuhr er fort, »Kennt Ihr die Schenke *Zum vollen Krug*?«

Ich kniff die Augen zusammen. »Das zwielichtige Gasthaus zwischen Sedura und Triessa?«

Fabio nickte. »Genau das. Der Wirt ist einer von uns. Wir treffen uns dort einmal im Monat. Nächste Woche, am Feria Sexta, ist es wieder so weit. Kommt dazu und lernt uns kennen.«

Ich ging ein paar Schritte auf ihn zu. »Ihr wollt mir erzählen, dass sich mehrere Leute – Leute die sich dem Befehl des Königs widersetzen – einmal im Monat in einer heruntergekommenen Schenke treffen?«

Fabio hob erneut beschwichtigend die Hände und zeigte zugleich ein listiges Lächeln. »Herunterkommen ist genau das richtige Stichwort.«

Ich stutzte. Eine unbeachtete Schankstube war vielleicht tatsächlich

gar keine so schlechte Idee. Zumindest konnte selbst der König niemandem ein Dunkelbier in geselliger Runde verbieten. »Wann genau trefft ihr euch?«

»Immer nach Einbruch der Nacht.«

Ich nickte.

»Klopft im Rhythmus unserer Nationalhymne an die Tür. Dann können wir Euch zuordnen.«

Ich grinste. Das gefiel mir.

»Also, was sagt Ihr? Sind wir ab jetzt Gefährten?« Fabio streckte mir seine Hand entgegen.

Ich zögerte einen kurzen Moment. Ich war viele Monate über allein gut zurechtgekommen. Hatte dutzende Frauen vor dem Scheiterhaufen bewahrt. Andererseits, wenn die Truppen Eabans tatsächlich kurz davorstanden, in unser Land einzumarschieren, war es vielleicht an der Zeit, sich Gleichgesinnten anzuschließen. Noch dazu war ich heute nur knapp meiner Gefangennahme entkommen. Allein mit Hilfe dieses Mannes, der sich Fabio Cavalli nannte, steckte mir kein Pfeil im Rücken. Vielleicht war es also Zeit, neue Wege zu beschreiten. Neue Wege, um meine Mutter zu rächen und den Hexenwahn des Königs zu besiegen. Ich trat noch einen Schritt auf Fabio zu und schlug ein. »Ich komme zu Eurem nächsten Treffen und dann sehen wir, ob wir Gefährten werden oder nicht.«

Fabio nickte. »Wir werden Euch nicht enttäuschen.«

»Das hoffe ich.«

Noch immer hielten wir uns an den Händen. Fabio stand nun so dicht vor mir, dass ein leichter Geruch von Heu und Dunkelbier meine Nase umspielte. Nun konnte er auch meine Augen sehen. Und er hielt mich wieder mit diesem intensiven Blick gefangen. Seine Iriden waren so blau wie das Gefieder der Eisvögel, die sich manchmal in den Wasserbecken vor der Mühle meines Vaters tummelten. Ich schluckte, weil ich spürte, wie sich Verlegenheit in mir breit machte. Kurz fiel sein Blick auf mein Dekolleté. Vielleicht machte ich den Fehler, etwas zu schnell den Anhänger meiner Kette zu greifen. Aber die Kette war alles, was mir von meiner Mutter noch geblieben war. Während er meine linke Hand nicht losließ, fasste Fabio schließlich mit seiner rechten sachte nach meiner geschlossenen Hand und öffnete sie. Irgendetwas in seinem Blick, veranlasste mich, ihm zu vertrauen.

»Das ist eine wunderschöne Kette«, murmelte er, während er sich den Anhänger näher besah. Zwei Falten bildeten sich dabei auf seiner Stirn. Ich hielt den Atem an.

Auf der Vorderseite des silbernen, ovalen Anhängers war ein Sternensymbol eingraviert. Acht Linien, die sich in der Mitte trafen. Meine Mutter hatte mir erzählt, das Symbol bedeute Freiheit und Inspiration. Für mich bedeutete es, mein Ziel, die Hexenverfolgungen zu bekämpfen, nie aus den Augen zu verlieren. Fabio strich über den Stern und drehte den Anhänger herum.

»Velia«, las er den eingravierten Namen. Er blickte mir in die Augen und lächelte. »Ich dachte, Euer Name wäre Aradia?«

Ich schluckte. Ein Gefühl der Unsicherheit machte sich in mir breit. Dieser Mann wusste nun genug über mich. Ich nahm ihm den Anhänger aus der Hand und versteckte die Kette wieder unter meinem Mantel. »Auf Wiedersehen, Fabio Cavalli. Wir sehen uns schon bald wieder.« Dann trat ich zwischen die Bäume und ließ ihn allein am Waldrand zurück.

Fabio

radia verschwand im Dickicht des Waldes. Und ich stand wie betäubt zwischen den Bäumen. Wer war diese geheimnisvolle junge Frau? Sie kam mir nicht wie eine böse, satanische Hexenkönigin vor, wie es König Gaspare und sein Vertrauter Malfois immer propagierten. Den alten Legenden nach, war Aradia Tochter der beiden Gottheiten Diana und Lucifer. Diana schickte sie auf die Erde, um den geknechteten Menschen und unterdrückten Frauen die Hexerei zu lehren. Aradia versprach den unterdrückten Menschen universelle Freiheit. Und so wurde sie zur ersten Königin der Hexen. Nun, da die Hexen mit aller Macht verfolgt wurden, schien sie erneut auf die Erde zurückgekehrt zu sein. Seit vielen Monaten befreite sie bereits Frauen vor ihrer Verurteilung. Dutzende Hexen waren untergetaucht und konnten andernorts ihr Unheil vollbringen. König Gaspare hatte das Kopfgeld auf Aradia immer weiter erhöht, um seine Männer anzuspornen, dennoch war es niemandem gelungen, die Hexenkönigin zu fangen. Bis jetzt. Ich grinste. Fabio Cavalli, dem einfachen Boten des Königs, würde das Unmögliche gelingen. Allerdings schien diese junge Frau, die im Dickicht des Waldes verschwunden war, so gar nicht zu den alten Legenden über die Hexenkönigin zu passen. Ich hatte mir Aradia ganz anders vorgestellt. Älter, unheimlicher, dunkler.

Schlagartig ließ meine Anspannung nach, und Müdigkeit übermannte mich. Ich rieb mir über die Augen und lief zurück zu meinem Pferd. Diese junge Frau ging mir nicht mehr aus dem Kopf. Ihr Gesicht war die meiste Zeit unter der Kapuze verborgen gewesen. Erst als wir am Ende nahe beieinandergestanden hatten, hatte ich mehr erkennen können. Klare, grüne Augen waren von rot gelockten Haarsträhnen eingerahmt gewesen. Ihre Haut hatte einen warmen Elfenbeinton. Ihre Wangen waren gesprenkelt von Sommersprossen, wie eine bunte Blumenwiese. Sie war wunderschön. War ich der erste Mann auf Erden, der Aradia zu Gesicht bekommen hatte? Bei diesem Gedanken kribbelte es in meinem Bauch. Vielleicht aber auch nur vor Aufregung. Ich war mit meiner Rettungsaktion ein großes Risiko eingegangen. Doch es hatte sich ausgezahlt. Das Lügenmärchen war mir so einfach über die Lippen gekommen. Sie hatte mir den Gleichgesinnten abgekauft. Ich schüttelte den Kopf. Alles an Aradia, angefangen von ihrem Aussehen bis hin zu ihrem Verhalten, stand im Gegensatz zu den Erzählungen des Königs. Aradia, die Knospe des Bösen, satanische Brut der vergangenen Gottheiten Diana und Lucifer. Trotzdem hatte sie mir nichts getan. Sie hatte sich mit mir wie eine ganz gewöhnliche junge Frau unterhalten. Einen Narren hatte sie mich genannt. Unweigerlich stahl sich ein Lächeln auf meine Lippen. Ja, vielleicht war ich ein Narr. Aber die Aussicht auf Gewinn und Aufstieg waren es wert. Der drohende Krieg mit Eaban hatte Aradia sichtlich zu schaffen gemacht. Erst als ich ihr von den eabanischen Truppen an der Westgrenze unseres Königreichs erzählt hatte, war sie auf mein Angebot, sich mir anzuschließen, eingegangen. Ich hatte mich zwingen müssen, meine Erleichterung darüber nicht zu deutlich zu zeigen. Sie hatte eingewilligt, mich wieder zu treffen. Mein Plan war aufgegangen. Ein siegreiches Grinsen trat auf mein Gesicht. Gleichzeitig hatte mich dieses Aufeinandertreffen mehr verwirrt als gedacht. Aradia. *Ein Name, nichts weiter*, hatte sie gesagt. Was, wenn wir alle mit unseren Vermutungen falsch lagen? Ihre Kette jedenfalls hatte mir einen irdischen Namen offenbart. »Velia.« Tief in Gedanken versunken, bemerkte ich erst jetzt, dass ich ihren Namen laut ausgesprochen hatte. Velia. Ich schüttelte meinen Kopf, um der Betäubung zu entrinnen. Hatte Aradia mich vielleicht verhext? Ich streichelte über die Mähne meiner Schimmelstute, die genüsslich das kalte Bergwasser des Flusslaufs trank. Heute Nacht hatte ich sie bis an ihre Grenzen getrieben. »Lass uns weiterreiten. Zu Hause bekommst du eine extra Portion Hafer«, sagte ich und klopfte auf ihren Widerrist. Ich schwang mich geschickt auf den Sattel. »Außerdem gibt es nun viel zu tun«, murmelte ich und lenkte

mein Pferd in gemütlichem Schritttempo den Fluss entlang. In wenigen Stunden würde ich die Schenke *Zum vollen Krug* erreichen. Ich hatte einiges vorzubereiten.

Aradia

Gegen Mittag trat ich aus dem Wald und erreichte den Fluss Rano, der sich in großen Bögen durch die Ebene schlängelte. Ihm brauchte ich nur noch ein paar Stunden zu folgen, dann würde ich mein Zuhause erreichen. Ich vermied es auf meinem Weg zurück, Straßen zu benutzen. Noch war ich zu weit von Zuhause entfernt. Eine Frau, allein unterwegs und noch dazu ohne Gepäck, würde zu viel Aufsehen erregen. Außerdem kannte man inzwischen mein schwarzes Gewand. Dass ich als Frau Hosen trug, galt ohnehin als anstößig. Also lief ich querfeldein, streifte durch die hohen Gräser am Flussufer und folgte seinem Lauf. Hier war ich noch nie einer Menschenseele begegnet. Warum auch? Es gab hier nichts von Interesse. Die Fischereiplätze lagen nahe unserem Dorf bei der Stadt Cremonone. Genauso wie die Plätze für die Wäscherinnen. Seit ich heute Morgen Fabio Cavalli verlassen hatte, ging mir dieser Mann nicht mehr aus dem Kopf. Die Erinnerung an sein unverschämt gutaussehendes Lächeln und diese strahlend blauen Augen verursachten ein leichtes Ziehen in meiner Magengegend. Was hatten diese Augen Grausames gesehen, dass er freiwillig einer guten Stellung im Königshaus den Rücken gekehrt hatte und eine Rebellion anzettelte? Er hatte gesagt, er habe gut ein Dutzend Gleichgesinnte gefunden und zusammengebracht. Die Vorstellung war für mich unmöglich und faszinierend zugleich. Ich fasste an mein Dekolleté und spürte die Kette unter meiner Kleidung. Vielleicht würde mich dieser Fabio meinem Ziel, den Hexenverfolgungen ein für alle Mal ein Ende zu setzen, näherbringen.

Als die Sonne bereits gen Westen wanderte, sah ich endlich eine halbe

Meile vor mir den Hain meiner Heimat. Die hohen Tannen standen dicht an dicht und ließen keinen Blick auf die Behausungen des Dorfes und die dahinter liegende Stadt zu. Als ich den Hain erreicht hatte und die Tanne mit dem Fliegenpilz zu ihren Füßen erblickte, begann ich die Baumreihe flussaufwärts zu zählen. An der siebten Tanne erblickte ich schließlich den großen Stein, der mein Versteck markierte. Ich lief zu dem Stein und rollte ihn zur Seite, sodass mein selbst gegrabenes Loch zum Vorschein kam. Ich griff hinein und zog einen kleinen Leinenbeutel hervor. In ihm ließ ich immer meine gewöhnlichen Kleider zurück, bevor ich mich in Aradia, Hexenretterin oder wie auch immer man mich nennen mochte, verwandelte. Ich zog meinen schwarzen Umhang, die schwarze Hose und das Oberteil sowie mein Halstuch aus. Schnell streifte ich mir wieder das weiße Unterkleid und das braune Kleid aus Leinen über den Kopf. Die schwarzen Kleider stopfte ich zurück in den Beutel. Dann griff ich ein zweites Mal in das Erdloch und holte meine kleine lederne Tasche sowie mein Gebetsbuch heraus. Letzteres band ich mir mit einer Kordel um die Hüfte. Das Gebetsbuch, für alle offen sichtbar, war meine Tarnung. Mein vermeintlicher Grund für mein Verschwinden an den Wochenenden. Töchter von zu Hexen verurteilten Frauen lehrte man in Gebetsschulen den wahren Glauben. Der König und diejenigen, die dem Hexenwahn Glauben schenkten, hofften so, junge Frauen und Mädchen vor Hexerei zu bewahren. Mein Vater war gezwungen gewesen, auch mich in eine solche Gebetsschule zu schicken. Drei Monate lang hatte ich jedes Wochenende die Predigten über mich ergehen lassen. Nun gab ich vor, weiterhin freiwillig dorthin zu gehen. Ich spielte die fromme Müllerstochter, die mit den Taten ihrer Mutter nichts zu tun haben wollte. Bei dem Gedanken traten mir Tränen in die Augen. Die Welt war so ungerecht. Bisher hatten mein Vater und die anderen Dorfbewohner nichts von meinen Lügengeschichten oder meiner Verwandlung in Aradia erfahren. Sollte jedoch irgendwann jemand Nachforschungen anstellen und mein Fehlen in der Gebetsschule bemerken, dann würde ich mit Sicherheit der Hexerei bezichtigt. Man würde behaupten, ich reise zu meinen Hexenfreundinnen beim Drachenberg. Eine wunderbare Ausrede, bekanntlich verließ den Drachenberg mit seinen Klippen und Höllentälern fast niemand wieder lebend, der sich in dieses unwegsame Gebiet begab.

Den Beutel mit meinen ketzerischen Kleidern legte ich wieder zurück ins Loch und rollte den Stein darüber. Ich strich mein Kleid glatt und sah an mir herunter. Jetzt war ich wieder ein einfaches Mädchen. Nichts weiter als eine gewöhnliche Müllerstochter.

Ich ging nicht mehr zurück zum Fluss, sondern lief mitten durch den kleinen Wald. Nach wenigen Schritten erreichte ich die Dorfstraße, der ich um eine Biegung folgte. Der Wald lichtete sich und nun sah ich weiter unten am Fluss Rano mein Zuhause: die Wassermühle. Ein großes Backsteinhaus, das mit hölzernen Querbalken geschmückt war. Von hier oben konnte ich das große Mühlrad nicht sehen, aber wenn ich mich konzentrierte, konnte ich das Wasser rauschen und das Mühlrad klappern hören. Vor der Tür, die zum Innenraum der Mühle führte, stand ein großes Ochsengespann mit leerer Ladefläche. Ein freudiger Anblick, denn die Kundschaft wurde, je schlechter es unserem Königreich ging, immer weniger. Je weniger Kundschaft umso weniger Abgaben an den König und umso schlechter ging es dem Land, das unter der Misswirtschaft König Gaspares litt und sich durch Hexenverbrennungen Besserung erhoffte. Es war ein Teufelskreis. Ich seufzte und rannte das restliche Stück hinunter zur Mühle, vielleicht brauchte mein Vater Hilfe. Die harte Arbeit über viele Jahre hinweg hatten ihn gezeichnet. Er klagte immer öfter über starke Rücken- und Gelenkschmerzen. Es gab Tage, an denen er nicht das Bett verlassen konnte und die Arbeit vertrauensvoll seinem Gesellen überließ. Giorgio Agricola hatte zwar letztes Jahr seine Gesellenprüfung abgelegt, manchmal stellte er sich aber an, als hätte er die Lehre erst begonnen. Er war zwar kräftig und konnte mehr Mehlsäcke tragen als jeder andere Mann aus dem Dorf, jedoch war er von einfachem Verstand und allein das Kopfrechnen fiel ihm schwer. Würde ich ihm an solchen Tagen nicht helfen, wären wir schon mehrfach von listigen Kunden übers Ohr gehauen worden. Die Tür zum Innenraum stand offen. Meine Augen mussten sich kurz an das Dunkel gewöhnen, da es nur ein kleines Fenster gab, doch nach und nach offenbarte sich

mir das mechanische Wunderwerk der Mühle. Unzählige Rädchen drehten sich, das rhythmische Klacken und Quietschen der aneinanderschlagenden und reibenden Balken ertönte wie Musik in meinen Ohren. Und ganz rechts sah ich durch ein Rohr das fein gemahlene, weiße Mehl in eine große Kiste rieseln. Ich sah nach oben. Dort standen mein Vater, Giorgio und, wenn ich mich nicht irrte, dessen Vater. Giorgio war der dritte Sohn einer großen Bauersfamilie hier in der Region. Da er als Drittgeborener niemals die Chance hatte, den Hof zu übernehmen, hatte sein Vater ihn in eine Lehre geschickt. So würde er es mit viel Glück zu einem guten Lebensunterhalt bringen. Meinem Vater, das sah ich an seiner gekrümmten Haltung, ging es seit meinem Aufbruch nicht besser. Aufgrund des Klickens und Klackens der Mühle konnte ich nicht hören, über was die Männer redeten. Mein Vater rieb sich immer wieder über sein Steißbein.

»Vater, ich bin zurück«, rief ich den Männern entgegen.

Die Drei wandten sich erschrocken um. Mein Vater lehnte sich über das Geländer und hob die Hand zum Gruß. »Meine Tochter«, ein breites Lächeln erschien auf seinem Gesicht, »Schön, dass du zurück bist. Hattest du eine gute Zeit in der Gebetsschule?«

»Ja, Vater«, vor den beiden anderen Männern senkte ich fromm meinen Kopf, »Ich habe viel über Gott und den rechten Weg nachgedacht.« Bei den Worten wurde mir ganz schlecht.

»Du bist ein braves Mädchen«, mein Vater räusperte sich, sah kurz zu Giorgio und dessen Vater und sagte dann, »Ich habe hier noch kurz etwas zu bereden. Wir sprechen nachher ausführlich. Geh schon mal ins Haus und kümmere dich ums Abendessen.«

»Brauchst du keine Hilfe?«

»Nein, ich komme zurecht. Geh schon mal vor, ich komme bald nach.«

Ich runzelte die Stirn. Ich hatte bei meiner Rückkehr mit einer anderen Begrüßung gerechnet. Normalerweise ging ich meinem Vater noch zur Hand. Ich zuckte mit den Schultern und verließ die Mühle.

Unser Wohnraum war an die Mühle angebaut. Wir hatten zwei Etagen zur Verfügung. Unten befanden sich die Küche mit einer Feuerstelle, ein großer Holztisch mit Stühlen und ein offener Kamin, der im Winter die ganze Stube zusätzlich wärmte. Die obere Etage bestand aus zwei Zimmern, wovon eines mir gehörte, und einem kleinen Erker, in dem der Abort eingebaut war. Ein Luxus, den nicht alle Dorfbewohner kannten. Nachdem ich meine Tasche und das Gebetsbuch nach oben in mein Zimmer gebracht hatte, sah ich in den Küchenschränken nach, was ich uns zum Abendessen kochen konnte. Ich fand frische Eier, Speck und Käse. Sogleich schürte ich das Feuer auf der Feuerstelle an. Die Glut von heute Morgen war noch warm und so dauerte es nicht lange, bis ein kleines Feuer knisterte. Ich schlug mehrere Eier in die Pfanne, gab kleine Stücke des Specks hinzu und würzte alles mit getrockneten Kräutern. Den Käse stellte ich auf den Tisch und legte ein Messer dazu. Zwei Becher füllte ich mit Dunkelbier. Schon bald durchzog ein köstlicher Geruch die Stube, und das Wasser lief mir im Mund zusammen. Mein Vater ließ nicht lange auf sich warten. Ich wendete gerade die Eier in der Pfanne, als er zu mir trat und mich auf die Stirn küsste. »Schön, dass du wieder zurück bist.«

Ich lächelte. »Das Essen ist gleich fertig. Setz dich ruhig, du hattest sicherlich einen harten Tag.«

Das ließ sich mein Vater nicht zweimal sagen und nahm ächzend auf seinem gewohnten Stuhl Platz. Er zog seinen Hut ab und legte ihn auf den Tisch. »Da hast du Recht.«

Ich holte aus dem Schrank zwei Teller, Messer und Gabel, teilte das Essen gerecht auf die Teller auf und setzte mich zu meinem Vater an den Tisch. Beide hungrig vom anstrengenden Tag aßen wir zunächst schweigend, bevor ich das Wort ergriff. »Ihr saht sehr beschäftigt aus, als ich kam. Was hattet ihr Wichtiges zu bereden?«

Mein Vater schwieg lange, und ich dachte bereits, er hätte meine Frage nicht gehört, schließlich legte er seufzend seine Gabel auf den Tisch. »Ich werde alt. Nein, ich bin alt. Jeder Tag, an dem ich die schweren Kornsäcke der Kundschaft trage, steckt mir mehr in den Knochen. Seit langem trage ich die Sorge um die Weiterführung unserer Mühle mit mir. Wie geht es weiter, wenn ich mal nicht mehr kann?«

»Ich führe die Mühle weiter.«

Mein Vater lachte. »Du weißt, dass das nicht geht. Eine Frau kann kein Handwerk allein führen.«

»Und du weißt, dass ich das sehr wohl kann. Ich habe dich schon oft vertreten. Ich bin es, die Giorgio hilft, weil er kaum zwei plus drei zu rechnen vermag.«

Mein Vater seufzte. »Du bist von schnellem Verstand, das weiß ich. Und dennoch ist es das Schicksal einer jungen Frau zu heiraten und eine Familie zu gründen. Nicht ein Handwerk zu erlernen oder gar selbst zu führen.«

»Du hast mich doch das Handwerk gelehrt, damit ich nicht abhängig bin von anderen, sondern selbst für mich sorgen kann.«

Mein Vater ließ seinen Kopf in die Hände sinken. »Vielleicht war das ein Fehler.«

»Was redest du da?« Ich war fassungslos. So hatte ich ihn noch nie reden gehört. Ihn, der nicht an Hexen glaubte, der immer stolz war, eine Tochter zu haben und keinen Sohn. Der mir immer gesagt hatte, ich könne alles werden, wenn ich es nur wollte.

»Ein Bote des Königs ritt gestern ins Dorf und ließ verlauten, dass die Truppen Eabans die westliche Grenze belagern. Sie haben anscheinend bei Perpiyonne eine größere Anzahl von Soldaten zusammengezogen. Es ist nur noch eine Frage der Zeit, bis sie einfallen und sich selbst nehmen, was ihnen König Gaspare schuldet.«

Es stimmte also, was dieser Fabio Cavalli mir erzählt hatte.

»König Gaspare kalkuliert mit einem Krieg. Er lässt alle jungen Männer zwischen vierzehn und dreißig Jahren einziehen.«

»Also auch Giorgio. Ist es das, was ihr besprochen habt?«

»Giorgio wird nicht gehen.«

Ich runzelte die Stirn. Ein ungutes Gefühl machte sich in meinem Bauch breit. »Warum?«, fragte ich, obwohl ich die Antwort nicht hören wollte.

Mein Vater sah mir fest in die Augen. »Weil Giorgio die Mühle übernehmen wird.«

Ich schoss vom Stuhl auf. »Nein, nein. Das kannst du nicht machen.

34

Giorgio ist überhaupt nicht fähig, eine Mühle zu führen. Er ist ein Geselle, mehr nicht.«

»Giorgio hat noch viel zu lernen. Aber er hat ein gutes Herz und sein Vater hat mir mehr als genug bezahlt, sodass mein Lebensunterhalt gesichert ist.«

»Dein Lebensunterhalt? Du sprichst allein von dir? Was wird mit mir passieren? Wo sollen wir wohnen?«

»Giorgio hat um deine Hand angehalten.«

Mein Magen krampfte sich zusammen. »Und du hast ja gesagt.« Das Schweigen meines Vaters war Antwort genug. Meine Augen füllten sich mit Tränen. Meine Lippen begannen zu zittern. »Das hätte Mutter nicht gewollt.« Tränen rannen mir heiß über die Wangen. Ich wischte sie zur Seite. »Ich werde Giorgio nicht heiraten.«

Mein Vater sprang nun seinerseits vom Stuhl auf und sah wütend auf mich hinab. »Willst du auf der Straße landen?« Die Strenge, mit der er sprach, hatte ich noch nie bei ihm gehört. »Wenn die Truppen Eabans hier einfallen, wirst du froh sein, ein Dach über dem Kopf und einen starken Mann an deiner Seite zu haben.«

»Ich kann selbst auf mich aufpassen.«

»Was redest du da für Zeug? Du bist eine junge Frau, keine Kriegerin!«

Meine Trauer verwandelte sich in Wut. Waren seine früheren Worte eine Lüge gewesen? Leere Komplimente? Dachte mein Vater wirklich eine schwache Tochter zu haben, die sich nicht verteidigen konnte? »Was will ich mit einem Mann, der einfältiger ist als unsere Ziege!«

»Du bist undankbar!« Mein Vater setzte sich wieder auf seinen Stuhl. Er sah erschöpft aus. »Das Einzige, was ich noch in diesem Leben sehen will, ist meine Tochter versorgt und in guten Händen zu wissen. Das bin ich deiner Mutter schuldig.«

Nein, mein Vater durfte sich nicht setzen und seine Entscheidung mit meiner Mutter begründen. Ich wollte streiten, diskutieren, zeigen, dass ich die Mühle allein weiterführen konnte. Doch seine Begründung ließ mich verstummen. Tote waren immer ein Argument. Sie waren nicht mehr da. Sie konnten nicht mehr ihre Meinung sagen. Man konnte ihre Ansicht nur vermuten. Ich atmete tief ein und aus. »Aber Mutter hätte

niemals Giorgio für mich gewollt.« Ich nahm meinen leeren Teller, stellte ihn neben den Herd und ging nach oben in mein Zimmer. Sollte mein Vater über seine Entscheidung grübeln. Für mich stand fest: Keine zehn Ochsen würden mich zum Altar mit Giorgio bringen.

Aradia

ie folgenden Tage waren einsam. Mein Zuhause fühlte sich plötzlich fremd an. Mein Vater und ich vermieden es, über seine Entscheidung zu sprechen und gingen uns mehr oder weniger aus dem Weg. So glaubte er wahrscheinlich, dass ich seine Entscheidung akzeptiert hatte und lediglich noch mit mir haderte. Am Tag nach meiner Rückkehr erschien Giorgio mit einem selbstgepflückten Blumenstrauß zur Arbeit. Während Giorgio stammelte, er habe niemals zu träumen gewagt, je eine so schöne Frau wie mich zur Frau zu bekommen, nahm ich die Blumen wortlos entgegen und steckte sie in irgendeine Vase, die ich im Haus fand. Ich hörte meinen Vater sagen, Giorgio solle sich gedulden, das mit uns würde schon werden. Und Giorgio, mit seinem einfältigen Verstand, glaubte ihm, denn am nächsten Tag bekam ich erneut von ihm Blumen geschenkt. Ich stellte sie in einer zweiten Vase neben die andere. Während die beiden Männer glaubten, ich hätte mich meinem Schicksal ergeben, hatte ich bereits damit begonnen, einen Plan zu schmieden. Ich war mehr als jemals zuvor entschlossen, mich diesem Fabio Cavalli anzuschließen. Er war in jeder Hinsicht das Gegenteil von Giorgio. Kein Muskelprotz, aber mit scharfem Verstand hinter den eisblauen Augen. Und je mehr gefühlsduselige Worte Giorgio murmelte, wenn er mich sah oder mir Blumen brachte, umso hoffnungsvoller dachte ich an das bevorstehende Treffen mit Fabio. Er hatte mich schon einmal gerettet. Würde er es wieder tun?

***

Es war Feria Quinta. Der letzte Tag vor meinem Aufbruch, denn morgen Abend würden sich Fabio und die anderen in der Schenke *Zum vollen Krug* nahe Sedura treffen. Von meinem Heimatdorf war die Schenke genau eine Tagesreise entfernt. Mein Plan stand fest. Ich würde mich im frühen Morgengrauen aus dem Haus schleichen und nicht wieder zurückkommen.

Mein Vater hatte Giorgio gebeten, an diesem Abend zum Essen zu bleiben. Ich hatte uns allen einen Linseneintopf gekocht.

»Wir sind schon eine richtige Familie«, gluckste Giorgio vor Freude, als er zwischen mir und meinem Vater am Tisch Platz nahm.

Mein Vater nickte zufrieden, während ich mich zusammenreißen musste, nicht meine gespielte Miene der Freundlichkeit zu verziehen. Schnell schaufelte ich mir einen Löffel Linsen und Karottenstückchen in den Mund.

»Und das Beste ist, meine Zukünftige kann kochen wie eine Göttin.«

»Das hat sie von ihrer Mutter«, meinte mein Vater.

Giorgio strahlte mich an. Er schien am heutigen Abend der glücklichste Mensch auf Erden zu sein. So langsam bekam ich Mitleid mit ihm. Wie es ihm wohl ergehen würde, wenn er morgen feststellte, dass seine künftige Frau nicht mehr da war? Und wie würde es meinem Vater ergehen? Würde er meine Entscheidung zu gehen verstehen? Würden die beiden nach mir suchen?

»Ich habe übrigens heute mit Pater Matteo gesprochen. Eure Vermählung wird in zwei Wochen stattfinden.«

In zwei Wochen! Mein Vater wollte mich wirklich schnell unter die Haube bringen.

»Das ist wunderbar«, sagte Giorgio.

Beide Augenpaare wandten sich mir zu. »Ja, ganz wunderbar«, beeilte ich mich zu sagen und schenkte Giorgio ein strahlendes Lächeln. Ein Fehler, wie sich sogleich herausstellte. Giorgio nahm meine Geste als Zuneigung war, ließ sich vom Stuhl gleiten und ging vor mir auf die Knie. »Ich habe noch gar nicht offiziell um deine Hand angehalten«, stammelte er und nestelte in seiner Hosentasche, »Willst du meine angetraute Frau werden?« Er hielt mir einen silbernen Ring vor die Nase. Am liebsten hätte ich gesagt: Nein. Ich schielte zu meinem Vater, der mir aufmunternd zunickte. Eigentlich war es egal, was ich sagte, denn morgen wäre ich sowieso nicht mehr da. »Ja, Giorgio, ich möchte deine Frau werden.« Das Wörtchen »möchte« kam mir nicht ganz so flüssig über die Lippen, aber Giorgio schien es nicht zu bemerken. Er stieß vor Freude oder Erleichterung die Arme in die Luft.

»Na los, nimm dem armen Kerl den Ring ab«, verlangte mein Vater.

»Das ist der Hochzeitsring meiner Großeltern.« Giorgios Stimme überschlug sich geradezu vor Stolz.

Ich nahm den Ring entgegen. Er war hübsch, das musste ich zugeben. Ein filigranes Muster aus feinen Linien, die sich zu Blättern und Blüten wanden, umspannte die gesamte Oberfläche.

»Im Inneren steht unser Familienname«, fügte Giorgio hinzu.

Ich drehte den Ring leicht und sah tatsächlich den Namen *Agricola* eingraviert. »Der Ring ist wunderschön«, sagte ich und steckte ihn auf meinen rechten Ringfinger. Giorgio kniete immer noch vor mir. Fehlte noch etwas? Musste ich ihn etwa küssen? Nein, das würde, wenn erst bei der Hochzeit von mir erwartet werden. Ich entschied mich, ihn zu umarmen. Ich lehnte mich zu ihm nach unten, wohingegen Giorgio die Geste leider missverstand. Er schürzte seine Lippen, und ich konnte gerade noch meinen Kopf wenden, bevor sein Mund auf meinem landete. Dafür bekam ich einen feuchten Schmatzer auf die Wange. Zum Glück konnte niemand meinen Gesichtsausdruck sehen. Ich tätschelte Giorgio die Schulter. »Danke«, ich überlegte kurz, »Geliebter.« Für diese Lüge würde ich beichten gehen müssen. »Ich freue mich sehr auf unsere Zukunft.« Dann lehnte ich mich wieder zurück auf meinen Stuhl und sah direkt in die Augen meines Vaters. Sein Blick sprach Bände. Im Gegensatz zu Giorgio konnte ich ihn nicht täuschen. Allerdings konnte er nicht erwarten, dass ich nach Tagen der Überlegung seine Entscheidung über meinen Kopf hinweg akzeptierte.

Den restlichen Abend verbrachten mein Vater und Giorgio damit, die Hochzeit zu planen. Ich hörte nur halbherzig zu und kommentierte mit allgemeiner Zustimmung die Ideen der beiden Männer. Es war bereits dunkel, als Giorgio endlich Anstalten machte zu gehen. Ich bekam noch

einen zweiten Kuss an diesem Abend auf meine Wange, dann torkelte er liebestrunken nach Hause.

»Ich weiß, du liebst ihn nicht«, sagte mein Vater, als er die Tür hinter Giorgio geschlossen hatte. »Aber irgendwann wirst du Zuneigung für ihn verspüren. Er ist ein feiner Junge. Und er wird dir auf ewig treu sein. Kannst du denn nicht verstehen, warum ich diese Entscheidung getroffen habe?«

»Doch, Vater, ich kann deine Entscheidung verstehen«, sagte ich und nahm ihn in den Arm, »Aber auch du musst verstehen, dass das Leben, das du für mich ersinnst, mich niemals glücklich machen wird.« Ich ließ ihn los, gab ihm einen Kuss auf die Stirn und stieg dann die Treppe zu meinem Zimmer nach oben. Mit diesen Worten verabschiedete ich mich von ihm. Wann ich ihn wiedersehen würde, das wusste nur Gott selbst.

Aradia

Ich lag die ganze Nacht über wach. Zu groß war die Angst, einzuschlafen und den richtigen Zeitpunkt für meinen Aufbruch zu verpassen. Mein Herz begann zu pochen, wenn ich an Fabio und das bevorstehende Abenteuer dachte. Gleichzeitig tauchten immer wieder Gedanken des Zweifels auf. Was, wenn all das Gerede von Fabio nur leere Versprechungen gewesen waren? Ich kannte diesen Mann nicht. Er war ein Fremder. Er war ein Zögling des Königshauses. Ich versuchte, die Gedanken zu unterdrücken. Sagte mir immer wieder, Fabio hätte mich niemals in Verossa gerettet, wenn er noch dem Königshaus treu wäre. Er hätte mich niemals gehen lassen. Als ich das erste Zwitschern des Hausrotschwänzchens hörte, war es Zeit, aufzubrechen. Ich stand auf und zog unter dem Bett meinen gepackten Rucksack hervor. In ihm hatte ich etwas Brot und Schinken, eine Wasserflasche, eine Decke und meine Ersparnisse gepackt. Ich hatte in den letzten zwei Jahren durch den Verkauf unserer Ziegenmilch etwa hundert Talleri angespart. Mit dem Geld würde ich bestimmt zwei Monate oder länger, ohne mir Gedanken machen zu müssen, durchkommen. Ich schulterte den Rucksack, öffnete langsam meine Tür und stieg vorsichtig die Treppe nach unten. Am Fuß der Treppe warf ich einen letzten Blick auf die geschlossene Zimmertür meines Vaters. In nicht einmal eineinhalb Stunden würde er aufstehen, unten in der Stube eine Schale Milch trinken und den Ofen anschüren. Normalerweise leistete ich ihm bereits kurze Zeit später Gesellschaft. Doch heute nicht. Sicher würde er mich rufen, ohne eine Antwort zu bekommen. In einem ersten Gedanken, ich sei möglicherweise krank, würde er nach mir sehen und lediglich ein leeres Zimmer vorfinden. Wüsste er gleich, dass ich für immer fort gegangen war?

»Lebewohl«, flüsterte ich. Dann schlich ich zur Haustür, öffnete sie und trat in die angenehm kühle Morgenluft. Ich warf keinen Blick mehr zurück auf die Mühle. Mein Zuhause für neunzehn lange Jahre. Ich blickte nach vorn. Nun war ich frei und konnte mein Ziel, den Hexenwahn des Königs zu bekämpfen, ohne Rücksicht auf andere verfolgen. Ich konnte meine geliebte Mutter rächen.

***

Mein Weg führte mich zurück zu meinem Versteck bei den hohen, dunklen Tannen. Im Morgengrauen verwandelte ich mich zurück in die Hexenretterin Aradia. Die Kleider der Müllerstochter legte ich zurück in das Versteck, auch wenn ich sie nie mehr brauchen würde. Die schwarze Kleidung verlieh mir weiteres Selbstbewusstsein. Ich war mir nun mehr denn je sicher, das Richtige zu tun. Dann folgte ich dem Fluss querfeldein durch die Wiesen und Felder. Als die Sonne hinter den Bäumen hervorlugte, war ich bereits viele Meilen von zu Hause entfernt. Ich erreichte die große Handelsstraße, die das Land von Süden nach Norden querte. Um kein Aufsehen zu erregen, folgte ich der Straße etwas abseits, gut verborgen im Dickicht des Waldes. Je höher die Sonne am Himmel stand, umso mehr Stimmen der fahrenden Händler mit ihren großen knarrenden Karren hörte ich von der Straße. Die meisten von ihnen waren auf dem Weg nach Rascara, Hauptstadt und Namensgeberin unseres Königreichs. Ich war noch nie dort gewesen. Aber man erzählte sich, dass das Schloss König Gaspares mit seinen weißen Mauern und den pechschwarzen Dächern Himmel und Hölle vereinte. Der Markt in Rascara war der größte des Landes. Hier wurden nicht nur heimische Produkte, sondern auch Gewürze und Schätze aus aller Welt angeboten. Bergkräuter aus Narzieu, fremdartige Getreide aus den Ebenen Eabans, süße Früchte aus Zacronia und feinstes Salz von den Jolnora-Inseln. Zumindest früher. Vor dem Streit mit dem benachbarten Königreich Eaban. Ich hatte auf meinen Reisen durchs Land gehört, dass der Handel mit den anderen Königreichen und Ländern nahezu zum Erliegen gekommen war. Die Handelswege waren durch unser einzig benachbartes

Königreich behindert. Zu Recht, wie einige mutige Bürger hinter vorgehaltener Hand tuschelten. König Gaspare liebte Reichtum und Luxus. Seine Gier nach mehr hatte ihn Geld von König Amaury leihen lassen. Vordergründig, um mit dieser Leihgabe seine Misswirtschaft im eigenen Land auszubessern. Doch das Geld hatte er, entgegen seinen Versprechungen, niemals mehr zurückgezahlt und lieber für sich selbst ausgegeben. Bald würde er den Preis für seinen verschwenderischen Lebensstil am eigenen Leib bezahlen. Denn wenn es wirklich stimmte, dass Eaban seine Truppen an der Westgrenze Rascaras zusammengezogen hatte, war es nur noch eine Frage der Zeit, bis diese Truppen einfielen. Wie viele Menschen würden wegen Gaspare ihr Leben lassen? Wie viele Frauen und Mädchen würden noch der Hexerei bezichtigt und verbrannt, weil unser König glaubte, sich so aller Sünden rein waschen zu können? Ich hasste unseren König zutiefst. Er war schuld, dass meine Mutter als Hexe auf dem Scheiterhaufen gelandet war. Manchmal des Nachts, wenn ich nicht schlafen konnte, stellte ich mir vor, wie ich ihm eine Klinge ins Herz stieß. Dabei war Gaspare nicht mehr als ein Schatten in meinen Gedanken. Eine verschwommene Vorstellung. Ich kannte unseren König nicht. Wie die meisten Menschen Rascaras hatte ich ihn noch nie gesehen.

Ich ging unbeirrt meinen Weg durch den Wald, die große Handelsstraße hin und wieder in Sichtweite. Ich wusste, dass irgendwann von ihr eine kleinere Straße nach Nordwesten abzweigte. Da ich mich links der Straße im Wald bewegte, würde ich automatisch der kleineren Straße weiter folgen. Diese würde mich geradewegs nach Sedura führen. Und von dort musste ich nur noch wenige Meilen weiter Richtung Triessa laufen, um etwa auf halber Strecke die Schenke *Zum vollen Krug* zu erreichen. Inzwischen kannte ich mich im Süden Rascaras recht gut aus. Schließlich war ich hier seit etwa einem Jahr als Hexenretterin unterwegs und versuchte, die schändlichen Hinrichtungen zu vereiteln. Mal gelang es mir und die Frauen konnten fliehen, mal nicht. Es waren die schmerzvollsten Tage, an denen ich erfolglos nach Hause zurückkehrte. Ich hoffte, dass diese Tage endlich vorbei waren. Mit Gleichgesinnten, da hatte Fabio Cavalli Recht, konnte man gewiss Größeres bewegen.

Mein Herz pochte verräterisch bei dem Gedanken, bald keine Einzelkämpferin mehr zu sein, sondern meinen Rachefeldzug gemeinsam mit Fabio fortzuführen. In gewisser Weise gab ich die Kontrolle über mein Tun ab. Doch etwas in seinem klaren, mutigen Blick hatte versprochen, dass ich ihm vertrauen konnte. Dass wir zusammen stärker sein würden als jeder von uns allein. Und dennoch nagte Unsicherheit an mir. Fabio glaubte, ich sei Aradia, die Hexenkönigin. Wie lange würde ich vor Gleichgesinnten diese Rolle spielen können? Sollte ich das überhaupt? Oder war es nicht besser, die Karten offen auf den Tisch zu legen? Unter meiner schwarzen Kostümierung war ich eine einfache Müllerstochter. Und mich ängstigte die Vorstellung, Fabio könne dies herausfinden und nichts mehr mit mir zu tun haben wollen.

Gegen Mittag erreichte ich die Abzweigung, die nach Nordwesten führte. Ich folgte weiterhin dem schmalen Pfad, der sich von der Straße nicht sichtbar durch das dichte Grün des Waldes schlängelte. Die Sonne stand hoch am Himmel, und als ich eine kleine Lichtung fand, gönnte ich mir eine Pause. In der Stille des Waldes holte ich meinen Proviant hervor, doch anstatt die Ruhe zu genießen, aß ich hastig, die Zeit stets im Nacken. Kaum hatte ich den letzten Bissen heruntergeschluckt, stand ich schon wieder auf den Beinen. Der Weg schien sich unendlich zu dehnen, während sich die Müdigkeit langsam in meinen Gliedern ausbreitete. Meine Füße schmerzten, das stundenlange Laufen hatte seinen Tribut gefordert. Dennoch zwang ich mich weiter, Schritt für Schritt.

Erst am späten Nachmittag, als die Schatten bereits länger wurden, sah ich endlich das, worauf ich so lange gewartet hatte. Hinter einer kleinen Anhöhe tauchten die ersten Dächer von Sedura auf, wie eine leise Versprechung am Horizont. Ein Gefühl der Erleichterung durchströmte mich, tatsächlich noch vor Einbruch der Nacht die Schenke *Zum vollen Krug* zu erreichen.

Um weiterhin keinem Menschen zu begegnen, umrundete ich Sedura großläufig. Die Kirchenglocke läutete neun Mal in der Ferne als ich die kleine Straße Richtung Triessa fand und ihr folgte. Es war keine Menschenseele mehr unterwegs. Die Dorfbewohner saßen sicherlich zu Hause beim Abendessen oder versuchten am Würfeltisch in der Dorfschenke ihr Glück. Den ganzen Tag über hatte ich mich auf mein Ziel fokussiert und keine Gedanken an die Heimat verschwendet. Erst der Anblick des Dorfes ließ mich wieder an meinen Vater denken. Was er wohl gerade tat? War er allein? Oder saß er gemeinsam mit Giorgio am Tisch und wartete auf meine Rückkehr? Die Gemeinschaft der verlassenen Männer. Der Gedanke schmerzte leicht, doch je näher ich der Schenke kam, umso aufgeregter tanzte wieder mein Herz. Ich sehnte das Wiedersehen mit Fabio herbei. Und so merkte ich, dass ich immer schneller lief. Es dämmerte bereits, als ich endlich in der Ferne eine Laterne leuchten sah. Endlich kam die Schenke in Sicht. Ein mehrstöckiges Fachwerkhaus, das allerdings schon bessere Jahre gesehen hatte. Das Gebäude hockte wie ein verfallenes Ungeheuer am Rand des Weges. Die Wände aus eingefallenem Fachwerk wirkten, als hielten sie nur noch aus Trotz stand. Kleine Fenster, wenn man sie überhaupt so nennen konnte, waren entweder mit schmutzigen Lumpen verhangen oder mit schief hängenden Holzläden verschlossen, als ob jemand längst aufgegeben hatte, die Illusion von Gemütlichkeit nach einer langen Wanderschaft zu wahren. Hinter den löchrigen Lumpen flackerte immer wieder Licht auf. Auch wenn die Straße und der Platz vor der Schenke leer waren, mussten Gäste im Schankraum sein. Das Gasthaus lag strategisch günstig und wenigstens das Dach wirkte noch stabil genug, um den Reisenden eine trockene Nacht zu versprechen. Über dem Eingang neben der Laterne baumelte noch an einem Nagel hängend ein verwittertes Holzschild. Die Schrift konnte ich aus der Entfernung nicht lesen, aber ich vermutete, dass das selbst dann nicht möglich gewesen wäre, stünde man direkt darunter. Unschlüssig blieb ich stehen. Ich war viel zu früh. Und als Frau allein eine Schenke zu betreten, kam mir bei all meiner Abenteuerlust doch unschicklich vor. Ich war Einzelgängerin und hatte bisher jegliches Auftauchen in Gaststuben und Wirtshäusern vermieden. Lieber hatte ich mir zur Nachtruhe eine abgelegene Scheune gesucht. Außerdem kannte ich außer Fabio niemanden dort. Daher beschloss ich, mich hinter einen großen Haselstrauch am Rande des Weges zu setzen und erst einmal die Straße zu beobachten. Ich würde erst die Schenke betreten, wenn Fabio eingetroffen war. Eine ganze Zeit lang regte sich nichts. Die Nacht

brach langsam herein, und ich wurde unruhig. Das Treffen musste jederzeit beginnen. Ich haderte bereits mit dem Gedanken, doch einfach die Schenke zu betreten, als ich plötzliche Stimmen näherkommen hörte. Schließlich kamen zwei junge Männer aus Richtung Sedura in Sicht.

»Gaspare ist das Schlimmste, was Rascara passieren konnte«, meinte der eine.

»Soll er an seinen vielen Münzen ersticken«, pflichtete der andere ihm bei.

»Glaubst du, Cavalli behält Recht und sie kommt heute Abend?«

Ich stutzte. So offen auf der Straße, hatte ich noch niemanden über den König schimpfen gehört. Darauf stand Zunge abschneiden oder Schlimmeres.

»Ich hoffe es. Schließlich ist sie die Lichtgestalt der Menschen, die nicht an Gaspares Wahn glauben.«

Die beiden sprachen über mich. Peinlich berührt spürte ich, wie mir Hitze in die Wangen schoss. Ich war es nicht gewohnt, dass so ehrfürchtig über mich, eine einfache Müllerstochter, gesprochen wurde.

Der etwas Kleinere von beiden sah zur Seite und einen kurzen Augenblick lang dachte ich, er hätte mich zwischen den Zweigen des Haselstrauchs entdeckt, doch die beiden Männer liefen unbeirrt weiter. Eigentlich hätte ich mich den beiden zeigen können, schließlich waren sie Gleichgesinnte und gehörten offensichtlich zur Truppe Fabios. Doch die Unsicherheit packte mich erneut. Ich wollte erst Fabio sehen. Erst dann glaubte ich an die Gemeinschaft gegen den König. Die beiden jungen Männer gingen direkt auf die Schenke zu. Im Schein der Laterne sah ich sie die Stufen zum Eingang nehmen, um nach kurzer Zeit des Wartens eingelassen zu werden. Ich erinnerte mich an das Klopfzeichen. Der Takt unserer königlichen Hymne. Unruhig verlagerte ich mein Gewicht von einem Fuß auf den anderen und beobachtete weiter die Straße. Ich hatte keine Ahnung wie spät es inzwischen war. Nichts regte sich mehr in der näheren Umgebung. Wo blieb Fabio? Oder war er möglicherweise schon in der Schenke? War der Anführer einer Gruppe nicht immer als erstes da? Ich wollte gerade zurück auf die Straße treten, als ich von weitem ein herangaloppierendes Pferd hörte. Es kam diesmal von der anderen Richtung der Straße. Den Schimmel und seinen Reiter erkannte ich im Schein der Laterne sofort. Da war er. Fabio Cavalli. Nahezu anmutig saß er im Sattel, sein roter Umhang flatterte leicht im Wind. Seine Silhouette war unverkennbar – groß und schlank, aber mit einer Stärke, die man nicht übersehen konnte. Mein Herz pochte schneller bei seinem Anblick. Jetzt konnte ich mir nicht mehr einreden, die Verabredung sei Einbildung oder ein Scherz gewesen. Fabio hielt seinen Schimmel vor der Schenke an, stieg ab, sah sich kurz zu allen Seiten um und führte sein Pferd dann ums Haus. Ich blieb noch eine Weile hinter dem Haselstrauch sitzen, doch Fabio kam nicht wieder. Wahrscheinlich hatte die Schenke auf der Rückseite bei den Pferdeställen einen zweiten Eingang. Wie dem auch sei. Fabio war nun da. Mein neues Leben konnte beginnen. Ich schlüpfte aus meinem Versteck auf die Straße und wischte mir verirrte Zweige und Blätter von der Kleidung. Ich war so nervös vor dem Aufeinandertreffen, dass mir das Herz bis zum Hals schlug. Lächerlich. Ich war Aradia. Zumindest glaubten das die Menschen. Entsprechend sollte ich mich auch verhalten. Mutigen Schrittes lief ich los, da hörte ich hinter mir auf einmal ein Rascheln.

»Ergreift die Hexe!«, rief eine Männerstimme.

Ehe ich mich umdrehen konnte, schlug mir etwas Hartes gegen den Kopf, und noch bevor ich auf dem Boden aufprallte, war ich bewusstlos.

Tabu

ch hoffe für euch, sie ist nicht tot!« Meine Stimme war ruhig, doch mein Blick blieb ernst auf Aradias erschlafften Körper gerichtet, den die Wachen gerade in den Käfig hievten.

»Von einem Schlag auf den Kopf stirbt bestimmt keine Hexe«, brummte einer von ihnen, bevor die beiden sie wenig behutsam ablegten. Ihre Kapuze rutschte dabei von ihrem Kopf und offenbarte eine junge Frau, deren Anblick selbst im flackernden Schein der Fackeln atemberaubend war. Ihr langes, feuerrotes Haar glühte wie lebendige Flammen und rahmte ein Gesicht ein, das sowohl Zartheit als auch eine kaum greifbare Stärke ausstrahlte. Durch unsere Unterredung nach der Flucht aus Verossa hatte ich gewusst, dass sie jung war, doch die Kapuze hatte noch zu viel von ihren Zügen verborgen gehalten. Nichts hätte mich darauf vorbereiten können, sie nun so vor mir zu sehen — eine Hexe, von der die Legenden sprachen, mit einer Schönheit, die selbst diese finstere Nacht durchdrang. Ich schluckte, spürte, wie ein seltsames Unbehagen in mir aufstieg, und zwang mich, den Blick abzuwenden.

»Sie atmet noch«, stellte die andere Wache über sie gebeugt fest.

Erleichtert holte ich Luft. »Bringt sie heil und lebendig zum Schloss«, wies ich die Männer an und schwang mich in den Sattel. »Ich reite voraus und sorge dafür, dass alles bei ihrer Ankunft vorbereitet ist.«

Die Wachen nickten wortlos. Ich lenkte mein Pferd in Richtung der dunklen Wälder und ließ den Käfig und die Schenke *Zum vollen Krug* hinter mir zurück, während der Wind mir die unerklärliche Wärme aus dem Kopf zu vertreiben versuchte, die Aradias Anblick entfacht hatte. Ein Anblick, den ich nicht so leicht abschütteln konnte

Dennoch, ich hatte meine Pflicht erfüllt. Die Belohnung war in greifbarer Nähe.

***

Die tiefstehende Sonne tauchte die weißen Mauern des königlichen Schlosses in ein warmes, goldenes Licht, als ich am späten Nachmittag des nächsten Tages endlich ankam. Mein Pferd, erschöpft von der langen Reise, schnaubte leise, während ich die Zügel einem wartenden Stallknecht übergab. Meine Beine fühlten sich schwer an, und Schweiß klebte an meinem Nacken, aber die drängende Nervosität in meiner Brust trieb mich weiter. Ich musste den König unverzüglich sprechen.

Mit schnellen Schritten eilte ich durch die breiten Flure des Schlosses, mein Blick huschte von einem Wandteppich zum nächsten, ohne sie wirklich wahrzunehmen. Ich zwang mich, tief durchzuatmen, doch die Unruhe ließ mich nicht los.

Vor den prächtigen goldgeschmückten Doppeltüren zum Thronsaal waren zwei Wachen mit stahlharten Blicken postiert. Ich hielt inne, um meine Stimme zu festigen, bevor ich sprach. »Fabio Cavalli. Der König erwartet mich. Ich habe Wichtiges zu verkünden.«

Die Männer musterten mich einen Augenblick, dann öffneten sie zu meiner Erleichterung die Türen. Ich trat ein und hielt kurz inne, während ich die Szene vor mir in mich aufnahm.

König Gaspare saß auf einem breiten, eisernen Thron, dessen rote Samtkissen den Eindruck von Macht und Komfort gleichermaßen vermittelten. Unser Wappentier, der Luchs, war kunstvoll in das Eisen eingearbeitet. Die Füße des Throns waren klauenbesetzte Krallen. Neben ihm stand Malfois, Gaspares engster Vertrauter. Er war in eine makellose blaue Robe gekleidet, deren silberne Stickereien im Fackellicht funkelten. Sein Barrett, verziert mit einer langen Feder, schien so erhaben wie er selbst – ein Mann, dessen Präsenz nicht weniger fesselnd war als die des Königs.

»Cavalli«, sagte der König, seine Stimme ruhig, aber mit einem Hauch von Erwartung. »Habt Ihr das Unmögliche geschafft?«

Ich verneigte mich knapp und trat näher, meine Hände hinter dem Rücken verschränkt, um das leichte Zittern zu verbergen. »Majestät, ich bringe gute Nachrichten. Mein Plan ging auf. Aradia, die Hexe, ist in unserer Gewalt. Die Wachen werden mit ihr im Laufe des morgigen Tages eintreffen.«

Ein Ausdruck völliger Zufriedenheit zog über das Gesicht des Königs. Er lehnte sich ein wenig nach vorn, die Finger seiner rechten Hand spielten mit der Armlehne, die in einem Luchskopf endete. »Ihr habt es tatsächlich geschafft.«

Neben ihm hob Malfois eine Braue, seine scharfen Augen schienen mich zu durchbohren. »Und Ihr habt sie lebend gefangen?«, fragte er herausfordernd.

»Ja, Herr. Sie lebt und wird bewacht.«

Der König nickte zufrieden und stand auf, seine imposante Gestalt beeindruckte mich jedes Mal. »Ihr habt treue Dienste geleistet, Cavalli. Ihr habt das Unmögliche geschafft. Eure Belohnung ist wohlverdient.« Er klatschte mit den Händen, woraufhin ein Diener eintrat und eine schwere Truhe hereintrug, deren Inhalt im Licht funkelte – fünftausend glänzende Talleri. So viel Geld auf einem Haufen hatte ich mein ganzes Leben lang noch nicht gesehen.

»Dies ist Euer Lohn. Ich lasse die Truhe in Euer Zimmer bringen. Und wenn die Hexe hier ist, werde ich Euch sogar in den Ritterstand erheben.«

Mein Herz pochte vor Aufregung. Das Geld war mir sicher gewesen. Der Ritterstand hingegen übertraf meine kühnsten Träume. Endlich würde ich ein Ehrenmann sein und das einfache Botendasein hinter mir lassen. Dank König Gaspare. Ich verneigte mich tief. »Ihr ehrt mich, Majestät.«

Gaspare trat näher und legte eine Hand auf meine Schulter. »Doch bevor Ihr Euch wohlverdient ausruht, habe ich noch einen wichtigen Auftrag für Euch.«

Ich hob den Kopf, meine Neugier war geweckt.

»Euer Wunsch ist mir Befehl.« Für König Gaspare würde ich alles tun.

»Reitet zu den umliegenden Höfen und sorgt dafür, dass so viel Stroh wie möglich zum Schloss gebracht wird«, erklärte er. »Jede Garbe, die entbehrt werden kann, wird benötigt. Und sorgt dafür, dass es schnell geschieht.«

Stroh? Wozu? In unseren Pferdeställen gab es genug davon. Die Dringlichkeit in König Gaspares Stimme hinderte mich daran, nach dem Wozu zu fragen. Und so nickte ich. »Es soll geschehen, Majestät. Ich werde sofort aufbrechen.«

»Gut«, sagte er und für einen flüchtigen Moment blitzte Begierde in seinen Augen auf. »Eure Pflichten sind noch lange nicht vorbei, Cavalli.« Der König nickte mir noch einmal zu, als sei die Angelegenheit damit abgeschlossen, und wandte sich dann ab.

Mit einer tiefen Verbeugung verließ ich den Raum, mein Herz schlug immer noch wie im Galopp. Bald würde ich ein Ritter des Königreichs sein. Stolz und Eifer erfüllten mich bei diesem Gedanken. Warum der König Mengen an Stroh benötigte, war mir ein Rätsel – doch es war nicht meine Aufgabe, zu fragen. Was auch immer er plante, ich würde meinen Beitrag dazu leisten, ohne zu zögern. Ich würde die Aufgabe schnell und gewissenhaft ausführen. Für den König, für das Reich – und für die Ehre, die mir zuteilwurde.

Aradia

Das Erste, was ich spürte, als ich wieder erwachte, waren erbarmungslose Kopfschmerzen. Ein dumpfes Hämmern in meinem Schädel, das bei jedem Ruckeln noch verstärkt wurde. *Ruckeln.* Da war schon wieder eines. Ächzend öffnete ich die Augen. Holzpfähle verschränkten mir die freie Sicht. Durch Lücken erkannte ich schließlich Bäume und Büsche langsam vorbeiziehen. Es war hell, was mich vermuten ließ, die ganze Nacht über ohnmächtig gewesen zu sein. Ich lag auf dem Rücken, die Beine angewinkelt und als ich mich aufrichten wollte, spürte ich den harten Widerstand der Fesseln, die meine Hände hinter meinem Rücken zusammenhielten. Mehrmals versuchte ich, mich hochzustemmen, jeder Versuch schwerfälliger als der letzte, bis es mir schließlich gelang, in eine sitzende Position zu kommen. Wo war ich? Und was war passiert? Man hatte mich in einen hölzernen Käfig gesteckt. Ich wandte meinen Kopf, wobei mir erneut ein heftiger Schmerz in die Stirn schoss. Der hölzerne Käfig war ein Wagen, der von zwei großen, schwarzen Pferden gezogen wurde. Ein Kutscher saß auf dem Bock mit den Zügeln in der Hand und mehrere uniformierte Wachen ritten voraus. Das Rütteln und Schaukeln verursachte mir derartige Kopfschmerzen, dass mir schlecht wurde. Kraftlos lehnte ich mich gegen die Holzpfähle und schluckte gegen die Übelkeit an. An die Ereignisse des Vorabends konnte ich mich nur noch dumpf erinnern. Blätter eines Haselstrauchs, eine Laterne, die dumpfes Licht schenkte und ein gutaussehender Mann, der auf einem Schimmel angeritten kam. Dann fiel es mir wieder ein. Fabio Cavalli. Ich hatte mich mit ihm und seinen Leuten in der Schenke *Zum vollen Krug* treffen wollen. Ich war auf der Straße überfallen worden. Jemand hatte mich bewusstlos geschlagen. Mein Blick wanderte wieder nach vorne zu den Wachen. Doch in dem dämmrigen Licht konnte ich keine Details ihrer Uniform erkennen. Hatte mich König Gaspare etwa in die Hände bekommen?

»Wer seid ihr und wo bringt ihr mich hin?«, rief ich krächzend über das Knarren des Wagens und das Getrappel der Pferdehufe hinweg.

Der Kutscher pfiff und die Pferde blieben stehen. »Die Hexe ist wach«, informierte er die Wachen.

Einer der Reiter wandte sofort sein Pferd, kam nach hinten getrabt und blieb auf meiner Höhe stehen. Mit Erschrecken sah ich den goldenen Luchs, das Wappentier unseres Königreichs, auf seinem Waffenrock prangen. Durch die hölzernen Gitterstäbe sah die Wache auf mich hinab. »Aradia, die Hexenretterin, ist endlich gefangen. König Gaspare wartet schon sehnsüchtig auf Euch.«

Irgendwie kam mir die Stimme bekannt vor. War es eine der Wachen, die mich in Verossa bereits verfolgt hatte? Vermutlich. Ich schluckte. Meine schlimmsten Befürchtungen hatten sich bewahrheitet. Ich war gefangen genommen worden und man brachte mich zum König nach Rascara. Nun würde ich wie meine Mutter auf dem Scheiterhaufen enden. Dabei hatte ich gerade Gleichgesinnte gefunden, die mit mir gegen den Hexenwahn des Königs gekämpft hätten. War ich tatsächlich so kurz vor meinem Ziel gescheitert?

»Eine Schande, dass eine Hexe so wunderhübsch ist.« Die Wache schenkte mir ein breites, selbstgefälliges Grinsen, das mir einen Schauer die Arme hinab jagte. Mein Magen zog sich zusammen, und eine Welle der Übelkeit ergriff mich. Ich wich hastig zurück, doch mein Rücken stieß hart gegen die kalten Holzstangen. Meine Hände tasteten instinktiv nach oben, nach meiner Kapuze, meinem Halstuch, aber ich spürte sofort, dass sie nicht mehr dort waren. Sie hatten mich entblößt, meine Schutzschilde fortgerissen. Nun war mein Gesicht bekannt. Meine Wangen brannten, nicht vor Scham, sondern vor Zorn und Hilflosigkeit. Ich konnte ihre Blicke auf mir spüren, wie eine unerwünschte Berührung, die nicht enden wollte. Ein Zittern ging durch meinen Körper, doch ich hob das Kinn ein wenig höher. Sollten sie mein Gesicht sehen. Ich war nicht nur hübsch, ich war stärker, als sie ahnten.

»Aber was sagte schon mein Großvater? Die Teuflischen haben immer rotes Haar.« Die Wache lachte und gab dann dem Pferd die Sporen. Zurück an der Spitze gab sie das Zeichen weiterzufahren. Knatternd kam der Wagen wieder in Bewegung.

***

Wir fuhren den ganzen langen Tag. Gegen Mittag machten wir bei einem Dorf Halt. Die Wache verkündete stolz, Aradia, Königin und Retterin der Hexen, sei gefangen. Kurz darauf hatten sich sämtliche Bewohner um meinen Käfig versammelt. Ich fühlte mich wie ein gefangengenommenes Tier. Ich wurde beschimpft und mit Eiern beworfen. »Lasst sie brennen«, forderten die Leute lautstark. Ich war froh, als wir unseren Weg nach Rascara fortsetzten. Leider hielten wir bei jeder Siedlung, die auf dem Weg lag. Und die immer gleichen Hasstiraden folgten. Ich war eine Trophäe. Rascaras Herrscher hatte Aradia endlich gefangen. Nun musste sich doch alles zum Guten wenden. Der drohende Krieg mit Eaban würde enden. Meine Hinrichtung würde alle Sünden reinwaschen. Zumindest glaubten das die einfachen Menschen. Jene, die keinen geliebten Menschen verloren hatten. Jene, die dem Hexenwahn des Königs Glauben schenkten. Und je schlechter es dem Königreich ging, umso mehr glaubten daran. Die Nacht war am schlimmsten. Während sich die Wachen in einem Wirtshaus vergnügten, ließen sie mich in meinem hölzernen Käfig mitten auf dem Marktplatz stehen. Und die Bürger konnten ihre Wut an mir auslassen. Ich wurde nicht mehr nur mit Eiern beworfen. Die Menschen rissen an meinem Umhang, bewarfen mich mit Dreck und die besoffenen Kerle, die aus den Wirtshäusern und Bordellen torkelten, überschütteten mich mit Bier. Ich wollte mir nicht ausmalen, was passiert wäre, wenn mich nicht der hölzerne Käfig vor den meisten Handgreiflichkeiten geschützt hätte. Erst als die letzten Bewohner in ihren Häusern verschwunden waren, kehrte Ruhe für mich ein. Ich saß zitternd wie eine begossene Katze in meinem Käfig. Tränen rannen über meine Wangen. Ich war stark. Ich konnte vieles über mich ergehen lassen, doch die Bosheit der Menschen brach mein Herz. Der stechende Geruch an meinen zerrissenen Kleidern und in meinen Haaren ließ Galle in mir aufsteigen. Ich übergab mich. Kraftlos sackte ich zusammen. Warum ließ Gott solch eine Ungerechtigkeit geschehen? Es gab keine Hexen!

***

Die weitere Reise am nächsten Tag nahm ich wie in Trance wahr. Die Menschen in den Dörfern, die mich beschimpften, waren nur noch verschwommene Wesen. Die Landschaft zog an mir vorbei, ohne dass ich sie wahrnahm. Ich hatte seit fast zwei Tagen nichts mehr gegessen. Lediglich ein wenig zu Trinken hatten mir die Wachen gegeben. Ich starrte vor mich hin und war in Gedanken bei meiner Mutter. Es war mein innerlicher Rückzugsort. Hier war ich allein. Hier konnte mich niemand erreichen.

Als die Sonne schon über dem Zenit stand, hielt der Wagen erneut an. Und diesmal trat eine Wache vor mich und öffnete den Käfig. Grob packte sie mich und zog mich aus dem Wagen. Ich hatte keine Kraft in den Beinen und knickte ein.

»Verdammte Hexe!« Die Wache schüttelte mich, und es war wie ein Weckruf. Ich erwachte aus meiner Trance und sah mich um. Wir befanden uns auf einem großen Platz, der von einigen Grünflächen gesäumt war und vor uns ragte das größte Gebäude, das ich je gesehen hatte, in die Höhe. Ein prächtiges Schloss aus weißen Mauern und pechschwarzen Turmdächern. Licht und Dunkel, Himmel und Hölle. Ich war in Rascara.

»Na los, bewegt Euch!«, bellte die Wache hinter mir und stieß mich vor sich in Richtung der großen Schlosstore.

Ich stolperte und tat wie geheißen. Weglaufen ergab keinen Sinn. Meine Hände waren gefesselt und die drei Wachen, die mich gefangengenommen und hierhergebracht hatten, eskortierten mich. Eine links, eine rechts und die dritte hinter mir, die Hände griffbereit an den Schwertern. Immer wieder gab mir die Wache hinter mir aus reiner Schikane einen Schubs, sodass ich stolperte. Ich fauchte vor Wut und

die Wachen lachten. Gefesselt hatten sie keine Angst vor mir. Ich war ein Spielzeug in ihren Händen. Ein erbärmliches Spielzeug. Meine Haare waren verklebt und meine Kleider hingen wie Lumpen an mir. Aradia, die berüchtigte Hexenretterin, war gebrochen. Das konnte meine Erscheinung nicht deutlicher machen. Vor den Schlosstoren, die hundert Spannen in die Höhe ragten, waren weitere Wachen des Königs postiert.

»Ist es wahr? Ist das Aradia?« Eine ältere Wache mit dickem Bauch und Schnurrbart spuckte meinen Namen aus, als hätte sich eine Fliege in seinen Mund verirrt.

»Jawohl, das ist Aradia«, bestätigte der Mann rechts neben mir.

Die beleibte Wache lachte und schlug sich auf den Bauch. »Das wird ein Fest, wenn König Gaspare die Hexenkönigin hinrichten lässt.«

Alle stimmten in das Lachen mit ein. Zorn machte sich in meiner Brust breit. Ich reckte das Kinn. Und wenn sie mich traten wie einen Straßenköter. Ich würde mit erhobenem Kopf untergehen, nicht mit gesenktem. Ein jüngerer Gardist öffnete uns die Tore, und wir traten ins Schloss ein. Ich hatte damit gerechnet, dass König Gaspare und seine Gefolgschaft mich erwarteten, aber vor mir breitete sich lediglich eine große, leere und düster wirkende Eingangshalle aus. Die wenigen Fenster in der Höhe spendeten kaum Licht. Daher brannten selbst am Tag dutzende Fackeln an goldenen Vorrichtungen an den Wänden. Das Schloss wirkte ganz und gar nicht einladend. Zwei breite Treppen führten links und rechts nach oben, bis sie sich trafen und eine Art Balustrade bildeten. Die Wache hinter mir schubste mich geradewegs auf die Stirnseite der beiden Treppen zu. Erst bei genauerem Hinsehen sah ich im dämmrigen Licht, dass in die Steinwand eine Tür eingelassen war. Der Gardist zu meiner Linken betätigte einen verborgenen Griff, und die Tür öffnete sich mit einem leisen Klicken. Dahinter befand sich eine enge Wendeltreppe, die in die Tiefe führte. Hatte ich noch anfangs gedacht, direkt vor den König geführt zu werden, wurde mir spätestens jetzt klar, dass ich wie jede gewöhnliche Hexe behandelt wurde. Gab es im Schloss eine Folterkammer? Mein Herz begann zu rasen, und ein unkontrolliertes Zittern ergriff meinen Körper. Bilder flackerten in meinem Kopf auf – heiße Eisen, Schraubstöcke, schreiende Stimmen. Meine Knie wurden weich. »Wo bringt ihr mich hin?«, fragte ich mit belegter Stimme, während mich die beiden Wachen die Treppe hinab eskortierten.

»Keine Fragen«, bekam ich als knurrende Antwort.

Die Treppe schlängelte sich dutzende Umdrehungen nach unten. Schließlich erreichten wir die Ebene. Vor einem Tordurchgang, der mit Fackeln gesäumt war, saßen zwei Männer in ein Würfelspiel vertieft. Als sie uns bemerkten, sprangen sie auf.

»Es stimmt also, dass hier unten nur die faulen Säcke landen«, kommentierte die Wache hinter mir das Spiel seiner Kameraden. »Gebt mir die Schlüssel, ich bringe eine neue Gefangene.«

Der eine der beiden zog hastig einen großen Schlüsselbund aus seinem Wams.

»Eine Gefangene, da werden sich die Mistkerle aber freuen. Bei dem schönen Anblick wird ihnen das Wasser im Mund zusammenlaufen.« Der andere lachte und ließ seinen Blick über meinen Körper wandern.

»Die ist nicht für die Schweine«, blaffte die Wache hinter mir und ließ die beiden Posten augenblicklich verstummen, »Das ist eine ganz besondere Gefangene. Anordnung vom König höchst persönlich.«

Die Männer glotzten mich verdutzt an. Im Gegensatz zu ihren Kameraden am Schlosstor hatten sie keine Ahnung, wen sie vor sich stehen hatten. Die Wache hinter mir schnappte sich die Schlüssel und schubste mich durch den Torbogen in einen düsteren Gang. Ich spürte sofort, dass wir nicht allein waren.

»Frischfleisch«, kreischte jemand auf einmal aus der Dunkelheit von rechts.

Ich zuckte vor Schreck zusammen. Ein dürrer Mann klammerte sich an die Gitterstäbe und streckte seine schmutzige Hand nach mir aus. Ich hörte von allen Seiten das Rasseln von Ketten. Wir mussten uns im Kerker des Schlosses befinden. Ich hielt den Atem an. Eine Zelle reihte sich an die nächste, soweit das Auge reichte. Und sie waren alle voll. Manche sogar mit mehreren Häftlingen. Panik stieg bei dem Gedanken in mir auf, in eine dieser Zellen gesperrt zu werden. Was würden diese Männer mit mir tun?

»Jedem, der es wagt, sie anzufassen, dem schlage ich die Hand ab.«

Die Wache neben mir griff demonstrativ zu ihrem Schwert. Augenblicklich wichen die Gefangenen zurück, blieben jedoch nah genug, um unseren Weg durch den Kerker zu beobachten. Allzu oft bekamen die Häftlinge scheinbar keinen Besuch, schon gar nicht von einer weiblichen Gefangenen. Die Wache, die eben noch zu meiner Linken gegangen war, trat mit einer Fackel vor uns und leuchtete den Weg. Ich vermied es, die Gefangenen in Augenschein zu nehmen. Stur sah ich geradeaus. Das unterirdische Gefängnis schien unendlich groß zu sein. Irgendwann kamen wir an leeren Zellen vorbei und erreichten schließlich das Ende des Ganges. Hier befand sich eine weitere Zelle, die sich über die gesamte Breite des Kerkers zog. Und diese Zelle war anders als die bisherigen. An den eisernen Gitterstäben hingen unzählige Gegenstände. Ich erkannte Pendel an silbernen Ketten, Hasenpfoten und Amulette aus Lapislazuli, Mondstein und Amethyst, die im Schein der Fackel magisch funkelten. Es waren Schutzzauber, wie ich sie von den Hexentürmen her kannte. Sie sollten diejenigen außerhalb der Zelle vor dem Bösen in der Zelle bewahren. Die Wache hinter mir reichte ihrem Kameraden mit der Fackel den großen Schlüsselbund. Wortlos öffnete dieser die schwere Eisentür, deren Scharniere fürchterlich quietschten. Im Schein der Fackel sah ich auf dem Boden zwei massive Fußfesseln liegen, die an der Wand befestigt waren. Die Wachen griffen hart nach mir und zogen mich erbarmungslos in die Zelle. Ich wand mich unter ihrem Griff, fauchte wie ein wildes Tier, schnappte nach ihren Händen und trat um mich, doch gegen ihre Kraft war ich machtlos. Ein scharfes Klicken ließ mich aufschrecken, als sich die kalten Fußfesseln um meine Knöchel schlossen. Ich versuchte, mich aufzurichten, doch kaum hatte ich mich bewegt, spannten sich die Ketten stramm und hielten mich gnadenlos zurück. Ich konnte keine drei Schritte gehen. Das höhnische Lachen der Männer hallte im Kerker wider, während ich hilflos gefangen war.

»Da helfen Euch keine Hexenkünste«, sagte die Wache mit der Fackel.

Mutlos ließ ich mich auf den kalten, steinigen Boden sinken. Die schwere Eisentür fiel mit einem schrillen Quietschen ins Schloss. Die Schritte der Wachen verklangen allmählich, und mit ihnen schwand die letzte Lichtquelle in diesem trostlosen Kerker. Als ich aufblickte, war das schwache Glühen der Fackel nur noch ein winziger, flackernder Punkt in der Ferne – kaum mehr als das Leuchten eines Glühwürmchens, das langsam in die Nacht verschwand. Ich war allein. Verlassen und gefangen. Die Kälte des Kerkers kroch wie tausend kleine Nadeln unter meine Haut, biss sich fest und ließ mich zittern. Die Dunkelheit verschlang meine Gedanken und brachte mich an den Rand der Verzweiflung. Mein Herz hämmerte wie ein verzweifelter Gefangener gegen die Mauern meiner Brust, als wollte es mich daran erinnern, dass ich noch lebte. Blieb einzig die Frage, wie lange noch?

Aradia

Eine Dunkelheit legte sich um mich, dichter und undurchdringlicher als alles, was ich je erlebt hatte. Sie schien lebendig, als würde sie mich verschlingen, mich von allen Seiten einhüllen. Schon bald begannen meine eigenen Augen, mir Streiche zu spielen. Plötzlich flammten vor mir Lichtblitze auf – winzige Funken, die unmöglich real sein konnten. Jedes Mal zuckte mein Herz kurz vor Hoffnung, als ob jemand käme, um mich zu holen oder zu retten, doch die Illusion verging ebenso schnell, wie sie gekommen war. Die flüchtigen Lichter tauchten an anderen Stellen wieder auf, sprangen durch die Dunkelheit, wie geisterhafte Erscheinungen. Menschliche Augen waren nicht für vollkommene Dunkelheit gemacht. Ein Gedankenchaos tobte in meinem Kopf.

Wie hatte der König mich ausfindig gemacht? Niemand war mir auf meinem Weg zur Schenke gefolgt, da war ich mir sicher. Und warum saß ich hier im Kerker gefangen wie ein elendes Tier und brannte nicht längst auf einem Scheiterhaufen? Warum verwendete der König solche Mühen darauf, mich zu fangen und hierher ins Schloss bringen zu lassen?

Meine Gedanken schweiften zu Fabio. Ob er und seine Leute auf mich gewartet hatten? Oder hatten sie gar meine Gefangennahme mitbekommen? Hatte man sie ebenfalls erwischt?

Fabio hatte solche Hoffnungen in mich gesetzt. Seine Worte hallten noch immer in meinem Kopf:

Gemeinsam sind wir stark. Gemeinsam können wir Größeres bewirken.

Da war etwas in seiner Stimme gewesen – eine Dringlichkeit, als wäre ich der Schlüssel zur Rettung des Königreichs. Nun saß ich hier, gefangen im finstersten Kerker, so weit entfernt von den Plänen, die wir geschmiedet hatten.

Würde ich ihn je wieder sehen? Ich seufzte in die Stille der Dunkelheit hinein. Die Nachricht über Aradias Gefangennahme verbreitete sich im Land sicher wie ein Lauffeuer. Würde mich Fabio suchen? Würde er mich nochmals retten? Der Gedanke war heilsam und lächerlich zugleich. Er war sicherlich maßlos enttäuscht von einer Hexenkönigin, die sich nicht aus den Fängen ihrer Peiniger befreien konnte.

***

Die Zeit floss träge in dem Kerker. Und schließlich nahm der nagendste Gedanke in meinem Kopf Gestalt an. Was würde mein Vater sagen, wenn er von meinem Schicksal wüsste? Ich bereute nicht, mein Zuhause verlassen zu haben. Es war der Gedanke, meinen Vater enttäuscht zu haben, der mich quälte. Von meinem Ziel, meine Mutter zu rächen, war ich im Augenblick weiter entfernt, als jemals zuvor. Was würde jetzt mit mir geschehen? Würde ich als Hexe verurteilt und wie meine Mutter als Sinnbild alles Schlechten vor den Augen der Bürger sterben? Oder würde man mich hier unten verrotten lassen?

Ein erneuter Lichtblitz kreuzte mein Sichtfeld und ich dachte zunächst, es sei wieder eine Sinnestäuschung meines von der Dunkelheit verwirrten Verstands, doch der Lichtblitz verschwand nicht aus meinem Sichtfeld. Auch war es eher eine Lichtkugel, die sich fast unmerklich auf und ab bewegte und allmählich größer wurde. Dann hörte ich zusätzlich Schritte im Kerker widerhallen. Ich sollte Besuch bekommen. Schemenhaft erkannte ich drei Gestalten, von denen die rechte, die beiden anderen um mehr als einen Kopf überragte. Ein ungutes Gefühl breitete sich in mir aus, als die drei Gestalten schweigend näherkamen. Erst als sie direkt vor meiner Zelle standen, konnte ich Einzelheiten erkennen. Die Wache mit der Fackel in der Hand war mir vertraut. Die Gesichter der beiden anderen Männer blieben hingegen in den Schatten verborgen.

»Da ist die Hexe«, bellte die Wache.

»Es gibt keine Hexen«, sagte ich mit so fester Stimme wie nur

möglich. Selbst als Gefangene des Königs war ich nicht gewillt, meine Überzeugungen aufzugeben.

Ein hohles Lachen, das mir durch Mark und Bein ging, ertönte, gefolgt von einem rauen Husten.

»Hebt die Fackel höher«, forderte eine tiefe Stimme.

Die Wache tat wie geheißen, wodurch nun ihr breiter Lichtschein auf mich fiel. Mutig und mit gerecktem Kinn blickte ich den Männern entgegen.

»Ist sie es?«, fragte der Mann, der bisher Anweisungen gegeben hatte.

»Lasst mich zu ihr«, antwortete eine andere Stimme, die so schmierig klang wie Öl.

Ich hörte einen Schlüsselbund klimpern, gefolgt von dem Quietschen der Zellentür. Ein hagerer Mann mit anmutiger Ausstrahlung trat in das flackernde Licht der Fackel. Er trug eine lange, dunkelblaue Robe, die elegant um seinen schmalen Körper fiel und von einer goldenen Kordel an der Taille zusammengehalten wurde. Die feinen Stoffe schimmerten im Schein der Flamme und verliehen ihm ein fast königliches Auftreten. Die Ärmel seiner Robe waren weit geschnitten und verbargen seine Hände. Auf seinem Kopf thronte ein Barett aus blauem Samt, die breite Krempe schmückte eine ovale, goldene Brosche mit blauem Stein und oben auf, stach eine grüne Feder in die Luft. War das König Gaspare? Auch wenn ich keinerlei Respekt ihm gegenüber verspürte, fühlte ich ein starkes Unbehagen vor diesem Mann. Die sich durch den Fackelschein bewegenden Schatten verstärkten das markante, von einer Hakennase gezeichnete Gesicht. Mit unverhohlener Neugier musterte mich der König. »Ein hübsches Ding, wie es viele der Hexen sind. Lange, rote Haare«, er beugte sich zu mir, »und grüne Augen. Der Teufel lässt sich zu gerne auf solche Mädchen ein.«

Angewidert wich ich vor dem König zurück, bis ich mit dem Rücken an die Wand stieß. Ich verspürte nichts als Abscheu.

»Teufel hin oder her. Ist sie Aradia?«, fragte plötzlich der Mann, der mit der Wache vor der Zelle geblieben war, ungehalten. Die Dunkelheit, durchzuckt von den unruhigen Flammen der Fackel, ließ mich weiterhin nur seinen Umriss erkennen.

»Das muss sie sein. Ihr habt den Boten gehört. Aber lasst mich einen kleinen Test machen, dann haben wir hundertprozentige Sicherheit.« Unerwartet schoss die Hand des Mannes nach vorne, packte mich am Kragen und drückte mich gegen die Wand. Ich keuchte. Eine solche Kraft hätte ich dieser hageren Erscheinung, die wohl doch nicht der König zu sein schien, gar nicht zugetraut. Mit grober Kraft drehte sie mich um und ließ die Hand über meinen Nacken gleiten. Ein Schauer durchlief meinen ganzen Körper. Ich wollte mich wehren, aber wie? Meine Hände und Füße waren gefesselt. Ich war diesem Mann schutzlos ausgeliefert. Er zerrte mir meinen Umhang von den Schultern und riss mit einem kräftigen Ruck mein Oberteil entzwei, sodass sich mein nackter Rücken entblößte.

»Nein!«, schrie ich und wand mich in seinem Griff. Jeden Moment wartete ich darauf, dass mir dieser ekelhafte Kerl auch die Hose zerriss und seine kalten, gierigen Händen über meinen Körper glitten. Doch nichts dergleichen geschah. Ich spürte lediglich seinen Atem auf meiner Haut. »Aha, wie ich es mir gedacht habe. Hier haben wir ein erhabenes Teufelsmal.«

Kurz darauf spürte ich ein leichtes Piksen am linken Schulterblatt.

»Kein Blut«, stellte er fest, »Sie ist es, ohne Zweifel. Wir haben Aradia gefangen.«

Unvermittelt ließ er mich wieder los. Gequält rutschte ich an der Wand hinab und kauerte mich zusammen, damit mir mein Oberteil nicht vollends über die Schultern rutschte. In der Hand meines Peinigers sah ich eine dicke, spitz zulaufende Nadel aufblitzen.

Der Mann, der noch immer draußen bei der Wache stand, lachte genüsslich auf. »Dann lasst das Stroh in die Kammer bringen.«

»Jawohl, Majestät«, sagte der dürre Kerl und verneigte sich.

Ich keuchte. Auch wenn ich innerlich gewusst hatte, dass der Mann vor der Zelle König Gaspare sein musste, hatte ich nun den Beweis. Keine zehn Schritte von mir entfernt, stand die Person, die ich am meisten auf der Welt hasste. Derjenige, der für den grausamen Tod meiner Mutter verantwortlich war.

»Ich hasse euch!«, spie ich dem König entgegen. Ich wollte mich auf

ihn stürzen, ihm die Augen aus dem Gesicht kratzen, ihn töten, doch die Ketten hielten mich erbarmungslos an Ort und Stelle. Ich fauchte wie ein unzähmbares Tier. Der dürre Mann wich erschrocken vor mir zurück.

»Sind die Schutzzauber der Zelle aktiv?«, fragte der König ohne eine Reaktion auf meinen Angriff, jedoch glaubte ich einen leichten Anflug von Unsicherheit in seiner Stimme zu hören.

»Von Aradia kann keine Magie hinausgelangen«, antwortete der hakennasige Untergebene. »Ich habe zusätzlich zu den Schutzamuletten an der Zellentür, Gebete in die Fußfesseln eingravieren lassen. Euch kann nichts geschehen.«

Ich traute meinen Ohren kaum. Der König war vollends verrückt geworden. »Es gibt keine Hexen. Es gibt keine Magie, und ich bin nicht Aradia!« Ich zerrte an meinen Fesseln. Dem Wahn des Königs musste Einhalt geboten werden.

»Verschließt die Tür«, befahl der König hastig.

Schnell schlüpfte der dürre Mann hinaus, und die Wache drehte den Schlüssel im Schloss herum.

»Ihr seid ein Feigling!«, rief ich, »Ihr habt vor einem einfachen Mädchen Angst? Zeigt Euch.« Ich wollte endlich das Gesicht des Mörders meiner Mutter sehen.

Der König verharrte für einen Moment in den Schatten. Dann riss er der Wache schließlich die Fackel aus der Hand und hielt sie auf Höhe seines Gesichts. In meinen Träumen war König Gaspare immer gesichtslos gewesen. Sein Aussehen hatte nie eine Rolle gespielt. Mein Messer hatte trotzdem immer den Weg ins Herz des Königs gefunden. König Gaspares Gesicht nun zu sehen, machte meine Träume umso lebendiger. Im letzten Drittel seines Lebens angelangt, waren sein Haar und Bart bereits vollends ergraut. Seine Haut war fahl. Furchen und Linien zogen sich wie dunkle Flüsse über sein Gesicht und waren Zeugen eines verbrauchten Lebens. Seine Augen waren kalt und durchdringend, voller Gier, die nie gestillt zu werden schien. Die opulente Robe, die er trug, war aus schwerem Samt, geschmückt mit schillernden Edelsteinen, die im flackernden Licht der Fackel funkelten. Trotzdem konnte dieser Prunk nicht darüber hinwegtäuschen, dass die kranke Gier, die ihn antrieb, seinen Körper vergiftete. Die Hallen seines Schlosses waren voll von verschwenderischen Festen, während die Menschen im Land in Hunger und Elend lebten. In seinem Blick lag der glühende Hunger nach Macht und Kontrolle, ein Feuer, das alles verzehrte, was ihm in den Weg trat.

»Ich habe keine Angst vor dir. Du kannst mir hier im Schloss nichts anhaben.«

Ich lachte. Es war grotesk, dass ein gestandener Mann wie er solche Angst vor Hexerei hatte. »Was habt Ihr mit mir vor? Bringt Ihr mich um? Verbrennt Ihr mich auf dem Scheiterhaufen, weil Ihr glaubt, so dem Krieg mit Eaban aus dem Weg gehen zu können?«

Der König bleckte die gelben Zähne. »Dich töten, ja, am liebsten würde ich das tun. Doch die Sterne haben einen anderen Weg vorgegeben ...« Er drückte wieder der Wache die Fackel in die Hand. »Gehen wir. Die Kammer muss noch mit Stroh gefüllt werden.« Und mit diesen seltsamen Worten wandte Gaspare sich von mir ab und lief in die Dunkelheit voraus, während sich die Wache beeilte mit ihm Schritt zu halten. Der hagere Mann, dessen Namen ich nicht kannte, blieb noch einen Augenblick vor meiner Zelle stehen.

»Aradia«, flüsterte er, und es hatte den Anschein, als ob ihm der Name genüsslich auf der Zunge zerlief. Gänsehaut breitete sich auf meinem Körper aus. Dieser Mann war mir noch unheimlicher als König Gaspare selbst. Schließlich hörte ich, wie auch er sich zurückzog.

»Aradia ist ein Märchen. Lasst mich gehen!«, schrie ich den Männern hinterher, doch keiner von ihnen drehte sich noch einmal um. Das Echo meines Schreis verhallte in der Leere, und mit jedem Moment fühlte ich mich verlorener, gefangen in einem Albtraum, aus dem es kein Entkommen zu geben schien.

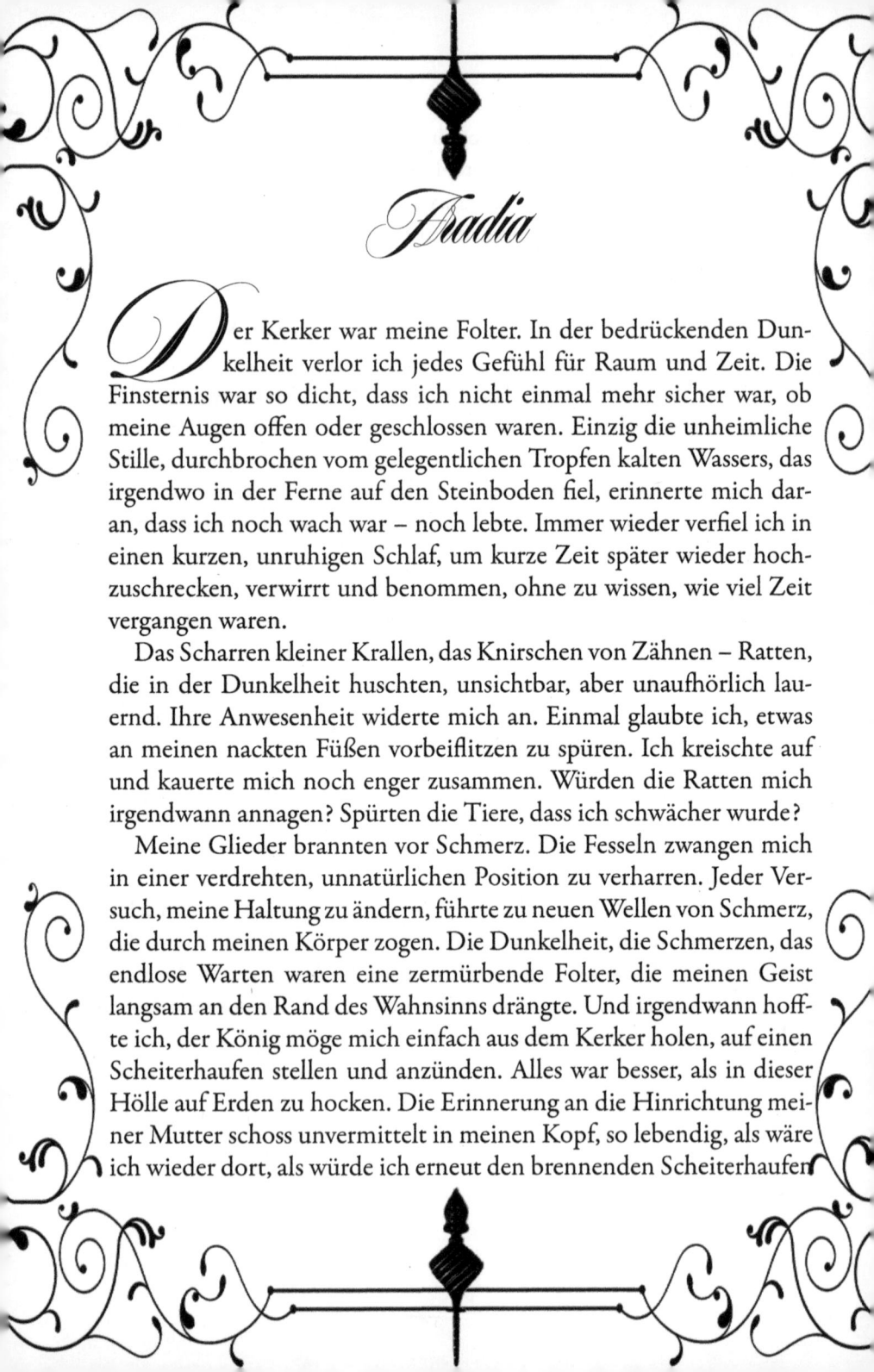

Aradia

Der Kerker war meine Folter. In der bedrückenden Dunkelheit verlor ich jedes Gefühl für Raum und Zeit. Die Finsternis war so dicht, dass ich nicht einmal mehr sicher war, ob meine Augen offen oder geschlossen waren. Einzig die unheimliche Stille, durchbrochen vom gelegentlichen Tropfen kalten Wassers, das irgendwo in der Ferne auf den Steinboden fiel, erinnerte mich daran, dass ich noch wach war – noch lebte. Immer wieder verfiel ich in einen kurzen, unruhigen Schlaf, um kurze Zeit später wieder hochzuschrecken, verwirrt und benommen, ohne zu wissen, wie viel Zeit vergangen waren.

Das Scharren kleiner Krallen, das Knirschen von Zähnen – Ratten, die in der Dunkelheit huschten, unsichtbar, aber unaufhörlich lauernd. Ihre Anwesenheit widerte mich an. Einmal glaubte ich, etwas an meinen nackten Füßen vorbeiflitzen zu spüren. Ich kreischte auf und kauerte mich noch enger zusammen. Würden die Ratten mich irgendwann annagen? Spürten die Tiere, dass ich schwächer wurde?

Meine Glieder brannten vor Schmerz. Die Fesseln zwangen mich in einer verdrehten, unnatürlichen Position zu verharren. Jeder Versuch, meine Haltung zu ändern, führte zu neuen Wellen von Schmerz, die durch meinen Körper zogen. Die Dunkelheit, die Schmerzen, das endlose Warten waren eine zermürbende Folter, die meinen Geist langsam an den Rand des Wahnsinns drängte. Und irgendwann hoffte ich, der König möge mich einfach aus dem Kerker holen, auf einen Scheiterhaufen stellen und anzünden. Alles war besser, als in dieser Hölle auf Erden zu hocken. Die Erinnerung an die Hinrichtung meiner Mutter schoss unvermittelt in meinen Kopf, so lebendig, als wäre ich wieder dort, als würde ich erneut den brennenden Scheiterhaufen sehen, das hasserfüllte Gebrüll der Menge hören und den Geruch von Rauch und Asche in der Luft wahrnehmen. Mein Herz zog sich schmerzhaft zusammen, und für einen Moment drohte die Verzweiflung, mich zu überwältigen. Doch ich durfte nicht aufgeben. Nicht hier, nicht jetzt. Ich musste kämpfen. Für sie. Für meine Mutter, deren Leben brutal und ungerecht ausgelöscht worden war, nur weil sie in den Augen mancher Dorfbewohner anders gewesen war. Sie war stark, weise und mutig gewesen, und ich wusste, dass sie gewollt hätte, dass ich weiterkämpfte. Dass ich überlebte. Ein Plan musste her, irgendein Weg, um den Fängen des Königs zu entkommen. Der Gedanke an Flucht war mein einziger Lichtstrahl in dieser finsteren Hölle, und ich klammerte mich daran, als wäre er mein letzter Atemzug.

Der König hatte etwas mit mir vor, das spürte ich. Diese Begegnung, so kurz sie auch gewesen war, hatte mich in meinem Gefühl bestärkt. Wenn er mich tot hätte sehen wollen, hätte ich längst das Schicksal meiner Mutter geteilt, hätte längst auf einem Scheiterhaufen gebrannt und wäre nur noch eine weitere Aschewolke im Wind gewesen. Stattdessen hatte er mich hierhergebracht und am Leben gelassen. Warum? Es war keine Gnade, das wusste ich. Er wollte mich, weil ich ihm nützlich war. Er hatte angeordnet, Stroh in eine Kammer zu bringen. Seltsam. Ich hatte keine Ahnung, für was das gut sein sollte, aber allein, dass ich noch lebte, bedeutete, dass ich Zeit hatte. Zeit, die ich nutzen musste. Ich durfte die Fesseln, die Dunkelheit und die Schmerzen nicht gewinnen lassen. Der König hatte ein Ziel und wenn ich dieses Ziel erahnen konnte, würde ich vielleicht eine Schwachstelle finden, eine Möglichkeit zur Flucht.

In der undurchdringlichen Dunkelheit tauchte plötzlich eine Lichtkugel in der Ferne auf, und mein Herz setzte einen Schlag lang aus. Es war so weit: Man würde mich wahrscheinlich in diese ominöse Kammer voll Stroh bringen. Ein Gefühl des Unbehagens kroch in mir hoch, aber gleichzeitig begann mein Verstand fieberhaft zu arbeiten. Ich durfte nicht einfach warten, bis das Unvermeidliche geschah. Ich musste einen Weg finden, um zu überleben. Ein Gedanke formte sich in meinem Kopf, kalt und kalkuliert. Wenn ich die Schwache spielte, die gebrochene

Gefangene, würden die Wachen vielleicht nachlässiger sein. Weniger wachsam. Ein überraschender Fluchtversuch könnte erfolgreich sein, wenn sie mich für wehrlos hielten. Ich musste die Illusion perfekt spielen. Wenn ich auch nur einen Hauch von Stärke oder Widerstand zeigte, wäre meine einzige Chance dahin. Langsam ließ ich mich auf die Seite sinken. Meine schmerzenden Glieder fügten sich bereitwillig in die Rolle, denn der Schmerz war echt, ebenso wie die Erschöpfung, die sich in meinem ganzen Körper ausgebreitet hatte. Ich zog die Beine an und atmete flach, so als hätten mich die Dunkelheit und Kälte des Kerkers endgültig gebrochen. Jeder Muskel in mir war angespannt, bereit, aber mein Körper sollte wie der einer Besiegten wirken.

Ich wartete, während die Lichtkugel näherkam. Dieses Mal war König Gaspare nicht zugegen. Vor der Zellentür erschien wieder der hagere, hakennasige Mann, der mir schon zuvor Unbehagen bereitet hatte. Ich kannte seinen Namen nicht, aber das Bedürfnis, ihm auszuweichen, war instinktiv. Er war kalt und gnadenlos, wie die Ratten, die in der Dunkelheit des Schlosses lauerten und nach schwachen Beutetieren Ausschau hielten. Neben ihm standen zwei Wachen, die zwar keine geistige Schärfe ausstrahlten, dafür jedoch kräftig gebaut und schwer bewaffnet waren.

»Holt sie raus«, diktierte der hakennasige Mann.

Die Zellentür wurde aufgeschlossen, und die beiden Wachen stapften zu mir. Als der Schein der Fackel auf mich fiel, schloss ich halb die Augen und stöhnte leise.

Grob zerrten sie mich nach oben und öffneten meine Fußfesseln. Ich gab mich schwach und ließ mich ächzend mit Absicht gegen eine der Wachen fallen.

»Was ist da los?«

»Die Hexe ist halbtot«, antwortete der eine.

»Hexen sterben nicht, wenn sie zwei Nächte im Kerker verbringen. Sie spielt uns etwas vor.« Verdammt, der dürre Mann war klüger als ich gedacht hatte. »Na los, wenn sie nicht gehen will, dann tragt sie eben.«

Ich wich den Armen der Wachen aus und tapste von selbst in Richtung der Zellentür. Meine Muskeln schmerzten bei jeder Bewegung, sodass ich den unsicheren Gang nicht vorspielen musste. Lieber biss ich die Zähne vor Schmerzen zusammen, als von den Wachen getragen zu werden. Dann nämlich wäre meine Chance zur Flucht gänzlich verloren. Der dürre Mann versperrte mir den Weg hinaus und grinste süffisant. »Aradia, Aradia«, er klang wie ein tadelnder Lehrer, »Halte uns nicht zum Narren. Ich weiß, wie stark deine Hexenkünste sind. Du bist keine einfache Dorfhexe.«

»Dann seid vorsichtig, dass ich euch nicht alle in hässliche Kröten verwandle«, gab ich giftig zurück.

Die Wachen hinter mir wichen erschrocken zurück, wohingegen der dürre Mann in schallendes Gelächter verfiel. Als er sich beruhigt hatte, sagte er: »Man könnte glauben, wir hätten die falsche Frau gefangen. Du spielst mit uns. Machst dich über uns lustig. Aber mich täuschst du nicht, Aradia, Anführerin aller Hexen«. Der Mann zog eine Kette unter seinem langen blauen Umhang hervor. »Siehst du das?« In einem hellgelben, durchscheinenden Stein von der Größe eines Eis, war ein Zweig eingelassen. »Rosmarin«, sagte der Mann, »das Kraut der Engel. Selbst wenn dir die Ketten und Schutzzauber nichts anhaben können, so sind der König und ich vor dir und deinen Hexenschwestern geschützt.« Er zeigte zusätzlich auf den Stein an seinem Barett, der von ähnlicher Gestalt war.

Jetzt war ich es, die zu lachen begann. Mein Mund war ausgetrocknet von der langen Gefangenschaft ohne einen Tropfen Wasser und so klang ich fast hysterisch. Rosmarin aß man zu Kartoffeln. Wer kam auf die Idee, das Kraut in Steine als Schutz vor dem Bösen einzulassen? Der dürre Mann steckte verärgert seine Kette zurück unter den Umhang. »Kein Wort mehr zu ihr. Sie will unseren Geist verwirren. Gehen wir.«

Wir liefen den gleichen langen Weg durch den Kerker zurück. Und wieder war ich für die Gefangenen im vorderen Teil des Kerkers das Schauspiel des Tages. Sie hingen an den Eisenstangen und begafften uns. »Verlässt uns die holde Jungfrau schon?«, meinte einer der Insassen, und die übrigen verfielen in lautes Grölen. Ich ignorierte die weiteren perversen Sprüche, die mir wegen meines zerrissenen Hemdes, das meinen Rücken entblößte, entgegen geworfen wurden. Und auch die beiden Wachen, die eng vor und hinter mir liefen, kümmerten sich nicht

darum. Schließlich erreichten wir die Wendeltreppe, die hinauf zum Schloss führte.

Die große Eingangshalle lag still und verlassen vor mir, genauso düster wie bei meiner gestrigen Ankunft. Nur ein schwacher Schein von Sonnenlicht drang durch die schmalen Fenster, zu wenig, um zu erkennen, ob es Morgen oder Abend war. Die Zeit schien hier drinnen stillzustehen, und mit jedem weiteren Herzschlag wuchs das beklemmende Gefühl in mir, dass etwas Schreckliches bevorstand. Der dürre Mann führte mich schweigend weiter nach rechts, in Richtung eines breiten Korridors. Meine Glieder schmerzten, mein Kopf pochte, doch meine Gedanken rasten. Ich musste hier raus. Ich musste etwas tun.

Plötzlich öffneten sich hinter uns die schweren Schlosstore mit einem lauten, knarrenden Geräusch, das durch die Stille hallte. Ich drehte mich ruckartig um, mein Herz beschleunigte sich, als ich meine Chance witterte. Jetzt oder nie. Das war der Moment, den ich brauchte, denn alle waren abgelenkt, ihre Aufmerksamkeit lag auf dem Mann, der hereinkam.

Ohne zu zögern, setzte ich all meine Kraft ein, trat dem Gardisten hinter mir kräftig gegen das Schienbein, riss mich los und stürzte in Richtung der Schlosstore. Die Wache schrie auf, versuchte mich noch zu schnappen, doch ich war schneller. Ich ignorierte meine schmerzenden Glieder und rannte davon. Und für einen flüchtigen Moment dachte ich, ich hätte es geschafft, die schweren Schlosstore waren nur noch wenige Schritte entfernt, und ich konnte einen frischen Luftzug erhaschen, als der hereinkommende Mann sich mir in den Weg stellte. Die frische Luft blieb mir augenblicklich in der Kehle stecken, und ich blieb wie angewurzelt stehen.

Fabio.

Es war Fabio Cavalli, der mit der gleichen selbstsicheren Haltung vor mir stand, wie damals auf der Lichtung. Jede Hoffnung, die ich auf meine Flucht gesetzt hatte, zerschellte in einem einzigen Augenblick. Ich fühlte, wie mir die Luft aus den Lungen wich. Mein Blick klebte ungläubig an ihm, als könnte ich durch bloßes Starren irgendeine Erklärung aus ihm herauszwingen. Er hingegen blickte kalt zurück, seine eisblauen Augen leer, ohne jede Spur von Reue oder Zuneigung. Und mit einem

Mal war mir alles klar. Er war der Grund, warum ich hier war. Er hatte mich in eine Falle gelockt und zum König bringen lassen. Das Gerede von einem gemeinsamen Rachefeldzug gegen den König war nichts weiter als eine Lüge gewesen. Ein Köder, um mein Vertrauen zu gewinnen. Fabio Cavalli hatte mich verraten. Mein Herz brach entzwei.

»*Traue niemals einem Höfling*«, hatte meine Mutter einst gesagt. Hätte ich doch nur auf sie gehört. Der Verrat schmeckt so bitter auf meiner Zunge.

»Da ist ja unser Held!« Der hakennasige Mann war neben mich und die Wachen getreten. Held, am liebsten hätte ich ihm diese verdammt schönen, eisblauen Augen ausgekratzt.

»Verehrter Malfois«, grüßte Fabio und verneigte sich tief, wobei er es vermied, mir noch einmal ins Gesicht zu schauen. »Die Kammer ist vorbereitet, wie gewünscht.«

»Sehr gut. Wir sind bereits auf dem Weg dorthin.«

Fabio richtete sich wieder auf und zupfte einen Strohhalm von seinem Umhang.

»Die Sterne haben mir geweissagt, dass Ihr ein reicher Mann sein werdet. Der Ritterstand ist Euch bereits sicher.«

»Das ist mehr als ich je zu hoffen gewagt hatte.« Wieder verneigte sich Fabio tief. Von diesem schleimigen Gehabe wurde mir ganz schlecht. Wie hatte ich mich in dem Mann nur so täuschen können?

»Kommt heute Abend in meine Gemächer und speist mit mir. Es gibt vieles zu bereden«, sagte Malfois.

»Ich danke Euch.« Und zum dritten Mal verneigte sich Fabio tief.

Malfois – jetzt kannte ich den Namen des dürren, hakennasigen Mannes – nickte. Dann beschied er den Wachen, weiterzugehen.

»Du Mistkerl, ich habe dir vertraut«, fauchte ich, bevor mich die Wachen mitzerrten. Fabios Blick zuckte kurz zu mir, doch seine Miene blieb hart.

Ich nahm wenig von meiner Umgebung wahr. Zu sehr war ich von meinen Gefühlen übermannt, gefangen in einer Mischung aus Schock, Enttäuschung und blühendem Zorn. Noch nie war ich derartig hintergangen worden. Fabio war schlimmer als König Gaspare selbst.

Unvermittelt blieben wir stehen. Überrascht sah ich auf und blickte direkt in das harte Gesicht des Königs. Er trug einen kostbaren Mantel aus rotem Samt, dessen Kragen aus weißem Hermelinfell bestand. Um seinen Hals hing für alle sichtbar eine ähnliche Kette wie die Malfois'. Ein Rosmarinzweig, kunstvoll in feingeschliffenem Bergkristall eingelassen, war darin zu sehen. Gaspare stand vor einer verschlossenen Tür, auf der seltsame, mir unbekannte Symbole mit Kreide gezeichnet waren. Ohne ein Wort der Begrüßung griff Gaspare nach der Türklinke und öffnete sie. »Rein mit ihr!«

Ich hatte keine Zeit nachzudenken. Unsanft stieß mich eine der Wachen über die Türschwelle, sodass ich stolperte und hart auf dem Boden aufschlug. Aufgrund meiner noch immer gefesselten Hände konnte ich den Fall nicht abfangen. Mein Gesicht schrammte über den Stein und ein brennender Schmerz machte sich sogleich breit.

»Steh auf!«, polterte der König hinter mir. Mühsam rollte ich mich auf die Seite und drückte mich nach oben. Die Kammer nahm ich erst jetzt richtig wahr. Ich hatte mit allem gerechnet, nur nicht mit dem, was ich sah. Die Kammer war über und über befüllt mit Stroh. Strohballen auf Strohballen stapelten sich bis zur Decke. Mein Blick fiel auf ein hölzernes Spinnrad in der Mitte des Raums. Daneben standen ein kleiner Schemel und eine Kiste gefüllt mit dutzenden von leeren Spulen.

»Spinne bis morgen früh all das Stroh zu Gold!«

Überrascht drehte ich mich zum König um. Ich hatte mich sicher verhört. »Bitte was soll ich tun?«

Der König sah mich finster an, während Malfois die Fackel an der Kammerwand befestigte. »Hexe, du hast mich schon verstanden. Nutze deine Zauberkraft und spinne all das Stroh zu Gold.«

Es war absurd. König Gaspare hatte den Verstand verloren. Ich lachte. »Wie um Himmels Willen soll ich Stroh zu Gold spinnen?«

Doch der König schien mich misszuverstehen. »Wachen, nehmt ihr die Handfesseln ab.« Als ob das etwas nützen würde. »Aber legt ihr dafür wieder die Fußfesseln an.«

Die beiden Wachen kamen auf mich zu und legten mir Fußfesseln um, die mir nur sehr kleine Schritte zu gehen erlaubten. Dann befreiten sie mich von meinen Handfesseln. Es war eine Wohltat meine Arme wieder ausstrecken zu können.

»Jetzt kannst du das Stroh zu Gold spinnen.«

Ich sah mit festem Blick in das Gesicht des Königs. »Ich habe es Euch bereits unten im Kerker gesagt. Es gibt keine Magie. Ich bin keine Hexe und darum kann ich kein Stroh zu Gold spinnen.« Keiner der Männer rührte sich. Also fügte ich hinzu: »Niemand vermag so ein Wunder zu wirken.«

»Sie lügt, mein König. Traut dem Geflüster der Hexe nicht«, schaltete Malfois sich ein. Er trat nach vorne. »Sie ist es, mein König. Die Sterne haben es mir gezeigt und der Bote hat sie gefunden. Aradias Macht ist groß. Sie kann Stroh zu Gold spinnen.«

»Nein, das kann ich nicht«, wiederholte ich frustriert. Der Hexenwahn des Königs hatte nun seinen Höhepunkt erreicht. »Nicht ich flüstere Euch Flausen ins Ohr, sondern dieser Scharlatan!« Ich zeigte auf Malfois, der daraufhin breit grinste.

Der König lachte. »Ihr Hexen könnt mich nicht täuschen. Ihr verhext das Wetter, sorgt für schlechte Ernten, vermasselt mir den Handel und verzaubert den Verstand König Amaurys, dass er Krieg gegen mich führt. Für eure Taten landet ihr eigentlich auf dem Scheiterhaufen. Doch wenn es stimmt, was die Sterne weissagen, dann wird Aradia mein Land und Volk zu großem Wohlstand führen. Du, Königin und Retterin der Hexen, wirst mich zum reichsten Mann der Welt machen.« Die Augen des Königs blitzten vor Gier. »Spinne all dieses Stroh zu Gold und ich verspreche, dir wird nichts geschehen.«

Frustriert stieß ich den Atem aus. »Ich sage es noch einmal. Ich vermag kein Stroh in Gold zu verwandeln. Ich bin eine einfache Müllerstochter. Wenn ich Gold herzaubern könnte, würde ich regieren und nicht Ihr.«

Der König sah sich besorgt um. An dieses Argument hatte er scheinbar noch nicht gedacht. »Was sagt Ihr dazu, Malfois?«

Malfois musterte mich lange. »Aradia hat ihren Thron in der Unterwelt. Sie giert nicht nach Reichtum in dieser Welt.«

Ich schüttelte den Kopf. Es war zwecklos.

Gaspare nickte zufrieden. »Ich komme wieder bei Sonnenaufgang. Finde ich nur einen einzigen Strohhalm, so wirst du sterben. Dann schicke ich dich in die Unterwelt zurück, wie es sich für teuflische Hexen gehört.«

Und mit diesen Worten verließ der König die Kammer. Malfois und die Wachen folgten ihm. Die Tür fiel schwer ins Schloss. Ich hörte, wie sich ein Schlüssel drehte, dann war ich allein inmitten einer Kammer voll Stroh.

Fabio

Die Gemächer Malfois' befanden sich im zweiten Stockwerk des Schlosses, direkt unter denen König Gaspares. Ich war noch nie in diesem Teil des Schlosses gewesen, und mit jedem Schritt, den ich tat, wurde meine Nervosität größer. Die Wände des Korridors waren mit prächtigen Wandteppichen behangen, deren Goldfäden im Schein der Fackeln schimmerten. Die Böden waren mit poliertem Marmor gefliest, so glatt und makellos, dass mein eigenes Spiegelbild darin zu sehen war. An den Wänden reihten sich vergoldete Leuchter, die zarte Schatten warfen. Der Prunk dieses Flügels stand dem des Königs kaum nach. Auch Malfois liebte Reichtum und Macht. Und die Wirkung wurde bei mir nicht verfehlt. Ich hatte Respekt vor ihm und wusste, seine Gunst würde mir alle Türen öffnen. Die Einladung zum Abendessen war ein Privileg, das ich mir durch Aradias Gefangennahme erarbeitet hatte. Und ich wollte diese Chance keinesfalls vermasseln. Als ich um die Ecke des Korridors trat, sah ich die beiden muskelbepackten Leibwachen Malfois' vor seiner Tür stehen. Bosco und Lejan. Zwei riesige, bedrohliche Gestalten, deren bloße Anwesenheit den Raum zu füllen schien. Ihre massigen Körper waren in schwere Lederrüstungen gehüllt, die an manchen Stellen mit Metallplatten verstärkt waren. Sie schimmerten im Schein der Leuchten, als wären sie erst kürzlich poliert worden und sahen damit besser aus als die Brustpanzer der königlichen Wachen.

Bosco stand rechts von der Tür, seine massigen Arme vor dem Körper verschränkt, was seine bereits imposante Brust noch breiter wirken ließ. Sein Gesicht war kantig, und eine lange Narbe verlief quer über seine linke Wange bis hinauf zur Stirn. Der Hofschmied hatte mir erzählt, dass Bosco diese Narbe in einer brutalen Schlacht gegen

Rebellen aus den Bergen Eabans erlitten hatte, wo er mit bloßen Händen gegen die Feinde gekämpft haben soll. Sein kahler Schädel glänzte im Licht wie ein rohes Ei, und seine dunklen Augen musterten mich mit einem kalten, durchdringenden Blick, der keine Wärme kannte.

Links von der Tür stand Lejan, ein Hüne von Mann. Seine breiten Schultern spannten sich unter der ledernen Rüstung, als könnte er mühelos eine Tür mit bloßen Händen aus den Angeln reißen. Seinen wilden Bart, der fast bis zur Brust reichte, zierten drei kleine geflochtene Zöpfe. Während Bosco die Ruhe selbst verkörperte, war Lejan der unberechenbare Teil des Duos. Sein Blick war unstet, er zuckte leicht mit den Fingern, als ich um die Ecke trat, so als könne er es kaum erwarten, in Aktion zu treten.

Ich schluckte und nestelte verlegen an den Schnüren meines sandfarbenen Leinenhemdes. Es war das Beste, was ich besaß. Ich räusperte mich unter den musternden Blicken der beiden Leibwachen, mit denen ich noch nie zuvor ein Wort gewechselt hatte. »Fabio Cavalli«, ich verbeugte mich knapp, »Herr Malfois hat mich zum Abendessen geladen.«

Bosco nickte grunzend und öffnete die Tür.

»Danke«, nuschelte ich und trat unter ihren prüfenden Blicken in die Gemächer.

Sogleich stockte mir der Atem. Die Gemächer des königlichen Beraters standen denen des Königs in nichts nach. Die Wände waren in edle, dunkelrote Töne gehüllt, die im Schein der Kerzen einen warmen, beinahe glühenden Schimmer warfen. Ich trat auf einen spiegelglatt gewienerten Holzboden. Im offenen Kamin vor mir brannte ein Feuer. Die Flammen warfen tanzende Schatten auf die schweren Vorhänge, die die Fenster längst verdeckten. Diese dichten, dunkelroten Stoffbahnen ließen keinen Blick nach draußen zu und gaben dem Raum eine abgeschottete, fast geheime Atmosphäre. Überall waren Kerzen verteilt, deren weiches Licht mit den goldenen Reflexen des großen Kronleuchters an der Decke verschmolz. Das Flackern der Flammen ließ den Raum lebendig wirken, während die Ecken in geheimnisvolles Halbdunkel getaucht waren. In der rechten Ecke, nahe den Fenstern entdeckte ich einen kleineren Tisch, bedeckt mit allerhand Pergamentrollen, Stiften und einem großen Zirkel. Fast hatte es den Anschein, als wäre jemand mitten in seiner Arbeit gestört worden. Die chaotische Ansammlung wirkte fehl am Platz zwischen all der Opulenz, und dennoch zog sie meinen Blick magisch an. Hier lagen bestimmt Pläne verborgen, geheime Berechnungen und Strategien, die mir bisher unbekannt waren.

Malfois saß an der langen Holztafel in der linken Hälfte des Raums und beobachtete amüsiert mein verblüfftes Gesicht. »Fabio Cavalli«, er stand mit ausgebreiteten Armen auf, »schön, dass Ihr gekommen seid. Ich freue mich, Euch heute Abend besser kennenzulernen. Kommt her und setzt Euch zu mir.« Mit einem breiten Grinsen beschied er mir, ihm gegenüber Platz zu nehmen.

»Ich danke Euch für Eure Einladung«, sagte ich und verneigte mich tief. Dann nahm ich wie geheißen an der langen Tafel, an die sicherlich ein Dutzend Leute gepasst hätten, Platz.

»Ich hoffe, Ihr habt ausreichend Hunger mitgebracht. König Gaspare hat zur Feier des Tages ein ganzes Mastschwein schlachten lassen.«

»Leistet König Gaspare uns etwa Gesellschaft?« Unsicher rutschte ich auf meinem Stuhl hin und her. Als königlicher Bote war ich den Umgang mit dem König zwar gewohnt, allerdings immer geschäftlich, nie privat. Der heutige Abend war für mich absolutes Neuland. Und sollte König Gaspare noch erscheinen, bräuchte ich sicherlich ein paar Gläser Wein, um einigermaßen locker zu sein.

Malfois lachte. »Nein, nein. König Gaspare feiert oben in seinen Gemächern.« Er sah zur Decke, als ob er durch sie hindurchschauen könnte. »Er hat ein paar Damen zu sich eingeladen, wenn Ihr versteht, was ich meine.«

Ich nickte. König Gaspare war beim ganzen Hofstaat für seinen verschwenderischen Lebensstil und die feuchtfröhlichen Gelage bekannt.

»Das Mastschwein hat er sicherlich bereits vergessen. Und wenn nicht, dann bemerkt er ein paar fehlende Fleischstücke nicht.« Malfois grinste.

Doch mir war nicht zum Grinsen zu Mute. Malfois bediente sich am Essen des Königs? Einfach so? Ich hatte keine Ahnung, wie ich darauf reagieren sollte. Die Angst, etwas Falsches zu tun, lähmte mich. Am Ende stellte er meine Loyalität auf die Probe und das Mastschwein

existierte gar nicht. Vielleicht bemerkte Malfois meine Unsicherheit, denn er durchbrach die kurze Stille mit einem Klatschen in die Hände. Die Flügeltüren hinter ihm schwangen auf, und zwei Diener traten ein. Den einen kannte ich. Mit ihm hatte ich im Dienstbotentrakt schon Karten gespielt. Dementsprechend unangenehm war es mir nun, dass er mir Wein einschenkte. Gleichzeitig konnte ich mich sehr wohl an eine derartige Bedienung gewöhnen. Er ließ sich jedenfalls nichts anmerken und verließ mit dem anderen Diener wieder wortlos den Raum.

Malfois erhob seinen silbernen Becher. »Auf Euch! Fabio Cavalli, erfolgreicher Hexenjäger Aradias und zukünftiger Ritter Rascaras.«

Geschmeichelt erhob ich ebenfalls meinen Becher, einzig bei Aradias Namen spürte ich einen kleinen Stich in meinem Herzen. *Ich habe dir vertraut.* Die Worte unseres heutigen Aufeinandertreffens hallten durch meinen Kopf, lauter als das Knistern des Feuers im Kamin. Eigentlich hatte ich es vermeiden wollen, ihr noch einmal über den Weg zu laufen. Es wäre mir lieber gewesen, sie hätte weiterhin an Fabio, ihren neuen Gefährten im Kampf gegen die Hexenverfolgungen, geglaubt. Nun wusste sie, wer ich wirklich war und dass ich es gewesen war, der sie verraten hatte. Ein Schauer lief mir über den Rücken. Aradia war keine gewöhnliche Frau, noch nicht einmal eine gewöhnliche Hexe. Sie war wunderschön, mutig und intelligent, eine Frau, die mir unter anderen Umständen gefiel, doch sie war die Hexenkönigin, und ich wusste, was das bedeutete. Ihr Zorn würde mächtig sein, und er würde kommen. Die Wut in ihren Augen, als sie mich erkannt hatte, ließ noch immer meine Knie schlottern. Ich wollte sie nicht zum Feind haben, und jetzt war es genau darauf hinausgelaufen. Konnte sie mich hier im Schloss verhexen? Würde sie einen Weg finden, ihre Kräfte zu entfesseln, obwohl Gaspare und Malfois sie in Ketten gelegt hatten? Der Gedanke ließ mein Herz schneller schlagen. Ich kannte die Macht, die in ihr schlummerte. Verdammt, sie hatte bei unserer Flucht aus Verossa den Mond verschwinden und anschließend blutrot werden lassen. Diese Macht jagte mir Angst ein und wenn ich daran dachte, dass sie sie eines Tages gegen mich richten könnte ... Nein, ich wollte es mir nicht vorstellen.

Malfois hatte alle notwendigen Vorkehrungen getroffen, dass uns im

Schloss nichts geschehen konnte. Aradia war eingesperrt in einer Kammer voll Stroh. Warum, das wusste ich nicht. Aber sicherlich hatte das einen guten Grund. Ich nahm einen großen Schluck Wein, der mir süß die Kehle hinunterrann und verbannte die Gedanken an sie. Ich war hier, um meine Perspektiven zu Hofe auszuloten und darauf sollte ich mich jetzt konzentrieren.

Erneut schwangen die Flügeltüren hinter Malfois auf. Und dieses Mal kam eine ganze Horde an Dienern herein. Ein jeder von ihnen trug drei oder vier Teller in den Händen. Zart roséfarbenes Fleisch, Bohnen, Erbsen, Möhren, Kartoffeln und eine große Schüssel mit einer dickflüssigen braunen Soße. Das Wasser lief mir im Mund zusammen. Noch nie in meinem Leben hatte ich ein so üppiges Essen bereitgestellt bekommen.

»Lasst es Euch schmecken, Ihr habt es Euch wahrlich verdient«, sagte Malfois, während er mich keinen Moment aus den Augen ließ.

Seine Aufforderung ließ ich mir nicht zweimal sagen. Sofort probierte ich von dem Fleisch. Es war so zart, dass es auf der Zunge wie Butter zerging. Und erst die Soße! Ein Genuss. Ich musste mich zwingen, zu kauen, bevor ich mir bereits die nächste Gabel in den Mund steckte.

»Nun müsst Ihr mir aber erzählen, wie Ihr es geschafft habt, die große Hexenkönigin Aradia zu fangen. Keiner unserer Soldaten oder Stadtwachen hat sie bisher in die Finger bekommen. Was war Euer Trick?« Malfois lehnte sich nach vorne, und stützte sein Kinn auf die verschränkten Hände. Er schien wohl keinen allzu großen Hunger zu haben.

Schnell kaute ich und schluckte das Fleisch mit einem großen Schluck Wein nach unten.

»So wie man auch ein störrisches Pferd bändigt. Erst das Vertrauen gewinnen und dann das Zaumzeug umlegen.« Stolz lehnte ich mich auf dem Stuhl zurück.

»Ihr Vertrauen gewinnen. So so ...« Seine Augen funkelten auf wie die Kristalle des Kronleuchters über unseren Köpfen. »Wie außerordentlich interessant. Erzählt mir mehr.«

Schnell schob ich mir noch ein Fleischstück in den Mund. Malfois wollte reden, nicht essen, das hatte ich inzwischen verstanden. Ich ließ mir kurz Zeit, wann würde ich schließlich wieder ein solches Essen

bekommen? Und außerdem war ich der Held, der Aradia gefangen hatte. Das hatte er selbst gesagt. Erwartungsvoll sah er mich an. Schließlich begann ich zu erzählen. »Die Stadtwachen in Verossa hatten eine gute Idee gehabt, und fast wäre ihnen Aradia in die Falle getappt. Doch zu hoffen, sie mit Gewalt zu fangen, war mir ein zu großes Risiko. Wer weiß, vielleicht hätte sie mit ihren Hexenkünsten die Stadt dem Erdboden gleich gemacht. Also rettete ich sie vor den Wachen und gab mich ihr als Gleichgesinnter aus. Ich behauptete, ich wolle genau wie sie die Hexenverfolgungen beenden und fragte, ob sie sich mir und meinen Gefährten anschließen wolle. Sie willigte sofort ein, mich erneut zu treffen. Am verabredeten Treffpunkt überwältigten wir sie. Sie hatte sich in Sicherheit gewogen und nicht mit einem Überfall gerechnet. Es war so einfach ...«

Malfois klatschte entzückt in die Hände. »Ihr seid ein schlauer Fuchs, Cavalli. Ich frage mich, warum Ihr mir nicht schon früher aufgefallen seid.«

Vor Stolz schwoll meine Brust an. Ich leerte meinen Weinkrug in einem Zug.

Malfois hatte mich indes nicht aus den Augen gelassen. »Diener? Mehr Wein«, befahl er. Augenblicklich eilte der Diener mit einem vollen Weinkrug ins Zimmer und füllte meinen Becher. Derweil schaufelte ich weitere Erbsen und Möhren auf meinen Teller und versank ganz in dem guten Geschmack des Essens. Erst als ich die letzte Erbse auf meine Gabel gespießt hatte, ergriff Malfois wieder das Wort. »Schafft Ihr das wieder?«, fragte er.

Ich sah verblüfft auf. Er hatte sich mit seinem Weinbecher in der Hand auf seinem Stuhl genüsslich nach hinten gelehnt. Sein Teller war noch halb voll.

»Was meint Ihr? Eine weitere Hexe fangen?« Sollte ich fortan der persönliche Hexenfänger des Königs sein? Ich hatte fünftausend Talleri überreicht bekommen, und mir war der Ritterstand versprochen worden. Ich hatte nicht vor, der Jagdhund des Königs und seines Beraters zu werden. Das käme fast wieder der Aufgabe eines Boten gleich. Ich wollte mit in den Krieg ziehen. Eine eigene Truppe anführen.

Große Heldentaten vollbringen, von denen man noch in hundert Jahren singen würde.

»Nein. Aradias Vertrauen erneut gewinnen«, antwortete Malfois mit seiner ruhigen, öligen Stimme und riss mich aus meinen Gedanken. Verwirrt legte ich meine Stirn in Falten. »Ich verstehe nicht ganz. Warum sollte uns das etwas nützen? Aradia ist gefangen und wird bestimmt bald auf dem Scheiterhaufen brennen. Sie wird uns ihre Hexenschwestern...«

Malfois schnitt mir mit einer harschen Handbewegung die Worte ab. »Sie wird nicht brennen.« Er stand auf und schritt zu dem kleinen Tisch mit den vielen Pergamentrollen. Dort griff er nach der obersten und rollte sie auf. »Wisst Ihr, was das ist?« Auf das Pergament waren mehrere überlappende Vierecke gezeichnet worden, in denen wiederum fein geschrieben Zahlen, Daten und Namen standen.

Ich schüttelte den Kopf, nur um mich kurz darauf zu berichtigen. »Nein, äh, ich meine ja. Ich meine, ich habe so etwas zuvor noch nie gesehen, aber ich glaube, das ist ein Horoskop.«

Malfois nickte. »Und kein Gewöhnliches. Das hier ist das Horoskop von König Gaspare.«

Mir klappte der Mund auf. Durfte ich etwas so Privates sehen? Allerdings konnte ich mir auf die Linien und Zahlen sowieso keinen Reim machen.

»Als Berater und Hofastrologe ist es meine Pflicht, regelmäßig die Sterne zu beobachten.« Er rollte das Pergament wieder zusammen und kehrte zur Tafel zurück. »Vor etwa einem Jahr, als die Hexenrettungen anfingen, las ich in den Sternen, dass eine dunkle Magie Rascara retten wird. Ich war völlig erstaunt, schließlich stand dies im Gegensatz zu unserem Glauben, die Hexenverbrennungen würden uns von allen Sünden erlösen. Diese Sterndeutung etwa zur gleichen Zeit wie das Auftauchen Aradias konnte kein Zufall sein. Und auch die weiteren Sterndeutungen waren sich darin einig. Aradia würde unser Königreich zu neuer Blüte führen.«

Ich stutzte und brauchte ein paar Augenblicke, um meine Gedanken zu sortieren. »Dann ist sie nicht böse?«

Malfois lachte und ich merkte selbst, wie einfältig meine Worte

klangen. Er schüttelte den Kopf. »Nein, so einfach ist das nicht. Aradia, gesandte Hexenkönigin der alten Götter, würde uns niemals freiwillig helfen. Sie ist und bleibt eine satanische Hexe. Aber manchmal muss das Gute über den eigenen Schatten springen und sich mit dem Bösen vereinen, um etwas Neues zu erschaffen.«

Die Worte klangen gefährlich in meinen Ohren. »Ihr wollt Euch mit der Rächerin und Königin der Hexen verbünden?«

Für einen kurzen Augenblick blitzten seine Augen gierig auf, ehe er sagte: »Nicht verbünden. Ich würde es eher vor die Wahl stellen nennen. Oder in Euren Worten, mit dem richtigen Köder bringen wir sie dazu, uns zu helfen.«

Ich nahm einen großen Schluck Wein. Was mir der königliche Berater hier erzählte, gefiel mir ganz und gar nicht. Ich hatte geglaubt, man werde Aradia vernichten, sobald sie gefangen war. So hübsch sie auch war, so nett und gewöhnlich sie mir bei unserer Flucht aus Verossa vorgekommen war, sie blieb eine Hexe.

»Und da kommt Ihr ins Spiel.« Malfois grinste.

Ich beobachtete ihn über meinen Becherrand. Er war erst seit ein paar Jahren der Berater und Hofastrologe König Gaspares. Ich hatte bisher nicht viel mit ihm zu tun gehabt. Doch nach dem heutigen Abend konnte ich alles Geschwätz der Dienerschaft bestätigen. Er war ein listiger Bursche und mit Vorsicht zu genießen. Hatte der Koch nicht erzählt, Malfois komme ursprünglich aus Narzieu, einem der Königreiche, die nun Eaban im Krieg gegen uns unterstützten? »Ich denke nicht, dass ich erneut das Vertrauen Aradias gewinnen kann. Sie hat mich in der Halle gesehen und weiß nun, dass ich sie verraten habe.« Ich stellte meinen Becher ab und verschränkte die Arme vor der Brust.

Das Grinsen Malfois' wurde breiter. »Habt Ihr etwa Angst?«

Ich schluckte, hielt aber seinem Blick stand. Ich durfte nicht gleich beim ersten Abendessen mit dem königlichen Berater den Eindruck erwecken, meine zukünftigen Aufgaben als Ritter zu fürchten.

Der Hofastrologe stand auf und kam um den Tisch herum auf mich zu. Als er vor mir stand, griff er in die Manteltasche seiner dunkelblauen Robe und hielt mir schließlich eine Kette mit einem großen Bergkristall vor die Nase. In dem Kristall war ein Rosmarinzweig eingeschlossen. »Tragt diese Kette bei den Treffen mit der Hexe und Euch wird nichts geschehen.«

Ich sah ihm in die eiskalten Augen. Wenn ich jetzt zögerte, würde ich seine Gunst verlieren. Schnell griff ich nach der Kette und legte sie um den Hals. »Haben wir eine Abmachung?«, fragte er.

Ich nickte.

***

Als ich spät in der Nacht in meinem Bett lag, die Hand um den Bergkristall geschlungen, drehten sich die Gedanken wie ein Wirbelsturm in meinem Kopf. Ich hatte das Gefühl, von nun an mit dem Feuer zu spielen. Ob in Gegenwart des Königs, seines Beraters oder Aradias. Vielleicht gehörte ich als baldiger Ritter fortan zum Spiel der Mächtigen, und Malfois' Auftrag war meine erste Konfrontation mit meinem zukünftigen Leben. Doch ich hatte es so gewollt. Ich schloss die Augen. Wie sollte ich das Vertrauen der Hexe zurückgewinnen? Und wozu? Darüber hatte Malfois geschwiegen. Allerdings hatte er mich bereits für nächste Woche erneut zum Abendessen eingeladen. Bis dahin sollte ich mit der Hexenkönigin gesprochen oder zumindest einen Plan haben, wie ich ihr Vertrauen zurückgewinnen konnte. Ich hoffte wirklich, dass diese Kette mich vor Hexerei schützte. Keinesfalls wollte ich als hässliches Frettchen mein restliches Dasein fristen oder womöglich gleich einen qualvollen Tod sterben. Aradia, die Hexenkönigin. Velia, die Frau mit den roten Haaren und den tausend Sommersprossen auf den elfenbeinfarbenen Wangen. Sie war bei unserem Aufeinandertreffen so gewöhnlich gewesen. Konnte sie ihre Macht auch für gute Zwecke einsetzen? Zweifel nagten wie kleine aufkeimende Flammen an meinem Gewissen. Irgendwie konnte ich mir nicht vorstellen, dass sie direkt aus der Hölle gestiegen war, um unser Land zu vernichten. Nicht diese hübsche junge Frau, die mir so bereitwillig geglaubt hatte. Die alles riskierte, um ihre Hexenschwestern zu retten. Velia. Vielleicht half es, beim ersten Wiedersehen an das Gute in ihr zu glauben.

Aradia

Morgen also würde ich sterben. Denn wenn der König bei Sonnenaufgang wieder die Kammer betrat, wäre alles Stroh noch da. Panisch suchte ich den Raum nach einem verborgenen Ausweg ab. Es gab keine Fenster und außer der Tür hinaus in den Korridor fand ich keine weitere. Mein Blick blieb an der Kiste mit den Spulen hängen. Diese waren hölzern, endeten jedoch zum Befestigen am Spinnrad in fingerlangen eisernen Aufstecknadeln. Konnte ich vielleicht damit zumindest meine Fußfesseln lösen? Es war einen Versuch wert. Ich kroch zu der Kiste, griff mir eine der Spulen und steckte das Eisenstück ins Schlüsselloch der Fesseln. Ich versuchte, trotz meiner in mir brodelnden Verzweiflung Ruhe walten zu lassen. Für das Knacken von Schlössern brauchte es Gefühl. Doch nichts tat sich. Das Einzige, was ich erreichte, waren ein paar Kratzer auf dem Eisen. Die Eisenspitze war einfach zu dick für das feine Schloss der Fesseln. Frustriert warf ich die Spule zurück in die Kiste. Der dumpfe Klang hallte unnatürlich laut durch die stille Kammer, und das schwache Licht der Fackel, die an der Wand hinter mir hing, flackerte für einen kurzen Moment. Ein Schauer kroch mir über den Rücken, und ich zog mein zerrissenes Oberteil nach oben, das drohte, von meinen Schultern zu rutschen. Irgendetwas war plötzlich anders in dieser Kammer. Es hatte den Anschein, als ob die Dunkelheit sich auf einen Schlag verdichtet hätte. Alles in mir spannte sich an, und mein Atem ging flach, während ich in die Stille lauschte.

Die Tür hinter mir war fest verschlossen, das wusste ich. Dennoch fühlte ich mich beobachtet. Langsam drehte ich mich um und erschrak so heftig, dass ich laut aufschrie.

Da stand jemand.

Direkt neben der verriegelten Tür lehnte ein junger Mann, ein paar Jahre älter als ich. Seine plötzliche Gegenwart jagte mir eine Gänsehaut über die Arme. Er war schlank, jedoch nicht gerade hochgewachsen. Manch vierzehnjähriger Junge aus unserem Dorf hätte diesen Mann um zwei Köpfe überragt. Das fahle Licht der Fackel warf unruhige Schatten über sein Gesicht. Ein Gesicht, das seltsam ebenmäßig war, zu makellos, um echt zu sein. Besonders seine durchdringenden, glühend grünen Augen ließen mir das Blut in den Adern gefrieren.

Der Mann lächelte, aber das Lächeln erreichte nicht seine Augen. Die Lippen waren schmal und blass, leicht geschwungen, als ob er einen grausamen Witz vor sich sah, den einzig und allein er verstand. Sein Haar war fuchsrot und hing ihm strähnig in die Stirn, was ihm ein noch unheimlicheres Aussehen verlieh. Obwohl er jung wirkte, lag etwas Fremdartiges in seinem Ausdruck, etwas Uraltes, das in mir eine tiefe, instinktive Angst auslöste.

Wie war er hereingekommen? Die Tür war verschlossen, oder etwa nicht? Der Mann war edel gekleidet. Über einem braunen Leinenhemd trug er ein rotes Wams mit goldenen Knöpfen, und seine braune Lederhose steckte in kräftig besohlten Stiefeln. Hatte der König möglicherweise einen Neffen, von dem ich nicht wusste?

Der Mann stieß sich von der Wand ab und trat hervor. »Guten Abend, Aradia.«

Automatisch wich ich vor ihm zurück.

Der Mann hob beschwichtigend die Hände. »Schon gut. Ich wollte Euch nicht erschrecken, doch fand ich es zu amüsant, Euch beim Versuch, die Fesseln zu lösen, zu beobachten. Vergebt mir.« Seine Stimme war weich und samtig und nahm mir den ersten Schreck. Dennoch war mir dieser Mann nicht ganz geheuer. »Wer seid Ihr?«

»Oh, verzeiht mir, wo sind nur meine Manieren. Ich bin Euer Retter«, sprach der Mann und verbeugte sich so tief, dass seine Nasenspitze fast den Boden berührte.

Verwirrt zog ich die Stirn in Falten. Diese Vorstellung war mehr als eigenartig. Allerdings, wenn dieser Fremde wirklich mein Retter war, durfte mir sein merkwürdiges Gehabe gleichgültig sein. »Habt Ihr die

Tür geöffnet?« fragte ich hastig und lief, so schnell es meine Fußfesseln zuließen, zum einzigen Ausgang der Kammer. Die Hoffnung in mir flackerte auf, als ich nach der Klinke griff, und mein Herz raste unkontrolliert. Ich rüttelte, doch nichts bewegte sich. »Warum habt Ihr sie wieder verschlossen?« Mit fragendem Blick wandte ich mich dem Mann zu, der ein paar Schritte neben mir stand und sogleich den Kopf schüttelte.

»Ihr liegt falsch. Ich habe sie nie geöffnet.«

»Wie seid Ihr dann hereingekommen?«

Kurz hatte ich den Eindruck, als ob das leuchtende Grün seiner Augen pulsierte. Ich zuckte zurück. Nun, da ich dem Mann direkt gegenüberstand, kam er mir wenig menschlich vor. Alterslos. Zu ebenmäßig.

Nach kurzem Überlegen antwortete er: »Ich brauche keine Türen, um in Räume zu gelangen.«

Ich schüttelte den Kopf. »Wie soll das gehen?« Langsam ließ ich meine Hand über das Holz gleiten. Nirgends war eine geheime Klappe eingelassen. »Das kann nicht sein.«

»Ich vermag es, viele Wunder zu wirken. Und ich denke, dass ich Euch helfen kann, Eure Aufgabe zu lösen.«

Ich lachte und untersuchte die Kammertür weiter. »Könnt Ihr etwa Stroh zu Gold spinnen?«

»Was gebt Ihr mir, wenn ich es tue?«

Wie von der Tarantel gestochen blickte ich zu ihm. Wollten mich eigentlich alle Männer hier im Schloss glauben lassen, es gäbe Magie? Brauchte ich demnächst ebenfalls einen geschliffenen Bergkristall, verfeinert mit Rosmarin um den Hals? Ach nein, soweit würde es nicht kommen, denn morgen würde ich sterben.

»Niemand kann Stroh zu Gold spinnen. Es gibt keine Magie.«

Der Mann grinste selbstgefällig, ein Lächeln, das keine Wärme ausstrahlte, und schnippte lässig mit den Fingern. Im selben Moment spürte ich ein seltsames Kribbeln auf meiner Haut, als sich das zerrissene Oberteil plötzlich wie von selbst glättete. Ungläubig fuhr ich mit den Händen über meinen Rücken. Der Stoff war wieder unversehrt, kein Riss, kein Zeichen davon, dass er noch Augenblicke zuvor in Fetzen gehangen hatte. Verblüfft blickte ich diesen fremden, unheimlichen Mann an. Seine grünen Augen schimmerten im Fackelschein wie geschliffene Smaragde. »Nun? Soll ich für Euch das Stroh zu Gold spinnen oder nicht?«

Ein Kloß bildete sich in meiner Kehle, und ich schluckte schwer. Das durfte nicht wahr sein. Es gab keine Magie, das hatte ich mir immer wieder gesagt, hatte daran festgehalten, wie an einem Rettungsseil in einem tosenden Sturm. Doch alles, woran ich jemals geglaubt hatte, zerbrach in diesem Moment, zerschlagen von dem Anblick dieses Mannes, dieses Hexers. Ein Schauer durchfuhr mich, als ich mich verzweifelt mit dem Rücken gegen die kalte Holztür drückte, als könne sie mich nun schützen. Mein Herz raste, meine Gedanken überschlugen sich. Wer wusste schon, wozu dieser Fremde noch imstande war?

»Ihr habt Angst vor mir. Warum? Habt Ihr Euch nicht bis vor Kurzem als Aradia ausgegeben, froh vor dem Schutz, den Euch der Name und die angebliche Magie schenkte?«

Die Angst schnürte mir nahezu die Luft ab. Woher wusste der Mann all diese Dinge über mich?

Der Hexer hob seine lange, makellose Hand und deutete auf mich. »Ihr habt da eine schöne Kette um den Hals hängen.«

Erschrocken griff ich nach dem Anhänger, den ich unter meinem Hemd spürte. Der Hexer musste sie vorhin durch mein zerrissenes Oberteil hervorblitzen gesehen haben.

»Meine Halskette«, flüsterte ich.

Der Mann nickte. »Lasst uns einen kleinen Handel machen. Für die Halskette spinne ich Euch alles Stroh in dieser Kammer zu Gold.«

Ungläubig starrte ich den Mann vor mir an. Was wollte er mit meiner Kette, die nicht mehr wert war als ein paar Talleri, wenn er tatsächlich Stroh zu Gold spinnen konnte? »Was ist das für ein ungleicher Handel?«

Der Mann grinste breiter. »Ihr wollt nicht? Dann sterbt morgen auf dem Scheiterhaufen.« Er zuckte mit den Schultern.

Ich schloss die Augen. Die Kette war mein wertvollster Besitz. Sie war das Einzige, was mir von meiner Mutter geblieben war. Und jetzt sollte ich sie einem fremden, unheimlichen Mann geben, der behauptete,

Stroh zu Gold spinnen zu können? Andererseits hatte er wie durch Zauberhand mein zerrissenes Hemd geflickt. War es möglich, dass Magie existierte? König Gaspare hatte versprochen mir nichts zu tun, wenn am Morgen alles Stroh zu Gold gesponnen war. Vielleicht würde er mich frei lassen. Ich dachte an meinen Vater und wie gerne ich wieder zu Hause bei ihm wäre. Ich öffnete wieder meine Augen und sah dem Mann fest in die seinen. Kein Blinzeln unterbrach den Blickkontakt. Es war fast hypnotisierend. Wenn mir die Kette meiner Mutter aber half, aus den Fängen des Königs zu fliehen, war ich bereit, sie herzugeben. Außer meinem Leben hatte ich nichts zu verlieren. Ich seufzte und öffnete schweren Herzens den Verschluss. Die Augen des Hexers weiteten sich begierig. Mit einem erneuten Seufzer ließ ich die Kette in seine ausgestreckte Hand fallen. Der Mann betrachtete den Anhänger mit intensiver Neugier, bevor er die Kette schließlich mit einem zufriedenen Lächeln auf den Lippen in seine Hosentasche gleiten ließ.

»Wenn Ihr mich belügt...«

»Ich habe noch nie ein Versprechen gebrochen«, unterbrach mich der Hexer. Kurz flackerten seine leuchtenden Iriden auf. Beklemmung machte sich in meiner Brust breit.

»Und nun mache ich mich ans Werk.« Der Hexer wandte sich mit einem geheimnisvollen Funkeln in den Augen den Strohballen zu und hob so viel Stroh auf, wie seine kräftigen Arme tragen konnten. Mit einer geschmeidigen Bewegung ergriff er eine Spule, setzte sie sorgfältig ans Spinnrad und nahm auf dem alten, knarrenden Schemel Platz. Als er das Fußpedal betätigte, begann das Spinnrad sich mit solcher Geschwindigkeit zu drehen, dass mir schwindelig wurde und ich für einen Moment den Atem anhalten musste. Die Luft füllte sich mit einer elektrisierenden Spannung, die meine Haut kribbeln ließ. In einem hypnotisierenden Tanz wirbelte das Stroh über das Rad, und ich konnte kaum fassen, was ich sah. Die Spule füllte sich mit strahlend goldenen Fäden, die im fahlen Licht der Kammer schimmerten. Als der letzte Halm des ersten Haufens verschwunden war, stand der Hexer wortlos auf, holte sich einen neuen Haufen Stroh und wechselte die Spule. Mit unerschütterlicher Konzentration begann er erneut zu spinnen. Mit offenem Mund lief ich zu der vollen Spule, die verloren auf dem Steinboden lag, und ließ meine Finger über den golden glänzenden Faden gleiten. Ich fühlte kühles Metall. Die Spule war umwickelt von reinstem Gold. »Das kann nicht sein!« Ich staunte und blickte zu dem Mann am Spinnrad, der bereits die dritte Spule füllte. Magie. Hexerei. Ich dachte es gab sie nicht. Heute Nacht wurde ich eines Besseren belehrt. Ich fühlte eine Mischung aus Angst, Bewunderung und Dankbarkeit. Dieser Mann war unheimlich, schön und mächtig. Wenn er Kleidung ohne Berührung flicken und Stroh zu Gold spinnen konnte, zu was war er dann noch fähig? War er die eigentliche Gefahr des Königreichs? Sollte er an meiner Stelle gefangen sein? Doch er tat nichts Böses. Er war mein Retter. Ich ließ mich an der kalten Kammerwand nieder und beobachtete mit ungläubigem Staunen, wie die Strohballen langsam verschwanden, während der Haufen goldener Spulen stetig wuchs. Je länger ich dem hypnotisierenden Drehen des Spinnrads zusah, desto mehr fühlte ich, wie Müdigkeit in mir aufstieg. Schließlich übermannte mich der Schlaf und ich glitt in einen tiefen, traumlosen Schlummer, während der Hexer weiterhin in seinem magischen Wirbel aus Stroh und Gold versunken war.

Aradia

Das Lachen des Königs hallte markerschütternd von den Kammerwänden und riss mich aus meinem tiefen Schlaf. Kurz war ich orientierungslos, dann durchfluteten die Bilder der jüngsten Ereignisse wie eine Sturmwelle meinen Kopf. Schnell rappelte ich mich auf und sah König Gaspare in der Mitte der Kammer stehen, hypnotisiert von dem Anblick, der sich uns bot. Anstelle der Strohballen, die sich bis an die Decke gestapelt hatten, lagen dutzende Spulen voll Gold auf dem Boden vor dem Spinnrad. Von meinem Retter, dem mysteriösen Hexer, war keine Spur mehr zu sehen.

»Habe ich es Euch nicht gesagt? Die Sterne lügen niemals«, sagte Malfois, der an der Schwelle der Kammertür stand. Selbst sein Blick konnte ungläubiges Staunen nicht verbergen. »Es hat tatsächlich funktioniert ...«, hörte ich ihn murmeln.

Gaspare bückte sich und hob eine Spule voll Gold auf. Seine Augen glühten geradezu vor Gier, als er das glänzende, feine Gold in Augenschein nahm. Sachte strich er mit seinen langen Fingern über das wertvolle Metall, so als hätte er eine schnurrende Katze im Arm. »Mehr. Ich will mehr davon.« Seine Stimme überschlug sich beinahe, als er mir plötzlich bei den letzten Worten voll Verlangen in die Augen sah.

Erschrocken drückte ich mich an die Wand. Im Blick des Königs lag etwas Gefährliches. Doch er hatte versprochen, mir nichts zu tun, wenn seine Forderung erfüllt würde. Dies war geschehen. Der Hexer würde mein Geheimnis bleiben. Und so beschloss ich, weiterhin vorzugeben, Aradia zu sein. Hexenkönigin auf Erden. Mutig sah ich Gaspare in die Augen. »Ich habe getan, was Ihr von mir verlangt habt. Lasst mich nun frei.«

Ein wildes Grinsen trat auf sein Gesicht. »Nein.«

Mein Herz zog sich zusammen. Meine Hoffnung auf Freiheit schwand dahin.

»Nein«, wiederholte der König, »ich wäre einfältig, dich gehen zu lassen. Du bist ein Geschenk Gottes.« Er sah auf das Gold in seiner Hand. »Mit diesem Reichtum werde ich der Belagerung König Amaurys ein Ende setzen.«

Wut und Verzweiflung brannten in mir auf. »Wir hatten eine Abmachung.«

Der König sah wieder auf. Ein süffisantes Lächeln umspielte seine Lippen. »Ich habe dir versprochen, dass dir nichts geschehen wird. Und daran halte ich mich. Schließlich brauche ich dich noch. Du bist mein. Meine Goldhexe.«

Ich schüttelte den Kopf. Nein, das durfte nicht sein. Gaspare konnte mich doch nicht zu seiner Sklavin machen.

»Lasst eine zweite, noch größere Kammer mit Stroh füllen«, befahl er über die Schulter Malfois.

Dieser nestelte an seiner Halskette mit dem eingeschlossenen Rosmarinzweig wie ein Kind vor seinen Eltern, wenn es etwas verbrochen hatte. »Mein König, wenn ich kurz anmerken darf, wir haben nicht mehr genügend Stroh im Schloss, um eine noch größere Kammer zu füllen.«

Wütend drehte sich Gaspare zu seinem Vertrauten um. »Dann schafft welches her!« Die Worte donnerten von den Wänden und Malfois zog den Kopf ein. »Jawohl, mein König. Ich schicke Cavalli zu euren königlichen Gehöften. Dort gibt es so viel Stroh wie Sterne am Himmel.« Er lachte nervös, während der Kehle des Königs ein knurrendes Geräusch entkam.

»Ich weigere mich«, sagte ich.

Gaspare wirbelte wieder zu mir herum. »Dann wirst du sterben!«

Ich schluckte. Sterben war das Letzte, was ich wollte. Doch wenn mich Königs Gaspare erpresste, konnte ich das ebenfalls. »Wenn ihr mich tötet, bekommt Ihr kein weiteres Gold. Ist Euch das lieber? Lasst mich frei.«

Der König zog verärgert die Augenbrauen zusammen. Er hatte nicht

mit Widerspruch gerechnet. »Dann bleibst du eben meine Gefangene, bis du zur Besinnung kommst. Aber bedenke: Mit deinen albernen Befreiungsaktionen, Hexen vor dem Scheiterhaufen zu retten, hilfst du dem Volk keinesfalls. Einzig und allein mit Gold kann der Krieg mit Eaban verhindert werden. Dann haben auch die Hexenverfolgungen ein Ende. Und ist es nicht das, was du willst?«

Ich schluckte. König Gaspare war kein naiver Mann. Mit dieser Argumentation hatte er mich in der Hand. Ich hatte geglaubt, Gaspare gierte nach Gold für sich selbst, um seinen dekadenten Lebensstil, den man ihm nachsagte, weiterzuführen. Vielleicht lag ich falsch und hatte ihn unterschätzt. Niemals hätte ich geglaubt, er hätte irgendein Interesse an seinem Volk. Um unser Land zu schützen, würde ich alles tun. Doch Stroh zu Gold spinnen konnte ich nicht. Würde mir dieser Hexer ein zweites Mal helfen?

»Auf welcher Seite stehst du?«, fragte Gaspare, nachdem ich nicht reagierte.

Meine Antwort blieb unausgesprochen, denn in diesem Moment hörten wir schnelle Schritte den Gang entlangeilen und kurz darauf erschien Fabio in der Kammertür. Seine Wangen waren gerötet und in seinen Augen lag blanke Angst, die selbst meine Wut auf ihn dämpfte.

»Eaban«, stieß er atemlos hervor, »Eaban ist eingefallen!«

Die Augen des Königs weiteten sich. »Was heißt eingefallen?«

»Majestät, sie haben Vizena und Fetoria an der Grenze überrannt. Kein Haus steht mehr an Ort und Stelle. Hunderte sind den Soldaten zum Opfer gefallen. Sie marschieren weiter. In Kürze werden sie Cremonone und die umliegenden Dörfer erreicht haben.«

»Cremonone!«, schrie ich auf.

Die Männer nahmen keine Notiz von mir.

»Diese Drecksschweine haben sich nicht an die Frist gehalten«, knurrte Gaspare und warf vor Wut die Spule voll Gold auf den Boden, dass es laut schepperte. Fabio schien das viele Gold auf den am Boden liegenden Spulen erst jetzt zu bemerken. Mit offenem Mund starrte er auf den Schatz und sah dann ungläubig zu mir. Doch es war mir egal, was er, Malfois oder Gaspare von mir dachten. Cremonone! Die eabanischen Soldaten waren auf direktem Weg zu meinem Heimatdorf. Zu meinem Vater. Vielleicht waren sie schon dort? Ich musste hier raus. Ich musste nach Hause. Instinktiv rannte ich los. Dabei hatte ich völlig vergessen, an den Füßen gefesselt zu sein und so schlug ich schwer der Länge nach auf dem Boden auf. Betäubt von meiner Angst nahm ich den Schmerz des Aufpralls nicht wahr und robbte zur Kammertür. Jäh drückte mich ein Fuß zwischen meinen Schulterblättern wieder zu Boden. »Hier geblieben.«

Ich sah in die unnachgiebigen Augen Malfois'. Tränen schossen mir in die Augen. In diesem Moment hatte ich das Gefühl, als ob sich die ganze Welt gegen mich verschworen hatte. Ich war gefangen in einem Albtraum. »Lasst mich frei. Mein Vater. Ich muss nach Hause«, presste ich hervor. Keiner der Männer nahm Notiz von mir.

»Cavalli, schickt nach di Gallo. Es ist Zeit, unsere Armee gegen Eaban aufzustellen.«

Ich hörte, wie Fabio salutierte und sich dann mit schnellen Schritten entfernte.

»Und Ihr Malfois schließt die Hexe ein. Ich werde sie noch brauchen«, bestimmte Gaspare. Der Druck auf meinem Rücken ließ nach. Ich spürte, wie sich die kalten, rauen Handfesseln erneut um meine Handgelenke schlossen. Die Schritte der Männer hallten durch die Kammer, ihre alarmierten Stimmen verschwammen mit dem Kratzen des Schlüssels, der das Schicksal hinter der schweren Tür versiegelte. Da lag ich, in einer fensterlosen Kammer gefangen, umgeben von schimmernden Spulen voll Gold, die im Fackellicht wie gefangene Sterne glitzerten.

Wimmernd vor Schmerz, das Herz schwer von Sorge, war ich nicht mehr als ein Schatten meiner selbst. Aradia war eine Gefangene, eine Sklavin. Ich, die Goldhexe des Königs, wurde zum Werkzeug seines unstillbaren Verlangens. In dieser Kälte, zwischen den glanzvollen Fäden des Reichtums, erkannte ich die grausame Ironie: Der Handel mit dem Hexer und die weitere Lüge über meine Person waren mein eigener Käfig.

Fabio

Die Ereignisse im Schloss überschlugen sich, nachdem die Nachricht über den Angriff der eabanischen Truppen eingeschlagen war wie ein Pfeilhagel. König Gaspare ließ sofort seine Soldaten an die Westgrenze reiten und Boten in die Dörfer schicken, um wie angekündigt, alle wehrfähigen Männer an die Grenze zu beordern. Auch ich schulterte mein Schwert und rannte zu den Ställen, doch ich kam nicht weit. Malfois, der mich nicht mehr aus den Augen zu lassen schien, pfiff mich zurück.

»Ich will kämpfen«, sagte ich nachdrücklich.

Malfois stand vor den Ställen, die Hände in die Seiten gestützt. Er war ein seltener Anblick auf dieser Seite des Schlosses. Und die Stalljungen und Reiter, die an uns vorbeieilten, warfen fragende Blicke zu uns.

»Ihr habt andere Verpflichtungen hier im Schloss. Oder wisst Ihr das nicht mehr?« Sein Blick bohrte sich durch mich hindurch.

»Wird nicht jeder kampffähige Mann an der Grenze gebraucht?«

»Ich weiß, dass Ihr gut mit dem Schwert umgehen könnt. Aber Eure Aufgabe ist wichtiger als jeder fallende eabanische Soldat.« Er trat zu mir und flüsterte mir ins Ohr. »Ihr habt gesehen, was in der Kammer heute Nacht geschehen ist. Gold kauft uns frei.«

Resigniert und dennoch frustriert ließ ich die Schultern hängen und marschierte zurück ins Schloss. Wohl wissend, dass mir Malfois' Blick folgte. Nun, da ich endlich vom einfachen Boten in den Ritterstand erhoben werden sollte, wollte ich für unser Königreich kämpfen. Eaban hatte sich nicht an die Absprache gehalten. König Gaspare hatte eine Verhandlung erwirken können. Doch sie hatten ihr Versprechen, bis dahin vor der Grenze zu warten, gebrochen und waren mordend und zerstörend in unser Land eingefallen. Dafür wollte ich jeden eabanischen Soldaten büßen lassen. Stattdessen sollte ich hier im Schloss bleiben, um Aradias Vertrauen zurückzugewinnen. Vom Fenster aus sah ich zu, wie zunächst der erste Trupp Soldaten in wildem Galopp davonritt und schließlich König Gaspare in seiner großen schwarzen Kutsche, eskortiert von etlichen weiteren Soldaten, aufbrach. Bei sich in der Kutsche transportierte der König eine große Holztruhe. Ich wusste, was sie verbarg: dutzende Spulen voll Gold. Der Anblick der Kammer am Morgen, in der die Hexenkönigin die ganze Nacht über eingesperrt gewesen war, ging mir nicht mehr aus dem Kopf. Ich war für die Strohlieferungen zuständig gewesen und hatte die Menge gesehen, die in die Kammer gebracht worden war. Und über Nacht war kein einziger Strohhalm davon mehr übriggeblieben. Anstatt dessen hatten sich so viele Spulen voll Gold in der Kiste und auf dem Boden neben dem Spinnrad gehäuft, wie ich noch nie zuvor gesehen hatte. So feines Gold. Fein wie Garn. Das Rätsel um Aradias Hilfe für Rascara hatte sich mir damit offenbart. Indem sie Stroh zu Gold spann, konnte unser König nicht nur seine Schulden an Eaban zurückzahlen, sondern auch Rascara Wohlstand zurückbringen. Die Hexenretterin war mächtig. Das war inzwischen mehr als offensichtlich. Verglichen zu gestern Abend hatte ich keine Angst mehr, ihr erneut gegenüberzutreten. Im Gegensatz zu König Gaspare und Malfois hatte ich den entsetzten, flehenden Ausdruck in ihren Augen gesehen, als sie die Nachricht über die gestürzten Grenzstädte vernommen hatte. Es hatte sie völlig aus der Fassung gebracht. Ich hatte genau gehört, wie sie kriechend zur Kammertür von einem Heimatdorf und einem Vater gesprochen hatte. Und genau das gab mir zu denken. Aradias Vater war den Legenden nach nämlich selbst ein Gott. Lucifer, Gott des Lichts. Warum sollte sich eine mächtige Hexe um einen noch mächtigeren Vater Sorgen machen? Gedankenversunken schüttelte ich den Kopf. Irgendetwas stimmte nicht. In der Kammer war etwas Magisches, etwas Übernatürliches passiert. Und doch konnte ich dies nicht mit der jungen Frau in Verbindung bringen, die wir gefangen hielten.

Velia.

Aradia.

Velia – möglicherweise hatte sie ein Heimatdorf in Rascara und einen einfachen Vater.

Nicht jedoch eine Hexenkönigin.

Ein kleiner Zweifel nistete sich in meinem Verstand ein. Was, wenn die Legenden nicht stimmten? Was, wenn wir in allem, was wir taten, falsch lagen? Was, wenn wir Velia, die gute Fee und nicht Aradia, die böse Hexe gefangen genommen hatten? Es gab nur einen Weg dies herauszufinden. Ich musste zu ihr in die Kammer und wie von Malfois gewünscht, ihr Vertrauen zurückgewinnen. Und ich hatte auch schon eine Idee für einen guten Vorwand dafür. Zügigen Schrittes eilte ich durch die Korridore hinab zur Hofküche.

Aradia

ie Kammer mit dem Haufen Spulen voll Gold war schlimmer als die dunkle Zelle im Kerker. Während das Gold im Schein der Fackel zauberhaft glänzte, verlor ich vor Sorge um meinen Vater fast den Verstand. Ich konnte nichts tun. Ich saß gefesselt in der Kammer und wartete, dass etwas geschah. Stunden vergingen. Irgendwann kamen Soldaten mit einer großen Holztruhe. Sie packten hastig die Spulen dort hinein und verließen, ohne mich eines Blickes zu würdigen, wieder die Kammer. Auf meine Fragen, was außerhalb des Schlosses geschah, antworteten sie nicht. Und so blieb ich in Unwissenheit über die Geschehnisse in Rascara. Die Sorge um meinen Vater zerfraß mich. Hatten die Soldaten Eabans inzwischen Cremonone und die umliegenden Dörfer erreicht und dem Erdboden gleichgemacht, wie die Grenzstädte zuvor? Hatte mein Vater sich rechtzeitig in Sicherheit bringen können? In meinen Gedanken sah ich unsere Wassermühle brennen. Tränen rannen mir über die Wangen und tropften auf meine Hose. Wäre ich doch nur zu Hause geblieben. Ich wartete auf den König oder seinen Berater. Doch niemand kam mehr an diesem Tag. Nachdem meine Tränen versiegt waren, begann mein Magen zu knurren, und ich spürte zusätzlich heftigen Durst. Ich hatte seit drei Tagen nichts mehr gegessen und seit mehr als einem Tag nichts mehr zu Trinken bekommen. Ich legte mich auf die Seite und zog die Beine an, was ein wenig gegen den knurrenden Magen half, nicht aber gegen den schmerzenden Durst. Irgendwann schlief ich erschöpft ein. Als ich erwachte und meine Augen öffnete, sah ich die Kammer verschwommen vor mir. Ich wollte mich aufsetzen, als Schwindel mich übermannte. Ich wollte schlucken, doch mein Mund war staubtrocken. Meine Zunge fühlte sich ledrig an. Ich ließ sie über meine Lippen gleiten und schmeckte Blut. Dieser quälende Durst! Das Verlangen nach Wasser wurde immer größer und ließ mich all meine Sorgen vergessen. Mein ganzer Körper krampfte nach Flüssigkeit. Ich stierte in die Kammer, ohne etwas zu erfassen. Bilder wanderten an meinem inneren Auge vorbei. Ich sah meinen Vater in der Mühle arbeiten. Ich sah meine Mutter zwischen den Flammen die letzten Worte an mich richten: »*Ich werde für immer bei dir sein.*«

Dann sah ich nur noch das sich stetig drehende Mühlrad meiner Heimat. Ein Kreislauf für die Ewigkeit. Ich hörte sogar das Klopfen und Knattern, als wenn ich direkt davor stünde. Erst als ich Hände an meinen Schultern spürte, verstand ich, dass ich das Öffnen der Kammertür gehört hatte. Jemand richtete mich auf und hielt mir einen Krug an die Lippen. Wasser. Die ersten Schlucke fielen mir schwer, doch dann trank ich den Krug gierig aus.

»Mehr«, krächzte ich und klang dabei wie zwei aufeinander reibende Steine.

Schritte entfernten sich und kamen kurze Zeit später wieder zurück. Ich trank einen zweiten Krug gierig aus und spürte, wie die Lebenskraft zurück in meinen Körper floss. Erschöpft lehnte ich meinen Kopf an die Wand und versuchte, die schemenhafte Person vor mir zu erkennen. War der Hexer zurückgekehrt und hatte mich erneut gerettet? Ich kniff meine Augen zusammen. Die Umrisse wurden schärfer und schließlich erkannte ich, dass vor mir nicht der unheimliche Mann von letzter Nacht kniete, sondern Fabio Cavalli. Sorgenvoll betrachtete er mich. »Geht es dir besser?«

Ich drehte meinen Kopf zur Seite und schloss die Augen. Ich hasste ihn. Er war schuld, dass ich gefangen im Schloss saß.

»Ich habe dir auch etwas zu Essen mitgebracht. Ein Stück Brot und Schinken. Und hier noch ein paar Trauben.« Fabio hob ein Holzbrett vor mich. Ich schnappte mir umständlich mit gefesselten Händen das Brot, ohne ihn anzusehen, und biss gierig hinein.

»Du bist völlig ausgehungert«, stellte er überflüssigerweise fest.

»Seit ich in deine Falle getappt bin, wurde ich nicht gerade freundlich behandelt«, antwortete ich mit vollem Mund. Was interessierte es diesen verfluchten Kerl, wie es mir ging? Ich schluckte den Bissen hinunter und sah ihn an. Fabio saß vor mir auf dem Boden, die Hände lässig über die angezogenen Beine gelegt und blickte mich nachdenklich an. Ich gab bestimmt kein schönes Bild ab. Zerzauste, verklebte Haare, schmutzige Haut, rissige Lippen und dem Brennen nach zu urteilen bestimmt gerötete Augen. Von meinem Geruch wollte ich gar nicht erst sprechen ... Was mich hingegen am meisten ärgerte, war der Gedanke, dass mir mein Aussehen vor Fabio wichtig zu sein schien. Vor dem Kerl, dem ich meine Gefangenschaft verdankte. »Was willst du von mir?«, fragte ich daher forsch. Er war sicher nicht wegen seines schlechten Gewissens hier. Schließlich würde er dank meiner Gefangennahme bald zum Ritter geschlagen werden. Bestimmt wollte er Gold. Ich hatte sein Staunen über die glänzend vollen Spulen in der Kammer nicht vergessen. Gierig nahm ich erneut einen großen Bissen Brot. Die Kruste war hart, aber in diesem Moment war es das Leckerste, was ich je in meinem Leben gegessen hatte.

»Du sorgst dich um Cremonone und deinen Vater, habe ich Recht?«

Ich hörte auf zu kauen und fixierte Fabio mit meinem Blick. In seinem Blick las ich Mitgefühl. Im Gegensatz zu den anderen Männern schien er mir zugehört zu haben. Natürlich brannte ich darauf zu erfahren, was seit gestern im Land geschehen war, doch wollte ich gleichzeitig nicht meinen Vater in Gefahr bringen. Der Vater Aradias wäre die nächste Trophäe im Kerker des Königs. Es war demnach besser, wenn niemand von ihm erfuhr. »Wie kommst du darauf?«, fragte ich achselzuckend.

Fabio fuhr unbeirrt fort, als ob er meine Worte nicht gehört hätte: »Sie haben auch Cremonone angegriffen. Viele der Stadtbewohner und Bauern der umliegenden Dörfer flohen in die angrenzenden Wälder. Leider haben es nicht alle geschafft.«

Es war die Nachricht, die ich nicht hatte hören wollen. Meine Fassade der gespielten Gleichgültigkeit verlor augenblicklich an Kraft. Zuerst bebten meine Lippen, ein leises Zittern, das ich vergeblich zu unterdrücken versuchte. Dann brach die Trauer vollends aus mir heraus, und dicke Tränen rollten über meine Wangen. Jeder Atemzug schien schwerer, so als könnte ich den Schmerz in meiner Brust kaum fassen. Fabio

sagte nichts. Ohne ein Wort nahm er meine gefesselten Hände in seine, und für einen stillen Moment saßen wir einfach da. Er hörte meinem Schluchzen zu, bis meine Trauer aufgebraucht und blankem Zorn gewichen war. König Gaspare war an allem schuld. Erst meine Mutter und jetzt hatte er vielleicht auch noch meinen Vater auf dem Gewissen. Mit zusammengebissenen Zähnen presste ich hervor: »Ich bringe ihn um.«

Fabio hob eine Augenbraue. »Wen, König Amaury?«

Mein Blick war eiskalt, meine Stimme schneidend. »Nein, König Gaspare!«

Zu meinem Entsetzen lachte Fabio leise, als wäre mein tödlicher Schwur ein bloßer Scherz, den man in der Dunkelheit einer Zelle machen konnte. Schnell zog ich meine Hände aus seinen. »Wer bist du eigentlich wirklich? Fabio Cavalli ist tatsächlich dein Name. Es war also nicht alles gelogen, was du mir erzählt hast. Bist du Gaspares Büttel? Oder so etwas wie ein Spion?«

Fabio lachte wieder. »Nein, du überschätzt mich. Wie ich dir schon damals auf der Lichtung gesagt habe, ich bin nur sein Bote.«

»Ein Bote, der zum Ritter geschlagen wird.«

»Als Dank, dass ich dich gefunden und lebend dem König gebracht habe.« Mir entging nicht, wie Fabio stolz das Kinn reckte.

»Herzlichen Glückwunsch.« Meine Worte trieften vor Ironie.

»He, ich habe das Richtige getan. Aus deiner Sicht verstehe ich natürlich, dass du nicht gefangen sein willst. Aber ich diene dem Königreich und will nur das Beste für das Volk. Das Böse muss besiegt werden. Die Hexen müssen...«

»Es gibt keine Hexen«, warf ich ihm mit verzweifelter Wut entgegen.

»Und was bist du dann?«, entgegnete er ruhig.

Ich seufzte. Wie sollte ich diesem königstreuen Boten erklären, dass es keine Magie gab, wenn ich sie doch in dieser Kammer selbst erlebt und es das Gold auf den Spulen bewiesen hatte? Sollte ich verraten, dass es einen Hexer gab, der das Unmögliche vollbrachte? Dass nicht ich die gesuchte Hexe war? Doch dann wäre ich nutzlos und würde womöglich als Lügnerin im Kerker landen. »Viele Frauen sind zu Unrecht auf dem Scheiterhaufen gelandet«, antwortete ich schließlich.

»Das mag sein«, sagte er, »Vielleicht hast du Recht und manche verurteilten Frauen sind zu Unrecht gestorben. Aber wie finden wir die bösen Hexen? Die, die es verdienen, in die Hölle zurückgeschickt zu werden?« Fabio zog nachdenklich die Augenbrauen zusammen.

Ich schüttelte den Kopf. »Keine hat den Scheiterhaufen verdient. Egal ob Hexe oder normale Frau.«

»Aber Hexen sind böse. Sie sind schuld an all dem Unheil, das über unser Land gekommen ist.«

Ich schüttelte den Kopf. »Einzig und allein der König ist schuld an der Misere des Landes. Hätte er die Schulden beglichen, hätte Eaban niemals zu Gewalt greifen müssen.«

»Die vielen Missernten der letzten Jahre, die Unwetter, die unsere Handelsschiffe zum Kentern gebracht haben. Das soll Zufall sein? Nein, das waren die Hexen. Gaspare muss das Böse aus seinem Land vertreiben. Er muss die Hexen töten.«

»Wie viele Frauen hat er bereits hinrichten lassen? Hunderte! Und nichts hat geholfen. Im Gegenteil, jetzt leben wir im Krieg.«

Nun schüttelte Fabio heftig den Kopf. »Der König ist mit der Truhe voll Gold Richtung Grenze unterwegs. Ein kleiner Vorgeschmack für Eaban. Der Krieg wird bald beendet und alle Schulden zurückgezahlt sein.«

»Und dann?«, fragte ich. So einfach konnte es nicht sein.

»Dann kann er endlich wieder unabhängig regieren.«

»Wird er mich freilassen?«

Fabio schluckte, und ich sah das Zögern in seinen Augen. »Also, gegen das Problem mit den Hexen müssen wir natürlich weiterhin ankämpfen.«

»Das bedeutet, ich bleibe auf ewig eine Gefangene? Hier in dieser Kammer? Halb am Verhungern und Verdursten?« Meine Stimme überschlug sich. Schön und gut, dass mir Fabio Essen und Trinken gebracht hatte. Aber warum nur waren alle so verbohrt, so verblendet vom Hexenwahn des Königs?

Fabio strich sich verlegen durch die aschblonden Haare. »Na ja, ich kann sicherlich veranlassen, dass man dich besser behandelt.«

Ich musterte ihn abschätzig. »Das wäre doch mal ein Anfang«, sagte

ich, und ein Plan nahm in meinem Kopf Gestalt an. Wenn es mir gelänge, immer mehr Freiheiten auszuhandeln, könnte ich vielleicht irgendwann fliehen. Alles hing davon ab, ob mir der fremde Hexer weiterhin helfen würde. Ansonsten landete ich schneller auf dem Scheiterhaufen, als mir lieb war.

»Du hast meine Frage immer noch nicht beantwortet«, führte ich das Gespräch fort.

»Welche Frage meinst du?« Er sah mich verwirrt an.

»Warum du zu mir in die Kammer gekommen bist.«

Er atmete tief ein und aus. »Du bist mir ein Rätsel. Ich habe dich in Verossa gesehen, deine Maskerade stimmte mit den Berichten der Bürger überein. Ich habe das viele zu Gold verwandelte Stroh gesehen. Du bist Aradia und damit eine Gefahr für das Königreich. Und zugleich beweinst du wie eine gewöhnliche junge Frau ein attackiertes Dorf und einen Vater.« Fabio hielt inne und sah mich forschend auf eine Reaktion an.

»Warum bist du zu mir in die Kammer gekommen? Warum hast du nach mir gesehen?«, fragte ich noch einmal, denn eine wahre Antwort hatte ich noch nicht bekommen.

Es dauerte, bis er mir endlich antwortete: »Weil ich glaube, dass tief in dir keine böse Hexe, sondern eine junge Frau steckt, die ich sehr mag.«

Ich schluckte und sah ihm in die eisblauen Augen. Wie bei unserem ersten Zusammentreffen überkam mich ein Gefühl der Vertrautheit, und mein Herz schlug ein kleines bisschen schneller. Doch er hatte mich schon einmal getäuscht. Wahrscheinlich wollte er mein Herz gewinnen, um als der reichste Ritter der Welt aus dem Schloss zu gehen. Widerstrebend löste ich mich von seinem Blick.

»Ich komme wieder. Und ich verspreche dir, dass es dir hier im Schloss gut gehen wird, Velia.« Als Fabio diesen Namen aussprach, durchzuckte es mich wie ein Blitz. Er hatte sich den Namen gemerkt. Sein Lächeln strahlte Wärme aus, trotzdem regte sich in meinem Herzen Misstrauen. Ich hatte diesem Mann schon einmal vertraut und dafür mit meiner Freiheit gebüßt. Den Fehler würde ich kein zweites Mal machen. Und doch fühlten sich seine Worte aufrichtig an. Wer war Fabio Cavalli, dass er so mit meinem Herzen spielte?

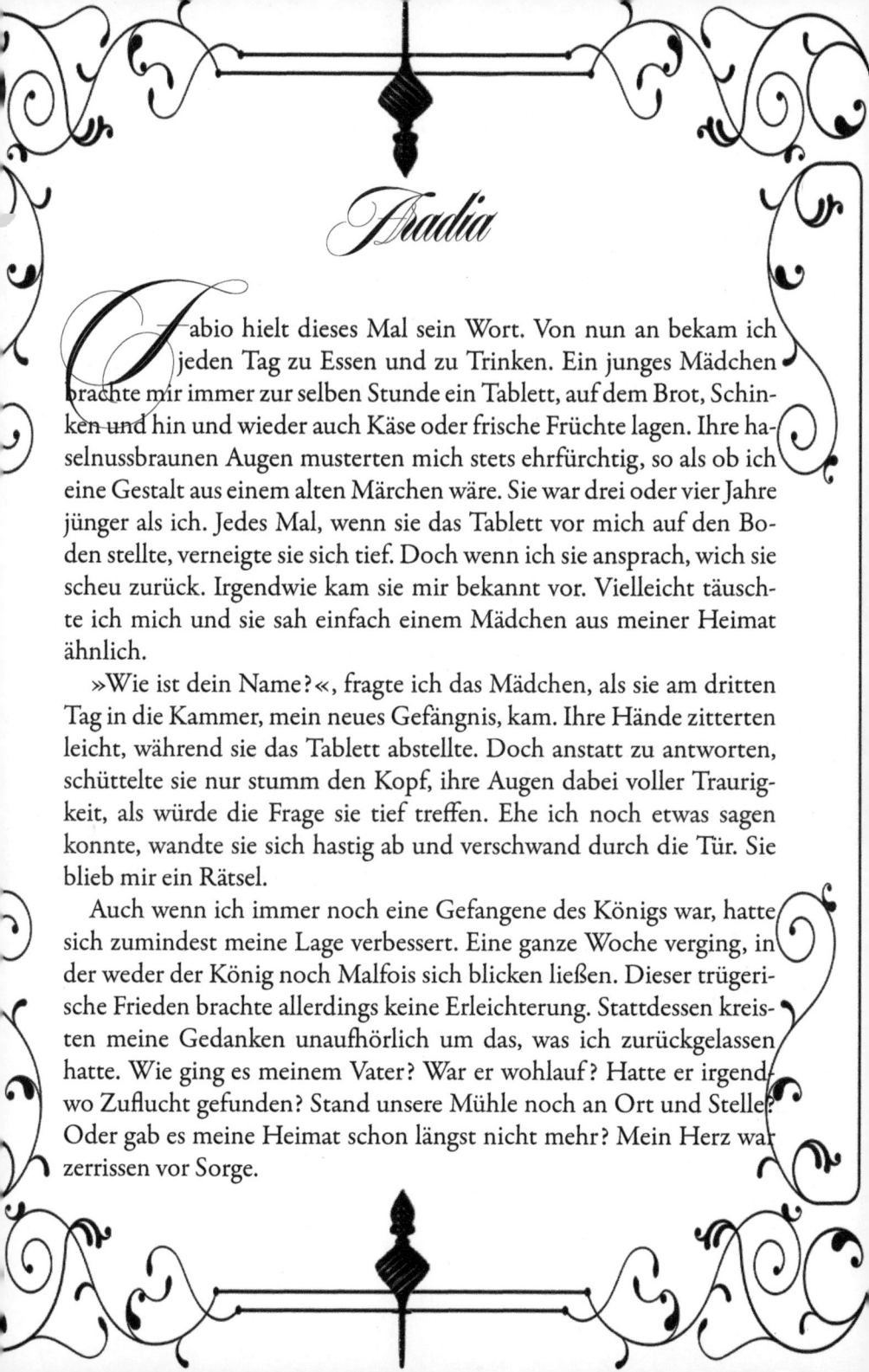

Aradia

Fabio hielt dieses Mal sein Wort. Von nun an bekam ich jeden Tag zu Essen und zu Trinken. Ein junges Mädchen brachte mir immer zur selben Stunde ein Tablett, auf dem Brot, Schinken und hin und wieder auch Käse oder frische Früchte lagen. Ihre haselnussbraunen Augen musterten mich stets ehrfürchtig, so als ob ich eine Gestalt aus einem alten Märchen wäre. Sie war drei oder vier Jahre jünger als ich. Jedes Mal, wenn sie das Tablett vor mich auf den Boden stellte, verneigte sie sich tief. Doch wenn ich sie ansprach, wich sie scheu zurück. Irgendwie kam sie mir bekannt vor. Vielleicht täuschte ich mich und sie sah einfach einem Mädchen aus meiner Heimat ähnlich.

»Wie ist dein Name?«, fragte ich das Mädchen, als sie am dritten Tag in die Kammer, mein neues Gefängnis, kam. Ihre Hände zitterten leicht, während sie das Tablett abstellte. Doch anstatt zu antworten, schüttelte sie nur stumm den Kopf, ihre Augen dabei voller Traurigkeit, als würde die Frage sie tief treffen. Ehe ich noch etwas sagen konnte, wandte sie sich hastig ab und verschwand durch die Tür. Sie blieb mir ein Rätsel.

Auch wenn ich immer noch eine Gefangene des Königs war, hatte sich zumindest meine Lage verbessert. Eine ganze Woche verging, in der weder der König noch Malfois sich blicken ließen. Dieser trügerische Frieden brachte allerdings keine Erleichterung. Stattdessen kreisten meine Gedanken unaufhörlich um das, was ich zurückgelassen hatte. Wie ging es meinem Vater? War er wohlauf? Hatte er irgendwo Zuflucht gefunden? Stand unsere Mühle noch an Ort und Stelle? Oder gab es meine Heimat schon längst nicht mehr? Mein Herz war zerrissen vor Sorge.

***

Am achten Abend in der Kammer öffnete sich zu später Stunde die Tür und nicht das Mädchen trat ein, um das leere Tablett zu holen, sondern Fabio. »Ich habe gesagt, ich komme wieder.« Er lächelte und klang, als besuche er einen Freund.

Ich schnaubte. Acht Tage waren vergangen, in denen ich außer dem scheuen Mädchen niemanden zu Gesicht bekommen hatte. Ich saß mit meinen engen Fußfesseln auf dem kalten Boden, den Kopf an die Wand gelehnt. Als ich nach so langer Zeit wieder meine eigene Stimme hörte, erschrak ich fast vor mir selbst. »Bist du inzwischen zum Ritter geschlagen worden?«

Fabio schloss hinter sich die Kammertür und kam, meine Frage ignorierend, näher. »Ich habe gute Nachrichten. Dein Gold hat König Amaury fürs Erste besänftigt. Momentan herrscht Waffenruhe zwischen den beiden Königreichen.«

»Dann kann mich unsere Majestät ja freilassen.« Ich hob keck das Kinn.

Fabio senkte die Stimme. »Es tut mir leid, dass ich erst jetzt wieder zu dir komme, aber ich war im Land unterwegs. Ich habe die letzten Tage alle umliegenden Bauern aufgefordert, Stroh ins Schloss zu liefern. Malfois lässt auf Geheiß des Königs gerade eine zweite Kammer mit Stroh füllen.«

Nein, das durfte nicht sein. Würde dieser Albtraum niemals enden? Dabei hatte ich es bereits befürchtet. »Ich werde kein weiteres Stroh zu Gold spinnen.«

Fabio seufzte. »Wenn du Rascara retten willst, musst du es tun. Die Verhandlungen mit Eaban sind noch nicht vorbei, und König Amaury hat mehr Gold gefordert.«

Ich blickte hinauf zur Decke. Wie gerne hätte ich jetzt den Nachthimmel, den Mond und die Sterne gesehen. Hätte mir vorgestellt, dass von dort oben meine Mutter zu uns hinabsah. Hier in der Kammer war ich gefangen wie ein elendes Tier. Und egal, was ich auch sagte, man würde mich in eine zweite Kammer voll Stroh bringen. Damit ich wieder Stroh zu Gold spann.

»Wie machst du das eigentlich, Stroh zu Gold spinnen? Wie funktioniert Magie?«, unterbrach Fabio meine düsteren Gedanken. Neugierig sah er mich an.

Was sollte ich ihm sagen? Ich erinnerte mich an den Hexer. Er hatte weder Beschwörungsformeln aufgesagt, noch hatte er mit den Händen in der Luft herumgefuchtelt oder einen Zaubertrank verwendet. Er hatte sich einfach ans Spinnrad gesetzt und angefangen zu spinnen. Da war nur dieses aufgeladene, schwere Gefühl in der Luft gewesen. Aber das zu beschreiben, war schwierig. Ich fand keine Worte dafür. Ich zuckte mit den Schultern. »Das ist schwer zu erklären. Ich denke ganz fest an das, was ich zaubern möchte, und dann fließt die Magie aus mir heraus.«

Fabio sah mich fasziniert an. Er kam näher und setzte sich wie beim letzten Mal vor mich auf den Boden. »Das heißt, du könntest alles herzaubern, wenn du nur daran denkst? Ich hätte gerne neue Reitstiefel. Diese sind schon sehr alt«, Er hob sein Bein und zeigte mir seine völlig abgenutzte Schuhsohle. »Könntest du mir beispielsweise neue Reitstiefel zaubern?«

Ich hatte also Recht gehabt. Natürlich kam Fabio nicht einfach so zu mir, um nett zu plaudern. Er wollte etwas. Reichtum und Macht. Am liebsten hätte ich ihm entgegen geschleudert, dass ich einem Verräter wie ihm niemals etwas freiwillig herzaubern würde. Doch wer wusste schon, zu was dieser königstreue Bote fähig war. Am Ende folterte man mich, damit ich zauberte. Das Risiko wollte ich nicht eingehen. In Erinnerung an den unheimlichen Hexer kam mir eine andere Idee, mich aus der Affäre zu ziehen. »Ich kann nicht aus dem Nichts heraus Dinge zaubern. Ich benötige irdische Elemente, aus denen ich mit meiner Magie Neues erschaffe.«

Fabios Blick nach zu urteilen, verstand er nicht, was ich meinte.

»So wie mit dem Stroh und dem Gold«, erklärte ich weiter, »Einfach so aus dem Nichts Goldbarren erschaffen, das kann ich nicht. Aber bestehende Materialien so zu verzaubern, dass sie ihre Form oder ihre Beschaffenheit ändern, das vermag meine Magie.«

»Interessant. Also könntest du zumindest meine Sohle mit Magie reparieren«, stellte Fabio clever fest. Das war die logische Konsequenz aus

meiner fantasievollen Erklärung. »Ja, das könnte ich«, sagte ich zögerlich, »Aber aktuell kann ich es nicht.« Es durfte unter keinen Umständen dazu kommen, dass Fabio mich mit seiner blöden Schuhsohle in ein weiteres Schlamassel brachte.

»Warum nicht?«, fragte er.

»Weil ich …« Was bitte sollte ich sagen? Am liebsten hätte ich ihm an den Kopf geworfen: Weil ich keine Hexe bin! Aber das war natürlich nicht möglich. In diesem Moment fiel mir eine alte Weisheit der Müllerszunft ein: *Der Müller ist ein adelig Kind. Es arbeiten für ihn Wasser und Wind. Doch wenn Wasser und Wind fehlen, dann bleibt auch das Mühlrad stehen.*

»Weil ich gerade nicht genug Magie besitze«, sprudelte es aus mir heraus. Erleichterung durchströmte meinen Körper. Eine bessere Ausrede hätte mir wahrlich nicht einfallen können.

Und Fabio biss an: »Heißt das, deine Magie ist endlich?«

Ich überlegte kurz und sagte dann: »Sie braucht Ruhe und Erholung. Das Stroh zu Gold zu spinnen hat mich unheimlich viel Kraft gekostet. Diese Kraft muss ich erst wieder zurückgewinnen.«

»Könnte es also passieren, dass deine Magie mitten im Zaubern versiegt?«

»Ja, das könnte passieren.«

»Das heißt, du könntest eventuell gar nicht mehr so große Mengen Stroh zu Gold spinnen?«

Erst jetzt bemerkte ich, in welch glückliche Lage mich die Unterhaltung mit Fabio gebracht hatte. Das Spiel hatte sich zu meinen Gunsten gewendet. Ein schelmisches Grinsen trat auf meine Lippen. Von nun an würden Gaspare und seine Untertanen nach meinen Regeln tanzen. »Stell dir vor, du musst eine Botschaft so schnell wie möglich überbringen. Du nimmst dein schnellstes Pferd und galoppierst hundert, zweihundert Meilen am Stück. Irgendwann wird dein Pferd aber müde und braucht eine Pause. Genauso ist es mit meiner Magie.«

Fabio nickte. »Das verstehe ich. Nur wird Gaspare das ganz und gar nicht gefallen. Wie lange braucht deine Magie, um wieder bei voller Kraft zu sein?«

Ich zuckte mit den Schultern. »Ich weiß es nicht. Die Magie ist eine komplizierte Sache ...«

»Was würde dir und deiner Magie helfen?«

»Freiheit«, kam mein Wunsch sofort über meine Lippen.

Fabio sah mich nachdenklich an. »Ich werde Malfois und König Gaspare, wenn er von seinen Verhandlungen mit Eaban zurück ist, von unserer Unterhaltung erzählen. Das verspreche ich dir. Aber besser, du überlegst dir, wie deine Magie auf andere Weise zu alter Stärke gelangt, denn unser König benötigt weiteres Gold, um Rascara wieder in die Unabhängigkeit zu führen.« Fabio stand auf.

Ich sah ihm mutig in die Augen. »Wenn unser König Gold will, wird er mir früher oder später die Freiheit schenken müssen.«

Fabio sah mich lange schweigend an, dann drehte er sich um und ging zur Kammertür.

»Eines muss ich noch wissen«, beeilte ich mich zu sagen, bevor er verschwand, »Gibt es Neuigkeiten aus Cremonone?« Es war ein Wagnis. Fabio wusste schon zu viel über mich. Doch ohne Gewissheit würde ich hier in der Kammer noch vor Verzweiflung sterben.

Er drehte sich noch einmal zu mir um. »Diejenigen, die fliehen konnten, haben Zuflucht in Sedura gefunden. Sobald keine Gefahr mehr von den Soldaten Eabans ausgeht, können die Menschen zurück und ihre Dörfer neu aufbauen.«

»Wie viele haben überlebt?« Meine Frage kam mir flüsternd über die Lippen. Ich hielt die Luft an, da mir die Frage Angst und Hoffnung zugleich machte.

»Etwa die Hälfte«, antwortete Fabio und musterte mich.

Ich atmete laut aus. Die Hälfte. Mein Vater konnte überlebt haben.

Fabio zögerte, schließlich fragte er: »Gib mir einen Namen, und ich werde mich umhören.«

Sein Angebot war verlockend, aber ich durfte meinen Vater nicht in Gefahr bringen. Mein Vater als Geisel würde meinen Plan zur Flucht zunichtemachen. Ich schüttelte den Kopf.

»Wie du meinst«, sagte er und klopfte an die Tür, damit die Wachen ihm öffneten.

Dann war ich wieder allein in meiner Kammer. Doch meine Hoffnungslosigkeit war Zuversicht gewichen. Ich hatte einen Plan. Ich würde dem König die kraftlose Hexe vorspielen, um immer wieder weitere Freiheiten zurückzuerlangen. Bis ich irgendwann fliehen konnte.

Fabio

Die knusprige Haut des Truthahns war mit so fremden und leckeren Gewürzen mariniert, dass jeder Bissen schmeckte wie ein buntes, explodierendes Feuerwerk auf meiner Zunge. Der Wein war eine süße Versuchung, die Diener Malfois' hofierten mich wie einen Adligen. Es war nicht das erste Mal, dass ich dachte, ein von Gott auserwählter Mann zu sein. Das Glück war mir seit jener Nacht in Verossa hold. Aradia hatte trotz meines Verrats Vertrauen zu mir gefasst und mir mehr über ihre Macht verraten. Und mit diesem Wissen konnte ich nun glänzen.

»Sagt mir noch einmal den genauen Wortlaut Aradias«, bat mich Malfois, der den Weinkrug in seiner Hand langsam schwenkte und mir über die lange Tafel hinweg beim Essen zusah. Wie schon beim letzten gemeinsamen Abendessen war ihm mehr an meinen Worten gelegen als an dem edlen Mahl.

»Sie sagte: Stell dir vor, du musst eine Botschaft so schnell wie möglich überbringen. Du nimmst dein schnellstes Pferd und galoppierst hundert, zweihundert Meilen am Stück. Irgendwann wird dein Pferd aber müde und braucht eine Pause. Genauso ist es mit meiner Magie.« Ich nahm schnell einen weiteren Bissen von dem zarten, hellen Fleisch und überließ Malfois seinen Gedanken. Er war schließlich der Hofastrologe und würde wissen, was das alles zu bedeuten hatte. Die Erklärungen Aradias klangen in meinen Ohren logisch. Anstelle ihres Beispiels verglich ich es mit dem Schwertkampf. Irgendwann wurde selbst der stärkste Krieger müde und benötigte eine Pause. Warum Malfois nun so lange über diese Worte grübelte, leuchtete mir nicht ein. Die Stille, die sich über die Tafel ausbreitete, machte mich nervös. Mit vollem Mund sagte ich: »Schenkt ihr einfach ein paar Freiheiten«, schnell spülte ich den Bissen mit süßem Wein hinunter, »Das Essen, das ich ihr gebracht habe, hat ihr sichtlich gutgetan.«

Der königliche Berater sah mich gedankenversunken über seinen Krug hinweg an. »Es ändert alles ...«, murmelte er, dann sagte er lauter, »Ich werde Eure Informationen dem König mitteilen und mich mit ihm beraten. Vielleicht können wir Aradia etwas entgegenkommen.« Er lächelte, doch das Lächeln erreichte nicht seine strengen Augen.

»Tut das. Die Hexenkönigin kam mir nicht vor, als würde sie lügen. Sie wirkte über ihre Schwäche glaubwürdig verzweifelt.« Dass ihre Verzweiflung auch Cremonone und einem unbekannten Vater galt, hatte ich Malfois gegenüber verschwiegen. Es kam mir einerseits unwichtig vor, andererseits hatte ich das Gefühl, in diesem Punkt tatsächlich das Vertrauen Velias gewonnen zu haben. Aradias. Ich schüttelte den Kopf. Diese Frau, meine Gedanken und Gefühle zu ihr verwirrten mich. Obwohl mich ihre Macht ängstigte, fühlte ich mich in ihrer Gegenwart nicht unsicher. Ich hatte hinter ihre eiserne Fassade geblickt und dort eine mutige, hilfsbereite junge Frau entdeckt, die auf mich keinesfalls böse oder teuflisch wirkte. Andererseits, die meisten verurteilten Hexen waren auf die ein oder andere Art freundlich gewesen. Als ich wieder aufsah, bemerkte ich, dass Malfois gar nicht mehr an der Tafel saß, sondern vor dem Tisch mit den vielen Sterndeutungen stand.

»Ich habe auch Eure Sterne gedeutet«, sagte er, ohne mich anzusehen. Seine Augen waren einzig auf eines der Pergamente gerichtet, über das er nun mit seinen langen Fingern strich.

Ich schluckte nervös. »In der Halle sagtet Ihr, dass ich einst ein reicher Mann sein werde.«

»Oh ja. Sehr reich ...« Der Hofastrologe zeichnete mit den Fingern gedankenversunken eine Linie nach.

Ich entspannte mich augenblicklich und grinste zufrieden. Es schien, als habe mich Fortuna geküsst. Die Zeiten des einfachen Botendaseins waren vorbei. Endlich würde sich der Traum erfüllen, den ich schon als kleiner Junge gehegt hatte: ein Ritter des Königs zu werden. Wie oft hatte ich heimlich Marco di Gallo beneidet, meinen Freund aus Kindertagen. Gemeinsam hatten wir mit Holzschwertern unsere eigenen

Schlachten geschlagen, uns im Stall meines Vaters, dem königlichen Pferdewirt, im Heu die wildesten Schlachtzüge ausgedacht und uns dabei in stählernen Rüstungen an der Seite des Königs vorgestellt. Doch im Gegensatz zu mir, war Marco di Gallo adliger Abstammung. Unsere Wege hatten sich schließlich in der Jugend getrennt, als sich unser vorbestimmtes Schicksal erfüllte. Während er als Soldat ausgebildet wurde und heute Kommandant der königlichen Streitmacht war, bekam ich immerhin nicht die Heugabel in die Hand, sondern überbrachte fortan Nachrichten für den König und lernte das Land so gut kennen, wie meine eigene Westentasche.

»Doch ich sehe zugleich dunkle Stunden auf Euch zukommen«, durchdrang plötzlich Malfois' schmierige Stimme die Stille und riss mich aus meinen Gedanken. Sein Blick war ernst, fast durchdringend. Mein Hals fühlte sich plötzlich ganz eng an und das Pochen meines Herzens wurde so laut, als wollte es mir die Brust zerreißen. »Was für dunkle Stunden?«, brachte ich mühsam mit gepresster Stimme hervor. Wollte ich es wissen? Nein. Aber zumindest würde ich vorbereitet sein.

»Ich weiß es nicht«, sagte Malfois, was mich einerseits erleichterte, andererseits nervöser machte als zuvor. Sein Blick ruhte einen kurzen Augenblick auf mir, dann trat er ans Fenster und sah hinauf in den Nachthimmel. »Es ändert alles«, raunte er, und ich war mir sicher, dass die Worte nicht mir galten. Dann sprach er wieder in normaler Lautstärke: »Was ich in meiner Zeit als Gelehrter und Astrologe gelernt habe, ist, dass die Sterne niemals lügen. Es sind wir Menschen, die sie missverstehen oder gar missverstehen wollen. Man sieht nicht gerne selbst sein eigenes Versagen oder den eigenen Untergang voraus.«

»Werde ich sterben? Im Krieg mit Eaban?« Es waren die einzig dunklen Stunden, die ich mir vorstellen konnte.

Malfois lachte und er klang dabei so leblos wie ein toter Fisch. »Es wird keinen Krieg mit Eaban geben.«

»Was ist es dann?« Trotz eines Schluckes Wein klang meine Stimme immer noch belegt.

Gaspares Vertrauter wandte sich zu mir um. Sein Blick fixierte mich. »Eure Sterne widersprechen sich nahezu in allen Punkten. Ihr werdet ein

Held des Königreichs sein und dennoch tief fallen. Ihr werdet arm und zugleich sehr reich sein. Ihr werdet wissen und im Dunkeln tappen.«

Ich schluckte. »Und was steht zum Schluss?«

Mein Gegenüber atmete geräuschvoll ein und aus. »Ihr werdet lieben und hassen zugleich.«

Verwirrt legte ich meine Stirn in Falten und starrte auf den leeren Teller vor mir. Was hatte das zu bedeuten? Wie konnten diese Gegensätze das Schicksal eines Menschen beschreiben? Dann kam mir ein Gedanke: »Vielleicht habe ich immer die Wahl? Vielleicht steht mein Schicksal noch nicht fest?«

Malfois lachte erneut. »Das Schicksal eines jeden Menschen steht bereits mit der Geburt fest. Es gibt kein Entrinnen.«

»Dann kann ich mir keinen Reim auf das machen, was Ihr mir vorausgesagt habt«, mutig sah ich ihm entgegen, »Oder verschweigt Ihr mir etwas?«

Malfois reckte sein Kinn. »Rückblickend werdet Ihr die Sterne verstehen.« Er hielt meinem Blick stand, ging jedoch nicht auf meine herausfordernde Frage ein. Dann sagte er: »Ich werde Euch wissen lassen, wenn wir Eure Hilfe im Umgang mit Aradia erneut brauchen. Vorerst genügt es, wenn Ihr für weitere Strohlieferungen sorgt.«

Ich stutzte. Noch vor kurzem hatte ich geglaubt, endlich in den inneren Kreis des Königs aufgenommen worden zu sein. Der Gedanke, dass ich nun zu den Vertrauten gehörte, hatte mich fast stolz gemacht. Doch Malfois' Worte ließen diese Illusion wie dünnes Glas zerbrechen. Stattdessen erkannte ich, dass ich noch immer ein einfacher Bote war, ein kleines Zahnrad im gewaltigen Getriebe der Macht. Der Wink des Beraters war nicht zu übersehen, und so stand ich von der reich gedeckten Tafel auf. »Ich danke Euch für Euer Vertrauen und das leckere Mahl«, sagte ich bemüht, den Schein zu wahren, und verneigte mich tief vor dem Hofastrologen, wie es die Etikette verlangte. Seine Miene blieb ausdruckslos, er nickte mir knapp zu. Kein Zeichen von echter Anerkennung, nur kalte Höflichkeit. Das Gewicht seiner Blicke lastete auf mir, als ich mich schließlich umdrehte und die Gemächer verließ. Draußen im Korridor traf mich die Kälte wie eine scharfe Klinge. Sie schnitt durch die schweren Steinmauern und ergriff Besitz von meiner Haut, doch sie brachte auch eine merkwürdige Erleichterung. Die eisige Luft erfrischte meine Sinne, befreite mich von dem beklemmenden Gefühl, das sich in den dunklen Gemächern des Beraters angesammelt hatte.

Lejan und Bosco standen wie immer vor der Tür, stumm und regungslos wie steinerne Wächter, ihre Gesichter unbewegt, als wäre mein Kommen und Gehen nichts weiter als ein unbedeutender Flügelschlag im endlosen Strom der Zeit. Sie schenkten mir nicht die geringste Beachtung, als ich an ihnen vorbeiging.

Während ich durch den prunkvollen, aber kalten Korridor schritt, klammerte sich ein unangenehmer Gedanke an mich: Ich war nur eine Marionette, ein Spielball in den Händen Malfois', gefangen in den verworrenen Linien seiner Sterndeutungen. Und das erste Mal kam mir der Gedanke, nicht Teil davon sein zu wollen. Abhängig von den Spielzügen der Mächtigen. Doch wie konnte ich mich davon befreien? War es dafür nicht schon zu spät?

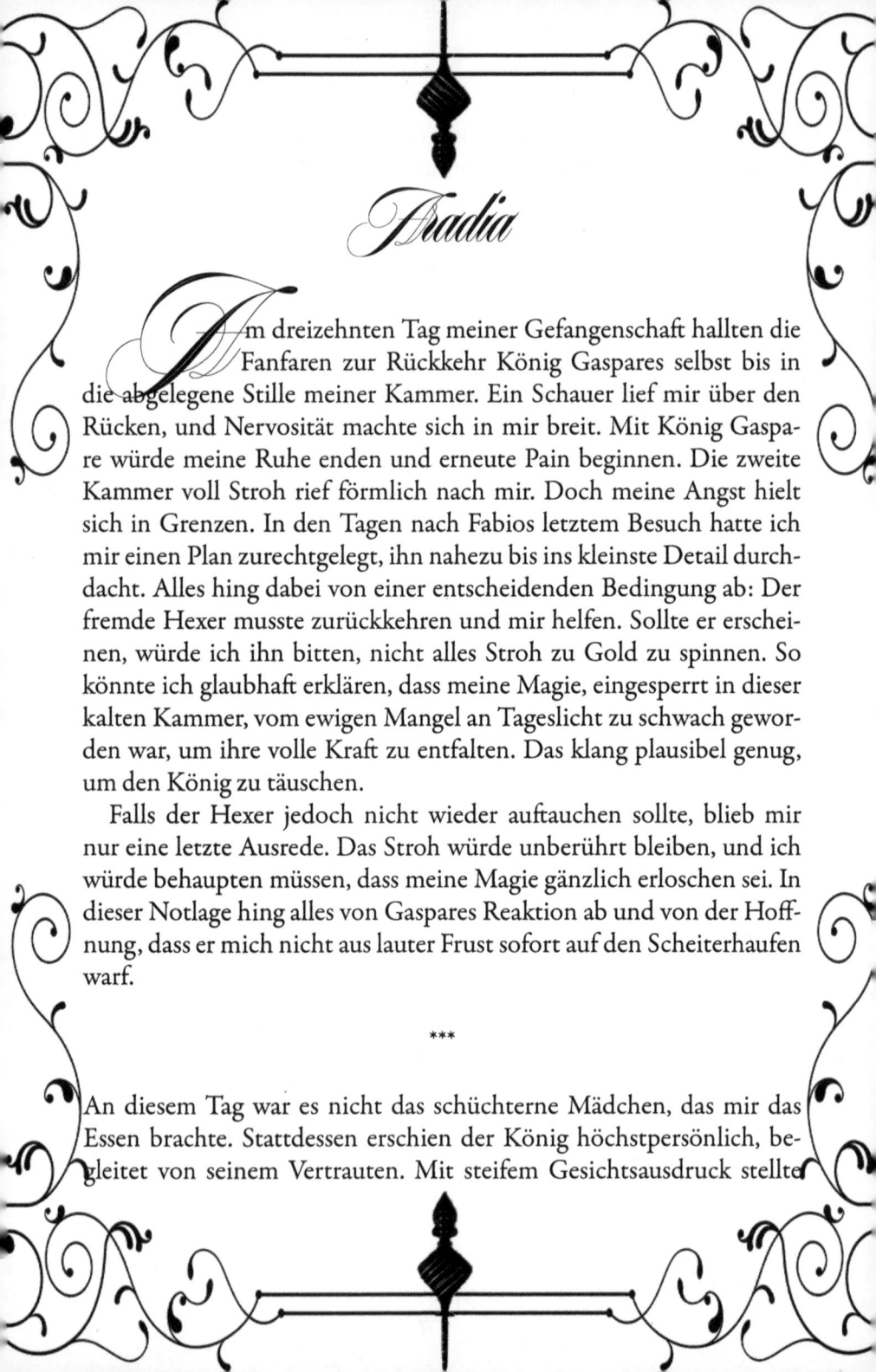

Aradia

Am dreizehnten Tag meiner Gefangenschaft hallten die Fanfaren zur Rückkehr König Gaspares selbst bis in die abgelegene Stille meiner Kammer. Ein Schauer lief mir über den Rücken, und Nervosität machte sich in mir breit. Mit König Gaspare würde meine Ruhe enden und erneute Pain beginnen. Die zweite Kammer voll Stroh rief förmlich nach mir. Doch meine Angst hielt sich in Grenzen. In den Tagen nach Fabios letztem Besuch hatte ich mir einen Plan zurechtgelegt, ihn nahezu bis ins kleinste Detail durchdacht. Alles hing dabei von einer entscheidenden Bedingung ab: Der fremde Hexer musste zurückkehren und mir helfen. Sollte er erscheinen, würde ich ihn bitten, nicht alles Stroh zu Gold zu spinnen. So könnte ich glaubhaft erklären, dass meine Magie, eingesperrt in dieser kalten Kammer, vom ewigen Mangel an Tageslicht zu schwach geworden war, um ihre volle Kraft zu entfalten. Das klang plausibel genug, um den König zu täuschen.

Falls der Hexer jedoch nicht wieder auftauchen sollte, blieb mir nur eine letzte Ausrede. Das Stroh würde unberührt bleiben, und ich würde behaupten müssen, dass meine Magie gänzlich erloschen sei. In dieser Notlage hing alles von Gaspares Reaktion ab und von der Hoffnung, dass er mich nicht aus lauter Frust sofort auf den Scheiterhaufen warf.

***

An diesem Tag war es nicht das schüchterne Mädchen, das mir das Essen brachte. Stattdessen erschien der König höchstpersönlich, begleitet von seinem Vertrauten. Mit steifem Gesichtsausdruck stellte

Malfois das Tablett vor mir ab, als ob es ihn anekelte, eine Aufgabe der Dienerschaft übernehmen zu müssen. Seine Lippen verzogen sich zu einem gezwungenen Grinsen, während er sich wortlos an Gaspares Seite zurückzog. Die grüne Feder auf seiner blauen Kopfbedeckung wippte hin und her.

»Cavalli hat von deinem Zustand berichtet«, sprach der König, der ein dunkelblaues Wams mit goldenen Stickereien trug, und musterte mich von Kopf bis Fuß. »Er sagt, einer Eingebung folgend, habe er nach dir gesehen und dich in desaströsem Zustand vorgefunden. Aradia, Königin und Retterin der Hexen, sei fast verdurstet! Das stelle man sich einmal vor.« Gaspare lachte und sah nach Bestätigung suchend zu seinem Vertrauten. Malfois fiel in sein Lachen mit ein.

»Lacht ruhig«, sagte ich, mutig meinem Plan folgend, »Wenn Fabio Cavalli nicht nach mir gesehen hätte, würdet Ihr heute eine tote Hexe in der Kammer vorfinden. Dann gäbe es kein zu Gold gesponnenes Stroh mehr.«

Das Lachen des Königs versiegte, und Zorn wallte in seinen grauen Augen auf. Wie eine wild gewordene Katze sprang er auf mich zu, packte mich am Hals und drückte mich an die Wand. Ich konnte seinen faulen Atem in meinem Gesicht riechen und verzog die Nase. Am liebsten hätte ich meinen Kopf abgewandt, doch er hatte mich so fest gepackt, dass ich mich nicht mehr bewegen konnte. Ich war gezwungen, ihm in die Augen zu sehen.

»Weißt du, was ich glaube?« Speichel flog auf mein Gesicht. »Du hast den armen Jungen verhext«, er sah hinab auf meine gefesselten Hände, »Mit deinen Worten. Hast ihm die Sinne vernebelt. Cavalli ist jung und gerecht. Eine leichte Beute. Doch mich täuschst du nicht.« Er ließ mich unsanft los, und ich rutschte die Wand nach unten. Mein Hals schmerzte von dem Druck seines Griffs. Noch vor einem Jahr wäre ich eingeschüchtert gewesen. Aber jetzt war ich stark. Ich gab nicht auf.

»Warum habt Ihr mir dann Essen und Trinken gebracht?«, fragte ich mit einem Blick auf das Tablett zu meinen Füßen.

Gaspare stieß einen Schrei aus, sein Gesicht vor Wut verzerrt, und trat mit voller Kraft gegen das Tablett. Es flog im hohen Bogen durch den

Raum und krachte gegen die gegenüberliegende Wand. Der Tonkrug zerschellte mit einem lauten Knall, und das Wasser ergoss sich über den Boden. Brot und Speck landeten verstreut daneben, während einige der Trauben zermatscht an der Wand kleben blieben. Malfois zuckte sichtbar zusammen, sein Blick huschte nervös zum König, doch ich rührte mich nicht. Trotz des Chaos blieb ich meinem Plan treu, die Ruhe selbst. »Malfois!«, donnerte er, »Das ist Euer Metier!«

Der Hofastrologe räusperte sich. »Nun ja, es ist allgemein bekannt, dass Hexen nur sterben können, wenn sie verbrannt werden oder man ihr Herz aus der Brust reißt und es anschließend verspeist.«

»Das weiß ich alles«, fiel der König ihm ins Wort und beschied mit seiner Hand, dass Malfois zum Punkt kommen sollte.

»Es könnte aber durchaus sein, dass mächtige Hexen Nahrung brauchen, damit ihre Magie nicht an Kraft verliert. Es gibt Erzählungen von einer mächtigen Hexe, die in den Wäldern von Eaban haust. Sie wartet wie eine Spinne auf ihre Beute. Einmal satt gegessen kann sie Jahre ausharren. Man erzählt sich, oh Majestät, es ist schrecklich ... Man erzählt sich, dass sie ausschließlich Kinder isst. Von Kopf bis Fuß.« Der Vertraute erschauderte bei seinen eigenen Worten.

»Ich esse kein Menschenfleisch«, sagte ich schnell, bevor der König in seinem Goldwahn noch auf die Idee kam, mir ein Kind zu opfern.

Gaspare sah mich und seinen Berater nachdenklich an. »Also könnte es stimmen, was sie Cavalli erzählt hat?«

Malfois zögerte. Er wollte augenscheinlich nichts Falsches sagen. »Mein König, ich habe mich noch nie mit einer mächtigen Hexe, geschweige denn mit Aradia selbst, unterhalten«, Gaspare grunzte unzufrieden, »aber wie ich Euch bereits sagte, wir sollten die Möglichkeit, dass selbst Aradias Magie an ihre Grenzen kommt, in Betracht ziehen.«

Ich sah an Gaspares unzufriedener Miene, dass ihm die Antwort seines Vertrauten nicht gefiel. »Das werden wir sehen«, raunte er. Dann rief er nach den Wachen, die sofort in die Kammer traten. »Die zweite Kammer ist hergerichtet. Nehmt die Gefangene und folgt mir.« Gaspare trat hinaus auf den Gang, während mich zwei der Wachen links und rechts ergriffen und hinterherschleppten. Sie brachten mich nicht zurück zur Eingangshalle, sondern wandten sich nach rechts, den langen Korridor entlang. Irgendwann blieben wir vor einer hölzernen Tür stehen. Wieder waren auf diese diverse Kreidesymbole gezeichnet. Der König zog einen großen Schlüssel aus seinem Umhang und schloss die Kammer auf. Die Wachen eskortierten mich hinein. Beim Anblick der Kammer stockte mir der Atem. Auch wenn Fabio mir gesagt hatte, dass sie eine weitere Kammer mit Stroh gefüllt hatten, war ich auf das, was ich nun sah, nicht vorbereitet. Diese Kammer war größer, und dieses Mal türmten sich hunderte Strohballen bis an die Decke. Die Kiste mit den leeren Spulen neben dem Spinnrad war fünfmal so groß.

»Du weißt, was du zu tun hast«, knurrte Gaspare, während eine der Wachen meine Handfesseln löste.

Ich drehte mich um. »Das schaffe ich niemals. Es ist viel zu viel!« Ich breitete meine Arme aus, um die Menge an Stroh zu verdeutlichen.

Doch er ging nicht auf meine Bedenken ein. »Ich komme morgen wieder bei Sonnenaufgang. Spinne das Stroh zu Gold, dann wird dir nichts geschehen. Wenn nicht, so wirst du sterben.« Der König lachte hämisch, ein kaltes, schneidendes Geräusch, das durch den engen Raum hallte, während die Wachen sich zurückzogen und hinaus auf den Korridor traten. Dann wurde die Tür geschlossen, und ich war wieder allein. Seufzend ließ ich mich an einer Wand nieder und starrte auf das viele Stroh. Jetzt blieb mir nur zu hoffen und zu warten. Bisher war meine Vorstellung nach Plan verlaufen. Ich hatte dem König die geschwächte Hexe vorgespielt und sein Zorn verriet mir, dass er den Köder geschluckt hatte. Nun hing alles vom Erscheinen des geheimnisvollen Hexers ab. Das Warten zog sich endlos in die Länge. Meine Hoffnung bröckelte, denn ich war mir sicher, dass der Hexer in der letzten Kammer nicht so lange auf sich hatte warten lassen. Musste ich gar etwas tun, um ihn herbeizurufen? War mir in der letzten Kammer etwas entgangen, das ich unwissend getan hatte? Ich hatte versucht, mit Hilfe der Spulen meine Fesseln zu lösen. Sollte ich das vorsichtshalber noch einmal tun?

»Was gebt Ihr mir diesmal, wenn ich Euch wieder das Stroh zu Gold spinne?«, zischte es plötzlich von links.

Ich keuchte vor Schreck auf und riss meinen Kopf zur Seite. Dort, in

der linken Ecke der Kammer, stand der rothaarige Mann im Schatten der Strohballen, sodass ich sein Gesicht nicht gänzlich sehen konnte. Einzig seine grünen Augen leuchteten unheimlich im Halbdunkeln der Kammer.

»Gott sei Dank, Ihr seid wieder gekommen«, sagte ich, nachdem ich mich vom ersten Schreck erholt hatte. Auf seine Frage brauchte ich dieses Mal nicht lange zu überlegen. Ich wusste, was ich ihm für seine Dienste geben würde. Ich zog Giorgios Verlobungsring vom Finger. »Hier, nehmt meinen Ring.«

Der Hexer trat grinsend aus den Schatten, und sein Lächeln funkelte im schwachen Schein der Fackel, als wären seine weißen Zähne aus Elfenbein gemeißelt. Er trug die gleiche edle Kleidung wie bei unserem ersten Treffen, was ihn mächtig, fast übernatürlich wirken ließ. Gierig riss er mir den Ring aus den Händen, seine langen Finger umschlossen ihn wie einen lang gesuchten Schatz und hielten ihn im Licht der Fackel hoch, um jedes noch so kleine Detail zu betrachten.

Mit einer fast hypnotischen Präzision wendete er den Ring nach rechts und nach links, die Gravur im Inneren studierend. Ein zufriedenes Lächeln spielte auf seinen schmalen Lippen. »Abgemacht«, sagte er und fixierte mich mit seinem Blick. Ich zuckte zurück, als ich bemerkte, dass seine Pupillen geschlitzt waren, wie die einer Schlange. Das Grün seiner Iris pulsierte unheimlich, ein kurzer Blitz von Macht und Dunkelheit, bevor seine Augen in die gewöhnliche runde Form zurückkehrten. Ein Schauer lief mir über den Rücken. Das Übernatürliche schien so nah, dass ich es förmlich spüren konnte. War es böse?

Der Hexer lachte und ließ den Ring in seine Tasche gleiten. Erleichtert atmete ich aus. Hätte er den Ring nicht angenommen, hätte ich kein weiteres Tauschmittel bei mir gehabt.

»Halt, noch eine Sache«, forderte ich, während der Hexer bereits das erste Bündel Stroh zum Spinnrad brachte.

»Ich spinne das Stroh zu Gold. Mehr nicht. Das ist der Handel.«

»Ich will nicht mehr, sondern weniger.«

Der Hexer blieb stehen und wandte sich mit interessiertem Blick zu mir um.

»Ich bitte Euch, spinnt Stroh zu Gold, aber lasst drei Strohballen übrig.«

Der fremde Mann musterte mich. Ich hielt den Atem an und schickte in Gedanken ein Stoßgebet gen Himmel.

»So soll es sein«, willigte er schließlich ein, ohne eine Frage nach dem Warum zu stellen, und lief zu den Strohballen.

Geräuschvoll atmete ich aus. Mein Plan funktionierte. »Danke«, flüsterte ich und dachte an meine Mutter. Hatte sie mir diesen Schutzengel geschickt? Von meinem Platz aus beobachtete ich voller Staunen das Wunder vor meinen Augen. Schnurr, schnurr, schnurr. Aus Stroh wurde Gold.

»Wie macht Ihr das?«, fragte ich schließlich und fühlte mich in Fabio hineinversetzt, der mir die gleiche Frage gestellt hatte.

»Mit meinem Geist«, antwortete der Hexer, ohne aufzusehen. Und schon war die zweite Spule vollgesponnen.

»Ich war der festen Überzeugung, dass es keine Magie gibt«, sagte ich mehr zu mir selbst als zu dem fremden Mann. »Wenn der König von Euch erfährt, wird er Euch für immer einsperren und ausnutzen. So wie mich.«

»Der König wird nicht von mir erfahren. Außer, Ihr erzählt ihm von mir.« Bei diesen Worten sah er mich an. Seine grünen Augen blitzten auf wie Smaragde.

Schnell schüttelte ich den Kopf. »Nein, nein, das würde ich nie tun.« Und tatsächlich würde ich das nie tun. Der Hexer war mein Geheimnis und gehörte zu meinem Plan. Außerdem, vielleicht würde ich seine Hilfe noch ein weiteres Mal brauchen. »Eines würde ich aber gerne wissen. Warum helft Ihr mir?«

Das Lachen des Hexers, das auf meine Frage folgte, klang wie tausend zischende Schlangen. Unwillkürlich zog ich meine Beine fester an mich.

»Das werdet Ihr schon noch früh genug erfahren«, meinte er schließlich und spann ohne Unterbrechung weiter. Dieser fremde Mann war mir ein Rätsel. Er war ein Meister der Magie, der Stroh in Gold verwandeln konnte, und dennoch schien er wie ein Schatten aus dem Nichts in meiner verschlossenen Kammer zu erscheinen. Warum half mir dieser

Hexer, wenn er selbst alle Reichtümer herzaubern konnte, die er sich nur wünschte? Der Gedanke nagte an mir, während ich seinen durchdringenden Blick ertrug, der mich zugleich faszinierte und erschreckte.

»Ich bin dankbar, dass Ihr mir helft«, sagte ich, meine Stimme zitterte leicht. »Ich weiß nicht, was ich ohne Euch machen würde. Ich stehe ewig in Eurer Schuld.« Der Druck der Verzweiflung in meiner Brust ließ meine Worte ehrlicher klingen, als ich beabsichtigt hatte. »Woher kommt Ihr eigentlich? Und wie ist Euer Name?«

Er lächelte geheimnisvoll, und für einen Moment schien es, als ob die Fackel in der Ecke heller brannte, die Flamme aufgeregt tanzte, als wäre sie von seiner Aura berührt. »Namen sind oft mehr als nur Schall und Rauch«, antwortete er, seine Stimme war sanft, aber durchdringend zugleich. »Ich bin, wer ich sein muss, um Euch zu helfen. Ein Freund oder ein Feind, je nachdem, wie sich die Dinge entwickeln.« Sein Lächeln wirkte rätselhaft, und ich spürte, wie mir ein Schauer über den Rücken lief. Der Gedanke daran, dass er ein Freund oder ein Feind sein konnte, war beunruhigend.

»Euer Dank wird nicht vergessen«, fuhr er fort und seine Stimme schien in der stillen Kammer zu hallen. »Die Kette und der Ring sind nicht einfach nur Schmuckstücke. Sie haben Kraft, die sich entfaltet, wenn der richtige Zeitpunkt gekommen ist. Sie sind ein Schlüssel zu dem, was ich mir wünsche und ein Vertrag mit mir. Magie hat immer ihren Preis.«

Seine Worte ließen mein Herz schneller schlagen. Was genau meinte der Hexer damit? Ich wurde das Gefühl nicht los, mehr als nur meine Kette und den Ring eingetauscht zu haben. Doch wie sollte ich sonst meiner Gefangenschaft entkommen? Ich hatte nicht wirklich eine Wahl. In Gedanken versunken beobachtete ich, wie sich die Kiste mit den hölzernen Spulen leerte und der Haufen mit Spulen voll Gold wuchs. Viele Stunden vergingen, und das stille Beobachten machte mich müde. Immer wieder fielen mir die Augen zu.

»Haltet Ihr Euch an die Abmachung? Drei Strohballen bleiben übrig?«, murmelte ich gähnend und kämpfte gegen das Zufallen meiner Augen an.

»Ihr könnt Euch darauf verlassen, ich halte stets mein Wort«, entgegnete der Hexer mit einem geheimnisvollen Lächeln, während er einen neuen Haufen Stroh heranholte.

»Dann ist gut«, antwortete ich müde und gähnte erneut. Mein Rücken schmerzte von dem stundenlangen Sitzen auf dem kalten Steinboden, und ich spürte, wie die Erschöpfung mich übermannte. Langsam legte ich mich auf die Seite, redete mir ein, nur für einen kurzen Moment eine andere Position einzunehmen. Aber die Müdigkeit war übermächtig, und Augenblicke später fiel ich bereits in einen tiefen Schlaf.

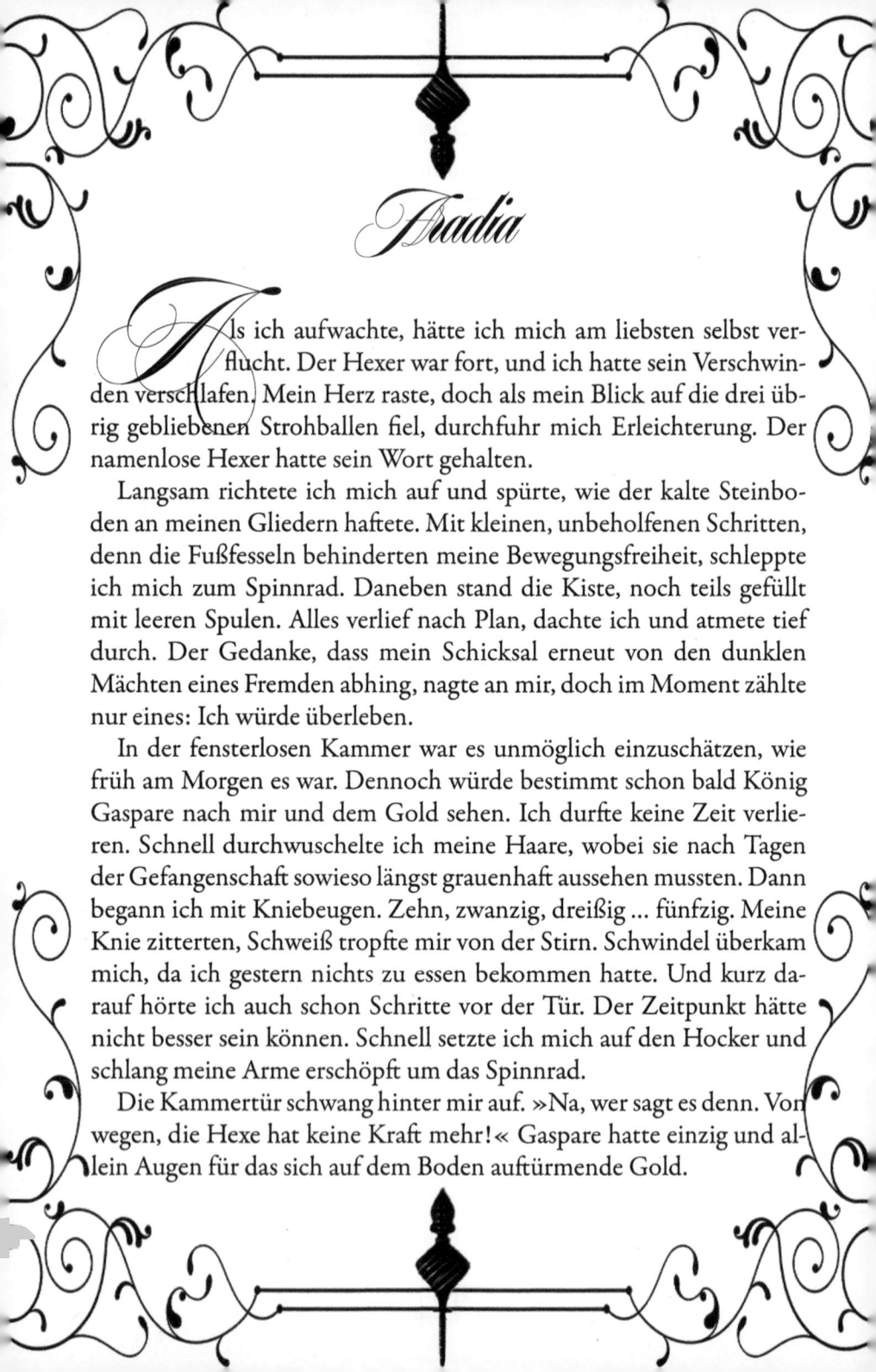

Aradia

Als ich aufwachte, hätte ich mich am liebsten selbst verflucht. Der Hexer war fort, und ich hatte sein Verschwinden verschlafen. Mein Herz raste, doch als mein Blick auf die drei übrig gebliebenen Strohballen fiel, durchfuhr mich Erleichterung. Der namenlose Hexer hatte sein Wort gehalten.

Langsam richtete ich mich auf und spürte, wie der kalte Steinboden an meinen Gliedern haftete. Mit kleinen, unbeholfenen Schritten, denn die Fußfesseln behinderten meine Bewegungsfreiheit, schleppte ich mich zum Spinnrad. Daneben stand die Kiste, noch teils gefüllt mit leeren Spulen. Alles verlief nach Plan, dachte ich und atmete tief durch. Der Gedanke, dass mein Schicksal erneut von den dunklen Mächten eines Fremden abhing, nagte an mir, doch im Moment zählte nur eines: Ich würde überleben.

In der fensterlosen Kammer war es unmöglich einzuschätzen, wie früh am Morgen es war. Dennoch würde bestimmt schon bald König Gaspare nach mir und dem Gold sehen. Ich durfte keine Zeit verlieren. Schnell durchwuschelte ich meine Haare, wobei sie nach Tagen der Gefangenschaft sowieso längst grauenhaft aussehen mussten. Dann begann ich mit Kniebeugen. Zehn, zwanzig, dreißig ... fünfzig. Meine Knie zitterten, Schweiß tropfte mir von der Stirn. Schwindel überkam mich, da ich gestern nichts zu essen bekommen hatte. Und kurz darauf hörte ich auch schon Schritte vor der Tür. Der Zeitpunkt hätte nicht besser sein können. Schnell setzte ich mich auf den Hocker und schlang meine Arme erschöpft um das Spinnrad.

Die Kammertür schwang hinter mir auf. »Na, wer sagt es denn. Von wegen, die Hexe hat keine Kraft mehr!« Gaspare hatte einzig und allein Augen für das sich auf dem Boden auftürmende Gold.

Ich stöhnte, als wäre ich der Ohnmacht nahe. »Ich habe nicht alles geschafft«, hauchte ich.

Es war Malfois, der sich näher in der Kammer umschaute und neben mir und der Kiste mit den übrig gebliebenen Spulen stehen blieb. »Majestät, seht nur!«

Ich hob leicht den Kopf und beobachtete den Berater, der erst auf die drei Strohballen an der Seitenwand deutete und dann eine der leeren Spulen in die Hand nahm. »Aradia hat nicht alles Stroh zu Gold gesponnen.«

Ich gab weiter die erschöpfte Hexe vor. »Wasser«, flüsterte ich. Malfois beugte sich vorsichtig über mich. »Wasser«, flüsterte ich erneut.

»Sie benötigt Wasser, mein König«, wiederholte er meine Bitte.

Ein Wutschrei entkam Gaspares Kehle. Er nahm sich eine Spule voll Gold und schmetterte sie gegen die Wand. »Das darf doch nicht wahr sein!« Ungehalten lief er in der Kammer auf und ab. »Ich brauche das Gold. Selbst diese Kammer reicht nicht für meinen Plan.«

Welcher Plan? Ich dachte, er wollte das Gold lediglich, um seine Schulden zu begleichen.

»Majestät, wenn ich einen Vorschlag machen dürfte«, doch Gaspare ließ seinen Berater nicht ausreden. Wie schon gestern packte er mich am Hals und zog mich vom Spinnrad. Ich hustete. Sein Griff um meine Kehle verstärkte sich, bis mir die Luft wegblieb. Tränen traten in meine Augen, während sein wahnsinniger Blick sich in mich bohrte. Seine Finger waren hart wie Eisen, und in seinen Augen loderte die Entschlossenheit eines Mannes, der ohne zu zögern töten würde. Zum ersten Mal, seit ich in diesem verfluchten Schloss gefangen war, spürte ich Todesangst. Mein Herz raste, ein verzweifelter Schlag nach dem anderen, während meine Kraft schwand. Dunkle Flecken begannen vor meinen Augen zu tanzen. Ein erstickter Laut entwich meinen Lippen.

»Du Tochter des Satans!«, tobte der König. »Habe ich dir nicht befohlen alles Stroh zu Gold zu spinnen?« Er schüttelte mich. »Und habe ich dir nicht gesagt, dass du sterben wirst, wenn du meine Forderung nicht erfüllst?« Ich bekam keine Luft mehr. War dies das Ende? Würde ich durch die Hand des Königs sterben?

»Mein König, die Sterndeutung«, mischte sich Malfois ein, »Aradia wird Euch zum reichsten Herrscher der Welt machen. Da bestehen keine Zweifel. Aber dazu muss sie leben!«

Drei Wimpernschläge vergingen, dann ließ der Griff um meinen Hals nach. Ich röchelte nach Luft.

»Seht das viele Gold. Ihr könnt mit Eurem Plan beginnen. Die Hexenkönigin wird Euch nach und nach weiteres Gold spinnen. Ihr braucht sie noch.«

Zum ersten Mal war ich für die Anwesenheit des hakennasigen Vertrauten dankbar. Unvermittelt ließ mich Gaspare los, und ich fiel hart auf den Boden. Da meine Hände nicht gefesselt waren, konnte ich den Aufprall etwas abfangen. Ich sah zu ihm auf. Schnaubend wie ein wilder Büffel stand er über mir. Seine Augen blitzten vor Begierde und zugleich warf sein Blick tausend Giftpfeile auf mich hinab. Er hasste und begehrte mich. Am liebsten hätte er mich umgebracht, doch er brauchte mich. Für seinen Plan. *Aradia wird Euch zum reichsten Herrscher der Welt machen*, hatte Malfois gesagt. War es das, wonach Gaspare gierte? Würde er gar nicht damit zufrieden sein, lediglich die Schulden an Eaban zurückzuzahlen?

»Wasser!«, forderte er plötzlich, und ich zuckte unter dem harten Klang seiner Stimme zusammen.

Ich hörte, wie sich eine Wache hastig entfernte und kurze Zeit später mit einem großen Krug voll Wasser zurückkam. Unbeholfen blieb sie in der Kammer stehen und schaute den König an.

»Auf was wartet Ihr? Gebt der Hexe Wasser«, befahl er barsch. Die Wache verschüttete vor lauter Hast die Hälfte des Krugs, als sie zu mir stolperte und niederkniete. Ich musste nicht vorgeben, durstig zu sein. Ich trank das restliche Wasser gierig in einem Zug aus.

Derweil strich sich der König mit den Fingern übers Kinn. Er schien über die Worte seines Vertrauten nachzudenken. »Malfois, Euer Vorschlag?«, fragte er schließlich.

Ein Lächeln schlich sich auf Malfois' Lippen. Es schien ihm zu gefallen, gebraucht zu werden, derjenige zu sein, der dem König den entscheidenden Ratschlag gab. »Wir müssen herausfinden, wie die Magie

Aradias funktioniert. Wie lange sie braucht, um wieder zu Kräften zu kommen. Wenn Ihr erlaubt, würde ich sie gerne erforschen.«

Erforschen? Sollte ich von der Sklavin zum Forschungsobjekt des Königs umfunktioniert werden? Nein, so war mein Plan nicht gedacht gewesen. Ich musste wieder die Zügel in die Hand nehmen. »Die Herren, ich kann alles hören«, krächzte ich. Meine Stimme war durch das Würgen des Königs in Mitleidenschaft gezogen worden.

Die beiden Männer sahen irritiert zu mir hinab, als hätten sie meine Anwesenheit ganz vergessen.

Ich hustete und räusperte mich, dann fuhr ich fort: »Ihr braucht an mir nichts erforschen. Ich kann Euch sagen, wie, wann und in welchem Umfang Ihr wieder zu Gold kommt.«

»Wann? Mir ist gleichgültig, wie deine Magie funktioniert, Hauptsache sie funktioniert«, polterte Gaspare.

»Der Zauber, um Stroh zu Gold zu spinnen ist einer der schwersten. Es ist einfacher, eine Regenwolke herbeizuhexen oder Hühner zu vergiften«, mit diesem Wahnsinn war meine Mutter und die Hebamme des Nachbardorfes verurteilt worden, doch die Männer nickten, als ob sie mich verstehen würden. »Gold ist eines der wertvollsten Stoffe auf dieser Welt, und na ja, Stroh, es ist nichts weiter als getrocknetes Gras. Etwas Beliebiges in etwas Außergewöhnliches zu verwandeln ist ein Zauber, den nur mächtige Hexen vermögen.«

»Aradia«, fragte der Vertraute, »was müssen wir tun, damit du wieder zu Kräften kommst?«

»Müssen wir tun? Ich glaube, ich höre nicht recht!«, brüllte Gaspare. Malfois wagte es, die Hand zu heben, und der König verstummte tatsächlich.

Ich sah dem königlichen Berater fest in die Augen. »Freiheit.«

Der König lachte. »Freiheit. Ich lasse Aradia doch nicht frei. Dann ist sie fort. Über alle sieben Berge bis nach Narzieu. Die bekommen wir nie mehr zu Gesicht!«

Malfois löste sich von meinem Blick. »Mein König, wir können ihr zumindest kleine Freiheiten schenken. Cavalli hat dies ebenfalls vorgeschlagen...«

»Essen und Trinken. Das hat die letzten Tage auch geholfen. Das muss reichen.«

Sachte berührte ich den Arm des Beraters. Und zu meinem Erstaunen wich er nicht zurück. »Meine Kraft ist heute Nacht vollends versiegt. Das ist kein gutes Zeichen. Ich habe es bis zuletzt, bis Ihr kamt versucht, doch kein einziger Strohhalm wurde mehr zu Gold. Ich fühle mich so leer. Ich friere.« Ich schlang meine Arme um mich.

Während der König erzürnt die Hände in die Luft warf, seufzte sein Berater voll Bedauern. »Majestät, ich sage es nicht gerne, aber wir haben keine andere Wahl. Seht es als Aufgabe Gottes an, Nachsicht gegenüber einer Hexe walten zu lassen. Wenn Ihr die Aufgabe meistert, wird Gott Euch das geben, was die Sterne geweissagt haben.«

Ich musste mich zusammenreißen, um nicht laut loszulachen. Der große König Gaspare hörte auf einen albernen Hofastrologen, der sich in theologischen Fragen übte. Wenn Gaspare nur wüsste, wie falsch Malfois die Sterne deutete.

Der König schnaubte. »Keine Freiheit. Aradia bleibt meine Gefangene«, in seinem Blick lag keine Gnade, »doch meinetwegen soll es ihr an nichts fehlen. Malfois, bereitet das Turmzimmer vor. Die Sicherheit aller im Schloss Lebenden darf nicht gefährdet sein.«

Der Vertraute verbeugte sich tief. »Nicht nur um Euer und meiner selbst Willen werde ich auf alle Schutzzauber achten.« Dann ging er mit großen Schritten hinaus.

Gaspare stand noch eine Weile reglos da und sah auf mich hinab. Dann ging auch er hinaus und schloss die Kammertür hinter sich zu.

Der König hatte von einem Turmzimmer gesprochen, und obwohl ich noch immer seine Gefangene war, keimte in mir ein Funken Hoffnung auf. Meine Lage schien sich zu bessern. Die stickige, dunkle Kammer würde ich endlich hinter mir lassen können. Schritt für Schritt wuchsen meine Chancen, dem König und diesem verfluchten Schloss zu entkommen.

Aradia

Das Gold war das Erste, das sie holten – natürlich. Sechs Wachen, in einfache Lederpanzer gekleidet, verbrachten den gesamten Vormittag damit, die unzähligen Spulen voller Gold in schwere Holztruhen zu schichten. Ihre Blicke ruhten immer wieder auf mir, neugierig, forschend, doch keiner wagte es, ein Wort an mich zu richten. Ihr Schweigen war bedrückend, die einzigen Geräusche waren das Klirren der Spulen und ihr mühsames Stöhnen und Ächzen, als sie die überladenen Truhen hinausschleppten. Schließlich verließen sie die Kammer, und mit einem letzten Knarren der Tür war ich wieder allein. Stunden vergingen, bis sich schließlich zum dritten Mal an diesem Tag die schwere Kammertür öffnete. Das Knarren hallte durch den Raum, und in der Tür stand Malfois, flankiert von zwei riesenhaften Wachen, die ich bisher noch nicht zu Gesicht bekommen hatte. Der eine war glatzköpfig und eine lange Narbe durchzog sein Gesicht. Der andere wirkte durch seinen wilden Bart barbarisch. Beide waren muskelbepackt. Ihre Schultern schienen kaum durch den Türrahmen zu passen, und ihr finsterer Blick war so unnachgiebig wie Stein. Malfois indes trat mit geschmeidigen, fast lautlosen Schritten ein, die Feder auf seiner Kopfbedeckung wippte leicht, während er mich mit einem undurchdringlichen Lächeln musterte.

»Bindet ihre Hände zusammen und packt sie dann kräftig an den Seiten. Wir wollen doch nicht, dass unsere Goldhexe wieder versucht, uns auszubüchsen.« Er konnte wohl nicht nur die Sterne, sondern auch meine Gedanken lesen.

Die beiden taten wie geheißen und kamen mit großen, schweren Schritten auf mich zu. Im Gegensatz zu den bisherigen Wachen, lag in ihren Augen bei meinem Anblick kein Fünkchen Angst oder

Unsicherheit. Als ob ich eine Feder wäre, packten sie mich links und rechts und folgten dann Malfois hinaus aus der Kammer und den Korridor zurück zur großen Eingangshalle. Von dort stiegen wir die geschwungene, marmorne Treppe hinauf ins erste Stockwerk. Der Anblick, der sich mir bot, ließ mich den Atem anhalten. All die düstere Trostlosigkeit des unteren Stockwerks war wie ausgelöscht. Hier zeigte sich das wahre Antlitz des Schlosses: Schwarz-weißer Marmor säumte den Boden, jeder Schritt der Wachen hallte kristallklar wider. Über uns erstreckte sich eine reich verzierte Decke, deren Stuckarbeiten mit Blattgold überzogen waren. An den Ecken standen polierte Rüstungen, als wären sie bereit für den nächsten Krieg, und neben jedem Fenster thronte eine große Vase, aus der prächtige Sommerblumen ihren Duft verströmten. Zwischen den goldverzierten Ornamenten an den Wänden hingen imposante Ölgemälde, die blutige Jagdszenen und kriegerische Triumphe zeigten, als wollten sie die Macht des Königs in jedem Detail feiern. Ich fühlte mich kleiner und unbedeutender mit jedem Schritt durch diesen prunkvollen Gang, der so viel Reichtum und Macht ausstrahlte, dass mir das Herz schwer wurde. Hierhin war also das Geld der Bauern und die Leihgaben Eabans geflossen. Zorn flackerte wie eine Fackel im Wind in mir auf. König Gaspare hätte alles Blattgold von den Wänden kratzen können, um den Krieg mit Eaban zu verhindern. Stattdessen gierte er nach mehr, wollte der reichste Herrscher der Welt werden. Wir traten in einen weiteren Treppengang und stiegen unendlich viele Treppenstufen hinauf. Wir befanden uns schließlich im fünften und damit obersten Stockwerk des Schlosses. Und hier befanden sich an den Korridorecken Wendeltreppen, die in die Schlosstürme führten. Eine von ihnen erklommen wir. Die enge, gewundene Treppe zog sich in die Höhe, als wolle sie den Himmel selbst erreichen. Der Raum war so schmal, dass die Wachen mich nicht mehr an beiden Seiten festhalten konnten. Daher ging einer vor mir, der andere hinter mir. Ihre Schritte hallten dumpf gegen das kalte Mauerwerk. Ich wusste, dass auf dem Weg zu meinem Turmzimmer jede Möglichkeit zur Flucht aussichtslos war. Hier oben, in dieser engen Spirale aus Stein, konnte ich mich nicht bewegen, ohne dass sie es bemerkten. Aber Flucht war nicht mein Plan gewesen. Zumindest noch nicht. Vielmehr prägte ich mir die Gegebenheiten des Schlosses so gut es ging ein. Meine Chance zur Flucht würde noch kommen, da war ich mir sicher. Oben angekommen, sah ich Malfois eine Tür mit einem kleinen vergitterten Fenster öffnen.

»Rein mit ihr!«, befahl er.

Und schon schubste mich die glatzköpfige Wache in mein neues Gefängnis. Mir wurden die Handfesseln abgenommen, dann verschloss der Hofastrologe die Tür und lugte mit seiner Hakennase voran durch die Gitterstäbe. »Na? Wie gefällt dir dein neues Zuhause?«

Ich sah mich um und musste zugeben, dass das Zimmer hübsch hergerichtet war. Ich hatte ein Bett mit dicker Daunendecke, einen Schreibtisch, auf dem bereits Brot und Käse auf mich warteten, und ein Tischchen mit einer Wasserschüssel. Auf dem Bett lag sogar ein braunes Leinenkleid für mich bereit.

»Besser als der Kerker oder die beiden Kammern. Ich sehe seit Tagen endlich wieder das Sonnenlicht.« Meine Stimme zitterte vor Erleichterung. Rund herum waren Fenster in das Turmzimmer eingelassen, und ich konnte den Blick gar nicht von der Umgebung des Schlosses wenden. Soweit das Auge reichte, sah ich um das Schloss herum Bäume. Die Sonne stand nur noch knapp über den Wipfeln und tauchte den riesigen Wald in orangefarbenes Licht. Es sah fast so aus, als hätte bereits der Herbst Einzug gehalten. Von hier aus konnte ich sowohl den Vorplatz als auch den Schlosshof sehen.

»Hier wirst du wieder zu Kräften kommen«, sagte der königliche Berater mit süffisanter Stimme.

Der Anblick der Sonne war so wohltuend, dass ich sein Geschwätz gar nicht wahrnahm. Erst ein ekelhaft quietschendes Geräusch, bei dem sich meine Nackenhaare aufstellten, riss mich aus meinen Gedanken. Ich sah zur Zimmertür. Malfois war verschwunden. So schnell es mir meine Fußfesseln erlaubten, lief ich zur Tür und sah durch die Gitterstäbe. Erschrocken fuhr ich zurück, als er mit einem Kreidestück in der Hand wieder auftauchte. Er hatte wahrscheinlich wieder die seltsamen Symbole an meine Tür gezeichnet.

»Damit unsere schöne Hexe uns nicht entwischt oder in Kröten

verwandelt.« Er lachte. Die beiden Wachen standen mit verschränkten Armen hinter ihm und zeigten keine Regung.

»Warum Kröten? Zu Euch würde viel besser eine schleimige Schnecke passen.«

Sein Lachen erstarb und kurz weiteten sich seine Pupillen, bevor sein Gesicht wieder die gewohnte Härte annahm. »Ich habe die Tür gebannt und das ganze Zimmer mit Schutzzaubern belegt. Du kannst mir keine Angst machen. Du kannst mich nicht verhexen.«

»Da habt Ihr Recht. Meine Magie ist versiegt.« Mutlos ließ ich die Schultern hängen.

»Aber sie wird wieder kommen!?«

Ich konnte nicht heraushören, ob Malfois sich mit der Aussage selbst Sicherheit geben wollte oder es vielmehr eine Frage war. Daher sagte ich knapp: »Hoffentlich.«

»Wie der König gesagt hat, es wird dir an nichts fehlen. Du bekommst drei Mahlzeiten am Tag, frische Kleidung und Arznei, falls dir das dienlich ist«, wechselte er das Thema. »Der König reitet in den nächsten Tagen erneut mit einer Gefolgschaft nach Eaban. In zwei Wochen wird er wieder kommen. Dann wirst du erneut eine Kammer voll Stroh zu Gold spinnen. Also ruhe dich bis dahin gut aus.« Malfois verabschiedete sich mit einem eindringlichen Blick, der zu sagen schien: Tu besser, was wir sagen.

Ich wartete, bis die Schritte der drei Männer auf der Wendeltreppe verhallt waren und lief dann zu den Fenstern. Keines von ihnen ließ sich öffnen. Ich sah tief hinab in den Schlosshof. Die Fensterscheiben ließen sich zwar mit Hilfe der Wasserschale zerschlagen, doch eine Klettertour mit Fußfesseln, nein, ein falscher Schritt und es wäre mein sicherer Tod. Das Turmzimmer war so gesehen das perfekte Gefängnis für mich. Schrecklich schön. Frustriert setzte ich mich aufs Bett und strich über das für mich bereitgelegte Kleid. Dann wanderte mein Blick erneut durch den Raum. Ich entdeckte eine kleine Tür in der Ecke und eilte dorthin. Dahinter verbarg sich nichts weiter als ein Abort. Auf dem Tischchen neben der Wasserschale sah ich eine Seife und ein kleines Laken liegen. Seit meiner Gefangenschaft trug ich dieselben verschmutzten Kleider.

Ich vergewisserte mich noch einmal, dass Malfois verschwunden und keine Wachen vor meiner Tür postiert waren. Dann zog ich mich aus und wusch mich. Die Seife roch nach Rosmarin. Ich lachte. Der Hofastrologe überließ wahrlich nichts dem Zufall. Die Seife mit dem Engelskraut sollte wahrscheinlich meine Magie vor dem Ausbruch schützen. Wenn dieser Firlefanz nur stimmen würde. Aber sie alle lagen mit ihrem Glauben so falsch.

Das Leinenkleid passte mir erstaunlich gut. Frisch gewaschen und mit neuen Kleidern am Leib fühlte ich mich trotz der aussichtslosen Lage besser. Die hereinfallenden Sonnenstrahlen der Abendsonne wärmten mein Gesicht und klärten meinen Geist. Auch wenn ich hier oben gefangen war, fühlte ich mich tausendmal besser als in der kalten Kammer. Ich griff nach Brot und Käse und biss genüsslich hinein. Fernab der dunklen Kammern würde ich einen Weg finden, aus dem Schloss und den Fängen des Königs zu fliehen.

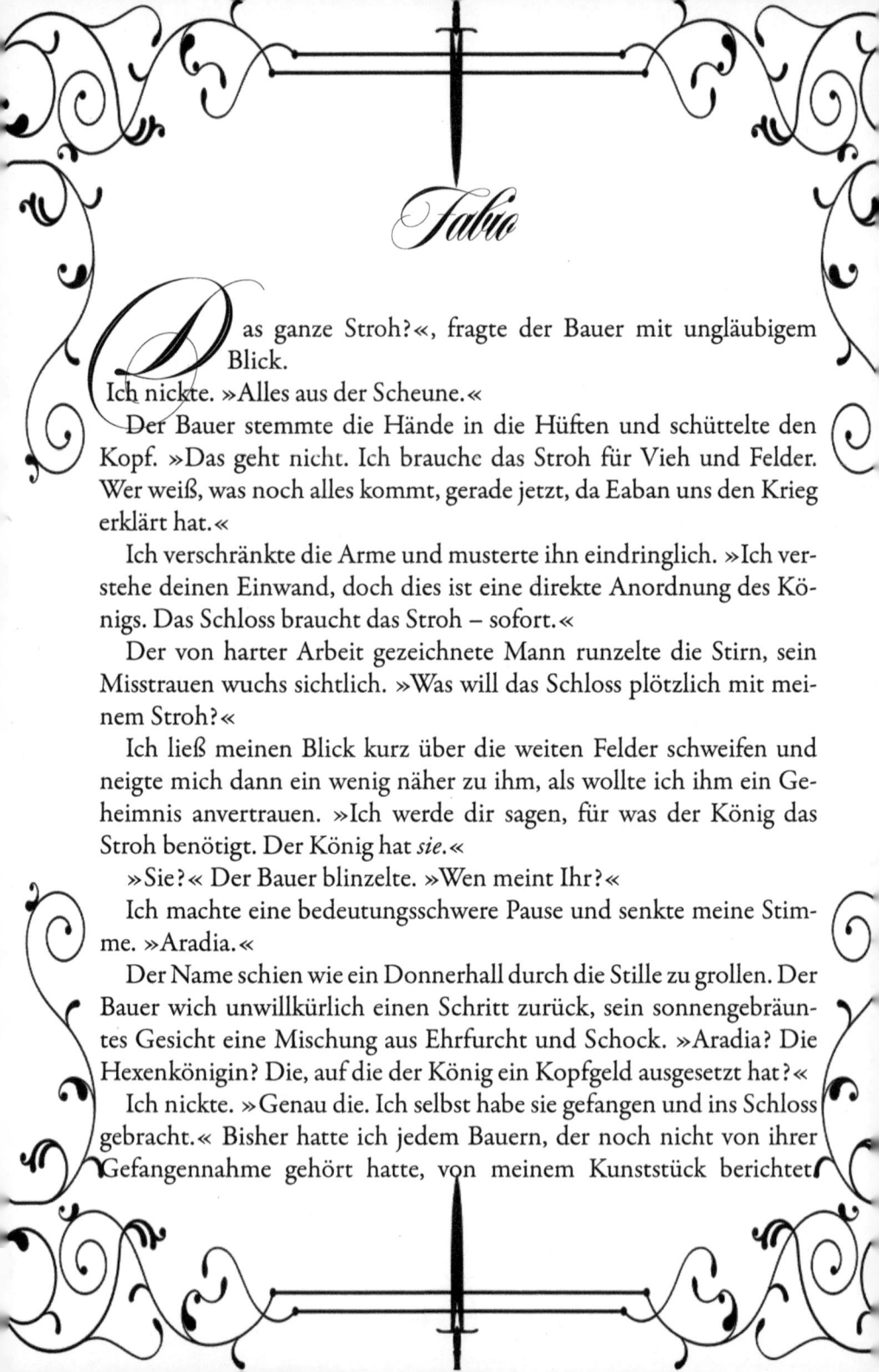

Fabio

as ganze Stroh?«, fragte der Bauer mit ungläubigem Blick.

Ich nickte. »Alles aus der Scheune.«

Der Bauer stemmte die Hände in die Hüften und schüttelte den Kopf. »Das geht nicht. Ich brauche das Stroh für Vieh und Felder. Wer weiß, was noch alles kommt, gerade jetzt, da Eaban uns den Krieg erklärt hat.«

Ich verschränkte die Arme und musterte ihn eindringlich. »Ich verstehe deinen Einwand, doch dies ist eine direkte Anordnung des Königs. Das Schloss braucht das Stroh – sofort.«

Der von harter Arbeit gezeichnete Mann runzelte die Stirn, sein Misstrauen wuchs sichtlich. »Was will das Schloss plötzlich mit meinem Stroh?«

Ich ließ meinen Blick kurz über die weiten Felder schweifen und neigte mich dann ein wenig näher zu ihm, als wollte ich ihm ein Geheimnis anvertrauen. »Ich werde dir sagen, für was der König das Stroh benötigt. Der König hat *sie*.«

»Sie?« Der Bauer blinzelte. »Wen meint Ihr?«

Ich machte eine bedeutungsschwere Pause und senkte meine Stimme. »Aradia.«

Der Name schien wie ein Donnerhall durch die Stille zu grollen. Der Bauer wich unwillkürlich einen Schritt zurück, sein sonnengebräuntes Gesicht eine Mischung aus Ehrfurcht und Schock. »Aradia? Die Hexenkönigin? Die, auf die der König ein Kopfgeld ausgesetzt hat?«

Ich nickte. »Genau die. Ich selbst habe sie gefangen und ins Schloss gebracht.« Bisher hatte ich jedem Bauern, der noch nicht von ihrer Gefangennahme gehört hatte, von meinem Kunststück berichtet.

Schließlich hatte ich das Unmögliche geschafft und würde zum Ritter geschlagen werden.

Dem Bauern klappte der Mund auf. »Also stimmen die Gerüchte. Und Ihr habt Aradia gefangen? Wie? Das ist doch unmöglich!«

»Es war nicht einfach, das kann ich dir sagen«, erwiderte ich mit unverhohlenem Stolz in der Stimme. »Aber jetzt ist sie in den Händen des Königs. Und bald wird das gesamte Königreich davon profitieren.«

Der Mann starrte mich mit großen Augen an, als könnte er die Worte nicht ganz fassen. »Unglaublich. Aber sagt mir, was hat das mit meinem Stroh zu tun?«

Ich lächelte. »Aradia besitzt Magie, wie wir alle wissen. Sie kann Stroh in Gold verwandeln.«

Der Bauer schnappte nach Luft und wich noch einen Schritt zurück, als hätte er es mit einem Gespenst zu tun. »Stroh zu Gold? Ihr macht keine Scherze?«

»Du hast mein Wort. Ich habe es mit eigenen Augen gesehen. Sie spinnt das Stroh zu Gold. Auf den Spulen glänzen feinste Goldfäden. Es ist pure Magie.«

Dem Bauern verschlug es regelrecht die Sprache. Er konnte nur noch ungläubig den Kopf schütteln.

»König Gaspare wird mit dem Gold all seine Schulden begleichen und den Krieg mit Eaban beenden. Darum braucht er mehr Stroh. Dies ist deine Gelegenheit, etwas beizutragen und gleichzeitig sicherzustellen, dass du nicht zu denjenigen gehörst, die leer ausgehen, wenn der Reichtum fließt.«

Ich griff in meine Tasche, zog einen kleinen Beutel hervor und ließ ihn klimpern. Der Klang der Münzen wirkte wie ein Zauber, der den letzten Zweifel des Bauern langsam zu zerstreuen begann. »Das hier ist ein kleiner Vorgeschmack. Damit kannst du neues Stroh besorgen, wenn die Zeit reif ist. Und der König hat versprochen, dass die Untertanen belohnt werden – besonders jene, die jetzt behilflich sind.«

Der Bauer sah mich lange an, bevor sein Blick zur Scheune wanderte. Er schwieg, während die Gedanken in seinem Kopf zu arbeiten schienen. Schließlich seufzte er schwer und schüttelte den Kopf. »Also gut.

Ihr bekommt, was Ihr verlangt. Aber vergesst nicht, was Ihr gesagt habt, Herr Ritter. Wir zählen auf diese Belohnung.«

Ein wohliges Gefühl machte sich in meiner Brust breit, als der Mann mich bereits als Ritter bezeichnete. Es tat gut, wieder bewundert zu werden, nachdem Malfois mich beim letzten Abendessen herablassend behandelt hatte. »Keine Sorge. Du wirst nicht enttäuscht werden«, versicherte ich und legte ihm eine Hand auf die Schulter.

Der Bauer nickte und kurz darauf begannen er und seine Familie die ersten Bündel aus der Scheune auf einen bereitstehenden Wagen zu laden.

Ich selbst machte mich wieder auf den Weg. Für heute standen noch zwei weitere Bauernhöfe auf meiner Liste.

***

Es war später Abend, als ich wieder das Schloss erreichte. Die Stallburschen nahmen mir mein Pferd ab, und ich klopfte den Staub der Reise von meinem Umhang. Anstatt mich direkt in mein Zimmer zurückzuziehen, machte ich mich auf den Weg zu Malfois, denn ich hatte ihm noch Bericht über die Strohlieferungen zu erstatten. Nervosität machte sich in mir breit. Die letzte Begegnung mit ihm hallte noch in mir nach. Seine herablassende Art, dieses kühle, kalkulierende Lächeln – es hatte mich tief getroffen, auch wenn ich es nicht zugeben wollte. Malfois war der wichtigste Berater des Königs, und sein Wohlwollen war entscheidend für meinen Stand am Hof. Ich hoffte inständig, dass sich die Situation entspannen würde und er mir wieder mehr Respekt entgegenbrachte. Schließlich war ich es gewesen, der die Hexenkönigin gefangen hatte.

Vor der Tür zu seinen Räumen standen wie immer seine beiden Leibwächter. Bosco, mit seiner Glatze und dem kantigen Gesicht, musterte mich abschätzig, während Lejan mich kaum eines Blickes würdigte.

»Ich habe Bericht zu erstatten«, erklärte ich bemüht, meine Stimme fest klingen zu lassen.

Bosco kniff die Augen zusammen, ließ mich jedoch nach einem kurzen Nicken passieren. Er öffnete die Tür einen Spalt und kündigte mich an, bevor er mich mit einem brummenden »Tretet ein« hereinließ.

Der Hofastrologe saß an der langen Tafel über etlichen Pergamentrollen, umgeben von Kerzenlicht, das seine dunkelblaue Robe und das Barett mit der prächtigen Feder in sanftes Gold tauchte.

Er blickte auf, sein Gesicht eine Maske aus Gleichgültigkeit, und ich konnte nicht erkennen, ob das ein gutes oder schlechtes Zeichen war. »Was habt Ihr zu berichten, Cavalli?«

Ich trat vor, verneigte mich leicht und hielt die Hände hinter dem Rücken verschränkt. »Die weiteren Strohlieferungen sind gesichert. Die Bauern aus Triessa werden bereits morgen mit den ersten Wagen eintreffen.«

Er nickte langsam. »Sehr gut. Ihr habt Eure Aufgabe wie immer mit größter Zuverlässigkeit erledigt.«

Erleichterung breitete sich in mir aus. Vielleicht hatte ich zu schnell über Gaspares Vertrauten geurteilt.

Er legte die Feder, mit der er auf einer langen Schriftrolle geschrieben hatte, beiseite und musterte mich eingehend. Dann lehnte er sich zurück. »Ich habe gute Neuigkeiten für Euch. Eure ... Anregung wurde erhört.«

Mein Herz schlug schneller. »Was meint Ihr?«

Ein amüsiertes Lächeln huschte über sein Gesicht. »Aradia. Der König hat entschieden, sie in ein Turmzimmer bringen zu lassen. Sie wird ab sofort besser behandelt, wie Ihr es vorgeschlagen habt.«

Ein seltsames Gefühl von Erleichterung durchströmte mich so stark, dass ich fast lächeln musste. »Das freut mich zu hören. Ich hoffe, dass sie somit wieder ihre volle Magie wirken kann.«

»Ja, dass hoffen wir alle«, bestätigte Malfois. »Ihr habt vorerst genug getan. Der König reist morgen ab und wird erst in einigen Tagen zurückkehren. Bis dahin gibt es vorerst keine weiteren Aufträge für Euch. Wir warten die Entwicklungen ab.«

Ich nickte, bemüht, die Enttäuschung nicht zu zeigen. Zwar hatte mich der königliche Berater über die Maßen gelobt, trotzdem kam es mir falsch vor die nächste Zeit nichts zu tun zu haben. »Verstanden. Lasst mich wissen, wenn Ihr meine Dienste braucht.«

Malfois nickte. »Ihr könnt Euch zurückziehen. Ruht Euch aus. Das habt Ihr Euch verdient.«

»Vielen Dank.« Ich verneigte mich und verließ Malfois' Gemächer. Der Weg zu meinem Zimmer war still, doch in meinem Kopf arbeitete es. Der Hofastrologe hatte mich gelobt, aber die Aussicht auf untätige Tage machte mich rastlos. Gleichzeitig ließ mich der Gedanke an Aradia, die nun in einem der Schlosstürme untergebracht war, nicht los. Wenigstens wusste ich, dass es ihr dort besser ging – das war alles, was für den Moment zählte.

Zurück in meinem jämmerlichen Dienstbotenzimmer ließ ich mich aufs Bett fallen. Erst jetzt bemerkte ich, wie erschöpft ich von der langen Reise zu den inzwischen weiter entfernten Bauernhöfen war. Und so dauerte es nicht lange, bis ich einschlief.

Die Nacht allerdings brachte keine Ruhe. Sie war erfüllt von wirren Bildern in meinen Träumen. Immer wieder sah ich ein Paar smaragdgrüner Augen, die mich durchbohrten, mich verfolgten. Eine fremde Stimme flüsterte meinen Namen, während Schatten und Licht sich wie ein Sturm um mich legten. Ich wollte mein Schwert ziehen, doch meine Hände griffen ins Leere. Die giftgrünen Augen kamen näher, brannten sich in meinen Geist, bis ich schweißgebadet aufschreckte. Mein Atem ging stoßweise, mein Körper fühlte sich wie zerschlagen an. Ich setzte mich auf und rieb mir übers Gesicht. Etwas war anders. Ich spürte eine Präsenz, obwohl niemand außer mir im Raum war. Da fiel mein Blick auf den kleinen Tisch in meinem Zimmer. Dort lag etwas, das zuvor nicht da gewesen war. Der schwache Schein einer kleinen Laterne, die ich vor dem Schlafengehen vergessen hatte zu löschen, erhellte den Raum gerade so weit, dass ich es erkennen konnte.

Mein Atem stockte. Da war eine Spule voll Gold, wie sie in jener Kammer gelegen hatte. Das Licht der Laterne ließ die glänzenden Fäden flimmern, als hätte das Gold ein eigenes, unheimliches Leben.

Wie war sie hierhergekommen? Ich war mir sicher, dass sie vorher nicht da gewesen war. Niemand außer dem König, Malfois und den Wachen wusste von diesen Spulen. Niemand, außer ... Aradia. Hatte sie das Gold auf mysteriöse Weise erscheinen lassen? War dies ein Geschenk? Oder eine stumme Drohung? Ich musste es herausfinden. Ich musste Aradia wiedersehen.

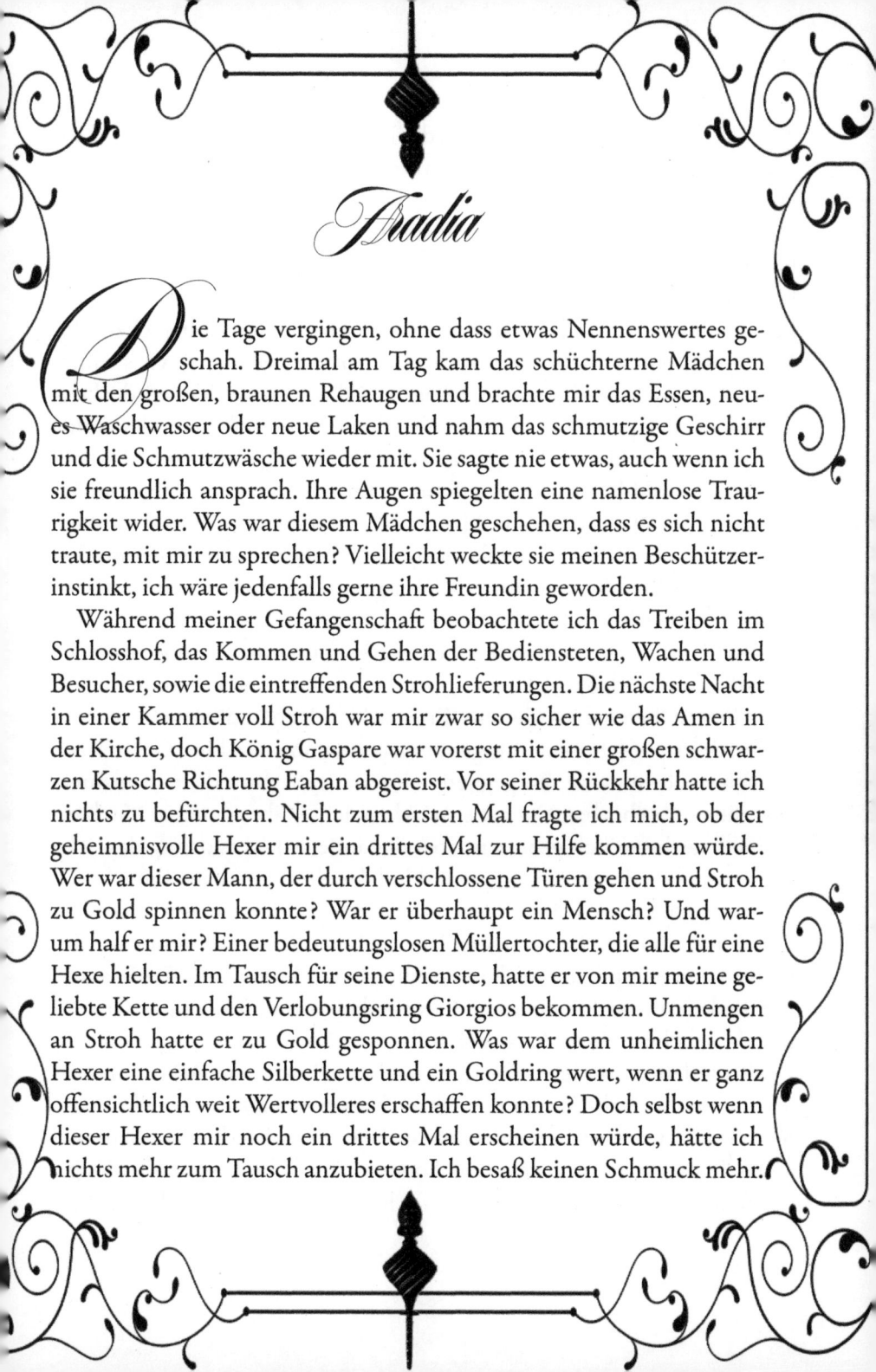

Aradia

ie Tage vergingen, ohne dass etwas Nennenswertes geschah. Dreimal am Tag kam das schüchterne Mädchen mit den großen, braunen Rehaugen und brachte mir das Essen, neues Waschwasser oder neue Laken und nahm das schmutzige Geschirr und die Schmutzwäsche wieder mit. Sie sagte nie etwas, auch wenn ich sie freundlich ansprach. Ihre Augen spiegelten eine namenlose Traurigkeit wider. Was war diesem Mädchen geschehen, dass es sich nicht traute, mit mir zu sprechen? Vielleicht weckte sie meinen Beschützerinstinkt, ich wäre jedenfalls gerne ihre Freundin geworden.

Während meiner Gefangenschaft beobachtete ich das Treiben im Schlosshof, das Kommen und Gehen der Bediensteten, Wachen und Besucher, sowie die eintreffenden Strohlieferungen. Die nächste Nacht in einer Kammer voll Stroh war mir zwar so sicher wie das Amen in der Kirche, doch König Gaspare war vorerst mit einer großen schwarzen Kutsche Richtung Eaban abgereist. Vor seiner Rückkehr hatte ich nichts zu befürchten. Nicht zum ersten Mal fragte ich mich, ob der geheimnisvolle Hexer mir ein drittes Mal zur Hilfe kommen würde. Wer war dieser Mann, der durch verschlossene Türen gehen und Stroh zu Gold spinnen konnte? War er überhaupt ein Mensch? Und warum half er mir? Einer bedeutungslosen Müllertochter, die alle für eine Hexe hielten. Im Tausch für seine Dienste, hatte er von mir meine geliebte Kette und den Verlobungsring Giorgios bekommen. Unmengen an Stroh hatte er zu Gold gesponnen. Was war dem unheimlichen Hexer eine einfache Silberkette und ein Goldring wert, wenn er ganz offensichtlich weit Wertvolleres erschaffen konnte? Doch selbst wenn dieser Hexer mir noch ein drittes Mal erscheinen würde, hätte ich nichts mehr zum Tausch anzubieten. Ich besaß keinen Schmuck mehr.

Noch nicht einmal mehr das Kleid, das ich trug, war mein Eigen. Und so würde wohl das Stroh in der dritten Kammer Stroh bleiben. Wenn mir tatsächlich keine Flucht vorab gelang, würde ich Gaspare sagen müssen, meine Magie sei aufgebraucht und für immer verloren gegangen. Oder besser nicht für immer. Vielleicht würde der König noch eine Weile Geduld mit mir haben, vielleicht mir sogar weitere Freiheiten zugestehen. Dennoch, Zweifel wuchsen in mir. Der König war unberechenbar. Noch immer spürte ich seine grobe Hand an meiner Kehle, wie sie mir die Luft abgeschnürt hatte, seine Augen wild vor Zorn, als er entdeckte, dass nicht alle Spulen mit Gold gefüllt waren. Sein Blick, als er das Gold sah, war wie der eines Süchtigen gewesen. Ein gieriges Glänzen, das das glänzende Gold berauschend aufsaugte. Er brauchte mich längst nicht mehr, um lediglich seine Schulden zu tilgen. Seine Gier ging weit über das hinaus, was für seine Zwecke nötig war. Und genau diese Gier machte ihn gefährlich. Ich wusste, dass ich irgendwann nicht mehr nützlich genug sein würde.

»Na, habe ich zu viel versprochen?«, riss mich eine Stimme aus meinen düsteren Gedanken. Ich sah über die Schulter und erkannte hinter den Gitterstäben Fabios Gesicht. Er lächelte mir freundlich zu.

Verärgert zog ich meine Augenbrauen zusammen. »Eine Gefangene bin ich noch immer«, entgegnete ich scharf, die Bitterkeit in meiner Stimme unüberhörbar. Dachte er wirklich, ich sei ihm dankbar? Sicher, meine Lage hatte sich gebessert, aber das änderte nichts daran, dass ich hier festsaß, an den Füßen gefesselt. Und das alles nur wegen ihm.

Das Lächeln auf Fabios Gesicht erstarrte, und für einen Moment sah er aus, als hätte ich ihn geschlagen. Die Stille zwischen uns wurde schwer, und ich spürte, wie die Spannung in der Luft wuchs. Ein Hauch von Bedauern huschte über sein Gesicht, bevor er es wieder mit seinem üblichen, beherrschten Ausdruck füllte.

»Trotzdem danke ich dir«, fügte ich hastig hinzu, meine Stimme leiser und versöhnlich. So sehr es mich auch ärgerte, ich konnte nicht leugnen, dass er mir mehr geholfen hatte als jeder andere hier im Schloss. »Das Essen ist gut, ich sehe das Sonnenlicht, habe frische Kleidung, ein Bett und kann mich waschen.« Ich versuchte ein Lächeln, aber es fühlte sich gezwungen an. Hohl. »Welche Gefangene kann das von sich behaupten?«

Fabio nickte. »Ich habe für dich getan, was ich konnte«, sagte er schließlich fast entschuldigend.

Ich wollte ihm glauben. Aber der Gedanke, dass er an meiner Gefangenschaft mitschuldig war, fraß sich wie eine Klinge durch mein Herz.

Fabio bückte sich, öffnete die Klappe an der Tür und schob mir ein Tablett mit einer Hähnchenkeule, Kartoffeln und einer Schale Trauben ins Zimmer.

»Ist die junge Magd krank? Oder warum bringst du mir das Essen?«

»Der Magd geht es gut. Keine Sorge. Ich wollte mich bei dir bedanken und habe ihr das Tablett abgenommen.«

Ich stutzte. »Bedanken? Wofür?«

»Für die eine Spule voll Gold.«

Verwirrt zog ich meine Augenbrauen zusammen. Wahrscheinlich hatte Gaspare ihm für seine Dienste eine der wertvollen Spulen geschenkt. »Falls du mehr willst, muss ich dich enttäuschen. Meine Magie ist versiegt.«

Fabio schüttelte den Kopf. »Nein, deshalb bin ich nicht gekommen. Ich wollte mich bedanken und gleichzeitig nach dir sehen.«

Ich musterte den Mann mit den eisblauen Augen. Ich wurde nicht schlau aus ihm. Hatte er inzwischen ein schlechtes Gewissen, mich gefangen genommen zu haben? Oder warum lag ihm auf einmal so viel an mir?

»Wie du siehst, geht es mir hier im Turmzimmer besser. Dennoch täte mir etwas Gesellschaft gut. Die junge Magd ist leider viel zu verängstigt, um auch nur ein Wort vor mir rauszubringen. Dabei habe ich ihr gar nichts getan.«

Fabio lachte auf. »Nun ja, sie kann nicht sprechen.«

Ich stockte. »Das Mädchen ist stumm?«

»Scheint so. Der Hofjäger hat sie vor einem halben Jahr völlig durchgefroren mitten im Wald gefunden. Seit sie hier ist, hat sie kein einziges Wort gesprochen.«

Ich schluckte. Ein schlechtes Gewissen machte sich in mir breit. Ich

hatte dem Mädchen unwissend Unrecht getan. Ich wollte mir gar nicht ausmalen, was ihr womöglich Schlimmes im Wald geschehen war. »Das ist ja schrecklich!«

Fabio nickte. »Aber keine Sorge. König Gaspare hat sie wohlwollend aufgenommen. Hier im Schloss geht es ihr gut.«

»König Gaspare und wohlwollend? Das kann ich mir kaum vorstellen.« Ich verschränkte meine Arme vor der Brust. Diese Vorstellung war zu absurd.

Fabio sah mich abschätzig an. »Natürlich denkst du nur das Schlechteste von ihm. Aber unser König ist ein guter Mann, der immer das Beste für sein Volk will.«

»Ich würde eher sagen, immer das Beste für sich selbst. Das Volk ist ihm egal. Er und Malfois verfolgen einen eigennützigen Plan. Und in diesem Plan werde ich auf ewig ihre Gefangene sein.«

»Von was für einem Plan sprichst du?«

Überrascht sah ich auf. Tat Fabio nur so oder wusste er wirklich nichts von den wahren Beweggründen seines Königs? Als aufstrebender Ritter gehörte er sicherlich in dessen engsten Kreis der Vertrauten. Ihm müsste doch klar sein, dass die Schulden Eabans mit den Truhen voll Gold längst zurückbezahlt waren. »Na die Sterndeutung Gaspares. Er strebt danach, der reichste Herrscher der Welt zu werden.«

Fabio sah mich erst verdutzt an, dann lachte er.

»He, ich sage die Wahrheit. Gaspare und Malfois haben vor mir in der Kammer darüber gesprochen. Ich habe es mit eigenen Ohren gehört!«

Fabio beruhigte sich. »Tut mir leid, aber die Vorstellung ist so albern. König Gaspare ist ein guter Mann, der sein Königreich von den Hexen befreit und das Land wieder aufbauen will, nachdem er sämtliche Schulden zurückbezahlt hat.«

»Wenn ich es dir doch sage. Nur die Schulden zurückzubezahlen ist nicht sein Ziel. Er will mehr. Und sein Hofastrologe redet ihm das ein, weil er das angeblich in seinen Sternen gesehen hat.«

Fabio schüttelte den Kopf. »Malfois ist Berater und Hofastrologe. Das stimmt. Aber er redet Gaspare sicherlich keinen Unsinn ein.«

Nun schüttelte ich zornig den Kopf. »Glaubst du mir nicht, weil du mich für Aradia, die Hexenkönigin, hältst?« Meine Stimme durchschnitt wie ein scharfes Messer die Luft und erst nachdem ich die Worte vor Zorn ausgesprochen hatte, bemerkte ich, was ich gesagt hatte.

Mein Gegenüber runzelte die Stirn. »Du bist Aradia, die Hexenkönigin.«

Ich seufzte. Was hatte ich zu verlieren? Nach den Kammern voll Gold, glaubte man mir sowieso nicht. »Ich bin Aradia, und ich bin es nicht.« Es war die reinste Wahrheit. Ich war die, die man für Aradia hielt, aber ich war keine Hexe und schon gar keine Hexenkönigin. Und trotzdem musste ich weiter das Spiel spielen. Ich musste vorgeben, jene zu sein, die ich nicht war. »Du kannst Malfois, der dich sicherlich schickt, ausrichten, dass meine Magie noch nicht zurückgekehrt ist.«

Fabio zog verärgert die Augenbrauen zusammen. »Malfois hat mich mit keiner Frage hierhergeschickt. Ich bin aus eigenem Interesse gekommen. Ich wollte sehen, wie es dir geht und mich für die Spule voll Gold bedanken.«

Seine Worte trafen mich unerwartet tief. Er war aus eigenem Interesse gekommen? Warum fühlte sich das so anders an, als es klingen sollte? Ich kämpfte gegen den plötzlichen Drang an, ihm zu glauben, doch die Bitterkeit in mir war zu stark, um sie einfach loszulassen. Die anfängliche Nettigkeit zwischen uns war schnell wieder unserer Feindseligkeit gewichen, und ich konnte die leise Wut in meiner Stimme nicht verbergen. »Wie soll es mir gehen, wenn meine Zukunft die ewige Gefangenschaft bedeutet?«

Fabios Stirn legte sich in tiefe Zornesfalten. »Ich habe mich dafür eingesetzt, dass sie dich besser behandeln. Vielleicht war das ein Fehler.«

Seine Worte hallten in mir nach, während ich ihn ansah. Da stand er, der Mann, der mich einst verraten hatte, und jetzt sprach er von Mitgefühl, als ob das irgendetwas ändern würde. Aber gleichzeitig war da etwas an ihm, etwas, das mich nicht losließ, auch wenn ich es noch nicht verstehen konnte. Warum war ich nicht einfach nur wütend auf ihn? Warum fühlte ich so etwas wie Dankbarkeit? War es das? Oder war es etwas Tieferes, etwas, das ich nicht zugeben wollte? Ich senkte den Kopf. Seit Fabio wieder aufgetaucht war, hatte ich ihm eine Anschuldigung

nach der anderen an den Kopf geworfen. Ich war froh, dass sich durch ihn meine Lage verbessert hatte, gleichzeitig musste ich erkennen, dass er dem König völlig untertan war. Warum auch? Schließlich war er vom einfachen Boten zum Ritter aufgestiegen. Natürlich musste er dem König dankbar und loyal sein.

»Ich kann nicht vergessen, dass ich wegen dir gefangen bin«, sagte ich leise, aber deutlich.

»Das verstehe ich. Und du hast wirklich allen Grund mich zu hassen. Trotzdem ist mir nicht egal, was mit dir hier im Schloss passiert.«

Überrascht sah ich auf. Seine Worte ließen mein Herz schneller schlagen, und ich hasste mich sogleich dafür. Dieser Mann löste so viele widersprüchliche Gefühle in mir aus, dass ich nicht wusste, wie ich darauf reagieren sollte. Wie konnte er es wagen, so zu reden, als wäre seine Anwesenheit hier irgendeine Art von Gnade? Ich war eine Gefangene und trotzdem ... Wut flammte in mir auf. »Du verstehst es nicht, oder?«, sagte ich scharf und trat einen Schritt auf die Tür zu. »Du redest, als ob das hier irgendeine Heldentat wäre. Aber ich bin eine Gefangene, eine Sklavin des Königs.«

Sein Gesicht verzog sich zu einer schmerzlichen Grimasse. »Ich versuche, dir zu helfen. Du siehst das nur nicht. Wenn ich nicht wäre, wärst du längst...«

»Längst was?«, fuhr ich ihn an und spürte, wie die Wut in mir überkochte. »Tot? Auf dem Scheiterhaufen verbrannt? Vielleicht wäre das besser als diese ständige Unsicherheit! Jeden Tag frage ich mich, wann der König entscheidet, dass ich nichts mehr wert bin, weil ich kein Stroh mehr zu Gold spinnen kann.«

»Du bist undankbar.« Fabios Augen blitzten auf. »Weißt du überhaupt, was Malfois und Gaspare mit dir machen würden, wenn ich nicht wäre? Sie würden dich zerbrechen, dich unter Folter zwingen, Magie zu wirken.«

»Und dennoch bin ich eine Gefangene. Du kannst dich nicht einfach als meinen Retter aufspielen, nur weil du ein paar Zugeständnisse für mich erwirkt hast. Du bist kein Held, Fabio. Du bist nichts weiter als eine Spielfigur im irrsinnigen Spiel des Königs.«

Seine Augen weiteten sich für einen flüchtigen Moment, als ob plötzlich eine Erkenntnis in ihm Wurzeln geschlagen hätte. Es war, als hätte meine letzte Bemerkung etwas in ihm erschüttert. Doch ebenso schnell, wie sich diese Regung gezeigt hatte, verschwand sie wieder, und seine Miene wurde hart. »Ich bin keine Marionette.«

»Ach nein? Dann beweise es. Lass mich frei. Verhilf mir zur Flucht. Beweise, dass du keine Spielfigur des Königs bist. Beweise es oder verschwinde und lass mich in Ruhe.« Ich atmete schwer, mein Herz raste.

»Gib mir einen Grund dich freizulassen. Warum sollte ich mein Leben für deines aufs Spiel setzen?«

Ich schluckte. Es war ein gefährliches Spiel. »Für eine weitere Spule voll Gold? Für Diamanten? Nenn mir deinen Preis.«

Fabio schüttelte vehement den Kopf. »Dich zu fangen, hat mir bereits Ruhm und Geld gebracht. Die Spule voll Gold hätte ich nicht gebraucht. Ich spiele kein zweites Mal mit dem Feuer.« Die Worte schnitten in meine Haut wie scharfe Klingen. Für einen Moment funkelte er mich noch zornig an, dann wandte er sich ab und verschwand. Seine schnellen Schritte auf der Wendeltreppe verhallten, während ich mich frustriert aufs Bett warf. Ich hatte einen gewaltigen Fehler begangen und den einzigen Menschen von mir gestoßen, der mir hier im Schloss ein Verbündeter hätte werden können. Es war einen Versuch wert gewesen, ihn mit aussichtsreicher Beute zu locken. Ich hatte mich wohl in ihm getäuscht. Fabio war im Gegensatz zum König ein Mann der Ehre. Wenn er doch nur sehen könnte, welch falsches Spiel unser König und sein Hofastrologe spielten.

Fabio

Ich rannte zwar wie ein wildgewordenes Tier die Turmtreppen nach unten, doch ich atmete nicht schwer vor Verausgabung, sondern vor Wut. Wie hatte ich glauben können, so einfach Aradias Vertrauen zu gewinnen, sie so leicht um den Finger zu wickeln, wie beim ersten Mal? Nun hatte sie das Spiel umgekehrt. Sie hatte mich gerissen angestachelt, genau mit den Emotionen gespielt, die mich aktuell bewegten. Und beinahe wäre ich darauf reingefallen. Aber nein. Ich war ein getreuer Untertan des Königs. Niemals würde ich ihn verraten. Nicht, nachdem er mich vom einfachen Botendasein befreit hatte. Und dennoch gingen mir ihre Worte nicht aus dem Kopf. Sie hatte von einer Sterndeutung gesprochen und davon, dass König Gaspare und Malfois planten, die Weltherrschaft an sich zu reißen. Was für ein Unsinn! Das mit der Sterndeutung stimmte. Aber nicht deren Inhalt. Malfois hatte mir schließlich beim Abendessen selbst von ihr berichtet: Die dunkle Magie würde Rascara retten und zu neuer Blüte führen. Das waren seine Worte gewesen. Und bisher war alles genau so eingetroffen. Aradia hatte Stroh zu Gold gesponnen, damit unser König die Schulden tilgen konnte. Andererseits verstand ich nicht, warum dann weitere Kammern voll Stroh geplant waren. War es vielleicht doch möglich, dass in des Königs Sterndeutung mehr stand, als nur Rascara vor Eaban zu retten?

Aradia ...

Sie war wie Feuer. Verlockend, verzehrend, gefährlich. Ich konnte mich ihr nicht entziehen, selbst wenn ich es wollte. Und ich wollte es – bei Gott, ich wollte es! Aber jedes Mal, wenn ich ihr auch nur einen Schritt entgegenkam, stieß sie mich zurück, mit scharfen Worten oder diesem unerträglichen Blick, der mich immer wieder daran erinnerte, wie wenig ich in ihren Augen wert war. Ein Werkzeug. Ein Bauer auf dem Spielfeld.

Die Hitze stieg mir ins Gesicht, als ihre letzten Worte in meinen Ohren nachhallten. *Lass mich frei. Beweise, dass du keine Spielfigur des Königs bist!* Sie hatte es gesagt, als sei es das Einfachste der Welt. Als ob es keine Konsequenzen hätte, als ob ich einfach entscheiden könnte, mein Leben für ihres zu opfern, nur weil sie es verlangte. So langsam hatte ich das Gefühl, für jeden hier im Schloss eine Spielfigur zu sein. König Gaspare, Malfois und Aradia. Sie waren im Grunde alle gleich. Ich schüttelte den Kopf, um dem irren Zauber zu entgehen und stapfte verärgert zurück in mein Dienstbotenzimmer, das sich im Erdgeschoss auf der anderen Seite des Schlosses befand. Die Spule voll Gold, die auf dem Tisch lag, verhöhnte mich regelrecht. Ich ließ mich rücklinks auf mein Bett fallen und griff nach dem Kristall mit dem Rosmarinzweig um meinen Hals. Undankbare Hexe! Erst schenkte sie mir von dem magischen Gold und dann stieß sie mich wieder von sich. Ich würde sie bestimmt nicht mehr besuchen. Ein konkreter Auftrag von Malfois lag sowieso nicht mehr vor. Er hatte mir unmissverständlich zu verstehen gegeben, dass meine Dienste derzeit nicht von Interesse waren. Schließlich wussten sie nun, wie ihre Magie funktionierte. Die entscheidenden Hinweise hatte ich Ihnen gegeben, jetzt wurde ich nicht mehr gebraucht. Ich seufzte und ließ den Kristall über die Finger gleiten. Aradia hatte mir leidgetan. Schon bei unserem letzten Treffen in der Kammer war sie mir vorgekommen wie eine gewöhnliche junge Frau. Was sie auf einmal behauptete zu sein. *Ich bin Aradia und ich bin es nicht!* Verärgert schnalzte ich mit der Zunge und starrte an die kalte, graue Decke. Ich hatte das Gold in der Kammer mit eigenen Augen gesehen. Und dennoch wurde ich das Gefühl nicht los, dass mehr hinter der Hexenkönigin steckte, als wir alle glaubten zu wissen.

***

Die Tage vergingen qualvoll schleppend im Schloss. Seit König Gaspare zu Verhandlungen in Eaban war und ich als Bote oder baldiger

Ritter nicht dabei sein durfte, hatte ich keine großartigen Aufgaben zu verrichten. Und so half ich meist den Stalljungen beim Ausmisten des Pferdestalls. Es war besser, irgendetwas zu tun zu haben, als zurück in die verwaisten Dienstbotenzimmer zu gehen. Außerdem lenkte mich die stoische Arbeit von meinem Besuch bei Aradia ab. Immer wieder ertappte ich mich dabei, über ihre Worte nachzudenken. Dabei gab es hier nichts zu überlegen. Die Hexenkönigin log. Das merkte doch jedes Kind.

***

Tage später, als ich wieder meiner Arbeit im Pferdestall nachging, holte mich plötzliches, hastiges Hufgetrappel aus meinen Gedanken. Der Klang durchbrach die Stille so unvermittelt, dass ich den Besen, mit dem ich gerade den Staub der Stallgassen fegte, einfach fallen ließ. Sofort eilte ich zum Eingang, der hinaus zum Schlosshof führte. Als ich nach draußen trat, erkannte ich Pippo, einen weiteren Boten des Königs, der auf seinem braunen Hengst direkt auf mich zuritt. Der Staub stob unter den schnellen Hufschlägen seines Pferdes auf, und der ernste Ausdruck auf seinem Gesicht ließ keinen Zweifel daran, dass er es eilig hatte. Ich spürte, wie mein Herzschlag sich beschleunigte. Ohne zu zögern, riss ich die schwere zweite Stalltür auf, um ihm schnell Einlass zu gewähren.

»Pippo, warst du nicht mit König Gaspare an der Westgrenze?«, rief ich ihm entgegen.

Pippo sprang von seinem Pferd ab und drückte einem heraneilenden Stallburschen die Zügel in die Hand. Dann trat er zu mir. »Eaban ist gefallen«, raunte er und sah sich mit ernstem Blick um. Ein kalter Schauer jagte mir über den Rücken. »Aber behalte noch Stillschweigen darüber. Ich muss sofort zu Malfois. Auftrag des Königs.«

Das Herz sackte mir in die Hose. »Halt«, ich packte Pippo am Arm, da er bereits gehen wollte, »Was meinst du mit gefallen?« Ich hatte seine Worte wohl verstanden, aber konnte deren Bedeutung nicht glauben. Ich musste Gewissheit haben.

»König Gaspare hat König Amaury vom Thron gestoßen. Alle, die sich ihm widersetzt haben, sind tot«, berichtete er so kühl, als rede er über schlechtes Wetter. Mein Herz pochte wie wild. »Wie kann das sein? Ich dachte König Gaspare hat mit Eaban verhandelt und sämtliche Schulden zurückbezahlt?«

Pippo lachte. »König Amaury hat sich doch auch nicht an die Abmachung gehalten. Etliche Menschen unseres Königreichs sind gestorben, weil seine Truppen ohne Vorwarnung in Rascara einmarschiert sind. Sollte unser König das auf sich sitzen lassen?«

Ich war gänzlich erstarrt von dem, was ich hörte. »Aber wie?«, brachte ich mühsam hervor. Wie konnte König Gaspare mit seiner kleinen Armee ein ganzes Königreich einnehmen?

»Mit genug Gold kannst du jeden Menschen kaufen, sogar den Feind.«

Meine Finger lösten sich langsam von seinem Arm. »Söldner!«, entfuhr es mir.

Er nickte. »Sie haben die Seiten gewechselt.«

Meine Augen weiteten sich. Nicht vor Erstaunen, sondern vor Entsetzen.

Pippo schenkte mir noch ein wissendes Lächeln, bevor er schnurstracks über den Schlosshof in Richtung der Gemächer Malfois' davoneilte.

Ich stand für einige Augenblicke wie erstarrt da, gefangen in den sich wirbelnden Gedanken in meinem Kopf, und schließlich setzte sich eine Erkenntnis fest. Ich rannte los. Mein Weg führte jedoch in eine andere Richtung, hinauf in den fünften Stock und noch höher. Es gab eine Person, mit der ich jetzt dringend sprechen musste. Eine Person, die Antworten hatte, die ich verzweifelt brauchte. Als ich schließlich oben vor der vergitterten Tür im Turm ankam, sah ich sie dort am Fenster sitzen, reglos wie eine Statue. Aradia. Ihr langen roten Haare fielen ihr über den Rücken. Ihre Augen waren fest auf den Vorplatz des Schlosses gerichtet. Es war, als ob die Welt um sie herum aufgehört hatte zu existieren. Sie hatte mein Kommen nicht einmal bemerkt.

»Du hattest Recht«, brachte ich atemlos hervor, das Brennen in meiner Kehle schmerzte. Aradia zuckte zusammen, ihre Ellbogen rutschten

vom Fensterbrett, als hätte ich sie aus einem tiefen Traum gerissen. Ihre Verwirrung war deutlich in ihrem Gesicht zu lesen, als sie sich langsam zu mir umwandte. Sie war wunderschön.

»Mit dem Plan König Gaspares«, wiederholte ich, und ich spürte die Last, die die Worte mit sich brachten. »Ich glaube, du hattest von Anfang an Recht.«

Ich lehnte meinen Kopf gegen die kalten Gitterstäbe, die uns trennten, und spürte, wie meine ganze Welt ins Wanken geriet. Alles, woran ich geglaubt hatte, war in Frage gestellt worden, und in diesem Moment fühlte ich mich kleiner als je zuvor.

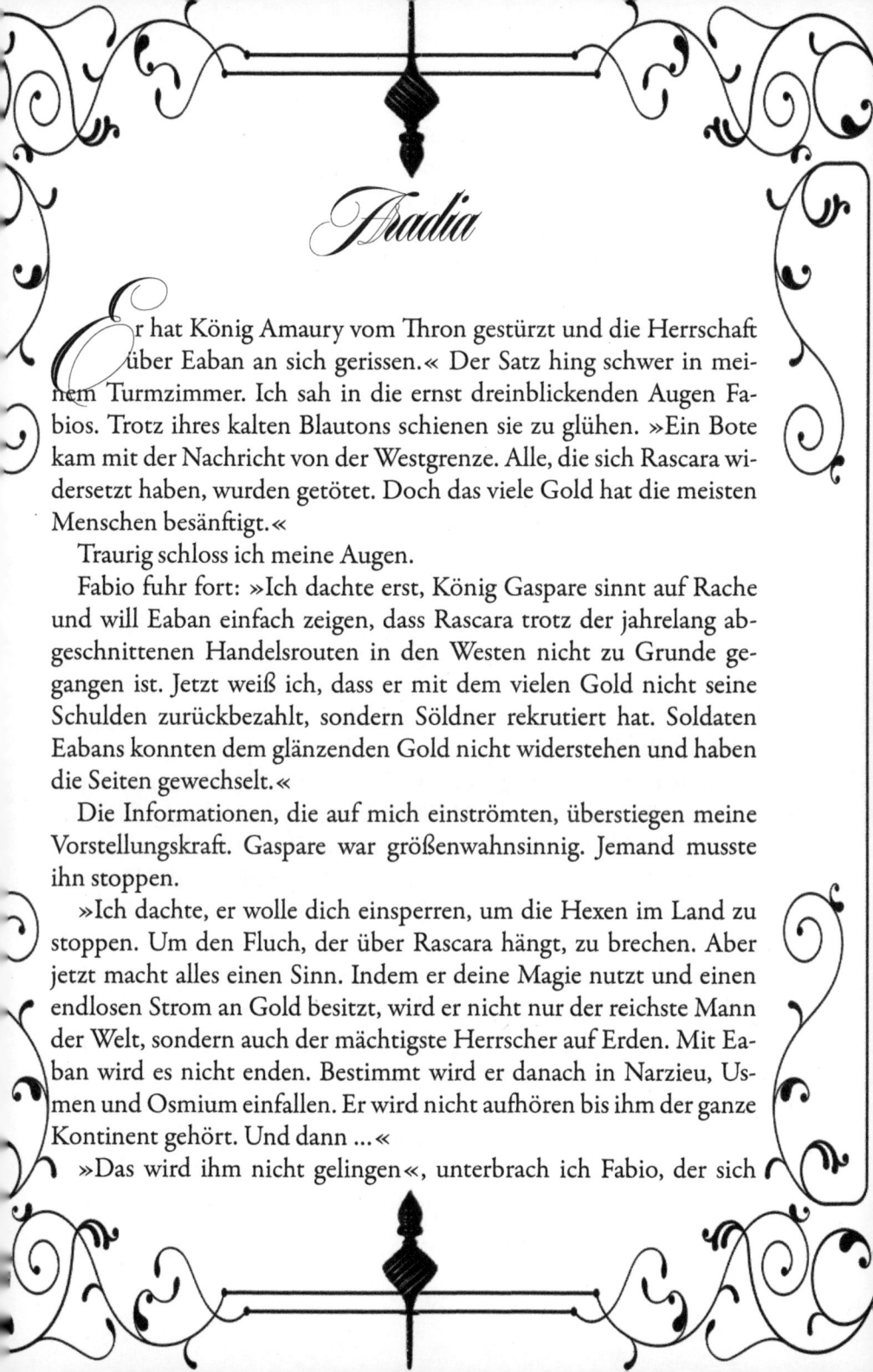

Aradia

Er hat König Amaury vom Thron gestürzt und die Herrschaft über Eaban an sich gerissen.« Der Satz hing schwer in meinem Turmzimmer. Ich sah in die ernst dreinblickenden Augen Fabios. Trotz ihres kalten Blautons schienen sie zu glühen. »Ein Bote kam mit der Nachricht von der Westgrenze. Alle, die sich Rascara widersetzt haben, wurden getötet. Doch das viele Gold hat die meisten Menschen besänftigt.«

Traurig schloss ich meine Augen.

Fabio fuhr fort: »Ich dachte erst, König Gaspare sinnt auf Rache und will Eaban einfach zeigen, dass Rascara trotz der jahrelang abgeschnittenen Handelsrouten in den Westen nicht zu Grunde gegangen ist. Jetzt weiß ich, dass er mit dem vielen Gold nicht seine Schulden zurückbezahlt, sondern Söldner rekrutiert hat. Soldaten Eabans konnten dem glänzenden Gold nicht widerstehen und haben die Seiten gewechselt.«

Die Informationen, die auf mich einströmten, überstiegen meine Vorstellungskraft. Gaspare war größenwahnsinnig. Jemand musste ihn stoppen.

»Ich dachte, er wolle dich einsperren, um die Hexen im Land zu stoppen. Um den Fluch, der über Rascara hängt, zu brechen. Aber jetzt macht alles einen Sinn. Indem er deine Magie nutzt und einen endlosen Strom an Gold besitzt, wird er nicht nur der reichste Mann der Welt, sondern auch der mächtigste Herrscher auf Erden. Mit Eaban wird es nicht enden. Bestimmt wird er danach in Narzieu, Usmen und Osmium einfallen. Er wird nicht aufhören bis ihm der ganze Kontinent gehört. Und dann ...«

»Das wird ihm nicht gelingen«, unterbrach ich Fabio, der sich geradezu in Rage geredet hatte. Seine Wangen glühten vor Erregung. »Ich kann kein Stroh zu Gold spinnen.« Meine Worte klangen im Gegensatz zu denen Fabios erschöpft. Die Nachricht über Gaspares Kriegszug wog schwer auf meiner Brust.

Fabio sah mich durchdringend an. »Dann sind deine Kräfte wirklich versiegt? Kehren sie nicht zurück?«

»Nein, du verstehst mich falsch. Ich kann kein Stroh zu Gold spinnen. Konnte es noch nie, werde es nie können. Ich bin keine Hexe.« Erschöpft ließ ich mich auf das Bett neben mir nieder und vergrub das Gesicht in den Händen. Ich würde hier im Schloss sterben. Eine vermeintliche Hexe, die nicht hexen konnte, war für einen herrschsüchtigen König von keinem Wert.

»Aber du bist Aradia. Ich habe das Stroh und das Gold auf den Spulen doch mit eigenen Augen gesehen.«

»Ja und nein«, erwiderte ich und ließ meinen Blick in seine eisblauen Augen sinken. Augen, die kühl und unergründlich wirkten und gleichzeitig etwas Verletzliches spiegelten. Fabio war nach unserem Streit zurückgekommen. Ein Zeichen, dass er nicht so leicht aufgab, selbst wenn er es wollte. Ich musste ihm vertrauen, obwohl alles in mir dagegen kämpfte. Vielleicht war der Mann, der mich einst gefangen genommen hatte, tatsächlich der Einzige, der mich auch wieder befreien konnte. Und so legte ich mein Schicksal in seine Hände, gleich ob es gefährlich war oder nicht. Und so begann ich ihm meine wahre Geschichte zu erzählen. »Vor eineinhalb Jahren starb meine Mutter. Sie war der Hexerei beschuldigt worden. Zu Unrecht, denn sie war eine einfache Müllersfrau. Sie war klug, kannte sich mit Heilkräutern und Medizin aus. Meine Mutter half den Menschen, sie verhexte sie nicht. Einzig wegen des Hexenwahns des Königs brannte sie schließlich auf dem Scheiterhaufen vor unserem Dorf.« Eine einzelne Träne rann mir über die Wange. »An jenem Tag schwor ich Rache. Ich schwor, diesem Hexenwahnsinn, diesem Irrglauben, ein Ende zu setzen. Und so begann ich, verurteilte Frauen zu befreien. An den meisten Tagen war ich eine einfache Müllerstochter, die ihrem Vater zur Hand ging. An den anderen Tagen verwandelte ich mich in die Hexenretterin, in der die abergläubischen Bewohner schon bald Aradia zu sehen glaubten. Seitdem bin ich sie und bin es nicht. Du hast damals Aradia, die Hexenretterin gefangen, aber nicht die Hexenkönigin der alten Sagen.«

»Aber das Gold!« Fabio schüttelte verzweifelt den Kopf. Ich spürte, dass er meinen Worten Glauben schenkte, sonst wäre er längst wieder gegangen. Doch das Gold erzählte von Magie. Und wenn ich nicht wüsste, wer es tatsächlich gezaubert hatte, würde ich mir selbst nicht glauben. »Ich habe das Stroh nicht zu Gold gesponnen. In beiden Kammern ist mir nachts ein unheimlicher Mann erschienen. Ein Mann, der hexen kann.«

Ich sah sofort in seinen Augen, dass er mir nicht glaubte. »Ein unheimlicher Hexer, der in einer verschlossenen Kammer erscheint? Jetzt nimmst du mich auf den Arm. Das mit deiner Mutter will ich dir noch glauben, aber ein Hexer, der unbemerkt im Schloss auftaucht, das klingt nach einem Märchen.«

Ich seufzte. »Ich habe dich noch nie belogen. Ich sage die Wahrheit. Genauso wie mit der Sterndeutung Gaspares.«

Fabio begann, vor der Tür auf und ab zu gehen. »Na gut, nehmen wir einmal an, du sagst die Wahrheit und in jenen Nächten in den Kammern erschien ein Mann mit Zauberkräften. Warum verwandelte er das Stroh zu Gold, half dir aber nicht, aus der Kammer zu fliehen?«

»Wenn ich das wüsste …« Das Verhalten des Hexers war mir selbst ein Rätsel. Ich kannte weder seinen Namen noch seine Beweggründe. Ich hatte keinen Beweis für seine Existenz.

»Du musst zugeben, dass das mehr als seltsam klingt. Warum sollte ich dir glauben?« Fabio sah mich durch die Gitterstäbe durchdringend an.

»Weil du glaubst, dass tief in mir eine junge Frau steckt, die du sehr magst.«

Bei diesen Worten schluckte Fabio. Es waren seine eigenen Worte gewesen. »Beweise mir, dass du Recht hast«, forderte er.

Wie sollte ich die Richtigkeit meiner Worte beweisen, wenn niemand außer mir den Hexer gesehen hatte? Dieser Mann war so lautlos erschienen, wie er auch wieder verschwunden war. Er hatte keine Spuren hinterlassen. »Meine Kette!«, fiel es mir plötzlich ein, »Und mein

Ring! Siehst du, sie sind weg.« Ich zog den Ausschnitt meines Kleides ein wenig nach unten und streckte dann Fabio meine Hände entgegen. »Das waren meine Tauschgegenstände. Für die Hilfe verlangte der Hexer immer eine kleine Gegenleistung. Als erstes meine Kette, und beim zweiten Mal bot ich ihm meinen Ring.« Das waren die Beweise. Jetzt musste mir Fabio glauben. Er kannte meine Kette. Er hatte sie damals auf der Lichtung selbst in der Hand gehalten. »Du hast den Namen auf der Kette gelesen. Hätte dort nicht Aradia stehen müssen? Warum sollte ich eine Kette mit einem vermeintlich fremden Namen tragen?«

Fabios Stirn legte sich in Falten, während er mich misstrauisch musterte. »Du trägst tatsächlich nicht mehr deinen Schmuck«, er überlegte kurz, »doch vielleicht hast du ihn hier im Zimmer versteckt?«

Herausfordernd reckte ich das Kinn. »Komm herein und sieh selbst nach. Du wirst weder Kette noch Ring finden. Ich habe beides nicht mehr.«

Ich konnte das Zögern in Fabios Augen sehen. Seine Hände griffen um die Gitterstäbe. »Ich habe keine Schlüssel ...«

Langsam stand ich auf und ging mit kleinen Schritten auf ihn zu. Die Kette der Fußfessel klirrte. Ich hielt keinen Meter vor ihm inne, sah ihm direkt in die Augen, die sich leicht verengten, als ob er abwägen würde, wie weit ich gehen könnte. Eine unsichtbare Spannung erfüllte den Raum.

»Die Schlüssel für mein Turmzimmer zu besorgen, dürfte für den Fänger Aradias ja wohl kein Problem sein.« Meine Stimme war ruhig, aber provozierend. »Oder hast du vor einer einfachen Müllerstochter Angst?« Meine Worte schienen ihn wie ein Schlag zu treffen. Ich konnte sehen, wie sich sein Kiefer anspannte, seine Haltung steifer wurde. Es funktionierte.

»Ich komme wieder und dann sehen wir weiter.« Fabios Stimme war leise, aber da lag ein Versprechen darin, das mir unter die Haut ging. Er trat langsam zurück. Sein Blick ließ mich nicht los, bis er in den Schatten der Wendeltreppe verschwand. Seine Schritte verhallten, während mein Herz schneller schlug. Ich blieb noch eine Zeit lang vor der Tür stehen. Und langsam erglühte ein Funke in mir, der mich mit neuem Mut erfüllte. Fabios letzter Blick hatte mehr versprochen, als seine Worte verraten hatten.

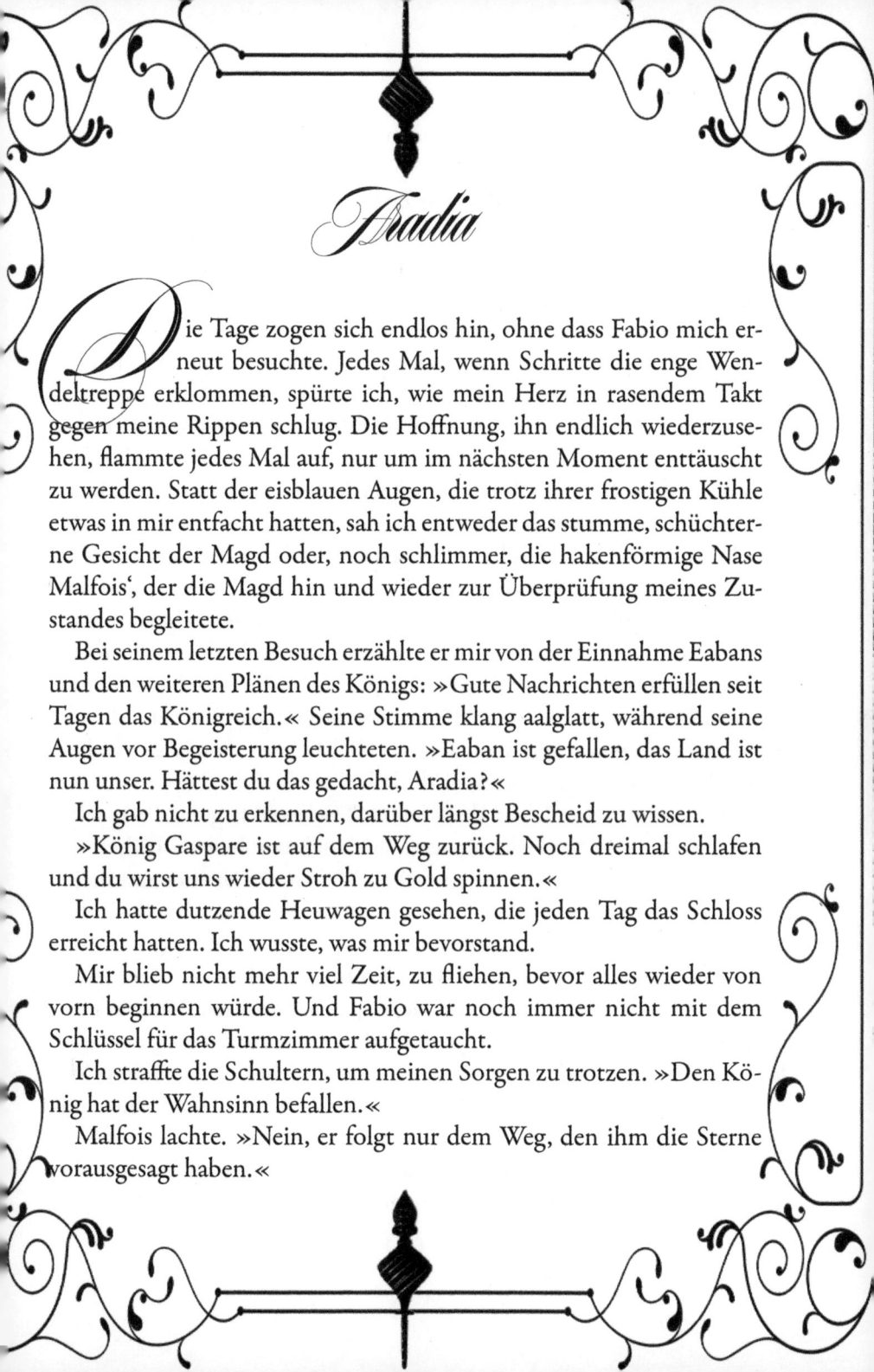

Aradia

Die Tage zogen sich endlos hin, ohne dass Fabio mich erneut besuchte. Jedes Mal, wenn Schritte die enge Wendeltreppe erklommen, spürte ich, wie mein Herz in rasendem Takt gegen meine Rippen schlug. Die Hoffnung, ihn endlich wiederzusehen, flammte jedes Mal auf, nur um im nächsten Moment enttäuscht zu werden. Statt der eisblauen Augen, die trotz ihrer frostigen Kühle etwas in mir entfacht hatten, sah ich entweder das stumme, schüchterne Gesicht der Magd oder, noch schlimmer, die hakenförmige Nase Malfois', der die Magd hin und wieder zur Überprüfung meines Zustandes begleitete.

Bei seinem letzten Besuch erzählte er mir von der Einnahme Eabans und den weiteren Plänen des Königs: »Gute Nachrichten erfüllen seit Tagen das Königreich.« Seine Stimme klang aalglatt, während seine Augen vor Begeisterung leuchteten. »Eaban ist gefallen, das Land ist nun unser. Hättest du das gedacht, Aradia?«

Ich gab nicht zu erkennen, darüber längst Bescheid zu wissen.

»König Gaspare ist auf dem Weg zurück. Noch dreimal schlafen und du wirst uns wieder Stroh zu Gold spinnen.«

Ich hatte dutzende Heuwagen gesehen, die jeden Tag das Schloss erreicht hatten. Ich wusste, was mir bevorstand.

Mir blieb nicht mehr viel Zeit, zu fliehen, bevor alles wieder von vorn beginnen würde. Und Fabio war noch immer nicht mit dem Schlüssel für das Turmzimmer aufgetaucht.

Ich straffte die Schultern, um meinen Sorgen zu trotzen. »Den König hat der Wahnsinn befallen.«

Malfois lachte. »Nein, er folgt nur dem Weg, den ihm die Sterne vorausgesagt haben.«

»Haben Euch die Sterne auch vorausgesagt, dass meine Kräfte am Ende sind?«, fragte ich kühl.

Des Beraters Augen funkelten vor Zorn. »Die Sterne lügen nie.«

Ich verschränkte die Arme vor der Brust und durchbohrte ihn mit meinem Blick. Ich hatte einen Plan und dieser würde mir weitere Zeit erkaufen. »Ich spinne kein Stroh mehr zu Gold.«

»Dann wirst du sterben!«, fuhr er mich an.

Blankes Entsetzen trat in den Blick der stummen Magd, die neben ihm so klein wie eine Maus wirkte.

Ich seufzte und schüttelte selbstbewusst den Kopf. Inzwischen glaubte ich nicht mehr, dass mich der König sofort auf den Scheiterhaufen werfen würde, sollte gar alles Stroh in der Kammer unverwandelt bleiben. Ich war viel zu kostbar, um die geringe Chance auf weiteres Gold zunichtezumachen. Zumindest in diesem Punkt hatte die Gier des Königs etwas Gutes. Die Fußfessel klirrte als ich zur Klappe ging und das Tablett mit Forelle und in Milch gekochten Bohnen an mich nahm.

»Esst und kommt besser zu Kräften«, wünschte Malfois mir noch, bevor er die arme Magd grob am Arm packte und mit sich zog. Über ihre Schulter warf sie mir einen flüchtigen, mitleidigen Blick zu. Mir tat das Mädchen genauso leid. Ich hatte das Gefühl, dass sie so vieles zu berichten hatte, dass unser Schicksal ähnlich war.

Hungrig setzte ich mich an den kleinen Tisch und begann die Forelle auszunehmen. Der Anblick erinnerte mich schmerzhaft an früher, an den Fluss bei der Mühle, an die einfachen Mahlzeiten meiner Kindheit. Fisch hatte bei uns oft auf dem Tisch gestanden. Doch so schnell wie der Gedanke an mein Zuhause gekommen war, so schnell drängte ich ihn auch wieder zurück. Ich durfte nicht darüber nachdenken, nicht jetzt. Denn wenn ich es tat, dann würde die Frage nach meinem Vater unausweichlich in meinen Geist kriechen. Und davor hatte ich Angst. Angst davor, was mit ihm geschehen war, ob er noch lebte oder ... *Nein*. Ich musste stark bleiben. Stark, so wie meine Mutter es bis zu ihrem bitteren Ende gewesen war.

Die letzten Sonnenstrahlen des Tages tauchten den Himmel in ein kräftiges Orange. Tiefe Schatten zogen sich durch mein Zimmer. Mit dem letzten Bissen Fisch schluckte ich auch meine Enttäuschung über diesen weiteren Tag in Gefangenschaft hinunter und sah zu, wie die Sonne am Horizont schließlich gänzlich verschwand. Der Wald, der das Schloss umgab, wirkte in der Dunkelheit wie ein Meer aus flüssiger Tinte. Mit dem Verschwinden der letzten Sonnenstrahlen funkelten die Sterne wie verstreute Diamanten am Himmelszelt. Eine tiefe Stille legte sich über das Schloss, durchbrochen nur vom fernen Ruf eines Uhus, der in die Nacht hallte. Doch plötzlich war da etwas anderes. Ein leises Rascheln.

Ich fuhr herum und mein Herz setzte einen Schlag lang aus. Im schwachen Lichtschein einer kleinen Laterne sah ich die Umrisse von aschblond gekräuseltem Haar. Fabio. Er war gekommen. Mein Atem stockte, als er langsam seine rechte Hand hob und den Lichtschein der Laterne auf einen Bund Schlüssel fallen ließ.

»Wenn ich erwischt werde, bin ich schneller auf dem Scheiterhaufen als du«, sprach er ernst.

Mein Herz raste, so laut, dass es mir vorkam, als könne Fabio es hören. Die Freude, die in mir aufstieg, weil er tatsächlich zurückgekommen war, mischte sich mit einer unruhigen Anspannung. Jede Faser meines Körpers war auf ihn gerichtet, und dennoch war ich mir nicht sicher, was dieser Moment wirklich bedeutete. Langsam erhob ich mich und trat ein paar Schritte auf die Tür zu, hinter der er stand. »Du bist aus freien Stücken zu mir gekommen. Weil du weißt, dass ich mit allem Recht habe. Ich habe dich zu nichts gezwungen.«

Fabio schwieg. Seine Augen, diese eisblauen Tiefen, ruhten auf mir. Da war etwas in ihnen. Zögern, Misstrauen, vielleicht sogar ein Hauch von Furcht. Ich konnte die Anspannung in seiner Haltung spüren, wie jemand, der sich nicht sicher ist, ob er einem gefährlichen Tier zu nahe gekommen ist. Für einen kurzen Moment fühlte ich mich genau so: Ein Raubtier, das beobachtet und eingeschätzt wurde. Doch ich war nicht das, wofür er mich hielt, und trotzdem spürte ich, wie der Funke zwischen uns knisterte, unvorhersehbar, beunruhigend, verboten.

Wie ein Luchs hielt ich seinem Blick stand, unbewegt und lauernd, bis er schließlich das Schweigen brach: »Ich bin bewaffnet, nur damit

du es weißt. Ich scheue mich nicht, mich zu wehren, solltest du mich verhexen wollen.«

Ein bitteres Lächeln umspielte meine Lippen. »Ich bin keine Hexe, nur eine einfache Müllerstochter, die sich aus Übermut in diese missliche Lage gebracht hat.« Langsam hob ich mein linkes Bein und zeigte ihm meine Fußfessel, das leise Klirren durchbrach die Stille zwischen uns. »Außerdem hast du mich schon einmal in der Kammer besucht, und ich habe dir kein Haar gekrümmt.«

Sein Blick glitt über die Fessel und für einen Moment schien die Spannung zwischen uns unerträglich zu werden. Fabio wankte zwischen Vorsicht und Nähe, zwischen Misstrauen und etwas, das tiefer ging, etwas, das weder er noch ich auszusprechen wagten. Es war die Anziehung, die ich schon damals auf der Lichtung gespürt hatte.

»Warum also diese Furcht?« fragte ich, meine Stimme leiser werdend, als ich ihn weiter beobachtete. »Wovor hast du wirklich Angst, Fabio? Vor mir? Oder vor der Wahrheit?«

Fabio atmete tief ein und aus, dann hörte ich, wie er den Schlüssel ins Schloss steckte. Das leise Klicken, gefolgt vom Aufschwingen der Tür, ließ mein Herz erneut schneller schlagen. Fabio setzte einen zögerlichen Schritt über die Schwelle, als ob er fürchtete, eine unsichtbare Grenze zu überschreiten, die alles verändern könnte. Sein Blick war wachsam, nahezu abwägend, und ich konnte die Anspannung in jeder seiner Bewegungen erkennen. In seiner linken Hand hielt er die kleine Laterne, deren schwacher Schein sein Gesicht in geheimnisvolle Schatten tauchte, während seine rechte Hand nervös auf dem Griff des langen Schwertes ruhte, das an seiner Seite hing.

Ich hielt den Atem an, als er die Tür hinter sich leise ins Schloss drückte und mich mit seinen Augen fixierte.

Mein Blick hingegen wanderte zur Tür, die nicht mehr verschlossen war. Es war so verlockend, zu fliehen. Doch mit der Fußfessel würde ich nicht weit kommen. Alles hing nun von Fabio ab. Wenn er mir glaubte, könnte er mir zur Flucht verhelfen.

»Wie ich es versprochen habe, ich bin hier.«

Ich nickte und wartete ab, was er als nächstes tun würde.

»Ich werde jetzt das Zimmer nach der Kette und dem Ring durchsuchen. Nimm auf dem Stuhl Platz. Ich will dich immer im Blick behalten können.«

Ich nickte und setzte mich. Eine ungeschickte Bewegung meinerseits und ich hätte wahrscheinlich tatsächlich sein Schwert im Rücken. Als erstes schritt Fabio zu meinem Bett und riss Kopfkissen und Matratze nach oben. Mir fiel wieder sein gestählter Körper auf, seine starken Arme und Beine, die deutlich zeigten, wie viel er zu Pferd unterwegs war. Der gleichzeitige Anblick meines Bettes ließ meine Wangen brennen. Was ein unsinniger Gedanke in einer mehr als unpassenden Situation. Ich war eine Gefangene. Wegen ihm.

Mit der Laterne leuchtete Fabio in jede Ecke. Als nächstes schob er den Tisch zur Seite, griff in die Wasserschale, schüttelte alle Laken aus, tastete die Fensterbänke ab, ja prüfte sogar jede einzelne Holzdiele, ob sie fest verankert war. Schließlich sah er mich an, seine Augen funkelten im schwachen Licht der Laterne, und für einen Moment hielt ich den Atem an. »Vielleicht hast du die Schmuckstücke dort entsorgt?« Er deutete auf das Türchen zum Abort, sein Ton fast spöttisch, aber ich konnte den Funken von Unsicherheit in seiner Stimme hören.

»Warum sollte ich meine Schmuckstücke, das einzig Wertvolle, das mir geblieben ist, wegwerfen?« Ich hielt Fabios prüfendem Blick stand. Ich sprach die Wahrheit und hatte nichts zu verbergen.

»Um mich zu täuschen.«

Resigniert ließ ich meinen Kopf gegen das kalte Glas des Fensters sinken und schloss die Augen. Es war ein entmutigender Moment. Wie konnte ich ihm beweisen, dass ich nichts weiter war als eine einfache Müllerstochter? Dass ich unschuldig in ein Netz aus Macht und Lügen geraten war? Nur jemand, der mich wirklich kannte, könnte mich freisprechen und dieser Gedanke erfüllte mich mit Angst. Die einzige Person, die mein Schicksal wenden konnte, war diejenige, die ich am meisten schützen wollte. Mein Vater. Es gab nur eine Lösung, so sehr sie mich auch ängstigte. Wenn ich meine Freiheit wollte, musste ich ihn einbeziehen. Fabio traute mir nicht, aber vielleicht meinem Vater.

»Reite nach Cremonone«, sagte ich schließlich leise und vorsichtig,

als ob ich die Worte erst selbst kosten musste, bevor ich sie ihm anvertraute. »Der Müller Federico Molinari ... Er ist mein Vater. Finde ihn, und er wird dir die Wahrheit meiner Worte bestätigen. Ich bin seine Tochter und ich habe ihn verlassen, um dich in der Schenke *Zum vollen Krug* zu treffen«, meine Stimme brach fast, doch ich zwang mich weiterzusprechen, »Ich bereue meinen Weggang so sehr.«

Langsam öffnete ich die Augen und sah Fabio an, der immer noch schweigend vor mir stand. Sein Gesicht war schwer zu deuten, aber ich konnte sehen, dass meine Worte etwas in ihm berührt hatten. Der volle Mond warf ein kühles Licht auf sein Gesicht und verschärfte die männlichen Konturen. Für einen Augenblick vergaß ich, dass ich eine Gefangene war. Nicht ich war es, der ihn verhexte, sondern er mich. Es war, als ob eine unsichtbare Macht uns aneinanderband. In diesem Moment war ich verloren. Mein Schicksal lag nun in den Händen des Mannes, der gleichzeitig mein Fänger und vielleicht mein einziger Retter war.

»Nach Cremonone ist es zu Pferd mehr als eine Tagesreise. Gaspare ist bereits auf dem Weg zurück ins Schloss. Ich werde nicht rechtzeitig vor deiner Nacht in der nächsten Kammer zurück sein.«

Was spielten in meiner seit Wochen anhaltenden Gefangenschaft vier oder fünf weitere Tage eine Rolle? Sollte ich die nächste Kammer überleben, war es die einzige Chance auf Freiheit. »Wenn du wiederkommst und in der Ferne den Rauch eines brennenden Scheiterhaufens siehst, weißt du, dass mir der fremde Hexer nicht mehr zur Hilfe gekommen ist. Dann weißt du, dass ich wie meine Mutter unschuldig verbrannte.« Ich schluckte schwer und sah, wie sich sein Gesicht verhärtete. Es war, als ob meine Worte ihn trafen, aber er konnte sich nicht von seinen Zweifeln lösen. »Ich kann dir ohne einen Beweis nicht glauben, auch wenn ich es gerne wollte.«

Wie sollte ich ihm seine Worte verübeln. Er hatte das viele zu Gold gesponnene Stroh gesehen. »Wirst du mir helfen, wenn du deinen Beweis hast?« Ich beobachtete ihn. Kein nervöses Zucken. Keine hastige Antwort.

»Ja«, sagte er mit fester Stimme, die keine Zweifel übrigließ.

»Gefährten?«, fragte ich und ließ seine Worte von damals auf der

Lichtung lebendig werden. Langsam streckte ich ihm die Hand entgegen, mein Herz schlug schneller, während ich die Reaktion in seinen Augen beobachtete.

Ohne einen Moment zu zögern, ergriff Fabio meine Hand, und in dem Augenblick, in dem unsere Fingerspitzen sich berührten, durchfuhr mich ein prickelndes Gefühl, das wie Magie in der Luft lag. Sein Griff war fest und warm. Die Zeit schien für einen Moment still zu stehen. Fabios ehrlicher Blick und sein Lächeln wogen mehr als all seine bisherigen Worte. Und in diesem Augenblick spannte sich zwischen uns ein unsichtbares Band. Ich spürte, dass diese Verbindung stärker war als all die goldenen Fäden, die mit Magie aus Stroh gesponnen worden waren. Denn unser Band war aus dem stärksten Stoff der Welt gewebt – dem Stoff einer beginnenden Liebe.

**

In dieser Nacht fand ich keinen Schlaf. Ich saß an meinem Fenster mit Blick auf den Schlosshof und während ich beobachtete, wie am Himmel der Große Wagen langsam nach Westen wanderte, ruhten meine Gedanken bei Fabio. Sein Lächeln, die Wärme seiner Hand, die Art, wie er mich angesehen hatte, ließen mein Herz schneller schlagen. Selbst die Kühle der Nacht konnte das Prickeln in meiner Brust nicht vertreiben. Ich stellte mir vor, wie es wäre, mit ihm zu fliehen. Gemeinsam das Schloss hinter uns zu lassen, die Ketten der Vergangenheit abzuschütteln und in eine ungewisse Zukunft zu reiten, die voller Abenteuer und Möglichkeiten steckte. Vielleicht nun wirklich das zu tun, was wir uns auf der Lichtung geschworen hatten. Den Wahnsinn des Königs zu beenden. Der Gedanke war so aufregend. War es möglich, dass sich zwischen ihm und mir mehr entwickelte?

Meine Gedanken wanderten zu Fabios Auftrag. Würde er meinen Vater finden? Mit welchen Neuigkeiten würde er zurückkehren? Oder hatten die eabanische Truppen mein Heimatdorf zerstört? Käme Fabio mit dem Beweis meiner wahren Identität zurück? Als die ersten Sonnenstrahlen die Schlossdächer wie einen Heiligenschein umgaben, ritt

ein einzelner Reiter über den Schlosshof durch die großen Tore und peitschte seinen Schimmel zu wildem Galopp.

Fabio

Federico Molinari. Aradia. Velia. Velia Molinari. Die Namen hallten in meinem Kopf wider wie die Pferdehufe, die unerbittlich auf den steinigen Boden prallten. Die Sonne erhob sich wie ein goldener Feuerball am Horizont und tauchte die Landschaft in ein sanftes Glühen, während ich bereits mehrere Meilen vom Schloss entfernt war. Ich hatte in der Nacht keinen Schlaf gefunden. Die Erinnerungen und Fragen ließen mich nicht los, sie schwirrten in meinem Kopf wie ein Schwarm aufgeschreckter Krähen. Aradias Worte verfolgten mich, schürten Zweifel und Hoffnung zugleich. *Ich bin keine Hexe, nur eine einfache Müllerstochter, die sich aus Übermut in diese missliche Lage gebracht hat.*

Was, wenn sie die Wahrheit sagte? Was, wenn sie tatsächlich keine Hexe war? Andererseits hatte ich das viele Gold gesehen! Zumindest in einem gab es keinen Zweifel: Magie existierte. Ob nun von Aradia oder einem unbekannten Hexer, der ihr in der Kammer zur Hilfe gekommen war. Der Gedanke, Aradia oder Velia – ich wusste beim besten Willen nicht mehr, wie ich sie nennen sollte – könnte tatsächlich nur eine einfache Müllerstochter sein, gefiel mir mehr, als ich zugeben wollte. Diese Frau gefiel mir. Seit unserem letzten Gespräch spürte ich etwas in mir, das mich verwirrte und zugleich magisch anzog, wie nach zwei oder drei Bechern starken Dunkelbiers, die den Kopf einnebeln, aber das Herz seltsam leichter machen. Ihre hübsche Erscheinung und ihr starker, unerschütterlicher Charakter fesselten mich. War es wirklich möglich, dass sie nur eine Müllerstochter war? Oder war da noch mehr? Die Vorstellung, dass sie nichts weiter als eine gewöhnliche Frau sein könnte, war beruhigend. Aber zur gleichen Zeit machte es die Sache viel komplizierter. Sie war eine

Gefangene, und ich war derjenige, der sie in diese Lage gebracht hatte. Es gab nur einen Weg, herauszufinden, ob sie die Wahrheit sprach. Ich musste ihren angeblichen Vater finden. Kurze Zweifel hatten sich in der Nacht in mein Vorhaben geschlichen. Ich war ein pflichtbewusster Mann und hatte das Gefühl, meinen König zu hintergehen. Andererseits hatte man mir auch nicht die Wahrheit gesagt. Malfois hatte mir den wahren, tiefen Inhalt seiner Sterndeutung verschwiegen. Er hatte mich ausgenutzt, um an weitere Informationen über die vermeintliche Hexenkönigin zu kommen. Und als er diese bekommen hatte, hatte er mich davongescheucht wie eine lästige Fliege. Vielleicht schuldete ich König Gaspare meine Treue, aber sicherlich nicht seinem Hofastrologen. Und außerdem war mein König nicht zugegen. Und so hatte ich vor Sonnenaufgang meine Sachen gepackt, hatte einen Zettel hinterlassen, ich würde eine Tante in Triessa besuchen und war losgeritten. Ich hatte die letzten beiden Tage Malfois nicht gesehen und glaubte daher nicht, dass er auf einmal wieder nach mir rufen würde. In drei Tagen würde ich wieder zurück sein. Fragte sich nur, mit welchen Informationen.

***

Am frühen Abend erreichte ich meine Herberge für die Nacht: Die Schenke *Zum vollen Krug*. Als Bote des Königs war ich viel im Land unterwegs und kannte inzwischen so gut wie alle Wirtshäuser. Die Schenke zwischen Sedura und Triessa gefiel mir allerdings immer noch am besten. Nicht nur, weil der Wirt, Giuda, mit der Zeit zu einem guten Freund geworden war, sondern weil er das beste Dunkelbier in ganz Rascara braute. Ein Dunkelbier, dachte ich, würde mir jetzt helfen, den wirren Gedankennebel in meinem Kopf vielleicht ein wenig zu lichten. Ich führte meine Schimmeldame hinter die Schenke und versorgte sie im dortigen Stall. Der windschiefe Holzbau war ebenso in die Jahre gekommen wie der Rest des Anwesens, aber er hielt noch stand, trotz des Moosbewuchses, der sich an den unteren Balken festgesetzt hatte. Heute standen mehr Pferde darin als gewöhnlich – Händler, dachte ich, vielleicht auch ein paar durchziehende Söldner. Gut für Giuda. Der drohende Krieg mit Eaban hatte ihm zugesetzt, wie vielen in dieser Region. Die Karawanen waren seltener geworden, und die Gäste waren ferngeblieben.

Mit knurrendem Magen und schweren Satteltaschen trat ich schließlich in die Wirtsstube. Der Geruch von brennendem Holz, altem Rauch und abgestandenem Bier schlug mir entgegen. Die Wände waren dunkel, voller Ruß und Flecken, die von Jahren der Vernachlässigung erzählten. Trotzdem hatte die Schenke etwas Vertrautes, fast Heimeliges. Es war ein Ort, der Geschichten kannte. Die Stube war gut gefüllt, wenn auch noch die vordersten Tische frei waren. Weiter hinten spielten ein paar Männer Tarock. Vielleicht würde ich später ebenfalls dazustoßen. Mir fiel ein, dass ich beim letzten Mal in Verossa um zweihundert Talleri gebracht worden war. Vielleicht sollte ich mein Glück also nicht schon wieder herausfordern.

»Cavalli, seid gegrüßt!«

Ich wandte den Kopf und sah Ancilla, eine der Ausschankdamen, mit drei vollen Bierkrügen im Arm auf mich zukommen.

»Guten Abend. Sagt, bei so viel Besuch, habt Ihr noch ein Zimmer für mich frei?«

Ancilla lachte. »Für Freunde haben wir immer ein Zimmer frei.« Dann rief sie über die Schulter: »Giuda! Dein Freund Cavalli ist da.«

Augenblicklich wurde die Tür zur Küche aufgestoßen, und ein großer Mann mit dickem Bauch trat heraus. Seine Glatze glänzte von dem Wasserdampf der Küche, und sein langer Rauschebart kräuselte sich durch die Feuchtigkeit.

»Cavalli«, tönte er mit seiner tiefen Stimme und breitete vor Freude die Arme aus.

Die Magd schenkte mir noch ein Lächeln, dann brachte sie den wartenden Gästen ihr Bier.

»Mein guter, alter Freund Cavalli«, begrüßte Giuda mich und klopfte mir auf die Schulter. »Was führt dich schon wieder hierher? Gibt es eine weitere Hexe, die du in eine Falle locken musst?«

Ich spürte bei seinen Worten einen kleinen Stich im Herzen. »Nein,

die Hexe ist sicher im Schloss verwahrt. Ich bin auf der Durchreise, habe einen geheimen Auftrag im Namen des Königs zu erledigen.«

»Geheim sagst du?« Giuda sah mich neugierig an. Welcher Wirt war nicht an dem neusten Klatsch und Tratsch interessiert? Doch ich konnte ihm nicht erzählen, weshalb ich unterwegs war. Dieses Mal nicht. Darum beeilte ich mich schnell zu sagen: »Ancilla meinte, du hast noch ein Zimmer für mich frei?«

»Natürlich. Für einen Freund des Hauses immer!« Er lächelte breit. »Komm mit. Aber versprich mir, dass du mir heute Abend von Aradia erzählst.« Giuda wandte sich zur Treppe, die hinauf zu den Gästezimmern führte. Ich folgte ihm und war froh, als ich endlich allein in meinem Zimmer war. Ich ließ mich auf das schlichte Bett nieder, erschöpft von der schlaflosen Nacht und der langen Reise. Ich musste mich ausruhen, bevor ich wieder runter in den Schankraum ging. Die Abende in der Schenke *Zum vollen Krug* wurden in der Regel feuchtfröhlich und sehr lang.

***

Giuda hatte mir, wie erwartet, den ganzen Abend über zu entlocken versucht, weshalb ich hier in der Gegend unterwegs war, wo doch König Gaspare Eaban eingenommen hatte. Die Nachricht über den Sturz des Nachbarreichs hatte sich bereits wie ein Lauffeuer im ganzen Land ausgebreitet. Und Giuda gierte danach, von mir geheime Informationen zu erlangen. Seiner Miene nach zu urteilen, hatte er mir nicht abgenommen, rein gar nichts über die weiteren Pläne unseres Königs zu wissen. Ich hatte ihn zumindest mit der Nachricht, bald selbst zum Ritter geschlagen zu werden, zufriedenstellen können. Er hatte sich geradezu vor Freude überschlagen, fortan mit einem angesehenen Ritter befreundet zu sein. Ich war spät ins Bett gekommen. Und nun trabte ich noch halb verschlafen im Morgengrauen auf meiner Schimmelstute Richtung Cremonone. Je weiter ich in Richtung der Westgrenze gelangte, umso deutlicher wurde die Verwüstung, die die Truppen Eabans angerichtet hatten. Verbrannte Scheunen, niedergetrampelte Felder, heimatlose

Menschen, die an den Wegen lagerten, waren noch das kleinste Übel. Kurz vor Cremonone sah ich dunklen Rauch in den Himmel steigen. Es schien, als brenne ein Teil der Stadt noch immer. Der Sommer war heiß, seit Tagen hatte es nicht mehr geregnet. Wie sollten die Bürger solche Feuer ohne die Mithilfe der Natur löschen? Die letzten Meilen gab ich meinem Pferd kräftig die Sporen. Am Abend wollte ich wieder zurück in der Schenke sein.

Cremonone und die umliegenden Dörfer, die inzwischen geradezu an die Stadt anschlossen, waren vollständig zerstört. Ein Schauer lief mir über den Rücken, als ich von einer Hügelkuppe aus auf die Ruinen der Stadt blickte. Im Westen brannte es noch immer. Die Stadtmauer hatte die innenliegenden Häuser vor der Verwüstung bewahrt. Alles, was jedoch außerhalb lag, war nahezu dem Erdboden gleich gemacht worden. Schweren Mutes setzte ich meinen Weg fort. Die Chancen, Aradias Vater zu finden, waren angesichts dieses Anblicks schwindend gering. Ich ritt durch einen kleinen Hain aus hohen Tannen und erreichte dann eines der Dörfer vor Cremonone. Es war vollkommen verwüstet. Mein Blick fiel auf das eingestürzte Backsteinhaus direkt am Flussufer. Die Überreste der Mühle lagen da wie ein trauriges Mahnmal vergangener Zeiten. Die hölzernen Querbalken, einst stark und zuverlässig, waren verkohlt und geborsten, unfähig, das Dach zu tragen, das bereits zur Hälfte eingestürzt war. Der Fluss plätscherte leise. Das alte Mühlrad, das einst im Wasser getanzt hatte, lag in Trümmern. War das die Mühle von Aradias Vater? Ein unbehagliches Gefühl machte sich in meiner Brust breit.

Ich sprang vom Pferd, das auf dem staubtrockenen Boden mit den Hufen scharrte, und lief zum Hauseingang oder besser gesagt zu dem, was davon übriggeblieben war. Die Tür hing schief in den Angeln, halb verkohlt und von Rissen durchzogen.

»Hallo?«, rief ich. »Ist da jemand?«

Stille. Der Wind strich durch die Baumkronen, ließ die Blätter leise rascheln, als wollte die Natur selbst die Spuren der Tragödie übertönen. Ich fasste mir ein Herz und trat behutsam über die knarrende Schwelle. Der Boden unter mir war verkohlt und brüchig, jeder Schritt ein Risiko.

Im Inneren sah es nicht besser aus: Die Wände waren schwarz vom Ruß verschlungen, als hätten Flammen und Dunkelheit gemeinsam diese Räume erobert. Nur ein einsamer Kamin, dessen Stein noch halbwegs intakt schien, ließ erahnen, dass hier einmal eine Familie gelebt hatte. Das, was einmal die Wohnstube gewesen sein musste, war nun eine Ruine.

Ich war gerade dabei, den zerstörten Raum genauer zu inspizieren, als plötzlich eine Männerstimme hinter mir erklang.

»Wer seid Ihr? Und was macht Ihr hier?«

Erschrocken wirbelte ich herum. Vor der Mühle hatte sich eine Gruppe von Dorfbewohnern versammelt. Ihre Blicke lagen schwer auf mir, musternd und voller Misstrauen. In ihren Händen hielten sie Mistgabeln, Schaufeln und andere improvisierte Waffen. Es war keine bewaffnete Armee, aber dennoch strahlten sie eine gefährliche Entschlossenheit aus.

Beschwichtigend hob ich die Hände und verließ die Ruine. »Schon gut, ich bin kein Räuber.«

Ein Mann aus der Gruppe trat vor. Er war dürr, mit eingefallenen Wangen und schütterem Haar, das in grauen Strähnen an seinen Schläfen hing. Seine Augen funkelten kalt, als er mich eindringlich musterte. »Das sehen wir an Eurer Kleidung«, sagte er mit einem verächtlichen Blick auf meine Lederrüstung und den königlichen Wappenrock. »Aber der König und seine Gefolgsleute sind hier trotzdem nicht willkommen!«

Ob König Gaspare wusste, dass einige seiner Landsleute trotz des Siegs über Eaban nicht gut auf ihn zu sprechen waren?

»Keine Sorge«, sagte ich ruhig, die Hände weiterhin in einer Geste des Friedens erhoben. »Ich komme nicht im Auftrag des Königs. Es sind ... private Angelegenheiten, die mich hierherführen.«

Die Blicke der Dorfbewohner blieben hart und misstrauisch, ihre Körper angespannt, als erwarteten sie jederzeit einen Verrat. Der Wind trug den Geruch von feuchter Erde und verbranntem Holz zu uns, während ich den Blick durch die Menge wandern ließ, auf der Suche nach irgendeinem Anzeichen von Verständnis oder Vertrauen.

»Ich suche einen Müller namens Federico Molinari. Hat er hier gewohnt?«, fuhr ich fort und zeigte hinter mich auf die verkohlten Überreste der Mühle. »Ist er noch hier?« Ich sah weiter in abschätzige Augen der Dorfbewohner. Sie waren über jeden Fremden skeptisch, und ich konnte es ihnen nicht verdenken.

Ein Mann, etwa in meinem Alter, Mitte zwanzig, trat aus der Menge hervor. Er war groß und kräftig, seine Schultern von harter Arbeit gebeugt. Sein Blick war fest auf mich gerichtet, misstrauisch, aber nicht feindselig. Die anderen Dorfbewohner beobachteten ihn schweigend, als würde seine Entscheidung für sie alle sprechen. »Was wollt Ihr von ihm?«, fragte er schließlich mit rauer Stimme.

»Ich muss mit ihm über Velia sprechen,« antwortete ich ruhig und sah ihm dabei direkt in die Augen.

Für einen kurzen Moment blitzte etwas in seinen Augen auf – eine Mischung aus Schmerz und Erkennen, die ihn sichtlich aus dem Gleichgewicht brachte. Seine Lippen pressten sich zu einer dünnen Linie, während er hastig den Blick abwandte, als wäre der Name, den ich ausgesprochen hatte, eine Wunde, die er zu verbergen suchte. Die Mistgabel in seiner Hand senkte sich ein wenig, als er stumm auf den Boden starrte.

»Wir haben Federico nicht mehr gesehen, seit seine Tochter, meine Verlobte, fortgegangen ist«, erzählte er schließlich mit einer Stimme, die kaum mehr als ein Flüstern war. Es lag ein schwerer, ungesagter Vorwurf in diesen Worten, als ob das Fortgehen Velias mehr zerstört hatte als nur die Familie Molinari. Seine Worte trafen mich wie ein Schlag. Velia – Aradia – war verlobt gewesen? Mein Kopf drehte sich. Sie hatte mir nichts davon erzählt. Wie so vieles nicht. Ich schluckte hart, unsicher, wie ich reagieren sollte. Plötzlich fühlte sich alles, was ich über sie zu wissen geglaubt hatte, wie Sand an, der durch meine Finger rann. Ich sagte nichts. Stattdessen ließ ich meinen Blick über den jungen Mann wandern, über die Spannung in seinen Schultern, die Bitterkeit in seinen Augen. Er hatte gelitten. Und Velia – oder Aradia – hatte ihn zurückgelassen, ohne eine Erklärung. Ein Teil von mir fühlte sich schuldig, als wäre ich der Eindringling in eine Geschichte, die mir nicht gehörte.

»Wer seid Ihr, dass Ihr Euch für die Molinaris interessiert?«, fragte der Mann und sah mich mit ausdruckslosem Gesicht an.

Ich überlegte, entschied mich dann jedoch für die Wahrheit, die ich nun, da ich Gewissheit hatte, nicht mehr abstreiten konnte. »Ich bin ein Freund Velias.« Gespannt beobachtete ich die Reaktion des Mannes vor mir. Er war einen Kopf größer als ich, und seine Oberarme hatten den doppelten Umfang wie meine. Obwohl er Velias Verlobter gewesen war, fand ich in seinem Blick keine Eifersucht.

Eine Frau begann schließlich zu schluchzen: »Es ist so traurig, dass Velia nicht mehr bei uns ist.« Der Mann, der neben ihr stand, nahm sie in die Arme.

»Sei still«, sagte er barsch. Seine harten Worte passten gar nicht zu seiner liebevollen Reaktion.

Was hatte ich bloß getan? Ich hatte eine einfache junge Frau in die Gefangenschaft getrieben.

»Wenn Ihr ein Freund Velias wart, dann seid Ihr auch mein Freund«, sagte ihr Verlobter, reichte mir die Hand und stellte sich vor: »Ich bin Giorgio Agricola. Ich war Geselle der Molinaris in der hiesigen Mühle.« Er nickte mit dem Kopf auf die Ruine hinter mir.

»Fabio Cavalli«, nannte ich ihm meinen Namen und schlug ein. Ich hatte zwar nicht Velias Vater gefunden, wohl aber den Gesellen der Familie und ihren Verlobten. Er stand leibhaftig vor mir und bestätigte mir ihre Existenz. »Es tut mir leid, was mit Eurer Heimat geschehen ist.« Ich ließ meinen Blick über die Ruinen wandern.

Giorgio senkte den Kopf und nickte schwer. »Zu viele sind gestorben. Und wofür? Nur weil unser König seine Schulden nicht zurückbezahlt hat, Schulden, die er selbst angehäuft hat, um in Saus und Braus zu leben, während das eigene Volk verkommt.« Er schnaubte bitter, und für einen Moment ließ er den Blick über das zerstörte Land schweifen, als ob er darin die Geister der Toten suchen würde. »Wir wissen, dass er in Eaban Vergeltung geübt hat. Doch das bringt unsere Toten nicht zurück.«

Wahre Worte aus dem Mund eines einfachen Gesellen, dachte ich, während ich seinen Mut bewunderte. »Glaubt Ihr auch Federico Molinari ist den eabanischen Truppen zum Opfer gefallen?«

Giorgio atmete tief aus, als würde er all die Bitterkeit und Trauer mit einem einzigen Atemzug fortblasen wollen. Dann ging er zu den Überresten der Mühle und legte seine Hand sanft auf einen der verkohlten Backsteine, als wollte er die Vergangenheit, die in diesen Mauern lebte, zurückholen. »Ich baue die Mühle wieder auf. Sie soll stehen, wenn die beiden zurückkehren.«

Etwas in seiner Stimme schnitt mir tief ins Herz. Ich war niemand, der leicht in Sentimentalitäten verfiel, doch seine Worte schnürten mir die Kehle zu. Die stille Verzweiflung, die in seiner Hoffnung mitschwang, traf mich unerwartet. »Sie werden wieder kommen«, sagte ich und legte meine Hand auf Giorgios Schulter. Ich konnte ihm nicht verraten, dass Velia, seine Verlobte, jetzt in den Fängen des Königs war, weil sie mir vertraut hatte. Dieses Wissen lag wie ein Gewicht in meiner Brust, und ich spürte den Stich des Verrats an einem Mann, der nichts von all dem ahnte.

»Ihr sagtet, Ihr wärt ein Freund der Familie«, bemerkte Giorgio und griff vorsichtig unter sein Wams. Mit einem nahezu feierlichen Ernst zog er ein verkohltes Buch hervor, dessen Zustand die Zerstörung der Mühle widerspiegelte. Der blaue Einband schimmerte nur noch an wenigen Stellen, als hätte er sich der Zeit und dem Feuer widersetzt. »Das hier war das Müllerhandbuch der Molinaris«, erklärte er, während er mir das wertvolle Stück überreichte. »Ich schenke es Euch als Andenken an sie.«

Mit offenem Mund nahm ich das Buch entgegen, unfähig, die Worte zu finden, die meiner inneren Freude Ausdruck verleihen konnten. Für jeden anderen Menschen wäre es nur ein wertloses Relikt aus der Vergangenheit, ein Überbleibsel eines Lebens, das in Flammen aufgegangen war. Für mich hingegen war es das schönste Geschenk, das ich mir vorstellen konnte. Es war ein Teil von Velia, von ihrer Familie und ihrem Erbe. Ich würde ihr das Buch übergeben. Und wenn es tatsächlich ein Erbstück war, so würde ich das in ihrem Blick erkennen.

»Ich danke Euch«, brachte ich schließlich hervor und steckte das Buch vorsichtig in meine Satteltasche. Dann schwang ich mich auf mein Pferd. »Gott wird für Gerechtigkeit sorgen«, sagte ich mit fester

Stimme, während ich die Dorfbewohner ansah. »Da bin ich mir ganz sicher. Lebt wohl.«

Die Dorfbewohner hoben ihre Hände zum Gruß, ein stummes Zeichen der Hoffnung und des Mutes, das über die Ruinen ihrer Heimat schwebte. Die Last der Verantwortung und der Trauer lastete schwer auf Giorgios Schultern, während er in die Ruinen der Mühle starrte, als könnte er sie mit bloßen Händen wieder aufbauen. In seinen Augen lag eine Entschlossenheit, die mich tief berührte – die Entschlossenheit eines Mannes, der trotz aller Widrigkeiten an die Rückkehr seiner Liebsten glaubte und bereit war, alles zu tun, um ihre Erinnerungen zu bewahren. Mit einem Seufzer wandte ich mich ab. Das Bild von ihm und der verwüsteten Mühle verharrte hartnäckig in meinem Kopf, ebenso wie die Bürde, mit der Gefangennahme Aradias einen großen Fehler begangen zu haben.

Aradia

ieser Tag wollte einfach nicht beginnen. Ich stand am Fenster meines Turmzimmers und blickte hinaus auf die bedrückende Szenerie. Eine schwere Wolkendecke lastete auf dem Himmel, als ob sie die Sonne gänzlich daran hindern wollte, jemals wieder durchzubrechen. Obwohl es fast Mittag war, herrschte eine Dunkelheit, die an die frühe Dämmerung erinnerte. Es fühlte sich an, als hätte das Wetter sich mit meinem Innersten verbündet. Der Regen spiegelte meine Tränen wider, das ferne Grollen des Donners hallte wie das unruhige Schlagen meines Herzens, und jeder Blitz, der über den Himmel zuckte, fühlte sich an wie die schneidende Angst, die meinen Körper durchfuhr.

An diesem Abend würde ich in die dritte Kammer gebracht werden. Der Gedanke daran drückte auf meine Brust wie eine schwere Last. All meine Hoffnung klammerte sich an das ungewisse Wiederauftauchen des fremden Hexers. Er war meine einzige Rettung, so rätselhaft und unergründlicher er auch schien. Aber konnte ich ihm vertrauen? War er mein Verbündeter oder verfolgte er ein Ziel, das ich noch nicht erahnte? Gut und Böse, Angst und Vertrauen – sie lagen so dicht beieinander, dass es mir unmöglich erschien, sie zu trennen.

Das Kommen meiner Peiniger kündigte sich früher an als erwartet. Ich hatte fest damit gerechnet, erst am Abend in die Kammer gebracht zu werden, doch bereits am Nachmittag hörte ich schwere Schritte und das metallische Klirren von Rüstungen, die die Wendeltreppe hinaufkamen. Hastig legte ich mich aufs Bett, zog die Decke bis zum Kinn und beschloss, mein Spiel weiterzuführen. Ich musste weiterhin die geschwächte, kraftlose Hexe mimen, um im schlimmsten Fall eine goldleere Kammer zu erklären.

»Da ist ja meine Goldhexe.« Ein heftiger Schauer durchfuhr mich bei dem Klang dieser Stimme. Sie war unverkennbar. Seit zwei Wochen hatte ich sie nicht mehr gehört, aber jetzt stand König Gaspare höchstpersönlich vor meiner Tür, gierig in das Turmzimmer spähend. Ein freudiges, fast triumphierendes Lächeln durchzog sein Gesicht und offenbarte drei blitzende Goldzähne, die im düsteren Licht schimmerten. Sein unstillbarer Durst nach Gold war so offensichtlich, dass ich mir sicher war: Wenn es möglich wäre, würde er sich selbst vergolden lassen.

»Ich sehe, Ihr tragt inzwischen sogar das Gold an eurem Körper«, krächzte ich unter der Decke hervor. »Passt auf, dass Euch nicht ein armer Bettler die Zähne ausschlägt!«

Das gierige Lächeln auf Gaspares Gesicht gefror, seine Augen verengten sich zu schmalen Schlitzen. Ein tiefes Grunzen entfuhr ihm. »Wenn ich dich nicht bräuchte, würdest du für diese Frechheit auf dem Scheiterhaufen landen.« Seine Stimme schnitt durch die Luft wie ein Messer. Dann hob er die Hand und deutete auf die Tür. »Aufschließen und rausholen!«

Aus dem Schatten hinter ihm trat Malfois hervor, sein hageres Gesicht bleich und von seiner üblichen unterwürfigen Eile gezeichnet. Er beeilte sich, den Schlüssel ins Schloss zu stecken und der Aufforderung des Königs Folge zu leisten. Mit einem kreischenden Geräusch schwang die schwere Holztür auf, und augenblicklich drängten sich die zwei muskelbepackten Wachen herein, die mich schon vor Wochen in dieses Turmzimmer geschleppt hatten. Ihre kräftigen Schritte ließen den Boden vibrieren. Sie musterten mich mit kalten, emotionslosen Gesichtern. Wie Federn hoben sie mich hoch, als wöge ich nichts. Meine Glieder waren schlapp, und ich ließ sie glauben, ich sei zu schwach, um mich zu wehren. Vor der Wendeltreppe setzten sie mich wieder ab und eskortierten mich nach unten, dicht gefolgt von Malfois und dem König. Erst als wir wieder die breiten Korridore erreichten, nahmen sie mich abermals in die Zange. Auf dem Weg hinunter zu den Kammern begegnete uns keine Menschenseele. Das Schloss lag still und leer, als wäre es von der Welt vergessen. Einzig das dumpfe Echo unserer Schritte hallte durch die Korridore. Als wir die große Eingangshalle erreichten, bog unser kleiner Trupp ab in den vertrauten Korridor, dessen Türen sich wie stumme Zeugen aneinanderreihten. Ich erkannte jede einzelne der Kammern wieder, in denen ich bereits gefangen gehalten worden war. Die Kreidezeichen, die der Hofastrologe an den Türen hinterlassen hatte, waren noch immer sichtbar, wie Narben, die nie verblassen würden. Je weiter wir gingen, desto seltener wurden die Türen. Die Abstände zwischen ihnen vergrößerten sich, die Gänge dehnten sich ins Unbekannte aus. Mit jedem Schritt ahnte ich deutlicher, was auf mich wartete. Die dritte Kammer, in die man mich brachte, musste riesig sein.

Die Tür, vor der wir schließlich hielten, erschien genauso unscheinbar wie alle anderen zuvor. Dennoch verspürte ich ein mulmiges Gefühl, als ich vor ihr stand, als ob sie eine Dunkelheit verbarg, die auf meine Seele lauerte. Malfois trat vor und begann, hastig seine geheimnisvollen Kreidesymbole auf die glatte Oberfläche zu zeichnen. Kreise, Striche, eine stilisierte Sonne – Bilder, die in meinem Kopf keinen Zusammenhang fanden, aber unbestreitbar einen feierlichen Akt der Vorbereitung darstellten. Gaspare griff tief in seinen prunkvollen Hermelinmantel und zog einen alten, rostigen Schlüssel hervor. Seine Augen funkelten vor Gier, und ich konnte die Vorfreude in seinem Blick sehen, als er den Schlüssel langsam in das Schloss führte, als ob er dabei eine heilige Reliquie berührte.

»Die Kammer ist angerichtet.« Er grinste. Seine drei neuen Goldzähne blitzten bedrohlich wie eine Warnung an mich auf. Gaspare drehte den Schlüssel im Schloss und stieß die Tür mit einem kräftigen Stoß auf. Auch wenn ich die vielen Strohlieferungen der letzten Tage vom Turmzimmer aus beobachtet hatte, raubte mir der Anblick der Kammer den Atem. Ich hatte noch nie zuvor so viel Stroh auf einem Platz gesehen. Die Kammer war so groß wie mein Zuhause. Unser kompletter Wohnraum der Mühle hätte ohne Probleme hereingepasst. Die Strohballen stapelten sich an den Seiten bis zur Decke. In der Mitte des Raums war lediglich ein kleiner Platz für das Spinnrad und die Kisten voll hunderter von Spulen. Kleine Kerzen in Laternen spendeten dumpfes Licht.

»Ihr habt den Verstand verloren«, flüsterte ich, ganz benommen

von dem Anblick. Im nächsten Moment spürte ich einen heftigen Stoß in meinem Rücken, der mich verstärkt durch die Fußfesseln ins Wanken brachte. Mit einem schmerzhaften Aufprall fiel ich bäuchlings auf den kalten, harten Steinboden und riss mir das Kinn sowie die Hände auf. Stöhnend drückte ich mich nach oben und sah zurück zur Tür, an der Gaspare stand. Sein Lachen war eiskalt. »Du weißt, was zu tun ist. Spinne bis zum Morgengrauen alles Stroh zu Gold und dir wird nichts geschehen. Finde ich auch nur einen Strohhalm, so werde ich dich bestrafen.«

Meine Lippen begannen vor Wut zu zittern. Und in diesem Moment wünschte ich mir sehnlichst, tatsächlich eine Hexe zu sein – eine Hexe, die mit einem einzigen Blick töten konnte. In meinen Gedanken schoss ich giftige Pfeile in Gaspares Herz. »Das ist das Vielfache von dem, was ich in der letzten Kammer gesponnen habe. Und selbst dort habe ich nicht alles geschafft. Das hier ist unmöglich.«

Sein Lachen hallte erneut durch den Raum. »Das hast du bisher in jeder Kammer gesagt.«

»Gebt mir zwei Nächte Zeit.«

Sein Lachen erstarb. Er schien zu überlegen. Die Abwägung seiner Macht gegen das verlockende Gold: Was wog mehr? Wenn Gaspare mich für zwei Nächte einsperrte, könnte Fabio rechtzeitig zurückkehren. Mit dem Beweis, dass ich lediglich die Tochter eines Müllers war, hätte er vielleicht die Chance, mich zu befreien. Flehend blickte ich in Gaspares regloses Gesicht, suchte nach einem Funken Mitgefühl in seinen kalten Augen, aber ich fand nur die altbekannte Gier. »Den halben Tag und eine Nacht. Nicht mehr und nicht weniger.« Und mit diesen Worten knallte er die Kammertür vor mir zu.

Aradia

Die Stunden vergingen, und die Stille umhüllte mich wie ein dicker Nebel. Ich saß sanft gebettet auf einem Strohballen und wartete auf den Hexer. Die flackernden Laternen spendeten lediglich schwaches Licht, welches kaum die gewaltigen Ausmaße der Kammer durchdrang. Die aufgestapelten Strohballen wirkten wie schattenhafte Ungeheuer, die sich in den düsteren Ecken versteckten und mich beobachteten. In diesem Moment fühlte ich mich winzig und verletzlich wie eine Ameise, die dazu bestimmt war, das viel schwerere Stroh zum Bau, dem Spinnrad, zu tragen. Ein Gefühl der Überwältigung überkam mich, während ich auf den Unbekannten wartete, dessen Ankunft mein Schicksal entscheiden könnte. Vielleicht erschien er nur in der Dunkelheit der Nacht, dachte ich. Immerhin war ich in die vorherigen Kammern stets bei Einbruch der Dämmerung gebracht worden. Wie nun dieser Hexer in der Lage sein sollte, diese gewaltigen Mengen an Stroh in Gold zu verwandeln, blieb mir ein Rätsel. Der Gedanke ließ mich frösteln. Es schien mir so weit hergeholt, so unmöglich, dass ich mir kaum vorstellen konnte, dass er mit seinen magischen Kräften ein solches Wunder vollbringen konnte. Und dann war da noch das Problem, dass ich keinen Tauschgegenstand mehr bei mir hatte. Würde der Hexer mir überhaupt noch einmal helfen?

Der König hatte mir nicht mehr mit dem Tod gedroht, sondern mit Strafe – eine vorteilhafte Wendung. Ich war für ihn zu wertvoll geworden. Jeder noch so kleine Strohhalm, den ich in Gold verwandelte, stellte für diesen machthungrigen Mann einen unschätzbaren Gewinn dar. Genau diese Erkenntnis war mein Druckmittel. Ich würde den Hexer wieder bitten, Strohballen übrig zu lassen. Für den König war ich Aradia, die Retterin und Königin der Hexen, deren Kraft mit jedem Mal mehr schwand. Sollte er mich bestrafen, so würde er immer weniger Gold bekommen. Sofern er mich besser behandelte, so würde er im Gegenzug mit mehr Gold belohnt werden. Einen wilden Hund zähmte man nicht mit Schlägen, sondern mit kleinen Leckereien.

Mein Schicksal hing an den Fäden zweier Männer, die unterschiedlicher nicht sein konnten. Der eine war ein unheimlicher, mächtiger Hexer, dessen wahre Absichten mir noch immer verborgen blieben – ich konnte nicht sagen, ob er mir wohlgesonnen oder bösartig gesinnt war. Der andere war ein königlicher Bote, dessen Loyalität zum König zunehmend ins Wanken geriet. In ihm erblühte mehr als nur das Bild der vermeintlichen teuflischen Hexenkönigin, die er in mir sah. Als Gefangene des Königs war ich nun abhängiger von den Machenschaften mächtiger Männer, als ich es je zuvor gewesen war. Die Welt war so ungerecht.

»Guten Abend, wunderschöne Thronanwärterin«, durchschnitt eine zischelnde Stimme die Stille der Kammer.

Aus meinen Gedanken schreckend, wandte ich mich zur Seite. Vor der Tür stand der Hexer, verbeugte sich elegant und lächelte mich schelmisch an. Sein makelloses Ebenbild, umrahmt von dem fuchsroten Haar, verlieh ihm einen fast überirdischen Glanz. Auch wenn ich mehr als erleichtert war, ihn zu sehen, irritierte mich seine Begrüßung sehr. »Thronanwärterin? Wie kommt Ihr darauf?«

»Nomen atque omen«, entgegnete der Mann, während seine smaragdgrünen Augen wie lebendige Edelsteine leuchteten. Es war ein Blick, der sowohl Anziehung als auch Unbehagen hervorrief und mir das Gefühl gab, als könnte er tief in meine Seele blicken.

Nomen atque omen. Was sollte das bedeuten? Dieser Hexer sprach wie immer in Rätseln, und ich fühlte mich, als wäre ich Teil eines Spiels, dessen Regeln ich nicht kannte.

»Man hat Euch erneut in eine Kammer voll Stroh gebracht«, sagte er, als er mit anmutigen Schritten zum Spinnrad ging. Mit seinen langen, geschmeidigen Fingern strich er zärtlich über das Rad. »Was gebt Ihr mir, wenn ich Euch noch einmal das Stroh zu Gold spinne?« Seine Stimme war sanft, aber der direkte Blick in meine Augen ließ mir das

Herz schneller schlagen. Es war, als könnte er meine innersten Ängste und Hoffnungen erfassen, während er auf meine Antwort wartete.

Ich hatte mit dieser Frage gerechnet, und es blieb mir nichts anderes übrig, als ehrlich zu sein. »Ich habe nichts mehr bei mir, das ich Euch geben kann. Nicht einmal mehr das Kleid, das ich trage, kann ich mein Eigen nennen.« Ich sprang von dem Strohballen und stellte mich so selbstbewusst wie möglich aufrecht hin. »Stopft Eure Taschen mit dem zu Gold gesponnenen Stroh voll«, schlug ich vor und breitete meine Arme weit aus, um die Menge zu verdeutlichen. »Der König wird bei dieser Fülle nicht einmal bemerken, dass etwas fehlt.«

Mit festem Blick begegnete ich dem Hexer, spürte den Adrenalinstoß, der mir durch die Adern schoss. Diese Herausforderung war ausgesprochen, und ich hoffte, dass mein unerschütterlicher Mut ihn ebenso fesseln würde wie mich seine Magie.

Ein breites Grinsen machte sich auf dem Gesicht des Hexers breit. »Nein, Gold ist mir nicht von Wert.«

Ich seufzte. »Was wollt Ihr dann? Ich habe nichts mehr, was ich Euch geben kann.«

»Versprecht mir, wenn Ihr Königin seid, Euer erstes Kind.«

Ein unwillkürliches Glucksen entglitt meiner Kehle, und im nächsten Moment überkam mich ein tiefes, befreiendes Lachen. So laut, wie ich es seit langem nicht mehr gehört hatte. Es durchzuckte meinen Körper und schüttelte die Last der letzten Tage von mir ab, auch wenn es nur für diesen flüchtigen Moment war. Die Forderung des Hexers war so absurd, als könnte man von einem Priester verlangen, sich mit dem Teufel zu vermählen. Ich, Königin? Das war vollkommen lächerlich. Lieber würde ich auf dem Scheiterhaufen brennen, als solch einen Titel zu tragen. Trotz meiner Reaktion schwand das Grinsen des Mannes nicht. Geduldig wartete er, bis ich mich wieder beruhigt hatte. Schließlich wischte ich mir die Lachtränen von den Wangen und atmete tief durch. »Ich verspreche Euch, sollte ich Königin werden, mein erstes Kind.« Ich sprach diese Worte mit einer gewissen Theatralik, als würde ich sie vor einem begeisterten Publikum verkünden. Der Tauschhandel schien mir fast zu einfach, zu verlockend.

Der Hexer schien mit meiner Zusage zufrieden. Ein zustimmendes Nicken begleitete seine Geste, und er machte sich bereit, mit seiner Arbeit zu beginnen. Schnell hielt ich ihn auf. »Halt! Unter einer Bedingung: Lasst bitte wieder Strohballen übrig.« Ich blickte mich in der Kammer um, überlegte sorgfältig. Es sollten mehr sein als beim letzten Mal, aber auch nicht zu viele. Schließlich entschied ich: »Lasst vierundvierzig Strohballen übrig.«

»Das wird Euch zwar nichts nützen, aber so soll es sein. Ich werde vierundvierzig Strohballen übriglassen«, entgegnete der Hexer mit einem leicht spöttischen Ton. Kaum hatte er das gesagt, machte er sich auch schon ans Werk, seine Bewegungen waren geschäftig und zielstrebig.

Was der Hexer dachte oder sagte, war mir gleichgültig. Er konnte meine wahren Absichten nicht erahnen, und das war mir recht. Ich hatte meine eigenen Pläne, die wie ein geheimes Netz aus Fäden vor mir lagen, bereit, gewoben zu werden.

Außerdem hatte ich bei diesem Tausch nichts zu verlieren. Die Vorstellung, jemals Königin zu werden und mit Gaspare ein Kind zu zeugen, ließ meinen Magen sich umdrehen. In meinen Augen hätte es nicht besser laufen können. Ich zog mich in die hinterste Ecke zurück, setzte mich auf einen Strohballen und beobachtete den Hexer bei seiner Zauberei. Seine Bewegungen waren fast so mechanisch wie das gleichmäßige Drehen eines Mühlrads. Er griff nach einem Haufen Stroh, fädelte die Halme geschickt in das Spinnrad ein, trat das Pedal, und schnurr, schnurr, schnurr – die Spule füllte sich mit funkelnden Goldfäden. Kaum war der erste Durchgang abgeschlossen, begann das Werk von Neuem. Die Stunden vergingen. Während das Stroh weniger wurde und sich die Kisten mit Spulen voll Gold füllten, brannten die Kerzen in den Laternen herunter. Ich war gewillt, wenigstens dieses eine Mal zu sehen, wie der Hexer die verschlossene Kammer verließ. Meine Augen brannten vor Müdigkeit. Jeder Wimpernschlag fühlte sich wie ein Schleifstein an. Als schließlich die erste Flamme erlosch und den Raum in eine sanfte Dunkelheit tauchte, erhob sich der Hexer vom Spinnrad und verkündete mit feierlicher Stimme: »Mein Werk ist vollendet.«

Ich nickte zustimmend und stellte fest, dass er einschließlich des Strohballens, auf dem ich saß, insgesamt vierundvierzig Ballen übrig gelassen hatte. Ein Gefühl der Erleichterung durchströmte mich. »Ich danke Euch«, sagte ich zufrieden.

Mit angehaltener Luft wartete ich gespannt auf einen Zauber, der die Kammer erfüllen würde, eine neue Dimension der Magie, die mich aus diesem Albtraum befreien könnte. Doch anstatt mit einem beeindruckenden Zauberspruch zu beginnen, verbeugte sich der Hexer lediglich mit einem schelmischen Lächeln auf den Lippen und trat dann hinter die Strohballen, die direkt neben der Kammertür standen

Schnell sprang ich auf, in Erwartung, den Hexer beim Zaubern zu erwischen, doch der kleine Mann war bereits wie vom Erdboden verschluckt. Verärgert wollte ich mich bereits abwenden, als mein Blick auf etwas Glänzendes am Boden fiel. Neugierig kniete ich mich nieder und erkannte, dass es eine daumengroße Münze war, die dort verloren lag. Ihr glitzernder Rand schimmerte im schwachen Licht der letzten leuchtenden Laternen und zog mich unweigerlich an. Vorsichtig hob ich die goldene Münze auf und fühlte sofort ein überraschendes Gewicht in meiner Hand, das ihre kleine Größe nicht vermuten ließ. Auf der einen Seite war eine groteske Gestalt eingraviert, ein gehörnter Kopf mit scharfen, bedrohlichen Zähnen, der auf einem Körper mit Ziegenfüßen thronte. Diese bizarre Darstellung versetzte mir eine Gänsehaut, die meinen Rücken hinabbrann. Ich runzelte die Stirn und drehte die Münze zwischen meinen Fingern, um die Details besser zu erkennen. Der Kontrast zwischen der feinen Prägung und dem glatten Metall faszinierte mich, auch wenn mir das Bild Angst einflößte.

Als ich den Rand der Münze betrachtete, fiel mein Blick auf das Wort *Magia*, das in großen, eindringlichen Buchstaben eingraviert war. Es hatte einen geheimnisvollen Klang, als würde es mich zu den unergründlichen Tiefen der Magie einladen.

Neugierig drehte ich die Münze zur anderen Seite und beugte mich näher, um die dort eingravierten Worte zu lesen. Als ich die vertrauten Silben erkannte, zuckte ich zusammen. *Nomen atque omen* – die Worte hallten in meinem Kopf wider, und meine Hände begannen vor

Aufregung zu zittern. Ich hatte diesen Ausdruck heute schon einmal gehört, und jetzt schien er mit der Münze und dem geheimnisvollen Hexer, den ich so wenig verstand, untrennbar verbunden zu sein.

Aradia

Der Schlag traf mich mit brutaler Wucht am Kiefer, mein Kopf schnellte zur Seite, und für einen Augenblick flimmerte alles vor meinen Augen. Bevor ich reagieren konnte, hatte er mich bereits am Hals gepackt und drückte mich grob gegen die kalte Wand. Gaspares Gesicht war so nah, dass ich das Zittern seiner Wut spüren konnte, seine Augen glühten vor Wahnsinn. Es war, als wäre etwas in ihm endgültig gebrochen. Ich spürte das Zittern in meinen Beinen, meine Hände suchten verzweifelt nach Halt, doch ich fand keinen.

»Du nichtsnutzige Hexe!« Seine Stimme zerriss die Stille mit einer Gewalt, die mir die Haut prickeln ließ. Speichel spritzte mir ins Gesicht, als er mich anschrie, seine Hand immer fester um meinen Hals schließend. »Hattest du keine Zeit mehr? Ist deine verfluchte Kraft versiegt? Oder hattest du einfach keine Lust, weiteres Stroh zu Gold zu spinnen?«

Ich keuchte, versuchte zu atmen, aber sein Griff war gnadenlos. Angst flutete meinen Körper, mein Herz raste in einem Takt, der mir die Ohren dröhnen ließ.

»Ich dachte, ich hätte mich klar ausgedrückt«, seine Stimme wurde kälter, jedes Wort scharf wie eine Klinge. »Kein einziger Strohhalm sollte übrigbleiben!«

Ich versuchte meinen Kopf abzuwenden, um nicht in die hässliche Fratze des Königs schauen zu müssen, aber er festigte seinen Griff und schüttelte mich, als ob so eine Antwort aus mir fallen würde. Eisern schwieg ich.

Ironischerweise war es Malfois, der mir erneut zu Hilfe kam. »Mein König, wenn Ihr erlaubt, wir benötigen Aradia noch. Die Sterne, Majestät, sie lügen nie!«

Seine Stimme war fast beschwörend, und vielleicht fürchtete er, Gaspare könnte mich in seiner Raserei zerdrücken und damit seine eigenen Pläne zunichtemachen. Das Wort »Wir« blieb mir deutlich im Ohr hängen. *Wir* brauchen Aradia noch. Jeder in diesem Hof, selbst der kleinste Diener, spielte sein eigenes Machtspiel. Nächstenliebe war hier nur die Tugend der Naiven – eine Lektion, die ich viel zu früh gelernt hatte.

Gaspares Griff an meinem Hals verhärtete sich, seine Augen waren inzwischen schmale Schlitze. Für einen Moment dachte ich, das sei mein Ende.

»Mein König, Aradia hat mehr Stroh zu Gold gesponnen als in den letzten beiden Kammern zusammen!« Die Stimme des Vertrauten überschlug sich beinahe, die Worte schienen von den Wänden zurückzuprallen, so verzweifelt drängten sie sich in den Raum. Und endlich schien der König innezuhalten. Sein Griff lockerte sich langsam, zögerlich. Er sah über seine Schulter dorthin, wo sich die unzähligen Spulen voll purem Gold türmten, die die Kammer in ein beinahe überirdisches Licht tauchten. Für einen Augenblick war seine Gier stärker als sein Zorn. Gaspare sah noch einmal zu mir, gab ein Grunzen von sich und ließ mich dann los. Röchelnd glitt ich an der kalten Steinwand nach unten, bis ich hockend am Boden saß. Wie ein verschrecktes Tier zog ich meine Beine eng an mich, die Arme schützend um meinen Körper geschlungen, während mein Atem flach und zittrig ging.

»Nun gut, Ihr habt Recht Malfois.« Gaspare schüttelte seine Hände, als ob Dreck an ihnen klebte. »Und trotzdem sind etliche Strohballen übrig.« In seinem Blick lag tiefe Verachtung. »Und was sind die Worte eines Königs wert, wenn er selbst sie bricht? Aradia muss bestraft werden.«

Ich sah zu den beiden Männern auf, die vor mir standen. An Gaspares Entschlossenheit war nicht zu zweifeln. Malfois' Blick hingegen war nur schwer zu deuten. Für einen kurzen Augenblick glaubte ich erstmals so etwas wie Mitleid in seinem Gesicht ablesen zu können. Der Hofastrologe verfolgte seine eigenen Ziele, das wurde mir immer klarer. Konnte er für seine Ziele eine geschundene Hexe gebrauchen?

»Wie kann man eine Hexe bestrafen, ohne sie umzubringen?«,

durchfuhr Gaspare meine Überlegungen und zeigte sein furchterregendes Grinsen.

Eine dunkle Folterkammer mit verrosteten und blutbefleckten Werkzeugen blitzte in meinen Gedanken auf. Gaspare wollte mir weh tun, wollte mich leiden sehen. So wie es sich nach seiner Meinung für eine teuflische Hexe gehörte. Alte Erinnerungen brodelten in mir an die Oberfläche. Ich hörte die quälenden Schreie aus den Hexentürmen und das Flehen an Gott, er möge Erbarmen zeigen.

»Die Hexenkönigin muss unversehrt bleiben.«

Der König und ich wandten uns gleichzeitig Malfois zu, mit dem gleichen irritierten Blick. Gaspare, weil er jäh aus seinen blutigen Fantasien gerissen wurde, und ich, weil mich der unerwartete Beistand meines Feindes verblüffte.

»Keine Folter?«, fragte Gaspare.

Sein Berater schüttelte vehement den Kopf.

»Nicht einmal eine Daumenschraube?« Der König klang fast wie ein trotziges Kind, das um ein Spielzeug bettelt. Wäre das Thema nicht so grausam, hätte man meinen können, einem quengelnden Kind zuzuhören, das seinen Vater um Erlaubnis anfleht.

Sein Berater blieb hart. »Keine Folter, keine Schrammen, nein. Aradia darf nicht einmal ein Haar gekrümmt werden.«

Mir wurde klar, dass ich für den Hofastrologen nur so lange von Wert war, wie ich unversehrt blieb. Eine unverletzte Hexe – das war es, worauf er bestand.

»Aber Malfois, wir müssen sie bestrafen. Ich, König Gaspare von Rascara und Eaban, muss sie bestrafen.«

Malfois hob beschwichtigend die Hand. »Ihr werdet sie bestrafen, aber nicht körperlich. Ihre Kräfte sind endlich«, bei diesen Worten zeigte er auf die Strohballen, »Aradia braucht ihre volle Hexenkunst, um Euch zum mächtigsten Herrscher der Welt werden zu lassen.«

Gaspare stemmte seine Hände in die Seiten wie ein bockiger Junge. »Eaban ist bereits mein. Die Nachricht über meinen Sieg überrollt gerade alle Grenzen der Südlande. Es ist nur noch eine Frage der Zeit, bis sich auch deren Könige vor mir beugen.«

»Ich weiß, Majestät«, Malfois verbeugte sich tief, »aber nicht allein Angst schenkt euch loyale Völker, zumindest nicht auf Dauer. Ihr braucht Gold. Viel Gold. Und dafür benötigt Ihr sie.« Er zeigte wieder auf mich.

Das war also der Plan des Königs. So wie ich es mir gedacht und Fabio es bestätigt hatte. Alle Völker des Kontinents zu unterjochen und somit zum mächtigsten Herrscher aller Zeiten aufzusteigen. Doch sein Vorhaben war so brüchig wie ein Strohhalm.

»Ihr seid also ganz und gar von mir abhängig«, krächzte ich. Die Hand des Königs hatte meine Kehle fest zugeschnürt. »Was tut Ihr, wenn ich mich weigere, weiteres Stroh zu Gold zu spinnen?«

»Dann…«

»…bringt Ihr mich um«, erhob ich meine Stimme über die Worte des Königs. »Ich weiß. Damit habt Ihr mir von Anfang an gedroht. Aber was, wenn ich mich lieber opfere als Eure Pläne weiter zu füttern?«

Gaspares Gesichtsausdruck wechselte von Überraschung zu einer schäumenden Wut. »Malfois, Ihr Narr!«, wetterte er und dieser krümmte sich vor Schreck. »Ihr habt Aradia die Pläne, die Sterndeutung verraten!«

Der königliche Berater hob schützend die Hände vor sich. »Es ist irrelevant.«

»Irrelevant?«, blaffte der König, »Aradia wird kein Stroh mehr zu Gold verwandeln!«

Zufrieden mit meinem Werk sah ich zu, wie Gaspare nun Malfois am Kragen packte und schüttelte. Blanke Angst lag in dessen Blick, Schweißperlen sammelten sich auf seiner Stirn. »Mein König, hört mir zu, es ist irrelevant, ob sie Eure Pläne kennt. Es gibt Schmerzvolleres als den Tod.« Der König hielt inne. Für ihn gab es offenbar nichts Schlimmeres als den Tod. Er ließ von seinem Vertrauten ab. »Sprecht!«

Malfois griff sich an den Hals und schluckte schwer, bevor er sprach. »Ihr fragtet, wie man eine Hexe bestrafen kann, ohne sie zu töten?«

Ein Funkeln trat in Gaspares wilde Augen. »Ja, wie?«

Ein mulmiges Gefühl breitete sich in meiner Magengegend aus. Der

Wind hatte sich gedreht, und das Blatt war erneut zu Gunsten der Männer gewendet. In diesem Moment spürte ich, wie die Hoffnung, die sich in mir regte, wie ein zerbrechliches Glas zerbrach.

»Indem man ihrem Geist Schmerzen zufügt.« Der Hofastrologe fixierte mich wie ein Adler seine Maus.

Ich hatte mich getäuscht. Er war doch kein Helfer in der Not. Er war ein hinterhältiger Kater, der geduldig mit seiner Maus spielte, sie am Schwanz zog, wieder springen ließ, nur um sie kurz darauf genüsslich zu verschlingen.

»Und wie fügen wir ihrem Geiste Schmerzen zu?«

»Mein König, wenn ich vorschlagen darf, lasst alle gefangenen Hexen aus den umliegenden Dörfern zum Schloss bringen.«

Mir schwante Übles.

»Und lasst Aradia zusehen, wie ihre Hexenfreundinnen verbrennen.« In seinem Gesicht spiegelte sich keine Regung. Seine Mimik blieb gefroren wie ein Eiszapfen. »Lasst uns testen, ob das den Druck auf ihre Hexenkünste erhöht. Keine Hexenverbrennungen, solange Aradia weiter Gold für Euch spinnt.«

Gaspares schallendes Lachen hallte von den Kammerwänden wider. »Das ist gut. Das ist noch viel besser als die Folterkammer.« Seine Augen fixierten mich mit einem schrecklichen Funkeln. »Und das Letzte, was diese verfluchten Hexen sehen, ist ihre gefesselte und hilflose Hexenkönigin, die niemals mehr irgendeiner von ihnen zur Hilfe kommen kann.«

Ich schluckte schwer. Malfois hatte Recht. Er hatte den Nagel auf den Kopf getroffen. Nichts fürchtete ich mehr als diese Erkenntnis, die mir das Herz zerdrückte. Es war schlimmer als der Tod selbst. Die beiden Männer erkannten sofort die Verzweiflung, die mir ins Gesicht geschrieben stand, und schienen sich daran zu laben.

Gaspare trat zu den Kisten, griff sich eine Spule voll Gold und drückte sie seinem Vertrauten in die Hände. »Ihr seid wahrlich Gold wert. Nehmt dies für Eure Dienste. Dank Euch werde ich der reichste und mächtigste Herrscher der Welt. Und Ihr werdet für alle Zeiten mein treuer Berater sein.«

Malfois verneigte sich tief vor Gaspare und sprach mit ehrfurchtsvoller Stimme: »Für alle Zeiten, mein König.«

Doch ich hatte seinen unbefriedigten Blick auf die Spule in seiner Hand nicht übersehen. Es wirkte, als ob auch er nicht nur nach Gold, sondern nach etwas viel Größerem strebte.

Fabio

Als ich durch das Südtor in den Schlosshof und auf den Pferdestall zuritt, sah ich sofort, dass König Gaspare wieder zurück war. Stalljungen liefen wild durcheinander und kümmerten sich um die Pferde der Ritterschaft und zurückgekehrten Boten. Der königliche Hufschmied hämmerte wie wild an neuen Hufeisen und drei Hofdiener säuberten die große schwarze Kutsche, in der der König immer reiste. Ich schwang mich vom Pferderücken und sah nachdenklich zum hohen Turm hinauf. Saß Velia noch dort oben? Oder hatte man sie bereits in eine Kammer voll Stroh gebracht? Das schlechte Gewissen, das ich seit den Erkenntnissen in Cremonone hatte, zupfte unnachgiebig an meinem Herzen. Ich seufzte. Einen Scheiterhaufen sah ich nirgends. Das war zumindest ein gutes Zeichen. Ich führte meine Schimmelstute in den Stall und sattelte sie in ihrer Pferdebox ab. Dann brachte ich ihr Wasser und eine große Portion Hafer. Die restlichen Verrichtungen überließ ich einem Stalljungen, dem ich einen Talleri in die Hand drückte. Eifrig machte er sich ans Werk. Als ich wieder hinaus auf den Schlosshof trat, um zu meinem Zimmer im Dienstbotentrakt zu gelangen, stieß ich fast mit einem Diener zusammen.

»Herr Cavalli, Malfois hat von Eurer Ankunft erfahren und schickt nach Euch.« Der Diener, dessen Namen ich nicht kannte, verbeugte sich respektvoll.

Ein Schauer lief über meinen Rücken und ich schluckte. Zum einen, weil ich mich immer noch nicht an diese zuvorkommende Behandlung gewöhnt hatte, zum anderen, weil ich nicht damit gerechnet hatte, direkt nach meiner Ankunft zum königlichen Berater zitiert zu werden. Es war geradezu unheimlich, wie schnell er über meine Ankunft informiert worden war. Verstohlen sah ich mich um, und ein mulmiges Gefühl breitete sich in meinem Bauch aus. Was wollte er von mir? Wollte er wissen, wo ich die letzten Tage gewesen war? Ahnte er etwas?

»Jetzt sofort?«, fragte ich mit belegter Stimme, während ich die Satteltasche mit dem halb verkohlten Buch fest an meine Brust drückte.

»Jetzt sofort, Herr Cavalli.«

Verdrießlich nickte ich und folgte dem Diener hinaus über den Schlosshof. Bevor wir in den Nordtrakt eintraten, sah ich noch einmal zum Turm hinauf. Heute Abend würde ich Velia besuchen. Der Gedanke daran ließ mein Herz einen Moment höherschlagen. Ich würde alles wieder gut machen, was ich ihr angetan hatte. Das Bild ihres Lächelns, das mir in den letzten Tagen so oft durch den Kopf gegangen war, ermutigte mich. In meinen Gedanken malte ich mir aus, wie ich ihr gegenübertreten würde, wie ich die Worte finden wollte, die den Kummer zwischen uns lösen konnten. Die Vorfreude und die Angst, dass ich sie enttäuschen könnte, wirbelten in mir herum. Zunächst musste ich jedoch Malfois gegenübertreten und den loyalen Ritter spielen.

***

Malfois saß an der langen Tafel in seinem Speisesaal und brütete über einigen Pergamentrollen.

»Fabio Cavalli ist eingetroffen, mein Herr«, kündigte der Diener mich an.

Der Hofastrologe sah nicht auf, sondern schrieb weiter mit einer langen Feder auf eines der Pergamente, während er sprach: »Ihr habt Euch nicht abgemeldet, Cavalli.«

»Ich wusste nicht, dass ich für die Zeit Gaspares Abwesenheit Euch unterstellt bin«, entgegnete ich mit fester Stimme und beobachtete Malfois, der sich weiterhin den Schrieben vor sich widmete. Strafte er mich absichtlich mit Ignoranz? Er hatte mir bei unserem letzten Abendessen unmissverständlich zu verstehen gegeben, dass mein Auftrag, Aradia Wissen zu entlocken, beendet war. Die Art, wie herablassend er mich auf einmal behandelte, machte mich wütend. Und wenn ich an diese

Sterndeutung und den verrückten Plan dachte, musste ich aufpassen, dass mir der Zorn nicht wie Dampfwolken aus den Ohren stob.

»Noch seid Ihr nicht zum Ritter geschlagen worden, sondern weiterhin der Bote des Königs. In König Gaspares Abwesenheit unterstehen die Boten immer mir, dem königlichem Berater.« Er sah auf und seine Augen blitzten, als sie auf meine trafen. »Aber wie ich sehe, hattet Ihr eine schöne Zeit bei Eurer Tante und konntet Euch weiterbilden.« Seine Augen wanderten zu meiner Satteltasche in meiner Hand. Schnell klappte ich die Umschlagsfalte mit den Schnallen nach vorne. Ich hatte gar nicht bemerkt, dass sie nach hinten gerutscht war und den Blick auf das halbverbrannte, blaue Buch freigegeben hatte.

Malfois' Blick hellte sich von dem einen auf den anderen Moment auf. »Nach Eurem Erfolg sei Euch eine kurze Auszeit gegönnt. Nun habe ich aber wieder einen Auftrag für Euch.«

Ich wappnete mich schon dagegen, wieder zu Velia geschickt zu werden, doch der Auftrag überraschte mich.

»Reitet in die umliegenden Dörfer und sorgt dafür, dass die dort verurteilten Hexen morgen ins Schloss gebracht werden.«

»Was habt Ihr mit Ihnen vor? Reicht Euch die Hexenkönigin nicht?«

An seinem Blick erkannte ich, dass ich die Frage hätte anders formulieren sollen. Ich klang zu sehr nach den kritischen Bürgern, die von Hexenverurteilungen nicht viel hielten. »Ich meine, können wir die verdammten Hexen etwa auch für unsere Ziele und für noch mehr Gold nutzen?«, korrigierte ich mich schnell.

Malfois sah mich eine Weile forschend an. Dann sagte er: »Aradia hat letzte Nacht wieder Stroh zu Gold gesponnen. Trotzdem scheint es, dass ihre Kooperationsbereitschaft, obgleich der besseren Behandlung, bröckelt.« Er legte seine Schreibfeder zur Seite, stützte seine Ellbogen auf den Tisch und formte mit seinen Händen ein Dreieck.

Dieser fremde Hexer war also wieder in der Kammer erschienen und hatte Velia geholfen. Das war gut. Vielleicht würde er den Hexen, die ich ins Schloss brachte, ebenfalls helfen und eine Flucht Velias würde nicht mehr ins Gewicht fallen. In meinem Inneren formierte sich bereits ein Fluchtplan.

»Wir werden Aradia morgen zeigen, was passiert, wenn sie ihre Kooperation mit uns einstellt«, unterbrach er meine Gedanken.

Fragend und mit einem unguten Gefühl in der Magengegend zog ich meine Augenbrauen zusammen. »Was habt Ihr vor?«

Auf Malfois' Gesicht trat ein verschlagenes Grinsen. »Zur Feier der jüngsten Ereignisse - ich denke, Ihr habt mitbekommen, dass König Gaspare Eaban eingenommen hat - werden die vorgesehenen Hexenverbrennungen der Dörfer hierher vor das Schloss verlegt.«

Meine Hände begannen zu zittern, und ich ballte sie zu Fäusten, um meine Wut zu verbergen. »Ich verstehe«, presste ich hervor.

»Unsere Hexenkönigin wird zusehen. Sie wird deutlicher als jemals zuvor spüren, dass ihre Macht gebrochen ist. Dass sie uns ausgeliefert ist. Dass sie ihre Hexen nur noch retten kann, wenn sie tut, was wir von ihr verlangen.«

Grausam. Menschen konnten so grausam sein. Und warum? Einzig wegen der Gier nach mehr Macht und Reichtum.

»Und auch für Euch wird es ein großer Tag.«

»Für mich?« Die Neuigkeiten prasselten auf mich ein wie Starkregen. Ich war kaum noch fähig, mehr als zwei Worte über meine Lippen zu bringen.

»König Gaspare und ich haben nicht vergessen, welchen Dienst Ihr Rascara erwiesen habt und was wir Euch versprochen haben.«

Ich schluckte schwer, da ich wusste, was nun kam.

»Morgen Abend ist es so weit. Ihr werdet feierlich zum Ritter geschlagen.«

Diese Ankündigung riss mich innerlich entzwei. Mein ganzes Leben lang hatte ich von dem Ritterschlag geträumt, jetzt schien dieser Traum zum Greifen nahe. Gleichzeitig war ich mit der drückenden Last meiner falschen Taten konfrontiert worden. Dort oben im Turm saß keine Hexenkönigin, sondern eine mutige Müllerstochter, die mein Herz gestohlen hatte – Velia. Die Vorstellung, dass sie dort gefangen war, während ich hier über meine eigenen Ambitionen nachdachte, schnürte mir die Kehle zu.

Ich wusste, welchen teuflischen Plan der König und sein Berater verfolgten. Der Gedanke, von einem so mächtigen Mann als Ritter anerkannt zu werden, reizte mich. Ländereien an der Küste Narzieus könnten mir gehören, weitläufige Felder, ein Anwesen am Meer. Doch in dieser Vorstellung lag eine Schattenseite – die Gier, die mich durchdrang, drohte meine Seele zu verderben.

Ich erinnerte mich an das Versprechen, das ich Velia gegeben hatte. Ich war kein Mann, der ein zweites Mal sein Wort brach. Das Bild ihres Lächelns, die Entschlossenheit in ihren Augen, als sie mir von ihrem Schicksal erzählt hatte, ließ mich nicht los. Ich kämpfte gegen die Versuchung, den Weg des Ehrgeizes zu wählen, währende die Frage an mir nagte: Konnte ich nicht beides haben? Den Ritterschlag und die Freiheit für Velia?

Meine innere Zerrissenheit fraß an mir, während ich zwischen Pflicht und Sehnsucht hin- und hergerissen war. Es war ein gefährlicher Tanz auf einem schmalen Seil, und ich wusste, dass ich mich entscheiden musste, bevor der Abend endgültig hereinbrach.

Ich verbeugte mich tief, sodass niemand den gedanklichen Kampf in mir sehen konnte. »Ich danke Euch vielmals. Ich reite sofort los und lasse die verurteilten Hexen der Umgebung ins Schloss bringen.«

Ich wandte mich zur Tür und wollte gerade hinaus auf den Korridor treten, als Malfois noch einmal meinen Namen rief. Ich drehte mich fragend zu ihm um.

»Noch nie in der Geschichte Rascaras wurde aus einem ehemaligen Stalljungen ein Ritter. Vergesst das bei allem, was Ihr tut, niemals.«

Warum hatte ich das Gefühl, dass dieser Mann mein Innerstes lesen konnte? Oder war es die Unsicherheit, die mein eigenes Geburtshoroskop mit sich brachte? Ich sah ihm fest in die Augen und nickte. Dann trat ich mit einem überwältigenden Gefühlschaos in mir hinaus auf den Korridor. Schnellen Schrittes eilte ich in den Dienstbotentrakt, verstaute die Satteltasche in meinem Zimmer und lief dann hinaus auf den Schlosshof zum Pferdestall. Ich schob mein schlechtes Gewissen in die hinterste Schublade meiner Gedanken, als ich hinauf zum Turm blickte. Der Besuch bei Velia würde bis heute Nacht warten müssen. Zunächst musste ich den Auftrag Malfois' erledigen.

Aradia

Meine Gedanken wirbelten unablässig in meinem Kopf, während mich die zwei muskulösen Wachen, angeführt von Malfois, zurück in mein düsteres Turmzimmer schleppten. Der Gedanke daran, dass ich schuld an den kommenden Hexenverbrennungen sein würde, brannte wie heiße Galle in meiner Kehle. Das Blatt hatte sich gnadenlos gewendet. Einst hatte ich geglaubt, diejenige zu sein, die Forderungen stellen konnte, nun war diese Illusion zerschlagen. Jetzt saß der König am längeren Hebel. Wenn ich nicht genug Stroh zu Gold spann, würde unschuldiges Blut vergossen werden. Ihr Schicksal hing von meinen Händen ab – und ich war in eine Falle getappt, ohne sie kommen gesehen zu haben.

Mit verbittertem Blick starrte ich auf Malfois. Sein Kopf, übertrieben geschmückt mit der albernen Feder, schwang bei jedem Schritt im Takt seiner selbstzufriedenen Schritte hin und her. Wären meine Hände nicht gefesselt, ich hätte ihm sein Barrett am liebsten vom Kopf gerissen. Der königliche Berater war nicht nur ein Befehlsempfänger, nein, er spielte ein perfideres Spiel – eines, das ich noch nicht durchschaut hatte.

Was war sein Ziel? Hinter diesen schlauen Augen steckte mehr, das spürte ich. Was hatten ihm die Sterne womöglich gedeutet? Was hatte er dem König möglicherweise verschwiegen?

Wir erreichten schließlich mein Turmzimmer, das mir im gleißenden Licht der Morgensonne mehr denn je wie die Hölle auf Erden vorkam. Schön und quälend zugleich.

»Rein mit ihr«, befahl der Hofastrologe, und seine beiden Leibwächter schubsten mich unsanft in das Zimmer. Ich stolperte, fing mich jedoch schnell wieder und wandte mich an Malfois, die gefesselten Hände vor mir ausgestreckt. Während er sich daran machte, die Lederriemen zu lösen, raunte ich, sodass nur er es hören konnte: »Wie lange schon flüstert Ihr böse Schatten in des Königs Ohr?«

Sein Blick huschte für einen Moment zu meinem Gesicht, und ich sah die Andeutung einer Regung in seinen Augen. Seine Antwort kam scharf und beherrscht: »Ich weiß nicht, was du meinst.«

»Ihr sagtet, die Sterne lügen nie. Aber sagt Ihr immer die Wahrheit?«

Ohne auf meine Frage einzugehen, zog er die Lederriemen von meinen Handgelenken.

»Ich frage mich«, überlegte ich langsam, »warum mir das nicht früher aufgefallen ist: Malfois ist kein rascarischer Name. Wie kommt es, dass der Vertraute des Königs einen Namen aus Narzieu trägt? Dem Königreich, das einst mit Eaban im Bunde stand?«

Malfois winkte müde ab, als wollte er ein lästiges Insekt verscheuchen. »Du hast eine blühende Fantasie.«

Ich lächelte kühl. »Ihr mögt Gaspares Geist mit Euren Hexenmärchen vergiftet haben, aber mich täuscht Ihr nicht.«

Sein Blick verengte sich gefährlich, die Stimme leise und drohend: »Mädchen, ich gebe dir einen Rat, spiel nicht mit dem Feuer.« Dann schloss er mich wieder in das Turmzimmer ein. Seine Drohung hing wie ein scharfes Messer zwischen uns und bestätigte mir, dass ich mit meinen Vermutungen goldrichtig lag. Der Hofastrologe hatte seine eigenen Ziele.

So zäh wie sich meine Gedanken in alle Richtungen spannten, genauso schleppend verging der Tag. Mein Blick wanderten rastlos umher: mal zum Schlosshof, mal zu den dunklen Schlossdächern, dann über die Wipfel des Waldes. Unaufhörlich kreisten meine Gedanken – die bevorstehenden Hexenverbrennungen, die Pläne des Königs, das Gespräch mit Malfois. Und immer wieder drängte sich ein Name in meinen Kopf: Fabio. Ich sehnte mich nach seiner Rückkehr, nach einem Zeichen von ihm. Heute müsste er zurückkommen. Hatte er meinen Vater gefunden? Würde er mir nun zur Flucht verhelfen?

Es war, als würde mein Verstand sich im Kreis drehen, unaufhörlich,

während ich aufs Bett sank, ein Bein über die Kante baumeln ließ, soweit es die Fußfesseln erlaubten und einfach wartete. Nichts geschah. Die stumme Magd, die mir das Essen durch die Türklappe schob, war die einzige Abwechslung. Und so blieb ich liegen, starrte zur spitzen Decke des Turmzimmers, während die Gedanken immer wieder aufkamen, sich wiederholten, bis sie mich müde machten.

***

Das Quietschen des Schlosses ließ mich zusammenzucken und riss mich aus meinem gedankenverlorenen Zustand. Ich blinzelte benommen, denn ich hatte nicht bemerkt, wie der Tag in die Dunkelheit übergegangen war. Die Dämmerung war unbemerkt der Nacht gewichen, und das Zimmer lag in einem blassen Lichtschimmer des Mondes.

Mein Herz setzte einen Schlag aus, als sich die Tür langsam öffnete. Die Angst, wer oder was mich erwarten könnte, flutete mich. Doch dann, als ich die vertraute Silhouette im Türrahmen erkannte, war es, als würde ein Sturm in meiner Brust losbrechen. Fabio.

»Du bist zurück!« Meine Stimme zitterte, und all die aufgestaute Sehnsucht, die Angst und die Ungewissheit, die mich den ganzen Tag begleitet hatten, brachen aus mir heraus. In seinen Augen konnte ich die gleiche Erschöpfung sehen, die auch mich so lange bedrückt hatte. Aber gleichzeitig lag dort ein Funken, etwas Unausgesprochenes, das meine Brust noch enger schnürte.

Fabio trat herein und schloss die Tür hinter sich. In der einen Hand hielt er eine kleine Laterne, die andere ruhte an seinem Schwert. Traute er mir noch immer nicht? Zweifel mischten sich mit der Hoffnung in meinem wild pochenden Herzen.

»Hast du meinen Vater gefunden?« Die Worte verließen meine Lippen, bevor ich sie zurückhalten konnte, voller Verzweiflung. Ich gierte nach ihrer Antwort und fürchtete sie zugleich.

Als Fabio den Kopf schüttelte, sein Blick ernst und verschlossen, fühlte es sich an, als ob die Welt für einen Moment aufhörte, sich zu drehen. Mein Herz setzte aus, und all die Hoffnung, die mich die letzten Tage über Wasser gehalten hatte, brach wie ein morscher Ast unter meinem Gewicht. Stumm ließ ich mich auf das Bett sinken, vergrub mein Gesicht in den Händen und gab mich den Tränen hin, die ich nicht länger zurückhalten konnte.

Fabios Stimme drang durch das Rauschen meines Schluchzens hindurch, so nüchtern, so fern. »Cremonone ist zerstört.« Kein Funken Emotion lag in seinen Worten, nur die Sachlichkeit eines Boten, der an solche Nachrichten gewöhnt war. »Viele Bewohner konnten in die umliegenden Dörfer flüchten, aber auch die wurden kurz danach niedergebrannt. Ich habe alle Dörfer rund um Cremonone abgesucht, doch von deinem Vater fehlt jede Spur.«

»Dann ist er tot«, flüsterte ich, meine Stimme von Schluchzern erstickt. Es war, als ob ich das Urteil selbst gesprochen hätte.

Fabio zögerte, bevor er weitersprach, seine Stimme sanfter, aber nicht weniger quälend: »Vielleicht konnte er sich nach Sedura retten. Ich konnte nicht weiter suchen ... Hätte ich es getan, wäre ich Wochen unterwegs gewesen. Bereits diese drei Tage Abwesenheit sind Malfois aufgefallen.« Er brach ab, und die Stille, die daraufhin folgte, war schwerer als jedes Wort.

Langsam hob ich den Kopf, wischte die Tränen von meinen Wangen und suchte Fabios Blick. »Was wirst du jetzt tun?« Die Frage hing zwischen uns, schwer und unausweichlich. Er hatte gesagt, er würde mir glauben, wenn er meinen Vater fand. Nun, da er ihn nicht gefunden hatte, stand unsere Abmachung auf wackeligen Füßen. Würde er mich jetzt allein lassen, mich meinem Schicksal überlassen?

Fabio sah mich lange an und in seinem Blick lag etwas Unergründliches, das ich nicht deuten konnte. Schließlich trat er die wenigen Schritte zu mir, stellte die flackernde Laterne auf dem kleinen Tisch ab und kniete vor mir nieder. Die Nähe ließ mein Herz schneller schlagen, aber noch bevor ich etwas sagen konnte, griff er in seinen Mantel. Langsam zog er ein kleines, abgenutztes Büchlein hervor. Ich hielt den Atem an, als ich es sah. Die Seiten waren vom Feuer gezeichnet, an den Rändern angekohlt, und der Ledereinband war fast vollständig schwarz. Nur an einigen Stellen schimmerte der ursprüngliche blaue Einband noch matt

hindurch. Von den goldenen Buchstaben, die einst auf dem Deckel geprangt hatten, waren ein großes *M*, ein *l* und ein *w* übriggeblieben. Meine Finger zitterten leicht, als ich das Büchlein aus Fabios Hand nahm. Es war so zerbrechlich, als könnte es bei der kleinsten Bewegung zu Asche zerfallen. Der Moment war bedeutungsschwer. Dieses kleine, verkohlte Buch war das Einzige, das er aus der Zerstörung gerettet hatte, ein letzter Überrest meines alten Lebens. »Das Müllerhandwerk. Das war das Lehrbuch meines Vaters.«

»Ich weiß«, sagte Fabio leise.

Ich sah ihn an. Er hatte Wort gehalten, hatte meinen Vater gesucht und war wohl bei der Mühle gewesen. Hoffnung flackerte wieder in mir auf.

»Wie ich schon sagte, Cremonone ist völlig zerstört«, begann er zu erzählen. »Es liegt immer noch ein dicker Rauch über der Stadt und den umliegenden Dörfern. Manche Brände sind noch nicht vollständig gelöscht, andere flackern immer wieder auf. Die Straßen sind leer, aber Diebe durchstreifen die Ruinen und plündern, was noch übrig ist. Die wenigen, die geblieben sind, verteidigen ihr Hab und Gut mit Mistgabeln und Schaufeln. Als Bote des Königs war meine Anwesenheit dort ... Nun sagen wir nicht gerade gern gesehen.« Fabio lächelte gezwungen. Hatte er etwas anderes erwartet? Natürlich gaben die Bewohner dem König die Schuld an ihrer Misere. Ihren Unmut machten sie sicher zu gerne an einem Höfling aus.

Fabio räusperte sich, als würde er das unangenehme Gefühl in seiner Kehle loswerden wollen. »Wie dem auch sei, ich habe die Mühle deines Vaters gefunden. Sie war verfallen, leer, und ich traf auf einige Dorfbewohner. Als ich fragte, ob jemand wisse, wo Federico Molinari sei, trat ein großer, kräftiger Bursche mit einer Mistgabel in der Hand vor mich. Man konnte die Trauer in seinen Augen sehen.«

»Giorgio«, flüsterte ich.

»Er sagte, er sei dein Verlobter.« Fabios Augen blitzten kurz auf, gespannt auf meine Reaktion.

Ich nickte zögerlich. »Giorgio ist der Geselle meines Vaters. Er sollte die Mühle übernehmen, und mein Vater wollte mich in guten Händen wissen.«

»Aber du bist gegangen.«

Ich sah Fabio direkt in die Augen. »Ich hatte dich kennengelernt. Ich wollte mit dir den Hexenwahn des Königs bekämpfen.«

Schuldbewusst senkte er den Kopf. Immer noch kniete er vor mir. Die kleine Laterne tauchte ihn in ein warmes Licht.

»Weiß Giorgio, wo mein Vater ist?«, fragte ich voller Hoffnung.

Fabio schüttelte den Kopf. »Er hat deinen Vater zuletzt am Tag deines Verschwindens gesehen. Möglicherweise ist dein Vater aufgebrochen, um dich zu suchen.«

Hoffnung sickerte durch mein Herz. »Dann könnte er also noch leben?«

Fabio nickte. »Ich hoffe es für dich.«

Schweigen breitete sich zwischen uns aus und erfüllte den Raum. Ich strich über das Büchlein und spürte die Asche auf meinen Fingerspitzen. Die Flammen hatten gierig an den Seiten geleckt. Vorsichtig schlug ich den Einband auf, trotzdem lösten sich verkohlte Pergamentstückchen und rieselten zu Boden. Dieses Buch gehört ... Dann war nur noch der große Buchstabe F zu lesen. Die Restlichen verschwanden im braun und schwarz der verbrannten Seiten.

»Er will die Mühle wieder aufbauen.« Riss mich Fabio aus meinen Gedanken.

Ich sah erstaunt auf.

»Ich kenne deinen Vater nicht, aber ich weiß, warum er Giorgio für dich gewählt hat. Er ist ein guter Mann.« Ich schluckte.

»Er hat mir voller Stolz von seinen Plänen berichtet. Er meinte, die Mühle solle wieder stehen, wenn dein Vater und du zurückkommen.«

Ich seufzte. »Weißt du, was ich immer gesagt habe? Giorgio ist dümmer als unsere Ziege. Und das tut mir unendlich leid, aber es entspricht der Wahrheit. Nicht einmal ein Krieg kann ihn und seine Gutgläubigkeit erschüttern.«

»Giorgio ist nicht einfältig«, sagte Fabio und strich sich mit der Hand durchs Haar. »Ich bewundere ihn. Er ist ein Träumer, ein hoffnungsloser Romantiker und doch so stark wie ein Fels, dem keine Winde des Lebens etwas anhaben können.«

Unsere Blicke trafen sich, und für einen endlosen Moment schien die Welt stillzustehen. Seine eisblauen Augen hielten mich gefangen, so tief, dass ich das Gefühl hatte, darin zu versinken. Meine Brust hob und senkte sich nur noch flach, jeder Atemzug stockte, während mein Herz wie wild pochte. In der schummrigen Dunkelheit der Laterne hoffte ich, dass er nicht sah, wie meine Wangen heiß und rosig wurden. Er kam näher, langsamer, als könnte jeder Zentimeter zwischen uns ein Funken sein, der die Luft zum Knistern brachte. Sein Blick wanderte über mein Gesicht, sanft, als würde er etwas suchen. Vielleicht die Erlaubnis. Vielleicht den gleichen Sturm, der auch in mir tobte. Dann hob er seine Hand, vorsichtig, beinahe zögerlich, als wolle er die Spannung nicht brechen. Seine Finger fassten sanft mein Kinn. Meine Haut kribbelte unter seiner Berührung, während er mich näher zu sich zog, so nah, dass ich seinen Atem auf meinen Lippen spüren konnte. Der Augenblick schien sich zu dehnen, ein unaufhaltsames Ziehen, bis sich unsere Lippen endlich trafen. Zart, fast schüchtern, als wären wir beide von der Intensität dieses Augenblicks überwältigt. Ein Feuerwerk durchzuckte meinen Körper, ein Kribbeln, das von meinem Bauch bis in die Fingerspitzen wanderte. Gerade als ich mich mehr in seinem Kuss verlieren wollte, zog sich Fabio langsam zurück. »Ich glaube dir«, hauchte er und sah mir tief in die Augen. »Deine Geschichte ist wahr. Du bist Federico Molinaris Tochter. Du bist keine Hexe.«

In diesem Moment schien alles andere um uns herum zu verschwinden. »Ich bin so froh, dass du mir glaubst.« Es war, als hätte ich einen schweren Stein von meiner Seele abgeladen.

Er nickte. »Aradia ist nicht mehr als ein Gerücht, entstanden aus den Ängsten der Menschen und längst vergessenen Legenden. Eine Hexenkönigin bist du nicht«, kurz zögerte er, »aber ich glaube auch, tief in deinem Inneren wärst du gerne Aradia.«

Die Frage, ob ich diese Rolle für mich wollte, hatte ich mir nie gestellt. Magie, so wie sie dieser geheimnisvolle Hexer benutzte, war eine faszinierende Kraft. Eine mächtige Fähigkeit, mit der ich mehr Frauen hätte retten können. Aber gleichzeitig fühlte ich mich geborgen in meiner Identität als Müllerstochter. »Wenn man als Hexe so aussieht, wie der unheimliche Mann in der Kammer, verzichte ich lieber darauf.«

Fabio lachte ein warmes, ehrliches Lachen, das mein Herz höherschlagen ließ. »Da hast du vielleicht Recht. Nein, lieber bin ich mit einer starken, intelligenten Müllerstochter zusammen, als mit einer mächtigen Hexe, die Stroh zu Gold spinnen kann.«

Ich grinste über Fabios wunderschöne Worte, doch zugleich wurde mir wieder die Schwere unserer Lage bewusst. Das Stichwort Stroh zog mich zurück in die bedrückende Realität meiner Gefangenschaft. »Was werden wir jetzt tun?«

Fabio sah mich an, und in seinen Augen lag eine Entschlossenheit, die mir Hoffnung gab. Er stand auf, seine Präsenz war stark und beschützend. »Es wird nicht einfach, dich hier herauszubekommen.«

»Lass uns jetzt fliehen. In den Schatten der Nacht wird uns keiner sehen.« Ich stand ebenfalls auf und nahm seine Hände in meine.

Er schüttelte den Kopf, und ich spürte, wie die Enttäuschung in mir aufstieg. »Im ganzen Schloss und an jeder Ecke des Schlossgeländes sind Wachen postiert. Eine ungeplante Flucht käme einem Selbstmordkommando gleich.«

Seine Worte waren klar und logisch, und ich wusste, dass er Recht hatte. Aber die Verlockung der offenen Tür war so stark, dass ich das Wagnis eingegangen wäre, ohne darüber nachzudenken. »Ich überlege mir einen Plan«, sagte er schließlich, und seine Stimme war voller Entschlossenheit. Bevor ich etwas erwidern konnte, beugte er sich zu mir und küsste mich. Dieser Kuss raubte mir den Atem und ließ die Welt um uns herum verblassen. Es war nicht nur ein Kuss, es war ein Versprechen, ein Moment, in dem die Zeit stillzustehen schien. Seine Lippen waren sanft und fordernd zugleich. Meine Hände fanden ihren Weg zu seinen Schultern, und ich zog ihn näher, als würde ich ihn nie wieder loslassen wollen.

Schließlich löste er sich wieder von mir, aber nur eine Nasenlänge, genug, um mir in die Augen zu schauen, seine Miene ernst und voller Gefühl. »Ich werde alles dafür tun, dass du freikommst. Versprochen.« Mit einem letzten, tiefen Blick, der mir das Gefühl gab, als könnten wir

die gesamte Welt gemeinsam überwinden, trat er zurück. »Jetzt muss ich gehen, bevor es zu gefährlich wird«, murmelte er, seine Stimme leise, als wäre selbst das Flüstern eine Gefahr.

Ich nickte unfähig zu sprechen, das Echo seines Kusses und die Wärme seiner Berührung noch immer auf meiner Haut. Er schloss die Tür leise hinter sich, und ich sank zurück auf mein Bett, mein Herz voller Fragen und Sehnsüchte, doch auch voller neuer Hoffnung, dass wir gemeinsam einen Weg finden würden. Die letzten Wochen waren eine Berg- und Talfahrt der Gefühle gewesen. Jetzt endlich gab es Hoffnung. Fabio glaubte mir, hatte nun verstanden welch Irrsinn die Hexenverfolgungen war. Ich schloss meine Augen und träumte mich an mein erstes Zusammentreffen mit Fabio zurück. Schon als ich ihm das erste Mal in die Augen geblickt hatte, hatte ich diese Anziehung und Vertrautheit gespürt. Hätte ich nicht vorgegeben, Aradia zu sein, und hätte er mich nicht in einen Hinterhalt gelockt, wären wir uns wohl nie begegnet. Die Sterne logen nie. Vielleicht hatte mich Fabio verraten müssen, um mich nun zu lieben?

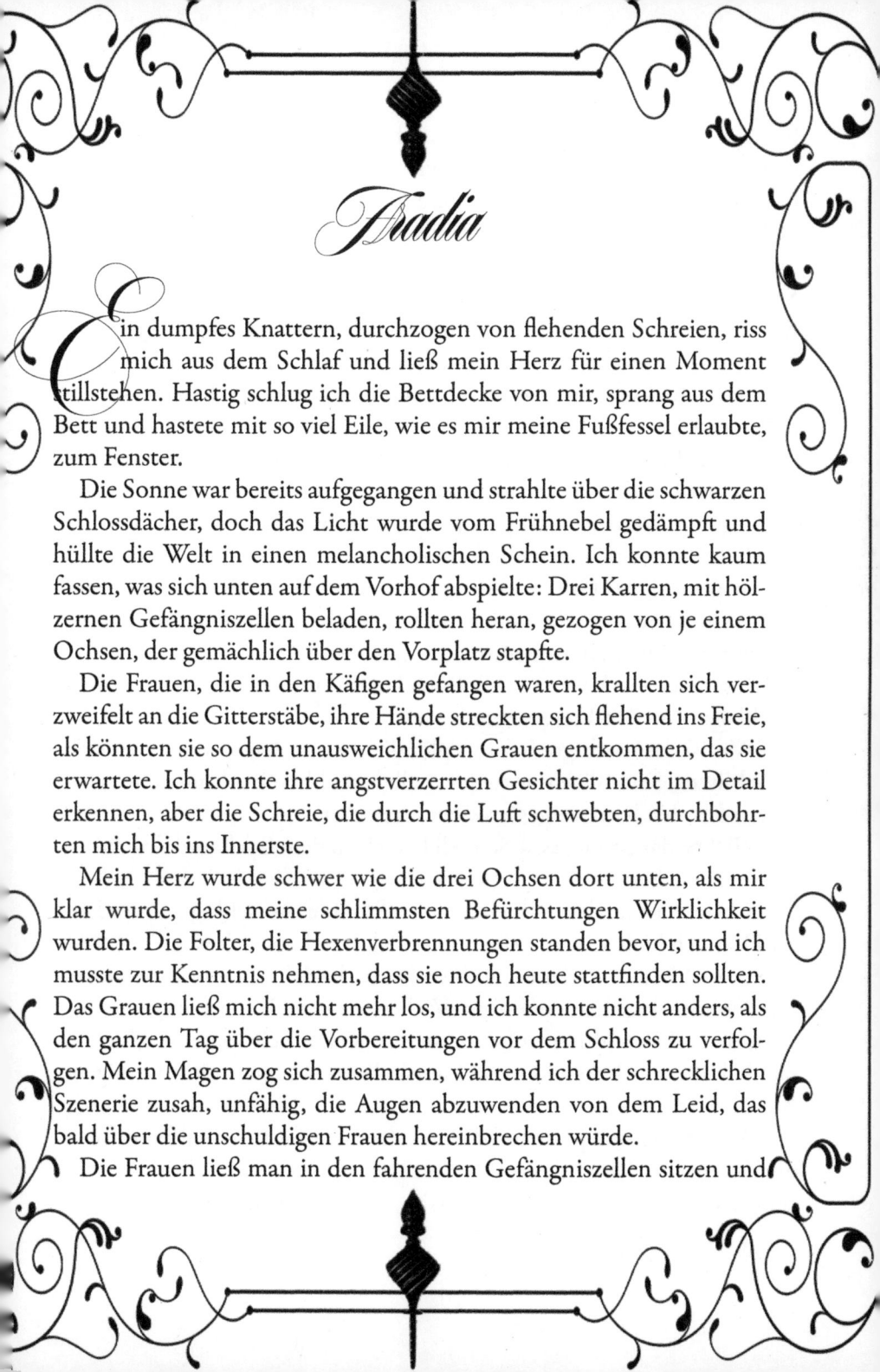

Aradia

Ein dumpfes Knattern, durchzogen von flehenden Schreien, riss mich aus dem Schlaf und ließ mein Herz für einen Moment stillstehen. Hastig schlug ich die Bettdecke von mir, sprang aus dem Bett und hastete mit so viel Eile, wie es mir meine Fußfessel erlaubte, zum Fenster.

Die Sonne war bereits aufgegangen und strahlte über die schwarzen Schlossdächer, doch das Licht wurde vom Frühnebel gedämpft und hüllte die Welt in einen melancholischen Schein. Ich konnte kaum fassen, was sich unten auf dem Vorhof abspielte: Drei Karren, mit hölzernen Gefängniszellen beladen, rollten heran, gezogen von je einem Ochsen, der gemächlich über den Vorplatz stapfte.

Die Frauen, die in den Käfigen gefangen waren, krallten sich verzweifelt an die Gitterstäbe, ihre Hände streckten sich flehend ins Freie, als könnten sie so dem unausweichlichen Grauen entkommen, das sie erwartete. Ich konnte ihre angstverzerrten Gesichter nicht im Detail erkennen, aber die Schreie, die durch die Luft schwebten, durchbohrten mich bis ins Innerste.

Mein Herz wurde schwer wie die drei Ochsen dort unten, als mir klar wurde, dass meine schlimmsten Befürchtungen Wirklichkeit wurden. Die Folter, die Hexenverbrennungen standen bevor, und ich musste zur Kenntnis nehmen, dass sie noch heute stattfinden sollten. Das Grauen ließ mich nicht mehr los, und ich konnte nicht anders, als den ganzen Tag über die Vorbereitungen vor dem Schloss zu verfolgen. Mein Magen zog sich zusammen, während ich der schrecklichen Szenerie zusah, unfähig, die Augen abzuwenden von dem Leid, das bald über die unschuldigen Frauen hereinbrechen würde.

Die Frauen ließ man in den fahrenden Gefängniszellen sitzen und bei den Vorbereitungen zuschauen. Ich konnte das Unheil in der Luft spüren, während ich beobachtete, wie die Bediensteten des Königs mit hastigen Schritten haufenweise Holz auf den Vorplatz schafften. Drei große Brandpfähle wurden unter dem strengen Blick des schwarzgekleideten Scharfrichters aufgerichtet, dessen drohende Präsenz die Düsternis der Szene noch verstärkte. Mit geübten Handgriffen errichteten die Männer die Scheiterhaufen, die wie Mahnmale in den grauen Himmel ragten.

Ich stand nutzlos in meinem Turmzimmer, gefangen in meinem eigenen Schicksal, und konnte nichts anderes tun, als diesem Grauen zuzuschauen.

»Ah, du hast schon das große Spektakel des heutigen Tages entdeckt.«
Erschrocken drehte ich mich um. Vor lauter Entsetzen hatte ich gar nicht gehört, dass jemand gekommen war. Malfois' Hakennase ragte durch die Gitterstäbe in mein Zimmer.

Mit gehässigem Grinsen sah er mich an. »Wenn die Sonne hinter dem Schloss fast verschwunden ist, werden wir dich holen und deine Hexenfreundinnen bestrafen.«

Ich schluckte schwer. Ein Kloß steckte mir im Hals. Ich fühlte mich erschlagen von den Ereignissen.

»Was ist das?«, fragte Malfois plötzlich. Seine Augen verengten sich zu Schlitzen. Sein Blick war zu dem halb verkohlten Buch auf dem Tisch gewandert. Ich hatte vergessen es zu verstecken.

»Nichts, das ist nichts.« Schnell lief ich zu dem Buch und drückte es gegen meine Brust.

»Woher hast du dieses Buch?« Seine Stimme überschlug sich vor lauter Hast. Ich hielt seinem prüfenden Blick stand und schwieg.

»Bosco! Lejan!«, rief er, und ich hörte das Klirren von Rüstungen. Der Hofastrologe hatte offenbar Wachen vor dem Treppenaufgang postiert, die auf Befehl nach oben hasteten. Kurze Zeit später erschienen nämlich die mir bekannten zwei muskulösen Wachen mit grimmigem Blick hinter ihm.

»Wartet hier und passt auf, dass Aradia nicht flieht.« Malfois öffnete die Zimmertür, kam mit großen Schritten auf mich zu und riss mir das Buch aus den Händen. »Was ist das?«, fragte er noch einmal.

»Es ist nur ein Buch.«

»Das sehe ich«, knurrte er und schlug es auf. »Das Müllerhandwerk. Dieses Buch gehört F …«, murmelte er. Dann schlug er eine Seite nach der anderen auf. Sein prüfender Adlerblick flog über jede Zeile. »Ich frage dich noch einmal, woher hast du dieses Buch?«

»Ich habe es mir hergezaubert«, log ich.

Malfois sah mich zweifelnd an. »Das nehme ich mit mir.«

»Nein«, flehte ich. Es war das Einzige, das mich an zu Hause erinnerte.

Er grinste gehässig, und ich wusste, dass es ihm Spaß machte, mich Leiden zu sehen. »Im Austausch dafür«, er blickte angewidert auf das verkohlte Buch, »habe ich ein Geschenk für dich dabei.« Er lief vor die Tür, wo seine Leibwächter standen, und kam mit meinem Essenstablett und einer großen Schachtel zurück. Beides stellte er auf den Tisch. Der Haferbrei schwappte über die Schüssel, doch meine Aufmerksamkeit lag auf der braunen Schachtel. Fragend sah ich den königlichen Berater an.

»Mach es auf«, forderte er mich auf.

Zögernd öffnete ich die Schachtel und blickte hinein. Der Anblick der darin liegenden Kleidung ließ mein Herz einen Moment stillstehen. Es war eine neue Version meiner alten Kleider, und sie strahlten eine unheilvolle Eleganz aus.

Ich zog einen tiefschwarzen Umhang heraus, dessen Samt sanft über meine Fingerspitzen glitt. Er fühlte sich schwer und zugleich luxuriös an, fast so, als würde er die Dunkelheit selbst umarmen. Der Stoff schimmerte im schwachen Licht und versprach, mich in seinen Schatten zu hüllen.

Dann entdeckte ich ein schwarzes Oberteil, dessen feinstes Leinen so weich war, dass es fast wie eine zweite Haut erschien. Zuletzt erblickte ich eine schwarze Hose aus dünnem Leder und schwarze Schnürstiefel.

»Der König wünscht, dass du diese Kleidung heute Abend zum feierlichen Anlass trägst.«

»Das werde ich nicht tun.« Schnell ließ ich die Kleider zurück in die Schachtel fallen, als hätten sie meine Finger verbrannt.

»Oh doch, das wirst du.« Die Stimme Malfois' duldete keinen Widerspruch.

»Ich ziehe mich nicht feierlich an, wenn unschuldige Frauen sterben.« Dem Hofastrologen entkam ein kaltes, grausames Lachen, das durch den Raum hallte. »An deiner Stelle würde ich tun, was der König befiehlt. Sonst wird es noch mehr Hexenverbrennungen im Schlosshof geben.« In seinen Augen flammte ein bedrohliches Licht auf.

Erpressung. Und ich konnte nichts dagegen tun. »Ihr widert mich an!«, spie ich aus, während sich die Wut in mir wie ein Sturm aufbaute.

»Wir sehen uns heute Abend, Aradia.« Malfois verneigte sich vor mir. Nicht vor Verehrung, sondern voller Hohn. Mein Buch fest in der Hand verließ er den Turm und ließ mich mit nichts als Trostlosigkeit zurück.

***

Hatten mir meine Kleider einst Stärke verliehen, fühlten sie sich heute Abend wie weitere Fesseln um meinen Körper an. Ich sah aus wie auf meinen Rachefeldzügen. Einzig die Kapuze und das Tuch fehlten, um meine Haare und Teile meines Gesichtes zu verbergen. Und so stachen meine roten Haare, die ich zu einem Zopf geflochten hatte, von dem Schwarz meiner Kleidung und meiner hellen Haut wie ein loderndes Feuer hervor. Als die Sonne nur noch über die Schlossdächer lugte, holte mich Malfois mit seinen beiden Leibwächtern ab. Meine Hände wurden erneut gefesselt. In dieser Aufmachung gab ich die perfekte Trophäe des Königs ab. Mit gebeugtem Kopf folgte ich zwischen den Wachen Gaspares Vertrautem durch das Schloss, bis wir schließlich durch die Eingangshalle hinaus den großen Vorplatz erreichten. Eine hölzerne Tribüne war dort mit perfekter Sicht auf die drei Scheiterhaufen errichtet worden. Auf unserem Weg kamen wir an der gaffenden Menge von Bürgern der Stadt vorbei. Beschimpfungen flogen an meinen Kopf. Begeisterte Rufe, die Hexen zu verbrennen, hallten von den Schlosswänden wider. Doch das war nicht das Schlimmste. Die einfachen Bürger ließen sich nur zu gerne von Macht und Prunk täuschen. Nein, das schlimmste war mein Weg vorbei an den gefangenen Frauen, die immer noch in den fahrenden Gefängniszellen kauerten.

»Aradia, Hilfe!«, flehten sie. »Bitte, hilf uns! Lass uns nicht sterben!«
»Wir sind unschuldig!«
»Wir sind keine Hexen!«
Ich schaffte es nicht, die Frauen anzuschauen. Zu sehr wog meine Schuld und Scham, nichts, rein gar nichts ausrichten zu können. Wie Malfois es vorausgesagt hatte, dies hier war die perfekte Folter für mich. Wir traten vor die Tribüne, und der Anblick von König Gaspare auf seinem imposanten Thron ließ mich frösteln. Er saß hoch oben, als wäre er das lebende Abbild der Macht selbst. Der Thron war aus massivem Eisen gefertigt, mit kunstvollen Verzierungen, die seine unbarmherzige Herrschaft verkörperten. Die Armlehnen endeten in grimmigen Luchsgesichtern, dem Wappentier unseres Königreichs. Ihre Augen waren vergoldet. Die Füße des Throns waren in Form kräftiger Tatzen gestaltet, die den Eindruck erweckten, als könnten sie jederzeit zuschlagen.

Die Stühle zu Gaspares Linken und Rechten waren noch frei. Mit einem hochnäsigen Lächeln zeigte er auf den Stuhl zu seiner Linken und forderte mich auf, Platz zu nehmen. Sein Berater ließ sich zu seiner Rechten nieder, und die beiden Wachen, Bosco und Lejan, stellten sich dahinter. Widerwillig kam ich Gaspares Aufforderung nach. Ich hatte keine Wahl. Gebrochen ließ ich den Blick über die Szenerie vor mir gleiten. Der Scharfrichter stand mit seinem Gesellen bereit. Die Menge tobte vor Aufregung. Hinrichtungen waren das Spektakel schlecht hin. Und Hexenverbrennungen vor dem Schloss des Königs, das hatte es noch nie gegeben. Ich sah hinauf in den Himmel. Die Nacht drückte sich wie ein Bluterguss herein und verdrängte die Sonne. Gaspare erhob sich neben mir. Über einer schwarzen Rüstung trug er seinen purpurroten Mantel. Die goldene, fünfgezackte Krone blitzte trotz des Dämmerlichts. Gaspare war eine beeindruckende Erscheinung und wenn ich nicht wüsste, welch grausames Spiel er spielte, hätte vielleicht auch ich anerkennend in der Menge gestanden.

»Heute ist ein guter Tag.« Seine Stimme hallte über den Platz und die aufgeregte Menge verstummte sogleich. Gespannt lauschten sie den Worten ihres Königs. »Heute ist ein guter Tag«, wiederholte er, »heute

Abend wird das Gute einen weiteren Sieg gegen das Böse erringen. Rascara wurde verlacht. Rascara wurde verflucht. Rascara wurde an den Rand des Abgrunds gedrückt. Doch nun sind die Jahre der Verdammnis und Armut vorbei. Eaban untersteht inzwischen meiner Herrschaft. Doch das ist nicht mein Verdienst.« Eine Stille wie auf einem Friedhof hatte sich über den Vorplatz ausgebreitet. Alle warteten gespannt auf die nächsten Worte. »Es ist euer Verdienst, der Verdienst der Bürger Rascaras, und deshalb verneige ich mich vor euch!« Und das tat Gaspare. Er verneigte sich vor seinem Volk, das ihn mit offenen Mündern anstarrte. Und ab diesem Zeitpunkt wusste ich, dass er das Volk hinter sich hatte. Egal, was er nun tat. Ein König, der sich vor dem eigenen Volk verneigte, das hatte es noch nie gegeben. »Mein Dank gilt euch ehrlichen Bürgern«, sprach er weiter. »Ihr habt mitgeholfen, unser Land zu retten, indem ihr die Menschen gefunden habt, die Unheil über unser Königreich bringen: die Hexen!«

»Verbrennt sie!«, schrie ein Mann aus der Menge und Jubel brandete auf, der von den Schlossmauer dröhnend zurückgeworfen wurde.

Gaspare wartete, bis der Beifall abgeebbt war und sprach dann weiter. »Es sind die Hexen mit ihren satanischen Kräften, die Rascara verflucht haben. Und ja, wir werden sie verbrennen, denn es ist unsere Aufgabe, das Böse ein für alle Mal auszulöschen!«

Wieder brandete Beifall über den Platz. Das Volk war wie ein Raubtier, das mit frischem Fleisch vor der Nase gereizt wurde. Nicht mehr lange und es würde sich seine Belohnung selbst holen.

»Es gibt einen Menschen, dem ich an diesem Abend besonders danken möchte. Einer hat das bisher Unmögliche geschafft. Wie ihr sehen könnt, ist die Anführerin dieser Teufelsbande in meiner Gewalt.« Gaspare deutete auf mich. Schuldig senkte ich den Kopf. Ich hielt es nicht mehr aus, in die Gesichter der tobenden Menge zu sehen. »Aradias Macht ist gebrochen. Und einzig und allein das ist der Verdienst meines treuen Boten: Fabio Cavalli!«

Die Menge war mittlerweile außer Rand und Band. Sie riefen im Chor seinen Namen. Den Namen des Mannes, in den ich mich verliebt hatte: Cavalli, Cavalli, Cavalli!

»Tretet vor!«, tönte der König mit seiner sonoren Stimme über die Menge hinweg. Nichts regte sich. »Cavalli, tretet vor!«, wiederholte er. Ich sah auf und suchte den Vorplatz ab, der inzwischen in tiefen Schatten lag. Und da regte sich etwas zwischen den Wachen, die am rechten Rand des Platzes standen. Zwischen ihnen trat der Mann mit den aschblonden Haaren und den eisblauen Augen hervor. Mit gesenktem Blick trat Fabio vor das Podest. Ich suchte seinen Blick, doch er vermied es, mich anzusehen.

»Kniet nieder«, sprach Gaspare, und Fabio tat wie geheißen. Der König zog sein Schwert und hob es über sich. »Für Eure Verdienste am Land Rascara schlage ich Euch, Fabio Cavalli, zum Ritter.« Er senkte sein Schwert und berührte Fabios rechte und linke Schulter. »Erhebt Euch.«

Fabio erhob sich und drehte sich zu der jubelnden Menge um. Sein Gesicht blieb mir verborgen, und so konnte ich nicht sehen, ob er seinen Applaus genoss oder eine Maske des Triumphs aufgesetzt hatte.

»Nehmt zu meiner Rechten Platz, denn das heutige Schauspiel ist Euer Verdienst.«

Irritiert drehte sich Fabio zum König um. Zu dessen Rechten war kein Platz frei. Dort saß Malfois. Ich wandte den Kopf und konnte das Entsetzen in dessen Gesicht sehen. Gaspare beschied seinem Vertrauten, aufzustehen. Zögernd kam dieser der Bitte nach. Und als Fabio auf dem Stuhl Platz nahm, lag für einen kurzen Moment ein tödlicher Blick in Malfois' Gesicht, als er sich versetzt hinter den neu geschlagenen Ritter stellte. Fabio vermied es weiterhin mich anzusehen. Ich zwang mich an die letzten Treffen mit ihm zu denken. An sein Versprechen, mir zu helfen. An unseren Kuss. Das hier war nicht echt. Er war genauso wie ich eine Figur im Spiel der Mächtigen.

»Aradia, die Hexenkönigin ist gebrochen«, verkündete der König und holte mich aus meinen Gedanken. »Seht her, wie sie gefesselt und ohne jede Möglichkeit der Zauberei neben mir sitzt, als wäre sie mein Hund.«

Die Menge lachte und schleuderte mir erneut Beschimpfungen entgegen.

»Rascara ist gerettet. Rascara steht auf. Rascara wird das mächtigste Land der Welt. Und ich als euer König werde euch zu reichen Menschen machen. Es wird euch an nichts fehlen.«

Wieder jubelte die Menge. Gaspare hatte nun auch in die Köpfe der einfachen Menschen den Samen der Gier gesetzt. »Bringt die Hexen und zündet die Fackeln!«, befahl Gaspare und warf seine Hände in die Luft. Wie auf Kommando begann die Menge zu tosen. Mit einem zufriedenen Lächeln setzte er sich zurück auf seinen Thron. Wachen öffneten die Gefängniszellen und zerrten die nach Hilfe schreienden Frauen heraus, während der Scharfrichter und sein Geselle Fackeln holten. Gemeinsam schleiften sie die Frauen auf die Scheiterhaufen und banden sie an die Brandpfähle. Drei Frauen würden heute Abend brennen. Tränen schossen mir in die Augen, und ich sah zur Seite. Ich brachte es nicht über mich zu sehen, wie sich die Frauen noch versuchten zu wehren. Ich ertrug es nicht zu hören, wie sie meinen Namen riefen. Aradia. Hoffnung, die es nicht gab. Denn Aradia war eine Lüge. Ich hatte sie alle getäuscht, einschließlich mich selbst. Ich hatte vorgegeben jemand zu sein, der ich nicht war. Und so gerne ich Aradia wirklich gewesen wäre, an diesem Abend war ich mehr denn je eine einfache Müllerstochter. Eine junge Frau, die nichts war. Die nichts werden konnte. Noch nicht einmal mehr Müllerin. Selbst das blieb mir als Frau versagt.

»Entzündet die Feuer!«, gab der König den letzten Befehl. Das Schluchzen und Schreien der Frauen zerrissen die Nacht. So lange bis das Knistern des hungrigen Feuers lauter wurde. Ein unheimlicher Windstoß fuhr über den Platz und befeuerte die Brände. Schluchzen ging in Husten über, nur noch vereinzelte Schreie waren zu hören. Aradia! Aradia! Aradia!

»Sieh hin!«, verlangte der König, packte mein Kinn und drehte meinen Kopf unsanft zu den brennenden Scheiterhaufen. Das Feuer züngelte an den Brandpfählen hinauf, und schwarzer, dicker Rauch kräuselte sich in den nächtlichen Himmel. Ich schloss meine Augen, spürte die Hitze der Flammen und dachte an meine Mutter. Vor mehr als einem Jahr hatte ich mir geschworen, dem Hexenwahn des Königs ein Ende zu setzen. Ich hatte meiner Mutter versprochen, stark zu sein und an meine

Ziele zu glauben. Ich öffnete wieder meine Augen. Wenn ich jetzt wegsah, hatte ich verloren. Dann hatte Gaspare gewonnen. Dann hatte er mich gebrochen. Dabei hatte ich mir geschworen, bis zum bitteren Ende stark zu bleiben. Und so schluckte ich meine Tränen nach unten, wandte mein Gesicht zum König und knurrte: »Heute habt Ihr vielleicht gewonnen. Aber schon bald wird ein anderer Morgen kommen. Und dann bin ich es, die lacht.«

Gaspare zog seine Hand zurück, doch sein Blick blieb stark. »Das werden wir sehen.«

Kühn reckte ich mein Kinn und stand auf. Und auch wenn es nur eine kleine Geste war, so war sie aber einer Hexenkönigin würdig. Ich stand da und sah andächtig dem grausamen Spektakel zu. Die Männer ließen mich gewähren. Die Schreie waren inzwischen verstummt, doch noch gab das Feuer den Blick auf die toten Frauen nicht frei. Plötzlich machte ich aus dem Augenwinkel eine schnelle Bewegung aus. In hohem Bogen flog ein Gegenstand auf den Scheiterhaufen, der uns am nächsten stand. Fabio fuhr mit einem Aufschrei von seinem Stuhl empor. Verwirrt kniff ich meine Augen zusammen und versuchte in den hellen Flammen zu erkennen, was es war. Der Gegenstand brannte sofort lichterloh und rutschte ein wenig am aufgeschichteten Holz nach unten.

»Nein!«, entfuhr es auch mir, als ich den Gegenstand schließlich erkannte. Es war mein Buch, das Müllerhandwerk, das Malfois am Morgen mit sich genommen hatte. Ich sah nach rechts und blickte in das gleichermaßen entsetzte Gesicht Fabios. Und da wusste ich, dass er genau wie ich diesen Abend mit Schrecken und Abscheu durchlitt. Mit seinen Lippen formte er die Worte: Es tut mir leid. Ich nickte. Dann fiel mein Blick auf Malfois, der hinter ihm stand und dem Geschehen neugierig zusah. Als sich unsere Blicke trafen, lächelte er mir gehässig zu. Dann griff er Fabios Schulter und drückte ihn zurück auf seinen Stuhl. Ich wandte mein Gesicht wieder den Scheiterhaufen zu. Das Buch verwelkte wie eine Blume und schließlich blieb nichts mehr von ihm übrig. So blieb ich stehen, bis die Brände erstarben und nichts mehr als Asche zu sehen war. Es war inzwischen tiefe Nacht. Und während die Menschen nach Hause gingen, im Glauben etwas Gutem zugesehen

zu haben, triumphierte König Gaspare über einen Sieg, den er nicht gewonnen hatte. Und als ich hinaufsah zu meinem Gefängnisturm, dessen Ruhe und Stille ich erstmals herbeisehnte, glaubte ich, zwei smaragdgrüne Augen auf dem Schlossdach aufblitzen zu sehen.

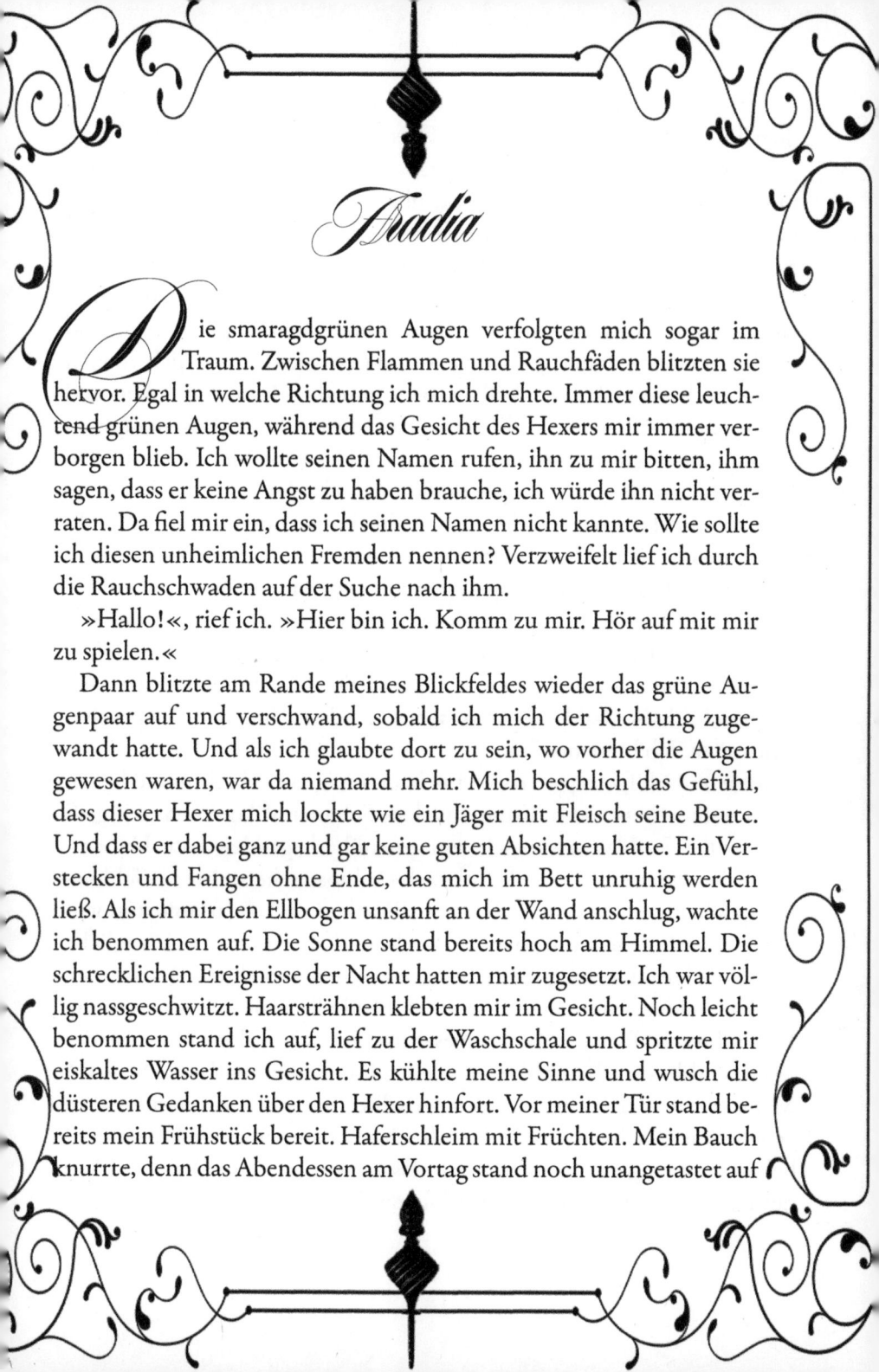

Aradia

Die smaragdgrünen Augen verfolgten mich sogar im Traum. Zwischen Flammen und Rauchfäden blitzten sie hervor. Egal in welche Richtung ich mich drehte. Immer diese leuchtend grünen Augen, während das Gesicht des Hexers mir immer verborgen blieb. Ich wollte seinen Namen rufen, ihn zu mir bitten, ihm sagen, dass er keine Angst zu haben brauche, ich würde ihn nicht verraten. Da fiel mir ein, dass ich seinen Namen nicht kannte. Wie sollte ich diesen unheimlichen Fremden nennen? Verzweifelt lief ich durch die Rauchschwaden auf der Suche nach ihm.

»Hallo!«, rief ich. »Hier bin ich. Komm zu mir. Hör auf mit mir zu spielen.«

Dann blitzte am Rande meines Blickfeldes wieder das grüne Augenpaar auf und verschwand, sobald ich mich der Richtung zugewandt hatte. Und als ich glaubte dort zu sein, wo vorher die Augen gewesen waren, war da niemand mehr. Mich beschlich das Gefühl, dass dieser Hexer mich lockte wie ein Jäger mit Fleisch seine Beute. Und dass er dabei ganz und gar keine guten Absichten hatte. Ein Verstecken und Fangen ohne Ende, das mich im Bett unruhig werden ließ. Als ich mir den Ellbogen unsanft an der Wand anschlug, wachte ich benommen auf. Die Sonne stand bereits hoch am Himmel. Die schrecklichen Ereignisse der Nacht hatten mir zugesetzt. Ich war völlig nassgeschwitzt. Haarsträhnen klebten mir im Gesicht. Noch leicht benommen stand ich auf, lief zu der Waschschale und spritzte mir eiskaltes Wasser ins Gesicht. Es kühlte meine Sinne und wusch die düsteren Gedanken über den Hexer hinfort. Vor meiner Tür stand bereits mein Frühstück bereit. Haferschleim mit Früchten. Mein Bauch knurrte, denn das Abendessen am Vortag stand noch unangetastet auf dem Tisch. Das noch leicht blutige Fleisch mit den Bohnen war mir vorgekommen wie eine eigene Henkersmahlzeit. Daher machte ich mich nun, noch kraftlos von der Nacht, über den süßen Haferschleim her. Gierig aß ich die Schale leer. Mein Blick fiel schließlich auf die neuen Kleider Aradias, die achtlos auf dem Boden lagen. Als mich die Wachen zurück in meinen Turm gebracht hatten, war ich schnell aus ihnen herausgeschlüpft. Sie waren mir wie zusätzliche Fesseln vorgekommen, und ich hatte sie angewidert gegen die Wand geworfen. Schließlich zog ich mir mein braunes Leinenkleid an, band mir die Haare nach oben und setzte mich auf meinen Stuhl neben das Fenster. Die drei Scheiterhaufen standen noch immer vor dem Schloss. Das verkohlte Holz mit den menschlichen Überresten ragte im Sonnenlicht des Tages wie schwarze Zahnstummel empor. Würde dieser Wahnsinn je enden? Nie mehr wollte ich eine weitere Hexenverbrennung mitansehen müssen. Nie mehr sollte eine Hexenverbrennung wegen mir stattfinden. Und so stand für mich fest, das nächste Mal den Hexer nicht mehr zu bitten, Stroh übrig zu lassen. Vielleicht war es besser, dem König seine Wünsche zu erfüllen, bis Fabio und ich eine Lösung für meine Flucht gefunden hatten. Ich hoffte sehr, Fabio bald wieder zu sehen. Ich brauchte eine Perspektive, einen Plan. Ich brauchte ihn.

Rufe und Hufgetrappel rissen mich aus meinen Gedanken und ließen mich aufhorchen. Sie mussten aus dem Schlosshof kommen. Ich griff mir meinen Stuhl und wechselte zur gegenüberliegenden Seite. Und tatsächlich im Gegensatz zum Vorplatz des Schlosses, herrschte im Schlosshof geschäftiges Treiben. Bedienstete, Wachen und sogar Soldaten wuselten wie Ameisen um diverse Pferde und die schwarze, königliche Kutsche. An ihrer Tür prangte ein inzwischen vergoldeter Luchs. Die Kutschenräder waren so groß wie die Heuballen auf unseren Feldern. Vier schwarze Pferde waren angeschirrt. Zwischen dem Hofstaat des Königs erblickte ich das blaue Barrett mit der albernen Feder Malfois'. Mal zeigte er hierhin, mal dorthin, er schien energisch Anweisungen zu geben. Was ging hier vonstatten? Ich schaute eine ganze Weile dem Trubel zu, und langsam formierte sich das Gewirr zu einer Ordnung. Vor der Kutsche postierten sich zwei Dutzend Reiter und nochmal ebenso viele Bedienstete auf vollgepackten Mauleseln. Der Kutscher hatte sich neben Malfois und einem Soldaten, dessen Uniform nur so vor goldenen Abzeichen glänzte, vor die Kutsche gestellt. Und inzwischen wartete eine weitere Transportkutsche hinter diesem Aufzug. Diese war noch mächtiger als die erste. Die Kutschenräder waren so groß wie das Mühlrad unserer Mühle. Und ich hatte noch nie zuvor acht so große und starke Pferde gesehen wie die, die diese Kutsche ziehen sollten. Plötzlich verneigten sich Malfois, und der Kutscher und die Bediensteten taten es ihnen gleich. König Gaspare erschien in meinem Blickfeld. Er trug Reisekleidung. Ein schwarzes ledernes Wams und hohe Stiefel. Ein samtener dunkler Umhang schmiegte sich an ihn. Anstatt seiner Krone trug er einen breitkrempigen Hut. Die Männer wechselten ein paar Worte. Dann kam wieder Bewegung in die Sache. Der Soldat gab ein paar Kommandos und schwang sich selbst auf sein Pferd an der Spitze der Reiterstaffel. Der Kutscher öffnete die Kutschentür. Malfois verneigte sich, als Gaspare einstieg. Und schon setzte sich der gesamte Zug in Bewegung. Was die mysteriöse Kutsche beherbergte, offenbarte sich mir nicht, doch ich konnte mir nur zu gut Hunderte Spulen voll Gold in ihr vorstellen. Der königliche Berater blieb zurück und sah genau wie ich dem immer kleiner werdenden Zug nach, bis er schließlich im dunklen Wald verschwunden war.

König Gaspare hatte also erneut das Schloss verlassen. Und die ganze Aufmachung ließ vermuten, dass er länger auf Reisen sein würde. Erleichterung breitete sich in mir aus. Das war ein gutes Zeichen. Wenn der König nicht zugegen war, würde meine Flucht einfacher zu realisieren sein, da bloß Malfois als Hindernis übrig blieb.

***

Den restlichen Tag ereignete sich nichts Spannendes mehr. Die Scheiterhaufen wurden endlich am Nachmittag abgebaut. Und ich war froh, ihren Anblick nicht mehr ertragen zu müssen, denn ich sah gerne auf den Vorplatz hinab und beobachtete das Kommen und Gehen der Bediensteten. Durch meine Beobachtungen glaubte ich zu wissen, in

welchem Teil des Schlosses sich welche Räumlichkeiten befinden mussten. So war ich mir zum Beispiel sicher, im Trakt gegenüber im Untergeschoss die Küche und Vorratskammer zu finden. Denn durch den dortigen Eingang verschwanden immer die Lebensmittellieferungen und die Küchenjungen. Gaspares Gemächer mussten sich am Kopfende, in den oberen Geschossen befinden. Hier gingen immer sehr spät die Lichter aus und ich hatte schon mehrfach geglaubt, des Königs Silhouette durch die Fenster gesehen zu haben. Was außerdem dafür sprach, war, dass die Pferdeställe an der gegenüberliegenden Schlossseite lagen. König und Getier, das durfte nicht zu nahe zusammenkommen. Ein Gefühl sagte mir, dass ich irgendwann dieses Wissen gebrauchen könnte. Die stumme Magd brachte mir am Abend das Essen, und ich gab ihr das benutzte Geschirr wieder mit. »Ist der König lange fort?«, fragte ich. Sie schien nichts zu wissen und zuckte daher nur mit den Schultern. Solange Gaspare weg war, würde ich jedenfalls in keine weitere Kammer voll Stroh gebracht werden.

***

Fabio besuchte mich endlich, als die Sonne hinter den Schlossdächern verschwunden war. Mein Herz hüpfte vor Freude, als ich ihn durch die Gitterstäbe der Tür erkannte.

»Fabio!« So schnell es meine Fußfesseln erlaubten, lief ich zu ihm. Er lächelte, als er eintrat, und drückte mich fest an sich.

»Es tut mir leid, was gestern Abend passiert ist«, sagte er leise, sein Blick voller Mitleid. Als er sich zu mir beugte, konnte ich den vertrauten Duft seiner Haut wahrnehmen, eine Mischung aus frischem Heu und der warmen, erdigen Note von Leder. Sein Atem strich über meine Haut, und für einen Moment stand die Welt still. Dann fanden seine Lippen die meinen, zart und gleichzeitig voller Dringlichkeit. Seine Hände an meinem Rücken stark und beschützend. Für einen kurzen Augenblick war alles vergessen, die Sorgen, die Dunkelheit, die uns umgab. Dann drängten sich wieder die Bilder der vergangenen Nacht in meinen Geist. Ich löste mich sanft aus unserem Kuss und sah zu ihm auf. »Gaspare ist verreist?«

Er lächelte. »Du bist gut informiert.«

Ich strich über seine Brust, wobei mir auffiel, dass er ganz anderes gekleidet war als sonst. Sein einfaches Hemd und seinen purpurroten Umhang hatte er durch ein beiges Leinenhemd getauscht, über dem er eine edle, aus dunkelblauem Brokat gefertigte Weste trug. Die Kleidung stand ihm gut, betonte seine markanten Gesichtszüge und ließ seine Augen mehr denn je erstrahlen. Mein Herz schlug noch immer schnell von unserem Kuss.

»Bei dem Trubel im Schlosshof war seine Abreise kaum zu übersehen.«

»Gaspare reist über Eaban nach Narzieu und dann weiter an die Grenze der Südlande. Er will bei den Verhandlungen um die Herrschaftsübernahme vor Ort sein.« Fabios Hand wanderte meinen Rücken hinab. Seine Finger hinterließen ein kribbelndes Gefühl.

Ich nickte zufrieden. So etwas in der Art hatte ich mir schon gedacht. »Dann wird er längere Zeit fort sein?«

»Ich schätze einen Monat.«

Einen Monat. Die Zeit kam mir wie ein Geschenk des Himmels vor. »Dann haben wir genug Zeit, um meine Flucht zu planen und in die Tat umzusetzen.«

Zu meiner Verwunderung verschwand Fabios warmes Lächeln. Er fuhr sich mit der Hand durch die Haare, und ich konnte den inneren Kampf in seinen Augen sehen, während er unruhig im Turmzimmer auf und ab schritt. Schließlich blieb er stehen, sein Blick ernst und besorgt. »Es wird nicht einfach«, begann er, seine Worte schwer wie Blei. »Malfois ist hier geblieben und führt die hiesigen Geschäfte weiter.«

»Einer weniger, das ist mehr als ich zu hoffen gewagt hatte«, erwiderte ich, meine Stimme schwoll vor Tatendrang. Ein Funken Hoffnung flackerte in mir auf. »Du hast den Schlüssel. Tief in der Nacht, wenn alle schlafen, lässt du mich einfach frei. So schwer kann das doch nicht sein.«

»Ich bin nun Ritter des Königs. Ich kann mich nicht mehr so frei im Schloss und im Land bewegen wie zuvor.«

»Aber als Ritter hast du mehr Befugnisse als ein Bote.« Ich lief

schnell zu ihm und ergriff wieder seine Hände. »Du hast versprochen, mir zu helfen.«

Fabio sah mich ernst an. Die eisblauen Augen hätten mich frösteln lassen, wenn seine Hände nicht so warm gewesen wären. »Und mein Wort halte ich«, sagte er, und Erleichterung durchflutete mich. »Aber Malfois ist ein Problem. Ich habe das Gefühl, dass er mich beobachtet. Ich wollte schon früher kommen und dachte mir, während Gaspares Abreise wäre ein guter Zeitpunkt. Doch er gab diesen und jenen Auftrag. Wie, als wenn er mich von meinen eigenen Plänen abhalten wollte. Wie, als wenn er wüsste, dass ich zu dir gehe.«

»Aber er weiß nicht, dass du zu mir kommst. Oder?«

Fabio schüttelte den Kopf. »Nein. Ich bin sehr vorsichtig, was meine Besuche bei dir angeht. Niemand ist mir bisher gefolgt.«

Erleichtert atmete ich auf. Wenn Fabio aufflog, war meine einzige Chance auf Flucht dahin.

»Und wo ist Malfois jetzt?«, fragte ich. Der Hofastrologe war ein schlauer Fuchs. Fabio hatte Recht, wir durften ihn nicht unterschätzen.

»Bei Pater Angelito in der Kapelle.«

»Will er seine Sünden beichten?«, fragte ich mit einem bitteren Lächeln auf den Lippen.

»Er geht in letzter Zeit jeden Abend in die Schlosskapelle. Keiner darf ihn dorthin begleiten. Noch nicht einmal seine Leibwache. Manchmal bleibt er dort eine halbe Stunde, manchmal auch länger.«

»Dann ist das die Zeit, in die wir meine Flucht legen.«

»Vielleicht.« Fabio schien in Gedanken.

»Wer ist dieser Malfois überhaupt?«, fragte ich und setzte mich aufs Bett. »Ich meine, er ist der Vertraute des Königs, Gelehrter und Hofastrologe. Aber wo kommt er her? Er ist nicht von Rascara. Habe ich Recht? Er ist Narzianer.«

Fabio seufzte. Er schien vieles zu wissen, gleichzeitig unsicher darüber, was er mir erzählen sollte. Schließlich setzte er sich neben mich aufs Bett. »Einst war er der Vertraute von König Gregoire, doch er fiel in Ungnade. Niemand weiß genau, warum. Einige behaupten, er habe etwas von großem Wert gestohlen, andere munkeln, er habe geheime

Informationen an Eaban verkauft. Wie gesagt, es weiß keiner so wirklich. Vielleicht sind es alles nur Hirngespinste, denn unter den Schlossbediensteten wird viel geredet und noch mehr spekuliert.«

Ich schüttelte den Kopf. Da hatte ich meinen Beweis. Malfois war eine Zecke, die sich so lange an einen König klammerte und ihn aussaugte, bis sie genug hatte. »Nein, an Gerüchten ist immer ein Funken Wahrheit.« Und dann erzählte ich Fabio von meinen Beobachtungen am Morgen in der letzten Kammer. Wie Malfois von »Wir« gesprochen hatte. »Wir« werden die Herrschaft übernehmen. Und wie seine Miene entgleist war, als der König ihm als Dank lediglich eine Goldspule überreicht hatte. »Ich glaube, Malfois verfolgt seine eigenen Ziele. Er will Gaspare stürzen, wenn die Zeit reif ist. Er strebt nach dem Thron. Er will König werden.«

Fabio stand abrupt auf. »Wenn es stimmt, was du sagst, dann ist das ganze Königreich in Gefahr.«

Ich sah zu ihm auf. Und in diesem Moment war er nicht mehr der einfache Bote des Königs, sondern ein Ritter des Landes. Mit energischem Blick und tief in Gedanken versunken lief er im Turmzimmer auf und ab, bis er schließlich in der Mitte des Zimmers stehen blieb und sich langsam zu mir umdrehte. »Was hat dieser Hexer eigentlich von dir in der letzten Kammer verlangt?«

Irritiert von seinem Gedankensprung winkte ich ab: »Nichts Materielles. Ein kleines Versprechen, das aber nicht der Rede wert ist.« Der Tauschhandel mit dem Hexer kam mir immer noch mehr als absurd vor. Ich und Königin, lächerlich. Ich und ein Kind mit dem König, völlig ausgeschlossen.

Fabio sah mich mit einem intensiven Blick an, fast so, als ob er in mein Innerstes blickte.

Ich wusste nicht, warum, aber es war mir peinlich, vor Fabio diesen Handel offenzulegen. Am Ende glaubte er noch, ich wolle den König stürzen und Königin werden. Um das Thema zu wechseln, brachte ich ihn auf andere Gedanken: »Aber ich habe diesmal etwas von dem Hexer bekommen.« In Anbetracht der vielen Ereignisse hatte ich die seltsame Münze fast vergessen. Ich griff in meinen Ausschnitt und zog sie hervor.

Nachdem Malfois auch das halb verkohlte Buch nicht entgangen war, erschien mir mein Körper als das beste Versteck. »Schau, diese Münze hat der Hexer in der Kammer verloren. Ich habe sie auf dem Boden liegend gefunden, als er sich schlicht und ergreifend in Luft aufgelöst hatte.« Die Münze lag schwer in meiner Hand, fast als ob sie mehr Bedeutung trug, als es zunächst den Anschein hatte.

Fabio setzte sich neben mich, seine Nähe schickte ein vertrautes, warmes Gefühl durch meinen Körper. »Darf ich?«, fragte er leise. Ich nickte, und er nahm mir die Münze vorsichtig aus der Hand. Im flackernden Schein der Laterne betrachtete er sie mit konzentrierter Miene, drehte sie langsam zwischen seinen Fingern. Seine Augenbrauen zogen sich prüfend zusammen. »Ich habe noch nie eine solche Münze gesehen.«

»Ich auch nicht«, gab ich zu, eine Spur von Enttäuschung in meiner Stimme. Ich hatte gehofft, dass Fabio etwas über diese mysteriöse Münze wusste – vielleicht ein Hinweis auf den Hexer, der uns weiterhelfen könnte.

»Nomen atque omen«, las er die Inschrift vor.

»Weißt du, was das bedeutet?«

»Das ist ein uralter lateinischer Vers.«

Das hatte ich vermutet. Als einfache Müllerstochter hatte ich keine Schule besucht. Ich konnte froh sein, das Schreiben und Lesen heimlich von meiner klugen Mutter und das Rechnen von meinem Vater gelernt zu haben. Doch Geschichte, Wissenschaften, alte Sprachen, das blieb lediglich den Kaufleuten und dem Adel vorbehalten.

»Ich glaube *nomen* bedeutet *Name*. Aber der Rest fällt mir gerade nicht mehr ein. Ist schon zu lange her ...«, sagte Fabio mit nachdenklichem Blick.

»Du kannst die Sprache lesen!«, stellte ich überrascht fest. Ich hatte geglaubt, Fabio sei nur ein einfacher Bote gewesen. »Wie kann das sein?«

Fabio sah mich mit einem funkelnden Blick an, ein leichtes Lächeln spielte um seine Lippen. »Unterschätzt du mich etwa?« Seine Stimme war tief und neckend, und ich konnte das amüsierte Glitzern in seinen Augen sehen.

Ich grinste und rutschte ein wenig näher an ihn heran, sodass sich ein weiteres Wort zog Fabio mich auf seinen Schoß. Ich spürte, wie seine Arme sich fest um meine Taille schlangen, und ich ließ mich willig von ihm führen. Mein Körper drückte sich eng an seinen, mein Herz hämmerte, während ich ihn ansah, als würde jede Faser in mir auf mehr warten, auf die nächste Berührung, den nächsten Kuss.

Seine Hände glitten forschend über meine Hüften.

»Ich kann nicht mehr lange bleiben«, murmelte er, seine Stimme tief und rau, seine Augen von Verlangen verhangen. Er hatte Recht. Die Gefahr lag wie ein Schatten über uns. Jeden weiteren Moment, den er hier verbrachte, war ein Risiko, und das Wissen darum brannte in mir, machte alles aber umso intensiver. Anstatt aufzuhören, glitten meine Finger in sein Haar und zogen ihn noch dichter zu mir.

»Ich will nicht, dass du gehst«, flüsterte ich in sein Ohr.

Seine Lippen fanden schließlich den Weg zu meinem Hals. Jede Berührung auf meiner Haut ließ ein Feuer in mir auflodern, meine Haut kribbelte dort, wo er mich küsste, seine Hände wanderten über meine Hüften zum Saum meines Kleides und verharrten dort.

»Bleib bis zum Morgengrauen«, bat ich, »Noch nie ist jemand in der Nacht gekommen, um nach mir zu sehen.«

Langsam, mit einer fast qualvollen Zärtlichkeit, wanderten seine Hände unter mein Kleid. Der Blick, den er mir dabei schenkte, ließ mich innerlich verglühen. Mein Atem stockte, als seine Hände langsam meine Oberschenkelinnenseite hinaufstrichen. Noch nie in meinem Leben hatte ich so etwas gefühlt, war so weit mit einem Mann gegangen.

»Ich spiele mit dem Feuer«, raunte er und schickte mit diesen Worten eine Gänsehaut über meinen Körper.

»Was haben wir noch zu verlieren?«, keuchte ich, als sich seine Hände um meinen Po schlossen. Ich hatte alles verloren. Meine Familie, mein Zuhause, selbst meine Rolle als vermeintliche Hexe bröckelte. Seit Wochen war ich eine Gefangene. Ich wollte frei sein. Und in diesem Moment mit Fabio fühlte ich mich frei und lebendig.

»Eine ganze Menge«, murmelte er mit rauer Stimme, die vor Verlangen bebte. Bevor ich darauf antworten konnte, warf er mich mit einer geschickten Bewegung auf das Bett. Es war nicht grob, sondern voller

Leidenschaft und drängender Sehnsucht. Ich lachte leise, überrascht von seiner stürmischen Art, und bevor ich noch einen klaren Gedanken fassen konnte, stützte er sich über mich. Mein Kleid war bis zu den Hüften nach oben geschoben, und ich spürte seine sanften Berührungen. Ich seufzte, als seine Lippen mein Dekolleté mit Küssen überhäuften und seine Hand schließlich meine empfindsamste Stelle berührte und liebkoste. Ich zuckte unwillkürlich zusammen und verspannte mich.

Fabio sah zu mir auf. »Sag mir, wenn ich aufhören soll.« Wahrscheinlich spürte er, dass das hier etwas völlig Neues für mich war.

Ich schüttelte den Kopf. »Es ist genau das, was ich will.«

Seine Augen verdunkelten sich. »Dann lass dich fallen.« Und mit diesen Worten begann er wieder mich zu streicheln. Fester und mit mehr Druck. Ich stöhnte. Als er mit dem Finger schließlich in mich eindrang, spürte ich, wie sich eine Welle voll Lust in mir aufstaute. Hier und jetzt, das war alles, was im Moment zählte. Ich spreizte die Beine und lehnte mich ihm entgegen. Mit geschlossenen Augen gab ich mich ganz dem Gefühl seiner Berührungen hin, die immer schneller und tiefer gingen. Und schließlich spürte ich, wie sich die angestaute Welle in mir Bahn schlug und mit einem Aufstöhnen über mich hereinbrach. Ich grub meine Hände in das Laken unter mir und bäumte mich zitternd auf. Es war ein unbeschreibliches Gefühl. Ich fühlte mich leicht, als würde die Glückseligkeit mich von innen heraus erhellen. Fabio sah mich an, seine Augen brannten vor Verlangen und Zärtlichkeit zugleich. Mit einem sanften Lächeln beugte er sich über mich, strich mir eine Haarsträhne aus dem Gesicht und legte seine Stirn an meine.

»Das war wunderschön«, hauchte ich immer noch völlig außer Atem.

Fabio schenkte mir ein sanftes Lächeln. »Du warst vorher noch nie mit einem Mann?« Seine Stimme war leise, fast ehrfürchtig, als wolle er die Bedeutung dieses Moments nicht zerbrechen.

Ein wenig verlegen, aber ohne Scham, schüttelte ich den Kopf. Er schien meine Unsicherheit zu spüren, denn er neigte sich näher und flüsterte: »Wir lassen uns Zeit. Ich gebe dir so viel du brauchst.« Seine

Worte waren wie ein sanfter Schutzmantel, der mich einhüllte und mir die Ruhe und Sicherheit gab, die ich in seiner Nähe immer verspürte.

Ich sah in seine Augen, spürte die Wärme, die von ihm ausging, und als Antwort auf seine Zärtlichkeit stahl ich ihm einen weiteren Kuss.

Aradia

Den ganzen Tag über fühlte ich mich, als würde ich auf Wolken schweben. Jeder Gedanke an Fabio ließ ein warmes Kribbeln in meinem Bauch entstehen, und ein unwillkürliches Lächeln breitete sich auf meinen Lippen aus. Die Nacht mit ihm war unbeschreiblich gewesen – eine Verbindung, die ich in meinen kühnsten Träumen nicht hätte erahnen können. Seine Berührungen, seine Nähe, all das hatte mich in eine Welt getragen, in der ich mich endlich frei und lebendig fühlte. Und nun sehnte ich das nächste Treffen mit ihm herbei, mit jeder Stunde wuchs die Vorfreude, ihn wiederzusehen. Bevor er in den frühen Morgenstunden gegangen war, hatte er mir fest versprochen, Nachforschungen über die seltsame Münze des Hexers anzustellen. Ich wusste, dass ich mich in ihm nicht getäuscht hatte – er war loyal und stark, bereit, alles aufs Spiel zu setzen, was er sich hart erarbeitet hatte, allein um mir zu helfen. Für mich würde er die Gefahr auf sich nehmen, selbst seine Stellung im Königreich zu riskieren. Bald, so hoffte ich, würde all das hier ein Ende finden. Bald würde ich dieses verfluchte Schloss hinter mir lassen, all die Fesseln, die mich festhielten, abschütteln und meinen Vater suchen. Doch würde Fabio mir folgen? Würde er seinem neuen Leben als Ritter den Rücken kehren, um mit mir fortzugehen? In diese Hoffnung mischte sich ein kleiner Zweifel. *Ich habe Gaspare viel zu verdanken. Es fällt mir nicht leicht, ihn zu hintergehen.* Das waren seine Worte gewesen. Wie weit würde Fabio gehen? Reichten seine Gefühle für mich so weit, mich zu begleiten? Oder nur so weit, um mir zur Flucht zu verhelfen?

Während ich über all das nachdachte und von einer gemeinsamen Zukunft mit ihm träumte, hörte ich plötzlich schwere Schritte und das Klappern von Rüstungen die Treppe hinaufkommen. Alarmiert richtete ich mich auf dem Bett auf.

»Packt sie und fesselt ihr die Hände«, hörte ich eine bekannte Stimme. Kurz darauf erschien Malfois' kaltes, siegessicheres Lächeln, als er auf die Zimmertür zukam und sie schwungvoll öffnete. Seine Augen funkelten voller Vorfreude.

Ich rutschte auf meinem Bett zurück in die Ecke. »Was wollt ihr von mir?«, fragte ich. Sollte ich etwa schon jetzt wieder in eine Kammer voll Stroh gebracht werden? Seine beiden Leibwachen kamen mit großen Schritten auf mich zu. Während mich der Glatzköpfige packte, fesselte der Bärtige meine Hände hinter dem Rücken.

»Soll ich etwa schon wieder Stroh zu Gold spinnen? Meine Kräfte sind erschöpft!« Ich sah Malfois fragend an.

»Keine Sorge. Hexen wirst du vorerst nicht müssen. Wir machen nur einen kleinen Ausflug.« Sein Grinsen wurde bei diesen Worten noch breiter.

Verwirrt legte ich meine Stirn in Falten. Einen Ausflug? Mein Herz hämmerte bei dem Gedanken, es könne möglicherweise wieder eine Hexenverbrennung anberaumt sein. Vielleicht diesmal in der Stadt oder in einem der umliegenden Dörfer?

»Bitte, keine Hexenverbrennungen mehr! Ich spinne euch Stroh zu Gold. Ich tue alles, was Ihr verlangt.«

Malfois lachte kalt und schnalzte mit der Zunge, als wäre mein Widerstand eine reine Belustigung für ihn. Seine beiden Leibwächter griffen hart an meinen Armen zu und zerrten mich schließlich hinter ihm her. Zu meiner Überraschung liefen wir nicht bis hinunter zur großen Eingangshalle, sondern wandten uns bereits im dritten Stockwerk von der Treppe ab und traten hinaus auf einen Korridor, der ungleich prächtiger war als der Rest des Schlosses. Hohe, mit Gold reich verzierte Wände säumten unseren Weg. Die schweren Samtvorhänge an den Fenstern dämpften das Tageslicht und tauchten den Gang in ein warmes, beinahe erdrückendes Halbdunkel. Die Decke war kunstvoll mit Fresken bemalt, die mythologische Szenen darstellten. In regelmäßigen Abständen standen Statuen von mächtigen Herrschern

und Kriegern, als wollten sie die Macht und den Reichtum des Königs in Stein meißeln. Irritiert kniff ich die Augen zusammen. Wo brachte mich Malfois hin? Wenn ich mich nicht ganz täuschte und meine Beobachtungen vom Turm aus stimmten, näherten wir uns den privaten Gemächern König Gaspares.

»Wo bringt Ihr mich hin?«, fragte ich noch einmal, bekam jedoch keine Antwort. »Gaspare ist fort, ich habe seine Abreise gesehen. Was wollt Ihr von mir?«

Malfois lief unbeirrt weiter.

»Ich weiß, was Ihr wollt. Ich habe Euren gierigen Blick auf das viele Gold gesehen. Ich soll heimlich für Euch Stroh zu Gold spinnen. Habe ich Recht?«

Der Hofastrologe blieb abrupt stehen, drehte sich um und kam mir mit ausgestrecktem Zeigefinger gefährlich nahe. Sein Gesicht war eine Fratze des Zorns. »Halt den Mund du einfältiges Mädchen oder ich lasse dich knebeln.«

Mutig sah ich ihm entgegen. Er konnte mir so viel drohen, wie er wollte. Ich hatte keine Angst mehr vor ihm, denn ich wusste, Fabio würde kommen und mir helfen. Bald war diese Tortur vorbei. Malfois funkelte mich zornig an, drehte sich dann um und winkte seinen Leibwachen, ihm wieder zu folgen. Hinter der nächsten Biegung erhoben sich vor uns schließlich zwei gewaltige Doppeltüren aus dunklem Ebenholz, deren Griffe und Zierleisten mit Gold überzogen waren. Diese Türen führten zweifelsohne zu den Gemächern des Königs.

Beim Anblick des Raumes dahinter verschlug es mir den Atem. Vor mir öffnete sich ein großzügiger, holzgetäfelter Saal, in den das helle Sonnenlicht durch hohe Fenster strömte. Von hier aus hatte ich einen direkten Blick auf den Schlosshof und konnte in der Ferne den Turm sehen, in dem ich mittlerweile schon so lange gefangen war.

In der Mitte des Raumes stand ein großer Tisch, umgeben von prachtvoll gepolsterten Stühlen, deren Stoff im Licht der funkelnden Sonnenstrahlen schimmerte. Über dem Tisch hing ein gewaltiger, goldener Kronleuchter, der mit seinen unzähligen Kristallen das Licht in alle Richtungen reflektierte. Die Wände waren in einem tiefen Dunkelrot tapeziert, und an der Längswand prangte ein offener Kamin aus weißem Marmor, über dem ein großer Spiegel hing, der das Sonnenlicht auf faszinierende Weise einfing und den Raum noch heller erscheinen ließ. Noch nie hatte ich solch eine verschwenderische Pracht gesehen. Die Wachen schleiften mich hinter Malfois her, der bereits die nächste Tür erreicht hatte. Sie war mit goldenen Blattornamenten geschmückt. Hinter dem Esszimmer befand sich das Schlafzimmer des Königs, das noch prachtvoller war. Die Wände hier waren mit goldener Farbe geschmückt. Auf der linken Seite stand ein riesiges Himmelbett, dessen weißer Baldachin bis zum Boden hinabfiel. Spätestens jetzt war mir klar, dass man mich in keine Kammer voll Stroh bringen würde. Doch was hatte Malfois vor? Was hatte er mit mir in den Privatgemächern Gaspares zu suchen? Das nächste Zimmer war mit einer lebhaften Tapete geschmückt, die eine Vielzahl von Waldtieren darstellte. Ein listiger Fuchs, ein munterer Hase und selbstverständlich auch der majestätische Luchs waren abgebildet, der in den königlichen Gemächern nicht fehlen durfte.

Das Zimmer wirkte fast völlig leer, abgesehen von einem üppig gepolsterten Sessel, einem kleinen Schemel und einem eleganten Stehspiegel, der die Farben der Tapete widerspiegelte. Plötzlich griff der Hofastrologe an die Wand, und ich konnte meinen Augen kaum trauen, als er eine auf den ersten Blick unsichtbare Tür öffnete. Dahinter erschien ein Kleiderschrank, in dem ordentlich aufgehängte Kleidungsstücke auf ihren Einsatz warteten. Malfois schob sie zur Seite und verschwand im Schrank. Die Wachen blieben unsicher und verloren mit mir im Raum stehen. Es schien, als wären sie genauso überrascht, Malfois in den Kleiderschrank des Königs klettern zu sehen. Für einen Moment blieb er verschwunden, bis schließlich wieder seine Hand sichtbar wurde, die die Wachen aufforderte, ihm zu folgen. Zögerlich setzten sie sich in Bewegung, als wüssten sie nicht ganz, was sie von diesem seltsamen Schauspiel halten sollten.

»Wo bringt Ihr mich hin?«, fragte ich erneut, obwohl ich wusste, dass ich keine Antwort erwarten konnte. Kaum hatte ich das ausgesprochen, packte mich eine Wache an den Füßen, während die andere mich unter den Armen ergriff und mich hoch in den Schrank hievte.

»Hier entlang«, hörte ich Malfois' Stimme aus der Dunkelheit des Schranks hallen. Alles, was ich erkennen konnte, waren die verschwommenen Umrisse der Wachen. In diesem Teil des Schranks hingen keine Kleider mehr. Es handelte sich um einen Geheimgang, verborgen hinter den pompösen Stoffen des Königs.

Nach ein paar Schritten wendeten die Wachen sich nach links, und bald umschloss uns vollständige Dunkelheit. Das Holz ächzte unter dem Gewicht der Männer, und hin und wieder hörte ich das Schaben ihrer Rüstungen an den Wänden. Der Gang musste sehr eng sein.

»Bleibt stehen«, befahl plötzlich Malfois, der sich weiter vor uns befinden musste. Ich hörte, wie er mit der Hand suchend über die Wand strich. »Ah, hier ist es«, murmelte er. Kurz darauf hörte ich ein leises Klicken, und eine Tür schwang quietschend auf. Schwaches Licht kroch herein und bestätigte zumindest meine Vermutung, in einem Geheimgang des Schlosses zu sein. Die Wachen setzten sich wieder in Bewegung. Schließlich traten wir in einen kümmerlich beleuchteten Raum. Die Wachen setzten mich ab, und ich nutzte die Gelegenheit, mich umzusehen. Der Raum war zwar ähnlich prunkvoll ausgestattet wie das Schlafzimmer des Königs, jedoch fehlte ihm das Flair der Helligkeit. Am Ende des Zimmers stand ein majestätisches Himmelbett mit einem zarten weißen Baldachin, der sanft im Licht des prasselnden Feuers im Kamin schimmerte. Neben dem Bett befand sich ein großer Eichentisch, an dem ein einzelner Stuhl stand, sowie eine massive Holztruhe, die wie ein geheimnisvolles Relikt wirkte. Das Einzige, was ich vermisste, waren Fenster. Ich fühlte mich verloren, ohne jegliche Orientierung darüber, wo wir uns im Schloss befanden.

»Willkommen in deinem neuen Zuhause«, sagte Malfois und breitete seine Hände in einer einladenden Geste aus.

Verwirrt sah ich zu ihm. Das Turmzimmer hatte bisher seinen Zweck erfüllt: Ein Gefängnis, aus dem ich nicht hatte entweichen können. Warum also brachte er mich nun hierher?

»Was führt Ihr im Schilde?«, fragte ich unverfroren.

Er ließ sich nicht beirren. »Aradia, du bist wertvoller als alles Gold der Welt. Sieh es als deinen eigenen Schutz an, dass ich dich hierhergebracht habe.« Seine Stimme klang fast sanft, aber in seinen Augen lag ein unergründliches Glitzern, das mich misstrauisch machte.

Ich schüttelte den Kopf. »Nein, Ihr versteckt mich!«

»Handfesseln lösen«, befahl er den Wachen, ohne auf meine Aussage einzugehen.

»Weiß der König von meinem neuen Aufenthaltsort?«, fragte ich, während die eine Wache die Lederriemen um mein Handgelenk löste.

»Keine Sorge, sobald er zurückkommt, werde ich ihn darüber unterrichten.« Malfois wandte sich an seine Wachen. »Unsere Arbeit ist getan. Wir gehen.«

»Nein«, flehte ich, »ich will zurück in mein Turmzimmer!«

Doch die Männer waren schon wieder durch die kleine Tür getreten. Ich versuchte zu ihnen aufzuschließen, aber die Fußfesseln hinderten mich an einem schnellen Fortkommen. Beinahe verlor ich das Gleichgewicht.

»Du wirst dieses Schloss niemals verlassen«, erklang Malfois' Stimme aus den Schatten des Geheimgangs, kalt und unbarmherzig. Ein leises Knarren ließ die Tür hinter ihm ins Schloss fallen. Sie verschmolz mit der Wand. Als ich endlich die Stelle erreichte, an der sich der Durchgang befunden hatte, war dort keine Tür mehr zu sehen. Ich tastete alles ab. Suchte nach einer Furche. Mein Herz schlug schneller, als ich eine feine Linie entdeckte, aber meine Versuche, sie zu öffnen, blieben erfolglos. Verärgert hämmerte ich mit den Fäusten gegen die Wand, meine Schreie hallten in der stillen Dunkelheit wider, doch nichts geschah. Die Einsamkeit umhüllte mich, und irgendwann rutschte ich, erschöpft und von Tränen überströmt, an der Wand hinab, unfähig, die Verzweiflung zu verbergen, die mich in ihren kalten Griff nahm.

»Wo bin ich?«, fragte ich in die Stille und Einsamkeit.

Ich schloss meine Augen und versuchte ruhig zu atmen. Wieder war ich gefangen im Schloss. Wieder war mir Malfois einen Schritt voraus gewesen, als ob er die sich anbahnende Flucht mit seiner riesigen Hakennase gerochen hätte. Und wieder war ich machtlos gegen mein Schicksal. Fabio würde heute Nacht ein verwaistes Turmzimmer vorfinden. Würde er mich suchen? Nur wie sollte er mich in diesem geheimen

Zimmer, von denen nicht einmal die Leibwachen Malfois' gewusst zu haben schienen, finden? Es war unmöglich. Ich sah wieder das gehässige Gesicht der Hakennase vor mir. Nein, ich durfte zumindest nicht tatenlos aufgeben. Nachdem ich mich von meinem ersten Schock erholt hatte, begann ich, mich in dem Zimmer umzusehen. Ich ging hinüber zu dem großen Eichentisch, der mir leider keine Geheimnisse offenbarte. Als nächstes wandte ich mich zu der Holztruhe. In ihr lagerten zwei Kerzen, mehrere Wasserkrüge und kleinere Essensvorräte. Darunter ein Säckchen Hafer, ein Säckchen mit gedörrtem Obst und ein weiteres Säckchen mit verschiedenen Nüssen. Alles Nahrungsmittel, die einfach gelagert werden konnten. Außerdem fand ich eine Essschale und einen Löffel. Zu meinem Missfallen kein Messer. Malfois hatte an alles gedacht. Ich drehte mich langsam im Kreis, während ich den Raum musterte, der mir wie ein geheimnisvolles Rätsel erschien. Er war weder ein Gefängnis, noch wirkte er wie das gewöhnliche Gemach eines Königs. Vielleicht war die Tür, durch die wir hereingekommen waren, nicht die einzige? Ein Hauch von Hoffnung keimte in mir auf. Ich schlurfte zurück zu der Längswand, an der sich die mir bekannte Geheimtür befand. Schon jetzt war es schwer die feinen Furchen wieder zu finden. Ich hatte eine Idee und ging zurück zum Kamin. Dort nahm ich mir vorsichtig vom Rand des Feuers ein verkohltes Stück Holz und kehrte dann zu der Geheimtür zurück. Ich drückte das Holz auf die feine Linie und zeichnete so die Umrisse der Geheimtür nach. Bei geöffnetem Zustand sollte die Nachzeichnung nicht auffallen. Und selbst wenn es dem Hofastrologen auffiel, was sollte er tun? Wenn er es wegwusch, würde ich es wieder nachzeichnen. Zufrieden mit meinem Werk begann ich, die restliche Längswand abzutasten. An der Kopfseite des Raums stieß ich schließlich auf eine schmale Tür. Der kleine goldene Türgriff war so perfekt in die Ornamente der Tapete eingearbeitet, dass er mit bloßem Auge nur von Nahem auffiel oder wenn man wusste, dass es ihn gab. Mein Herz machte einen kleinen Sprung vor Entdeckerfreude, jedoch war ich enttäuscht, als ich sah, was sich hinter der Tür verbarg: Ein Abort. Und so langsam dämmerte mir der Zweck dieses geheimen Zimmers. Bei einem Krieg, einer Belagerung oder einer Schlosserstürmung konnte der König hierher fliehen. Hier konnte er einige Tage verweilen. Er hatte zu Trinken und zu Essen. Er hatte einen Abort. Er konnte am Tisch noch Geschäfte tätigen und musste, dank des Kamins, nicht frieren. Das Versteck machte allerdings nur Sinn, wenn es einen weiteren Weg hinausausgab. Im Falle einer Flucht, würde sich der König ansonsten in einer Sackgasse befinden. Ich ließ meinen Blick zum hundertsten Mal durch das Zimmer gleiten. Hier verbarg sich etwas vor meinen Augen, da war ich mir sicher.

Fabio

Verdammt. Ich hatte mich verliebt. Velia. Ihr Name schmeckte wie süßer Honig auf meinen Lippen, doch die bittere Realität, dass ich niemals mit ihr zusammen sein konnte, brannte in meiner Brust wie Salz in einer offenen Wunde. Velia wurde für die Hexenkönigin Aradia gehalten. Ich könnte sie in der Dunkelheit befreien, ihr den Weg in die Freiheit ebnen, doch als Ritter des Königs war mir die Flucht mit ihr verwehrt. Mein Herz zerriss bei dem Gedanken. Zu lange hatte ich davon geträumt, diesen Moment zu erreichen – den Stalljungen weit hinter mir zu lassen und den Titel eines Ritters zu tragen. Ich war jetzt dort, wo ich immer hatte sein wollen: ein Ritter von Rascara, stolz und loyal meinem Land gegenüber verpflichtet. Trotzdem lag ich nun gedankenversunken auf meinem Bett, während meine Finger nervös auf meiner Brust trommelten. Loyalität oder Liebe – war es wirklich eine Entscheidung? Der Titel, den ich so lange begehrt hatte, wog schwer auf meiner Seele. Konnte ich Ritter eines Königs sein, der gegen jede Moral danach strebte, der mächtigste Herrscher des Kontinents zu werden und alle Länder zu unterjochen? Konnte ich neben Malfois stehen, seine Befehle ausführen und abends noch in den Spiegel schauen? War das Ritterdasein das alles wert? Meine Gedanken wanderten wieder zu Velia. Eine Müllerstochter, die sich nichts sehnlicher wünschte, als ihre getötete Mutter zu rächen. Die sich mutig gegen den König stellte und dutzende Frauen vor ihrem qualvollen Tod rettete. Was für ein Mann war ich, solche Entschlossenheit zu ignorieren? War es nicht besser, für das zu kämpfen, was man liebte? Hatten uns das nicht alle Sagen, Legenden und religiösen Schriften gelehrt? Wie konnte ich den Wahn des Königs beenden und zugleich Velia befreien? Jeder hielt sie für die

Hexenkönigin. Niemand würde mir glauben, wenn ich behauptete, das alles sei ein großes Missverständnis. Und warum? Wegen des geheimnisvollen, unbekannten Hexers, der für sie das Stroh zu Gold spann. Der Hexer ...

Kerzengerade richtete ich mich im Bett auf. Ja, er war der Schlüssel zur Lösung sämtlicher Probleme. Wenn ich König Gaspare den wahren Magier des Königreiches auslieferte, könnte ich Ritter bleiben und mit Velia zusammen sein. Und wer weiß, vielleicht konnte dieser mysteriöse Mann mit seiner Macht sogar dem Wahn des Königs ein Ende bereiten. Bisher hatte der Hexer Velia geholfen. Oder nicht? Allerdings vermutete ich, dass es weitaus schwieriger sein würde, ihn zu fangen, schwieriger als es bei der vermeintlichen Aradia der Fall gewesen war. Wenn dieser Mann in verschlossenen Kammern wie aus dem Nichts auftauchen konnte, dann half keine Fessel und kein Gefängnis der Welt. Die Münze, die Velia in der Kammer gefunden hatte, war das bisher einzige Indiz zu seiner Existenz. Dieses Symbol – das gehörnte Wesen mit Ziegenfüßen – hatte ich irgendwo schon einmal gesehen, doch ich konnte mich nicht erinnern wo. Es ließ mir keine Ruhe. Entschlossen rappelte ich mich auf und zog mich an. Der drängende Wunsch, das Rätsel zu lösen, überlagerte alles. Mein nächstes Ziel war klar: die Schlossbibliothek. Dort, zwischen den staubigen Seiten alter Folianten, musste ich Antworten finden. Wenn nicht zu dem unheimlichen Ungeheuer, dann wenigstens zu dem lateinischen Satz, der mir nicht mehr aus dem Kopf ging: *Nomen atque omen*. Vielleicht verbarg sich darin der Schlüssel zu allem.

***

Es dämmerte bereits, als ich mich endlich erhob, mich streckte und den steifen Nacken rieb. Die Stunden in der Bibliothek hatten sich endlos hingezogen. Buch um Buch hatte ich durchwühlt, in der Hoffnung, etwas über diesen fremden Hexer zu finden. Doch meine Ausbeute war enttäuschend. Weder zu dem gehörnten Ungeheuer noch zu hexenden Männern hatte ich brauchbare Hinweise entdeckt. Es schien, als gäbe es sie schlichtweg nicht. Hexen, ja, die gab es. Die Bibliothek des Schlosses

war reich bestückt mit Abhandlungen über Dämonen und Hexenverfolgungen. Aber immer waren es Frauen, die als vom Teufel verführt und verflucht dargestellt wurden. Männer fanden in diesen Berichten keinen Platz, als ob das Übel der Magie einzig und allein in weiblicher Gestalt existierte. Ein besonders verstörendes Buch beschrieb, wie ein Ehemann seine Frau als Hexe entlarven konnte – eine Methode war mir bekannt: die Nadelprobe. Wenn man eine Nadel in ein vermeintliches Hexenmal stach und es nicht blutete, galt dies als eindeutiges Zeichen, dass man eine Hexe vor sich hatte. Andere Methoden waren so grausam, dass mir übel wurde, während ich darüber las. Es war absurd. All diese Theorien, diese abscheulichen Praktiken, wenn Velias Erzählung zu Folge der einzige Mensch, von dem jemals echte Magie ausgegangen war, ein Mann war. Meine Recherchen über den Hexer liefen ins Leere. Nichts, keine Hinweise, keine Spur.

Einzig den eingravierten Satz *Nomen atque omen* und das Wort *Magia* hatte ich übersetzen können. *Magia* bedeutete schlichtweg *Magie* oder *Zauber*. Die Übersetzung des Ausdrucks *Nomen atque omen - Name und zugleich auch Vorbedeutung -* gab mir hingegen Rätsel auf. Was sollte das bedeuten? Und welcher Name war gemeint? Ich löschte die Kerzen um mich herum und spürte, wie sich die Dunkelheit langsam über den Raum legte. Die letzten Bücher schob ich zurück ins Regal. Mein Kopf blieb voll von ungeklärten Fragen. Vielleicht sollte ich mir die Münze noch einmal genauer ansehen, etwas an ihr schien mir weiterhin ein Rätsel. Sollte ich es jetzt wagen, Velia im Turmzimmer zu besuchen? Oder lieber auf den Schutz der Nacht warten? Unruhig lief ich hinaus auf den langen Korridor und ließ meinen Blick durch die hohen Fenster gleiten. Malfois stand mit seinen beiden Leibwachen auf dem Schlosshof, wobei Lejan, der Bärtige, gerade dabei war ein Pferd zu satteln. Was der Hofastrologe wohl wieder im Schilde führte? Mein Blick wanderte hinauf zum hohen Turm. Der Gedanke an Velia, allein und eingesperrt, ließ mein Herz schneller schlagen. Ich konnte mir nicht vorstellen, dass Malfois um diese Stunde noch einmal bei ihr auftauchen würde. Außerdem war er gerade anderweitig beschäftig. Und selbst wenn – was könnte er tun? Im schlimmsten Fall würde er mich nur vor der verschlossenen Tür erwischen. Die Schlüssel zur Turmzelle konnte ich um diese Zeit ohnehin nicht aus der Wachkammer entwenden. Aber vielleicht reichte es für heute einfach mit Velia zu sprechen – durch das kleine Sichtgitter ihrer Zellentür. Vielleicht würde allein der Klang ihrer Stimme mir helfen, klarer zu denken. Ich eilte den langen Korridor entlang, meine Schritte hallten auf den Steinfliesen wider, während meine Gedanken unruhig um Velia kreisten. Ich nahm die große Treppe hinauf in den obersten Stock und spürte, wie mein Herzschlag sich mit jedem Schritt beschleunigte. Als ich die schmale Wendeltreppe erreichte, die zum Turmzimmer führte, übersprang ich fast jede zweite Stufe, getrieben von dem Gefühl, dringend mit Velia über das weitere Vorgehen sprechen zu müssen. Hatte dieser geheimnisvolle Hexer ihr jemals seinen Namen genannt? Oder verraten, woher er kam? Warum hatte ich das nicht früher hinterfragt? Doch bevor ich diese Gedanken weiterverfolgen konnte, blieb mir augenblicklich der Atem stocken. Die schwere Tür des Turmzimmers stand halb offen. Ein eisiger Schauer lief mir über den Rücken. Ich näherte mich vorsichtig, mein Herz schlug jetzt wie ein Hammer in meiner Brust. Mit zitternden Fingern legte ich die Hand an das alte Holz und drückte die Tür langsam weiter auf.

»Velia?«, fragte ich vorsichtig, bekam jedoch keine Antwort. Ein kalter Knoten bildete sich in meinem Magen. War sie geflohen? Ohne mir etwas zu sagen? Verdutzt trat ich weiter in das Zimmer, mein Blick suchte jede Ecke ab, als könnte sie sich irgendwo verborgen halten.

Gerade als ich den Kopf schüttelte und meine Gedanken zu ordnen versuchte, huschte plötzlich etwas neben dem Bett aus dem Schatten. Ich fuhr erschrocken zusammen, mein Herz setzte für einen Moment aus, als eine Gestalt aus der Dunkelheit auftauchte.

»Hast du mich erschreckt«, entfuhr es mir, während ich in die rehbraunen Augen der stummen Magd blickte, die regungslos neben dem Bett stand. Ihr Gesicht war ausdruckslos, doch in ihren Augen lag etwas, das mich innehalten ließ – eine stumme Warnung, vielleicht auch Sorge. In ihrer Hand hielt sie die schwarzen Kleider, die Velia als Aradia getragen hatte. Ich atmete tief durch und versuchte, meinen rasenden Puls zu beruhigen. »Wo ist Velia?«, fragte ich.

Die Magd sah mich kurz fragend und mit großen Augen an, dann zuckte sie mit den Schultern. Es war eine Schande, dass ein so junges, hübsches Mädchen nicht sprechen konnte. Und im Augenblick war es auch unpraktisch. Ich trat an die Fenster und sah hinaus auf den Schlosshof. »Seltsam ...«, sagte ich, mehr zu mir selbst als zu der Magd. »Es wurde in den letzten Tagen kein Stroh ins Schloss geliefert. Das hätte ich mitbekommen.« Velia konnte demnach nicht schon wieder in eine Kammer gesperrt worden sein. Und angenommen sie hätte fliehen können, würde es um das Schloss dann nicht nur so vor Wachen wimmeln? Ich drehte mich wieder zu der Magd um.

»Normalerweise bringst du Velia das Essen, nicht wahr?«

Meine Stimme war ruhig, aber in meinem Inneren war ich aufgewühlt wie die raue See. Das Mädchen sah mich fragend an, als hätte sie meine Worte nicht ganz verstanden. Mir wurde klar, dass ich ihren richtigen Namen benutzt hatte. Daher korrigierte ich mich: »Das Essen. Du bringst es Aradia jeden Tag, richtig?«

Nun nickte sie.

Mein Blick wanderte wieder zu den Kleidern in ihren Händen. »Sollst du das Zimmer aufräumen?«

Sie nickte erneut.

Ein dunkler Verdacht kroch in mein Bewusstsein, unaufhaltsam und beängstigend. Mein Magen zog sich zusammen, als mir ein schrecklicher Gedanke in den Sinn kam. »Wer hat dich geschickt?« Meine Stimme war jetzt schärfer, dringlicher. »War es Malfois?«

Sie antwortete natürlich nicht, doch ihre Stille war lauter als Worte. Ihr angsterfüllter Blick verriet mir, dass ich goldrichtig lag. Ein eisiger Schauer lief mir über den Rücken. Was führte dieser Mann im Schilde? Was hatte er vor, während der König fort war? War deshalb seine Leibwache zu einer Mission aufgebrochen? Und wo hatte er Velia hingebracht?

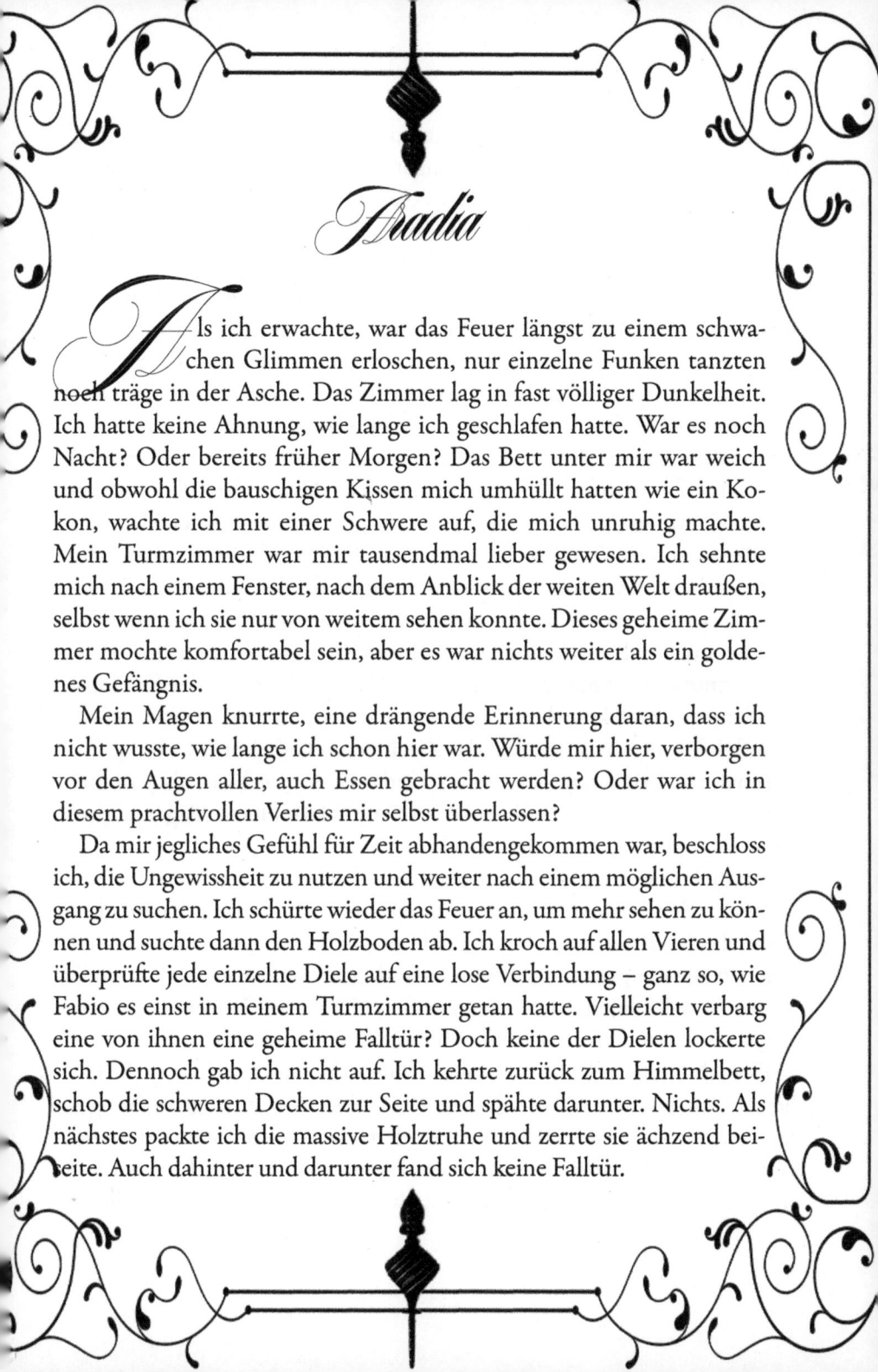

Aradia

Als ich erwachte, war das Feuer längst zu einem schwachen Glimmen erloschen, nur einzelne Funken tanzten noch träge in der Asche. Das Zimmer lag in fast völliger Dunkelheit. Ich hatte keine Ahnung, wie lange ich geschlafen hatte. War es noch Nacht? Oder bereits früher Morgen? Das Bett unter mir war weich und obwohl die bauschigen Kissen mich umhüllt hatten wie ein Kokon, wachte ich mit einer Schwere auf, die mich unruhig machte. Mein Turmzimmer war mir tausendmal lieber gewesen. Ich sehnte mich nach einem Fenster, nach dem Anblick der weiten Welt draußen, selbst wenn ich sie nur von weitem sehen konnte. Dieses geheime Zimmer mochte komfortabel sein, aber es war nichts weiter als ein goldenes Gefängnis.

Mein Magen knurrte, eine drängende Erinnerung daran, dass ich nicht wusste, wie lange ich schon hier war. Würde mir hier, verborgen vor den Augen aller, auch Essen gebracht werden? Oder war ich in diesem prachtvollen Verlies mir selbst überlassen?

Da mir jegliches Gefühl für Zeit abhandengekommen war, beschloss ich, die Ungewissheit zu nutzen und weiter nach einem möglichen Ausgang zu suchen. Ich schürte wieder das Feuer an, um mehr sehen zu können und suchte dann den Holzboden ab. Ich kroch auf allen Vieren und überprüfte jede einzelne Diele auf eine lose Verbindung – ganz so, wie Fabio es einst in meinem Turmzimmer getan hatte. Vielleicht verbarg eine von ihnen eine geheime Falltür? Doch keine der Dielen lockerte sich. Dennoch gab ich nicht auf. Ich kehrte zurück zum Himmelbett, schob die schweren Decken zur Seite und spähte darunter. Nichts. Als nächstes packte ich die massive Holztruhe und zerrte sie ächzend beiseite. Auch dahinter und darunter fand sich keine Falltür.

Die Stunden verstrichen, und mit jeder Minute fühlte ich mich hoffnungsloser und schwächer. Der Hunger nagte an mir, der Durst brannte
in meiner Kehle. Ein unangenehmes Gefühl breitete sich in mir aus, ein
Verdacht, dass ich hier vielleicht nicht regelmäßig versorgt werden würde. Der Gedanke ließ mir das Blut in den Adern gefrieren.

Schließlich gab ich nach und wandte mich der Truhe erneut zu, diesmal in anderer Absicht. Ich öffnete sie und inspizierte den Inhalt genauer. Das Wasser in dem Krug sah sauber aus, und als ich daran roch,
konnte ich nichts Auffälliges wahrnehmen. Ich tauchte einen Finger hinein und leckte daran. Kein bitterer Geschmack. Wobei, warum sollte
Malfois mich vergiften? Wenn er mich tot sehen wollte, hätte er mich
längst köpfen, hängen oder brennen lassen. Also nahm ich drei tiefe
Schlucke, die meine Kehle kühlten, und griff dann zu einer Handvoll
Trockenobst und Nüssen. Es war keine üppige Mahlzeit, wenigstens
stillte es die schlimmsten Qualen des Hungers für den Moment. Ich zün-
dete einige der Kerzen an, um mehr Licht im Zimmer zu haben und beschloss, nochmals die Wände nach einer verborgenen Tür abzusuchen.
Ich konnte nicht untätig herumsitzen. Als ich wieder an der Kopfseite
des Zimmers angekommen war, lehnte ich frustriert meine Stirn an die
Wand. Ich war mir sicher, dass das Zimmer ein Geheimnis verbarg. Tief
durchatmend versuchte ich, meine Gedanken zu ordnen, als plötzlich
– ganz leise – ein dumpfes Knarren ertönte. Mein Herzschlag beschleunigte sich. Hatte ich mir das eingebildet?

Ich hielt den Atem an, meine Sinne geschärft auf jedes noch so kleine
Geräusch. Fest drückte ich mein Ohr gegen die Wand. Noch einmal erklang das Knarren, dumpf und gedämpft, dann verschwand es. Schnell
eilte ich zur Längsseite des Zimmers und drückte dort mein Ohr an die
Wand. Wieder hörte ich die knarrenden Geräusche. Waren das Schritte? Ja, das hörte sich an wie Schritte und sie kamen näher.

Ehe ich meine Erkenntnis richtig realisieren konnte, schwang die Geheimtür auch schon auf. Malfois trat ein, gefolgt von seiner glatzköpfigen
Leibwache. Mein Atem stockte, und ich drückte mich fest an die Wand,
verborgen im Schatten hinter ihnen. Für einen Augenblick bemerkten
sie mich nicht. Der Hofastrologe hielt inne, schien irritiert, vielleicht

sogar kurz besorgt. Mit einem ruckartigen, fast panischen Blick fuhr er herum, als seine Augen mich schließlich fanden. Eine Mischung aus Erleichterung und Verachtung glitt über sein Gesicht. Sein selbstgefälliges Lächeln kehrte zurück, als er die Fassung wiedergewann. »Ich hätte es wissen müssen, dass unsere Hexe das Zimmer durchschnüffelt.«

Ich sah ihm mit festem Blick entgegen.

»Kein Zauberspruch, der dir die Geheimnisse des Zimmers offenbart?«, er grinste unverhohlen, und fast klang es sarkastisch. Er genoss sichtlich seine machtvolle Stellung, nun da er Herr des Schlosses und König Gaspare nicht anwesend war.

»Ich sagte doch, meine Kräfte sind angeschlagen.«

»Wie schade«, befand er und schaute sich ein wenig im Zimmer um. »Ich sehe, du hast es dir bequem gemacht. Die Essensvorräte in der Truhe hast du entdeckt.«

»Ein bisschen Trockenobst und Nüsse machen mich nicht satt«, antwortete ich bissig.

»Die Tage, an denen du verwöhnt wurdest und dreimal am Tag Essen bekamst, sind vorbei.« Malfois sagte das so beiläufig, als redete er über das Wetter.

»Dann wird es eben immer weniger zu Gold gesponnenes Stroh geben.«

»Dann wird es eben immer häufiger Hexenverbrennungen im Schloss geben«, entgegnete er gereizt. Irgendetwas musste geschehen sein, dass seine Laune versaut hatte. Da waren wir also wieder. Drohung gegen Drohung. Feindselig blickten wir uns an. Beide stur wie Ochsen. Schließlich ergriff wieder Malfois das Wort: »Weißt du, eigentlich könntest du kooperieren. Du könntest einfach tun, was von dir verlangt wird. Eine liebe und freundliche Hexenkönigin sein und uns helfen, das Land von den bösen kleinen Hexen zu befreien. Dann wärst du die einzige und mächtigste Hexe auf der Welt. Gemeinsam könnten wir Großes erschaffen und das Land regieren. Wie hört sich das für dich an?«

War das sein Ernst? »Ihr habt mich gefangen genommen wie ein Tier. Ihr tötet unschuldige Frauen im Glauben, dem Land einen großen Dienst zu erweisen. Ihr macht hinter dem Rücken des Königs dreckige

Geschäfte. Und da glaubt Ihr, ich würde mit Euch kooperieren?« Ich lachte.

Malfois kniff seine Augen zornig zusammen.

Ich spielte das Spiel weiter und warf ihm meine nächste Drohung an den Kopf. »Was passiert, wenn ich Gaspare bei seiner Rückkehr von Euren verräterischen Machenschaften erzähle?«

Doch er verzog keine Miene, im Gegenteil, seine Antwort kam prompt: »Fabio Cavalli, unser neuer berühmter Ritter, ist ein so guter Junge. Treu und loyal. Wie tragisch, wenn er sich bei einem seiner nächsten Ausritte das Genick brechen würde.«

Die unverfrorene Drohung traf mich wie ein Schlag. Ich versuchte mir jedoch nichts anmerken zu lassen und wie mein Gegenüber keine Miene zu verziehen. »Warum sollte ich auch nur einen Gedanken an diesen Cavalli verschwenden? Den Mann, dem ich meine Gefangenschaft zu verdanken habe.«

Malfois' Grinsen breitete sich auf eine grausame Art aus, als würde es seinen Kopf in zwei Hälften teilen. Seine Augen funkelten diabolisch. »Oh Aradia, mich kannst du nicht täuschen. Ich weiß, wie nahe ihr beiden euch inzwischen seid.«

Mein Herz zog sich schmerzhaft zusammen, und ich musste all meine Kraft aufbringen, um die Fassung zu bewahren. Woher wusste er das? Wie lange beobachtete er uns schon? War Fabio jetzt in Gefahr?

Ich schluckte schwer, versuchte die Panik hinunterzuwürgen, die in mir aufstieg, und entgegnete so kühl wie möglich: »Ich weiß nicht, was Ihr meint. Tut mit dem Ritter, was Ihr wollt. Es ist mir egal.« Beiläufig zuckte ich mit den Schultern, so als ob es nichts wäre. Innerlich tobte hingegen die Angst wie ein Sturm. Jeder Herzschlag dröhnte in meinen Ohren. Würde Malfois Fabios Leben aufs Spiel setzen?

Er trat zum Kamin. Das Feuer war inzwischen wieder herabgebrannt. »Es ist kühl hier drin. Der Herbst hat Einzug gehalten. Bosco, schür doch das Feuer wieder an. Unsere Hexe soll es zumindest wohlig warm in ihrer neuen Stube haben.«

Dieser harte Themenwechsel irritierte mich. Dieser Mann war von offenen Drohungen zu gespielter Freundlichkeit zurückgekehrt.

Wahrscheinlich hatte er sich darauf zurückbesonnen, dass Gaspare bei seiner Rückkehr eine funktionsfähige Hexe vorfinden sollte, die ihm zu weiteren Reichtümern verhalf.

Seine Leibwache tat wie geheißen und schon bald brannte wieder ein großes Feuer und wärmte den Raum.

»Mein Vorschlag zur Kooperation bleibt. Überlege es dir. Wir hätten beide Vorteile.« Malfois schenkte mir nochmal einen eindringlichen Blick, dann gab er Bosco ein kurzes Nicken, und gemeinsam verschwanden sie wieder durch die Geheimtür. Als diese sich schloss, zeichnete meine Aschemarkierung ihre Konturen deutlich an der Wand ab.

Sofort presste ich mein Ohr gegen die Seitenwand. Das leise Knarren von Dielen im Geheimgang war deutlich zu hören. Ohne zu zögern, folgte ich dem Geräusch, bis das Bett meinen Weg versperrte. Eins wusste ich jetzt sicher: Der Geheimgang umschloss das Zimmer, führte von der Kopfseite bis zur Längsseite. Heute waren die beiden Männer nicht von rechts gekommen wie gestern, sondern von links. Das musste bedeuten, dass das Schloss noch mehr versteckte Gänge verbarg. Ein Funken Hoffnung flammte in mir auf. Außerdem war Malfois schockiert gewesen, mich nicht sofort zu sehen. Er hatte Angst gehabt, dass ich aus dem Zimmer geflohen sein könnte. *Ich schnüffle herum*, hatte er gesagt. Ja, ich war mir sicher, es gab einen weiteren Weg hier heraus. Und je schneller ich ihn fand, umso besser. Fabio war in Gefahr. Ich musste ihn retten, oder zumindest warnen. Nicht mehr nur mein Leben stand auf dem Spiel, sondern auch seines. Und so begann ich zum dritten Mal, die Wände des Zimmers nach Hinweisen auf eine Geheimtür oder verborgene Schließmechanismen abzusuchen.

Aradia

Nichts. Ich hatte das Zimmer mehrfach umrundet, jede nur erdenkliche Stelle der Wand abgetastet. Dass noch keine Furchen im Boden von meinen vielen Umrundungen zu sehen waren, wunderte mich. Ich hatte mir sogar den Stuhl genommen, um an höhere Stellen der Wände zu gelangen. Nichts. Zum Schluss hatte ich noch den Abort näher untersucht. Da hier offensichtlich seit längerem niemand mehr seine Geschäfte erledigt hatte, stank es wenigstens nicht. Der Abfluss musste irgendwo außerhalb des Schlosses rauskommen. Aber da ich keinerlei Orientierung hatte, wo ich mich im Schloss befand, war das lediglich eine Vermutung. Ich hätte alles getan, um meiner Gefangenschaft zu entfliehen. Doch der Abort war zu eng, als dass ich mich dort hätte durchzwängen können. Frustriert und erschöpft warf ich mich aufs Bett. Der Ascherahmen der Geheimtür prangte an der Wand, wie um mich zu verhöhnen. Selbst die mir bekannte Geheimtür bekam ich nicht auf. Ich war mir sicher, sie musste sich auch von innen öffnen lassen. Sonst wäre jeder hier drin dem Tode geweiht. Eine Idee schoss mir in den Kopf. Wenn Malfois wieder kommen sollte, würde ich direkt hinter der Tür warten. Sie schwang nach innen auf. Also würden mich die Männer zunächst nicht sehen. Wenn ich mich schnell und geschickt anstellte, könnte ich die Tür hinter ihnen zuschlagen. Und dann würde ich ja sehen, wie die Geheimtür wieder geöffnet werden konnte. Wobei Malfois sicherlich nicht so dumm sein würde, mich dann weiterhin hier allein zu lassen. Entweder würde er mich woanders verstecken, mich fesseln oder mir dauerhaft eine Wache als Wachhund an die Seite stellen. Die Idee war gut, aber sie würde mein Plan B bleiben. Plan A war immer noch das Rätsel dieses Zimmers selbst zu lösen. Aus eigenen Stücken den Weg hinauszufinden.

Wo Fabio jetzt wohl war? Suchte er nach mir? Oder hatte ihm Malfois ebenfalls offen gedroht? Ich schloss die Augen. Wären wir doch in jener Nacht geflohen. Hitze schoss mir in die Wangen, als ich daran dachte, was wir stattdessen getan hatten. Ich hätte beharrlicher sein müssen, hätte mich nicht auf Nachforschungen zu der geheimnisvollen Münze oder einem ausgefeilten Fluchtplan einlassen dürfen. Die nächste Chance und wenn sie noch so klitzeklein sein sollte, würde ich ergreifen. Was sollte schon passieren? Wenn mich die Wachen wieder einfangen sollten, würde ich wieder eingesperrt werden. Mehr als weitere Hexenverbrennungen als Strafe für mich würden nicht folgen. Der Gedanke schmeckte bitter und zeigte mir, dass ich in der andauernden Gefangenschaft begann abzustumpfen. Waren mir die zu Unrecht verurteilten Frauen inzwischen egal? Mir selbst würde jedenfalls nichts geschehen, bis der König sein Ziel, der mächtigste Herrscher des Kontinents zu sein, erreicht hatte.

Ein knackendes Geräusch ließ mich zusammenzucken – ein Stück Holz war im Kamin explodiert. Funken verpufften in der Glut, und ich atmete erleichtert auf. Zum Glück waren sie nicht auf den Holzboden geflogen. Ein Brand in einem Raum ohne Fluchtmöglichkeit wäre der Gipfel des Hohns gewesen. Es war warm genug, vielleicht sogar zu warm. Ich beschloss, das Feuer zu löschen, die Glut würde für die Nacht ausreichen. Als ich vor den Kamin trat, traf es mich wie ein Blitzschlag. Wie hatte ich nur so verblendet sein können? Der Kamin war das Einzige in diesem Raum, das ich noch nicht gründlich durchsucht hatte. Aufgeregt durchzuckte mich ein heißes Gefühl. Malfois hatte mir unbeabsichtigt den entscheidenden Hinweis geliefert. Als sie mich hierhergebracht hatten, hatte bereits ein Feuer im Kamin gebrannt. Und heute hatte er explizit darauf bestanden, dass es erneut angefacht wurde. Das konnte kein Zufall sein. Er hatte gesehen, wie ich das Zimmer durchsucht hatte, und das Feuer hatte meinen Blick absichtlich vom Kamin ferngehalten. Mein Herz begann schneller zu schlagen. So schnell es meine gefesselten Füße zuließen, hastete ich zur Truhe, griff nach den Wasserkrügen und goss den ersten mit zitternden Händen über das brennende Holz. Eine dichte Dampfwolke stieg auf, Glut flackerte auf, hartnäckig, daher

griff ich den nächsten Krug. Wieder prasselte Wasser auf das Holz, und die Flammen wichen zurück. Der dritte Krug, der letzte, besiegelte das Schicksal des Feuers. Ich sah zu, wie das letzte Glutstück erlosch und hoffte inständig, dass meine Vermutung richtig war – denn nun war mein Trinkwasser verbraucht.

Der Kamin an sich war noch zu heiß, um ihn abzusuchen. Mir blieb nichts anderes übrig, als abzuwarten, bis der Stein abgekühlt war. Ungeduldig ließ ich mich vor dem Kamin nieder. Ich betrachtete das rechteckige Feuerloch, in das sich locker ein erwachsener Mann bücken konnte. Ruß hatte die Steinwände geschwärzt, doch von hier aus konnte ich keine Furchen oder Anzeichen eines verborgenen Mechanismus erkennen. Vorsichtig beugte ich mich über das nasse Holz und spähte in den Kamin hinauf. Der Abzug verschwand nach wenigen Zentimetern in Dunkelheit – nichts Auffälliges. Ich strich mit den Fingern über die Steinwand. Sie war noch heiß, aber es war erträglich. Auf allen Vieren kroch ich in den Kamin hinein, tastete die Wände ab, doch es war nichts zu finden. Keine Unebenheiten, keine Furchen. Ruß färbte meine Hände schwarz, aber ich ließ nicht locker. Frustriert drückte ich erneut gegen die Längswand. Nichts. Ich änderte den Winkel und schob nach links. Und da gab die Wand nach, langsam, ruckelnd. Ein fingerbreiter Spalt öffnete sich. Ich stieß einen Jubelschrei aus.

Mit beiden Händen packte ich den Spalt und zog an der Wand. Ruckelnd schob sie sich zur Seite, bis die vordere Steinwand des Kamins in der Zimmerwand verschwand. Vor mir öffnete sich ein dunkler, niedriger Gang, ohne jegliches Licht. Ich zögerte kurz und warf einen Blick über die Schulter. Es wäre überraschend, wenn Malfois heute noch einmal auftauchen würde. Entschlossen kroch ich in den engen Geheimgang und tauchte in die Dunkelheit ein.

Aradia

Der Geheimgang hatte etwas von einer düsteren Höhle, rau und unheimlich. Hier waren keine Holzplanken ausgelegt, sondern meine Füße traten auf naturbelassenen Stein. Die Decke des Gangs war so niedrig, dass ich gebückt gehen musste. In der undurchdringlichen Dunkelheit hielt ich meine Hände schützend vor mich und machte kleine Schritte, während ich immer wieder innehielt, um nach links und rechts zu tasten. Irgendwann beschloss ich zur Vorsicht lieber auf allen Vieren weiter zu kriechen. Und das war mein Glück. Nach nur wenigen Metern fühlte ich mit meiner rechten Hand plötzliche gähnende Leere. Wo der Boden hätte sein sollen, führte eine steile Treppe hinab. Wäre ich weiterhin aufrecht gegangen, wäre ich mit meinen gefesselten Füßen in die Tiefe gestürzt und hätte mir womöglich das Genick gebrochen. Ein Schaudern überkam mich bei dem Gedanken. Auf allen Vieren kroch ich die steile Treppe hinab, während der modrige Geruch immer intensiver wurde. Nach dutzenden Stufen erreichte ich endlich wieder ebenen Boden und folgte dem Gang weiter. Ewig lang kroch ich in der Dunkelheit, der einzige Begleiter mein eigener Atem, der von den Wänden widerhallte. Schließlich griff ich erneut ins Leere und stieß auf eine weitere steile Treppe, die hinabführte. Unten angekommen, hielt ich inne – Geräusche drangen an mein Ohr. Dumpfes Scheppern, Schlagen und Gemurmel. Mit angehaltenem Atem kroch ich weiter. Schließlich kitzelte ein köstlicher Geruch von Gebratenem meine Nase und ließ meinen Magen knurren. Der Tunnel machte eine Biegung und plötzlich fiel Licht auf mich. Meine an die Dunkelheit gewöhnten Augen musste ich zunächst schützend zusammenkneifen. Das Licht kam durch ein Gitter, das in die Steinwand eingelassen war und den

Blick in die Schlossküche freigab. Befand ich mich in einer Art Abzugsschacht? Still beobachtete ich das rege Treiben in der Küche. In einer Ecke klapperten Küchenjungen mit dem sauberen Geschirr, während der Küchenmeister ihnen lautstark Anweisungen erteilte. Drei weitere Küchenjungen waren gerade dabei, Kürbisse klein zu schneiden, während wiederum andere in der Nähe des Herds zugange waren, das Feuer anschürten oder den riesigen Spieß drehten, auf dem eine ganze Gans brutzelte. In der hintersten Ecke waren einige Küchenmägde damit beschäftigt, das schmutzige Geschirr zu reinigen. Zwischen dem geschäftigen Treiben schlich eine Katze umher, auf der Suche nach Essensresten oder vielleicht nach einer Maus. Kurz überlegte ich, auf mich aufmerksam zu machen, doch dann erinnerte ich mich wieder an die wütende Menge auf dem Schlosshof, die mich, die vermeintliche Hexenkönigin, beschimpft hatte. Nein, mir würde niemand helfen. Und so kroch ich schnell weiter. Der Gang machte eine erneute Biegung und hüllte mich wieder in völlige Dunkelheit. Nur die Geräusche der Küche, die mich noch einige Meter verfolgten, ließen erahnen, dass ich mich mitten im Schloss befand. Eine weitere, kürzere Treppe führte hinab, dann folgte ich wieder dem engen Schacht geradeaus. Wie lange ich bereits unterwegs war, wusste ich nicht; ich hatte jegliches Zeitgefühl verloren. Plötzlich schlug ich mir den Kopf an einer Steinwand an und ertastete die kalte Oberfläche – keine Spur von einem Durchgang, nichts als eine Sackgasse. Verärgert schnaufte ich. In der tiefen Dunkelheit musste ich eine Abbiegung übersehen haben. Zum ersten Mal durchzog ein Schauer der Angst meinen Körper. Das Schloss war ein unübersichtliches Labyrinth aus Geheimgängen. Es musste einen Ausweg geben, aber vielleicht hätte ich bedachter, weniger überstürzt an die Suche herangehen sollen. Ich beschloss, umzukehren, und zwar zurück in das Geheimzimmer. Für meine nächste Erkundungstour würde ich eine Kerze mitnehmen. Ich krabbelte den ganzen Weg zurück und kam endlich wieder an der beleuchteten Küche vorbei. Der Betrieb hatte sich beruhigt. Die Küchenjungen waren gegangen und gerade verließ auch der Küchenmeister den Raum. Wie auf Kommando tratschten die Mägde los.

»Malfois mit seinen extra Wünschen ist schlimmer als der König«, meinte die eine.

»Matuso hat erzählt, er benimmt sich furchtbar. Er kommandiert die Dienerschaft herum, als wäre er Gott persönlich.«

»Was nimmt sich dieser Halunke heraus! Er ist noch nicht einmal Rascarer, benimmt sich, als wäre er etwas Besseres.«

Fabio hatte Recht – im Schloss blieb nichts verborgen. Gerade wollte ich weitergehen, als eine weitere Magd die Küche betrat. Sofort erkannte ich sie. Es war das stumme Mädchen, das mir immer das Essen gebracht hatte. Sie trug einen hohen Stapel benutztes Geschirr und stellte ihn neben die drei Küchenmägde auf den Spültisch. Ich hielt inne.

»Dieser Malfois frisst wie ein Mastschwein«, kommentierte eine den Anblick des vielen Geschirrs. Ich musste grinsen. Zu sagen, der königliche Berater wäre unbeliebt, war schon fast eine Untertreibung. Ich blieb sitzen, um die Mägde weiter zu beobachten. Vielleicht erfuhr ich noch etwas, das von Nutzen sein könnte.

»Sag mir bitte, dass das hier das letzte Geschirr für heute ist«, maulte die kleine, dürre Küchenmagd und strich sich erschöpft über die Stirn.

Das Mädchen nickte und ging den Dreien zur Hand.

»Ich hoffe, Gaspare kommt bald zurück«, ergriff wieder die dürre Küchenmagd das Wort.

»Es hieß, er solle noch eine Woche unterwegs sein«, sagte die Kräftigste von den Dreien.

»Jeder Tag, an dem wir für diesen Malfois arbeiten ist einer zu viel«, maulte die dritte Magd.

»Wenn ihr mich fragt, sollte der König Malfois zurück in die Wüste schicken«, meinte wieder die Dürre.

»Pass auf, dass er das nicht hört. Sonst bist du es, die in der Wüste landet«, bemerkte die stämmige Küchenmagd und alle drei lachten. Selbst auf das Gesicht des stummen Mädchens schlich sich ein Lächeln. Schließlich waren alle Teller gewaschen, abgetrocknet und säuberlich auf dem Tisch gestapelt.

»Kommt ihr noch mit zu Matuso und den anderen Männern?«, fragte die dürre Magd, während sie ihre Schürze auszog.

»Nein, ich bin müde und lege mich direkt in mein Bett«, antwortete die Kräftige. »Aber viel Spaß euch.« Und schon war sie verschwunden.

»Ich komme mit«, sagte die dritte Küchenmagd und lief, ohne auf eine Reaktion des stummen Mädchens zu warten, mit der Dürren davon.

Das stumme Mädchen blieb allein in der Küche zurück. Ein tiefes Mitleid überkam mich, als ich an ihr einsames Dasein dachte. Wie musste es sich anfühlen, gefangen in einem Körper zu sein, der die eigenen Gedanken nicht preisgeben konnte? Die Vorstellung ließ mir das Herz schwer werden.

In diesem Moment schlich die Katze um die Ecke und schnurrte sanft, während sie um die Beine des Mädchens strich. Wenigstens hatte sie diesen treuen Gefährten an ihrer Seite. Tiere schienen oft mehr Empathie zu besitzen als Menschen.

Ich hatte das Mädchen in mein Herz geschlossen. Jedes Mal, wenn ich sie sah, überkam mich ein vertrautes Gefühl, das wie ein sanfter Lichtstrahl in der Dunkelheit wirkte und mir Trost spendete. Ich spürte deutlich, dass sie Malfois fürchtete – vielleicht war ihre Angst vor ihm sogar größer als die vor mir. Diese Erkenntnis weckte in mir den Entschluss, meine Chance zu nutzen, um auf mich aufmerksam zu machen und möglicherweise Hilfe bei meiner Flucht zu bekommen. Was hatte ich zu verlieren? Das Mädchen konnte schließlich niemandem von mir erzählen.

»He, hier oben!«, zischte ich.

Die junge Magd erstarrte, der Schreck stand ihr ins Gesicht geschrieben. Verängstigt drehte sie sich in meine Richtung und suchte die Küche mit weit aufgerissenen Augen ab.

»Hier oben!« Ich streckte meine Hände durch die Gitterstäbe und winkte ihr zu.

Verschreckt, aber gleichzeitig von Neugier getrieben, kam sie langsam näher. Ich drückte mein Gesicht gegen die Gitterstäbe. Selbst bei dem schwachen Licht musste sie mich erkennen. »Ich bin es, Aradia.« Mich selbst so zu nennen, fiel mir noch immer schwer.

Das Mädchen nickte vorsichtig, ihr Gesicht drückte eine Mischung aus Erleichterung und Unsicherheit aus. Dann zeigte sie auf das Gitter

und zuckte mit den Schultern, als wollte sie fragen, warum ich hier war.
»Malfois hält mich in einem geheimen Zimmer in der Nähe der königlichen Gemächer gefangen. Ich habe im Kamin einen geheimen Gang entdeckt, aber ich finde keinen Ausweg aus dem Schloss«, erklärte ich hastig.

Bei dieser Nachricht verengten sich ihre Augen vor Verärgerung, als hätte ich ihr eine bittere Wahrheit offenbart, die sie nicht ertragen konnte.

»Kennst du einen Weg hinaus?«, fragte ich, die Hoffnung in meiner Stimme kaum verbergen könnend.

Das Mädchen schüttelte entschuldigend den Kopf.

»Dieses Gitter lässt sich kein Stück bewegen«, ächzte ich, während ich an den Stäben rüttelte. Dieses Schloss war ein einziges Gefängnis. »Egal, ich werde den Geheimgang weiter absuchen. Irgendwo muss es einen Weg hinausgeben.«

Die Magd nickte, zeigte erst auf sich und dann auf mich.

»Du willst mir helfen?«, fragte ich überrascht, und ein Funken Hoffnung kehrte zurück.

Sie nickte eifrig und trat ein paar Schritte auf mich zu. Es trennten uns nur noch eine Armeslänge.

Ich überlegte. Wie konnte mir dieses stumme Mädchen bei der Flucht helfen? Ich könnte ihr sagen, dass der Eingang zum Geheimgang der Kleiderschrank des Königs war. Allerdings würde eine Küchenmagd nie ungesehen in die königlichen Gemächer kommen. Ich musste irgendwie an Fabio herankommen. Er war der Einzige, der mir wirklich helfen konnte. Und außerdem musste ich ihn warnen, denn auch er war in Gefahr.

»Kennst du Fabio Cavalli?«

Das Mädchen legte den Kopf nachdenklich zur Seite.

»Der Mann, der vor wenigen Tagen zum Ritter geschlagen worden ist«, half ich ihr auf die Sprünge.

Die junge Magd nickte nun zu meiner Erleichterung.

»Weißt du, wo er zu finden ist?«

Nickend und einen Daumen nach oben gereckt, signalisierte sie mir ein Ja.

Ich griff in meinen Ausschnitt und holte die seltsame Münze des Hexers hervor. Das Metall war warm von meinem Körper. »Hier, gib Fabio diese Münze und er wird wissen, dass ich dich zu ihm geschickt habe.« Ich zwängte meine Hand durch die Gitterstäbe und hielt sie dem Mädchen entgegen. Vorsichtig nahm sie mir die Münze aus der Hand und begutachtete sie. Nachdenklich zog sie ihre Stirn in Falten und sah mich dann mit großen fragenden Augen an.

»Das ist Fabios und mein Geheimnis. Und jetzt auch deines. Gib sie ihm, und er wird uns helfen.«

Das Mädchen nickte und ließ die Münze in ihre Schürze gleiten. Es war ein seltsames Gefühl, sie herzugeben. Sie war mein einziger Beweis für die Existenz des Hexers. »Wir treffen uns morgen zur gleichen Zeit wieder hier, in Ordnung?«

Die junge Magd nickte und ich fühlte, wie sich ein Funke der Hoffnung in mir regte.

»Ich vertraue dir«, fügte ich bedeutungsschwer hinzu.

Zu meiner Überraschung verbeugte sie sich zur Antwort tief, so als würde sie meine Worte als einen heiligen Schwur betrachten. Dann huschte sie hastig aus der Küche, und ich blieb allein zurück, mit dem Wissen, dass meine Rettung nun in ihren Händen lag.

Fabio

Velia blieb wie vom Erdboden verschluckt. Die letzten beiden Tage hatte ich damit verbracht, alle mir nur erdenklichen Orte des Schlosses nach ihr abzusuchen. Ich hatte in alle Kammern geschaut, war sicherlich ein Dutzend Mal zurück zum Turmzimmer gegangen, in der Hoffnung, Velia sei lediglich vorübergehend wo anders untergebracht gewesen, ja ich hatte sogar dem Kerker einen Besuch abgestattet, schließlich hatte man sie hier anfangs eingesperrt. Doch ich fand weder sie noch eine Spur über ihren Verbleib. Das Einzige, was ich wusste, war, dass Malfois die stumme Magd zum Aufräumen ins Turmzimmer geschickt hatte. Er wusste, wo sich Velia befand. Konnte ich zu ihm gehen und ihn offen nach ihrem Verbleib fragen? Oder würde die Frage mein Verhältnis zu ihr verraten? Schließlich hatte mir der Hofastrologe deutlich zu verstehen gegeben, mich nicht weiter mit ihr zu beschäftigen. Ich wollte weder sie noch mich in Gefahr bringen. Und doch war Malfois der Einzige, der mir sagen konnte, was mit ihr geschehen war. War es als Ritter des Königreichs nicht meine Pflicht, den König bei seinen weiteren Plänen zu unterstützen? Ich konnte ganz unbefangen seinem Vertrauten meine Unterstützung anbieten und beiläufig fragen, ob ich für weitere Strohlieferungen sorgen sollte. Vielleicht würde ich auf diese Weise etwas über Velias Verbleib erfahren? Es war zumindest einen Versuch wert. Und so beschloss ich, dem königlichen Berater einen Besuch abzustatten.

***

Vor seinen Gemächern waren überraschenderweise nicht Bosco und Lejan postiert worden, sondern mir zwei unbekannte Wachen. Wo sie wohl waren? Normalerweise standen sie Malfois stets treu zur Seite. Ich erinnerte mich an meine Beobachtung im Schlosshof, als scheinbar Lejan zu Pferd auf eine Mission geschickt worden war. Doch wo war Bosco? Entschlossen trat ich auf die beiden Fremden zu. »Ist Herr Malfois anwesend? Ich bitte um eine Audienz.« Mit den Händen in die Hüften gestemmt und der Brust entschlossen nach vorne gewölbt, strahlte ich Selbstbewusstsein aus.

Die Blicke der Wachen fielen auf das Ritterabzeichen an meiner Brust. Ich stammte nicht aus einer Ritterdynastie und hatte kein Familienwappen. Daher hatte König Gaspare mir erlaubt, ein gänzlich neues Wappen zu wählen. Ich hatte mich für die Silhouette eines Reiters auf seinem Pferd entschieden – das schien mir am passendsten. Diese Auszeichnung trug ich mit Stolz, und sie zeigte Wirkung. Nach einem kurzen Nicken der rechten Wache öffnete die linke die Tür und trat in Malfois' Gemächer. Kurze Zeit später schob sie die Tür vollständig auf, um mir den Eintritt zu gewähren.

»Ich danke Euch«, sagte ich im Vorbeigehen und rüstete mich mit einem tiefen Atemzug für mein Vorhaben. Dann schloss sich hinter mir die Tür.

Malfois saß an der langen Holztafel. Vor ihm lagen dutzende Schriftrollen und hinter ihm stand Bosco. Zumindest er war also noch im Schloss.

Malfois indes musterte mich mit undefinierbarer Miene. »Cavalli, welche Ehre verschafft mir Euer Besuch?« Sein Ton war überschwänglich und eine Spur zu freundlich. In meinen Ohren klang seine Begrüßung wie unverhohlener Spott. Noch vor wenigen Wochen hatte ich zu diesem Mann ehrfurchtsvoll aufgesehen, inzwischen ekelte mich seine gehässige Art an.

Ich verbeugte mich, schließlich musste ich die Etikette einhalten. »Ich danke Euch für Eure Zeit.«

Malfois nickte knapp.

»Ich wollte mich erkundigen, ob ich Euch dienlich sein kann. Als Ritter des Königs hatte ich geglaubt mit ihm nach Eaban und Narzieu reiten zu können, doch Ihr sagtet mir, ich würde hier gebraucht.«

Der Hofastrologe faltete seine Hände, blieb jedoch stumm.

»Benötigt Ihr vielleicht weitere Strohlieferungen?«, fragte ich konkreter, um das Gespräch fortzuführen.

Malfois lehnte sich auf seinem Stuhl zurück. »Nein, das erledigt bereits Pippo.«

Ich schluckte. Warum Pippo? Das war bisher meine Aufgabe gewesen. Der Blick, mit dem mich Malfois musterte, bereitete mir Unbehagen. Irgendetwas hatte sich zwischen uns verändert. Warum behandelte er mich derart ablehnend? Nahm er es mir etwa immer noch übel, dass er für mich den Platz neben dem König bei den schrecklichen Hexenverbrennungen hatte räumen müssen? Dachte er, ich wolle ihm seinen Platz streitig machen?

»Nun gut, habt Ihr dann eine neue Aufgabe für mich?«

»Lasst mich überlegen.« Er strich nachdenklich über sein Kinn und sagte dann so kühl, als sei ich ein unbedeutender Bauer: »Nein, im Moment fällt mir keine geeignete Aufgabe für Euch ein.«

»Aber Herr, was nütze ich als Ritter dem Königreich, wenn ich nur im Schloss sitze und nichts zu tun habe? Ich will mithelfen, Rascara wieder bewirtschaften und mit neuem Land vergrößern.«

Malfois beobachtete mich herablassend.

»Wie steht es denn mit unserer Hexe? Kann ich hier vielleicht helfen? Soll ich für Euch wieder etwas über sie in Erfahrung bringen?«

Plötzlich verdüsterte sich sein Blick für einen kurzen Moment. »Ich kann nur wiederholen, was ich eben gesagt habe. Aktuell fällt mir keine geeignete Aufgabe für Euch ein. Aber lasst Euch eines gesagt sein, haltet Euch von Aradia fern.«

Diese offene Drohung traf mich wie ein Schlag ins Gesicht. Und ich erkannte, dass Malfois über Velia und mich Bescheid wusste – aber wie? Wie hatte er von uns erfahren? Ich hielt seinem Blick stand und verneigte mich knapp. »Lasst es mich wissen, wenn Ihr meine Dienste benötigt.«

Der Hofastrologe zeigte keine Reaktion. Er saß auf seinem Stuhl so gerade wie eine Statue.

Ich drehte mich um und ging zur Tür, seinen durchstechenden Blick

auf meinem Rücken spürend. Ich öffnete die Tür und trat gerade mit einem Fuß hinaus, als er mir hinterherrief: »Macht doch ein paar Tage Urlaub. Eure Tante freut sich sicher über einen neuerlichen Besuch.«

Ich sah nicht zurück, sondern lief strammen Schrittes den Korridor hinab. Ich musste Velia finden. Sie war ganz offensichtlich in Gefahr.

Noch einmal suchte ich die verwaisten Teile des Schlosses nach irgendeiner Spur von ihr ab. Gerade die oberen Etagen des Westflügels waren unbewohnt. Hier befanden sich die einstigen Gemächer der Königin und ihrer Bediensteten. Und da es seit dem Tod König Gaspares Mutter keine Königin mehr gegeben hatte, standen diese Zimmer leer. Ich machte mir wenig Hoffnung, Velia hier zu finden, denn ich hatte die Zimmer bereits gestern abgesucht. Aber mir fiel kein anderer Ort ein. Nachdem ich alle Etagen des Westflügels durchkämmt hatte, musste ich mir eingestehen, sie nicht zu finden. Vielleicht war sie gar nicht mehr im Schloss. Ich trat ans Fenster im unteren Korridor und sah hinaus auf den Schlossplatz. Vielleicht hatte Malfois sie in der Nacht tatsächlich an einen anderen Ort gebracht. Und Lejan bewachte sie? Aber warum? Um sie vor unerwünschten Besuchern zu schützen? Vor mir? Es blieb mir vorerst nichts anderes übrig, als auf die Rückkehr König Gaspares zu warten. Malfois mochte mich vielleicht fortan ignorieren, aber ganz sicher nicht unser König. Schließlich war ich es gewesen, der Aradia in eine Falle gelockt und damit dem Königreich zu Reichtum verholfen hatte.

***

Es war bereits spät am Abend und so kehrte ich zurück in meine Dienstbotenkammer, in der ich nach wie vor wohnte. König Gaspare hatte mir in der Nacht der Hexenverbrennungen Land versprochen. Land, das allerdings erst noch mit dem zu Gold gesponnenen Stroh erobert werden musste. Ich ließ mich aufs Bett fallen und vergrub den Kopf in den Händen. Wo war Velia? Und welches Spiel spielte dabei Malfois? Ein zaghaftes Klopfen an der Tür riss mich aus meinen Gedanken. Schnell setzte ich mich auf. »Herein!«

Langsam öffnete sich die Tür. Gespannt sah ich auf den unerwarteten Besucher. Vor der Tür stand die stumme Magd, die mich mit schüchternem Blick ansah. Was wollte sie von mir? Hoffentlich hatte sie unsere Unterhaltung im Turmzimmer nicht mit Interesse meinerseits an ihrer Person missverstanden. Sie war doch noch viel zu jung. Fünfzehn oder sechzehn.

»Hallo«, sagte ich leicht verunsichert, »Möchtest du zu mir?«

Das Mädchen nickte und trat mit vor dem Körper verschränkten Händen ein.

»Hör mal, falls ich dir irgendwelche Hoffnungen gemacht habe ...«

Das Mädchen lächelte und schüttelte zu meiner Erleichterung den Kopf. Verlegen fuhr ich mir mit der Hand durch die Haare. Was für ein eingebildeter Kerl ich doch manchmal war.

Sie trat ein paar Schritte näher, ihre zusammengefalteten Hände öffnend. Mein Herz setzte für einen Moment aus, als ich die goldene Münze des Hexers in ihren Händen erblickte. »Velia!«, entfuhr es mir, und ich sah verblüfft in die großen, braunen Augen der Magd. Was für eine Überraschung. Sachte nahm sie meine Hand und gab mir die goldene Münze.

»Weißt du, wo sie ist?«

Die Magd nickte eifrig und beschied mir, ihr zu folgen.

Mein Herz hämmerte wild, als ich hinter ihr hinaus auf den Korridor eilte.

Aradia

Zurück im Geheimzimmer schob ich die Kaminwand wieder an ihren Platz und schürte das Feuer neu an. Ich hatte das Gefühl, dass mich Malfois jeden Tag besuchen kommen würde, um sicher zu gehen, dass ich noch da war. Und wenn das Feuer brannte, würde er keinen Verdacht schöpfen, ich hätte den Geheimgang gefunden. Meine von Ruß und Asche dreckigen Hände säuberte ich an den feinen weißen Bettlaken und stopfte sie so zurück ins Himmelbett, dass die Flecken nicht zu sehen waren. Ich hatte alles ganz genau durchdacht. Und das war gut so, denn ich hatte mit all meinen Vermutungen Recht.

Malfois kam am nächsten Tag in Begleitung von Bosco, um nach mir zu sehen. Sein erster Blick viel sofort auf den brennenden Kamin. Und mir entging nicht die Erleichterung, die sich kurz auf seinem Gesicht zeigte.

»Wie ich sehe, hast du es dir hier im Zimmer gemütlich gemacht.« Er breitete seine Arme aus, als sei das alles hier ein Geschenk.

»Ich habe kein Wasser mehr«, antwortete ich trotzig.

Sein Lächeln erlosch. »Das ist ärgerlich, denn wie du siehst, habe ich kein Neues dabei.«

»Ich habe kein Wasser mehr und von Trockenobst kann ich mich auf Dauer nicht ernähren.« Mein Magen knurrte tatsächlich wie auf Kommando, doch Malfois ging nicht weiter auf meine Forderungen ein. »Hast du dir mein Angebot durch den Kopf gehen lassen?«

»Nie und nimmer werde ich mich mit Euch verbünden!« Ich betonte jede einzelne Silbe.

»Du kannst es dir ja bis morgen überlegen. Wenn du ja sagst, habe ich vielleicht etwas zu Essen und zu Trinken dabei.«

Ich presste meine Lippen fest aufeinander. Am liebsten hätte ich ihn angeschrien oder ihm meine Faust auf die lange Hakennase geschlagen. Doch ich musste mich zusammenreißen. Ich war so kurz davor, einen Fluchtweg zu finden. Und so zwang ich mich, nichts zu sagen, um keine Angriffsfläche zu bieten. Der königliche Berater und sein Wachhund verließen mich wieder.

Da ich kein Wasser mehr zum Löschen des Kaminfeuers hatte, musste ich abwarten, bis es vollständig heruntergebrannt war. Dieses Mal vorbereitet, nahm ich eine Kerze mit auf den Weg. Die Kaminwand ließ sich wie schon gestern ruckelnd zur Seite schieben. Der Schein der Kerze zeigte mir nun die wichtigsten Gegebenheiten des Tunnels, sodass ich aufrechter gehen konnte. Für den Weg bis zur Küche brauchte ich diesmal fast dreimal so lang. Immer wieder blieb ich stehen und suchte im Schein der Kerze die Wände ab. Ohne Erfolg. Ich fand keine Weggabelung, keinen geheimen Schacht und auch keine verborgene Tür. Nach der Treppe verengte sich der Gang, sodass ich wieder nahezu kriechen musste. Als ich die Biegung zur Küche erreichte, schien nur noch wenig Licht in den niederen Schacht. Von einem Küchenbetrieb wie gestern war nichts zu hören. Es musste tatsächlich bereits später Abend sein.

»Und du sagst mir die Wahrheit?«, hörte ich eine männliche Stimme, als ich dem Abzugsgitter näherkam. »Sie ist hier oben in dem Schacht gewesen?«

War das etwa Fabio? Mein Herz schlug schneller, als ich vorsichtig durch die Gitterstäbe lugte. Und tatsächlich. Da stand er mit dem stummen Mädchen in der ansonsten vollkommen leeren Küche. Hinter ihnen glomm nur noch die Glut der Feuerstelle.

»Und ich bin wieder hier«, antwortete ich für die stumme Magd.

Erschrocken sahen beide auf. Als Fabio mich erkannte, erstrahlte sein Gesicht vor Freude. Er war zwei Köpfe größer als das Mädchen und brauchte sich noch nicht einmal zu strecken, um die Gitterstäbe zu erreichen. Seine Hände umschlossen meine, und ich fühlte seine wohlige Wärme. »Ich bin so froh dich zu sehen. Ich habe mir solche Sorgen

gemacht. Das ganze Schloss habe ich nach dir abgesucht. Wo hat man dich hingebracht? Was ist passiert?«

»Du musst dich vor Malfois in Acht nehmen«, warnte ich. »Er weiß, dass du mir helfen willst zu fliehen.«

Fabio zog seine Augenbrauen zusammen. »Das habe ich befürchtet. Doch ich frage mich, wie er das herausgefunden hat. Ich habe mit niemandem über uns beide gesprochen.«

»Dann ist er oder eine seiner Wachen dir gefolgt. Egal wie, er weiß es, und er hat mir gedroht.«

Fabio schüttelte ungläubig den Kopf. Und dann erzählte ich ihm und dem Mädchen von den Ereignissen der letzten Tage. Wie mich der Hofastrologe aus dem Turm geholt und durch den Geheimgang in den königlichen Gemächern in das verborgene Zimmer gebracht hatte. Ich erzählte von der Truhe mit den Vorräten und dem Kamin mit dem zweiten Geheimgang. Fabios Mund öffnete sich bei jedem weiteren Satz vor Erstaunen. »Dieses Schloss steckt voller Geheimnisse«, stellte er fest, als ich mit meinem Bericht geendet hatte.

»Ja, es gibt einen Weg hier hinaus. Aber ich habe ihn noch nicht gefunden. Dieser Schacht hier endet in einer Sackgasse, was überhaupt keinen Sinn ergibt. Ich glaube nämlich, das Zimmer ist eine Art Zufluchtsort für den König, falls er das Schloss heimlich und ungesehen verlassen muss.«

»Du sagst, der Eingang zum Geheimgang ist der Kleiderschrank des Königs?«

»Ja.«

Fabio nickte. »Ich hole dich da raus.«

»Fabio, du kannst nicht einfach in die königlichen Gemächer einbrechen und hoffen, den Geheimgang zu finden. Du bist in größerer Gefahr als ich es je war.«

»Ich habe keine Angst vor Malfois.«

»Angst hin oder her. Er wird dich töten, wenn er erfährt, dass du nach mir suchst.«

»Dann werde ich mich eben vorsichtig verhalten müssen.« Er grinste verwegen.

»Es muss einen anderen Weg hier rausgeben. Ich suche auf dem Rückweg nochmal den Gang ab. Ich…«

»Hör zu, ich werde dich aus diesem Zimmer befreien. Versprochen.« Fabio drückte sanft meine Hände und am liebsten hätte ich ihn geküsst. Plötzlich hallte Gegröle von den Wänden wider.

»Da kommt jemand«, raunte er, ließ mich los und sah über die Schulter.

Schnell schob ich mich zurück in den Schacht und lauschte. Das Gegröle wurde lauter, eine Tür wurde aufgestoßen und etwas zerschellte am Boden. »Warum lassen die verdammten Küchenjungen, hicks, die Teller auf dem Schemel stehen«, lallte eine tiefe Stimme. »Huch, wen haben wir denn da?« Der Mann musste nun Fabio und die Küchenmagd entdeckt haben.

»Unser neuer Ritter!«, grölte eine weitere Männerstimme. Die Männer waren von einem Saufgelage gekommen und wollten sich wahrscheinlich Essen aus der Küche klauben.

»Und er hat eine Prinzessin gefunden«, scherzte wieder ein anderer.

»Ihr seid betrunken«, hörte ich Fabio sagen.

»Du weißt schon, dass das Mädchen stumm ist?«, lallte wieder die erste Männerstimme.

»Lasst sie in Ruhe«, sagte Fabio.

Was sich genau in der Küche abspielte, konnte ich lediglich erahnen.

»Dabei ist das Liebespiel viel schöner, wenn die Damen jauchzen vor Glück«, lallte wieder der andere, und die Männer verfielen in lautes Gegröle.

»Hör nicht auf diese Schweine. Wir gehen«, entschied Fabio, und ich hörte, wie sich Schritte entfernten.

»Der Ritter und das stumme Mädchen. Wie romantisch«, keifte einer der Betrunkenen ihnen hinterher.

Fabio und das Mädchen waren also gegangen. Dank dieser besoffenen Flegel würde ich ohne eine Vereinbarung mit ihnen in mein Zimmer zurückkehren müssen. Blieb nur zu hoffen, dass wir morgen wieder Gelegenheit finden würden, einen Plan zu schmieden. Viel Zeit blieb uns sicherlich nicht mehr.

Aradia

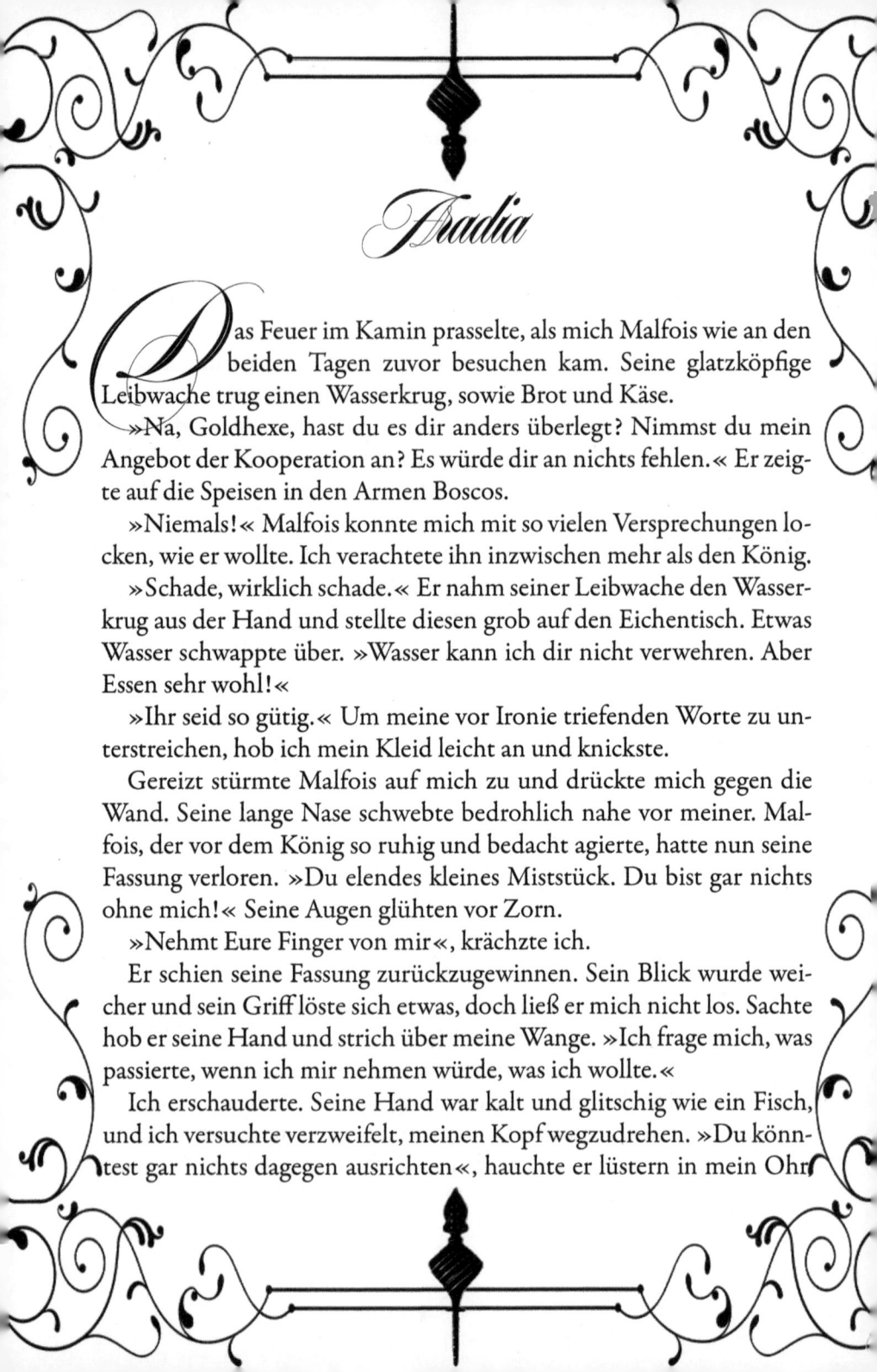

Das Feuer im Kamin prasselte, als mich Malfois wie an den beiden Tagen zuvor besuchen kam. Seine glatzköpfige Leibwache trug einen Wasserkrug, sowie Brot und Käse.

»Na, Goldhexe, hast du es dir anders überlegt? Nimmst du mein Angebot der Kooperation an? Es würde dir an nichts fehlen.« Er zeigte auf die Speisen in den Armen Boscos.

»Niemals!« Malfois konnte mich mit so vielen Versprechungen locken, wie er wollte. Ich verachtete ihn inzwischen mehr als den König.

»Schade, wirklich schade.« Er nahm seiner Leibwache den Wasserkrug aus der Hand und stellte diesen grob auf den Eichentisch. Etwas Wasser schwappte über. »Wasser kann ich dir nicht verwehren. Aber Essen sehr wohl!«

»Ihr seid so gütig.« Um meine vor Ironie triefenden Worte zu unterstreichen, hob ich mein Kleid leicht an und knickste.

Gereizt stürmte Malfois auf mich zu und drückte mich gegen die Wand. Seine lange Nase schwebte bedrohlich nahe vor meiner. Malfois, der vor dem König so ruhig und bedacht agierte, hatte nun seine Fassung verloren. »Du elendes kleines Miststück. Du bist gar nichts ohne mich!« Seine Augen glühten vor Zorn.

»Nehmt Eure Finger von mir«, krächzte ich.

Er schien seine Fassung zurückzugewinnen. Sein Blick wurde weicher und sein Griff löste sich etwas, doch ließ er mich nicht los. Sachte hob er seine Hand und strich über meine Wange. »Ich frage mich, was passierte, wenn ich mir nehmen würde, was ich wollte.«

Ich erschauderte. Seine Hand war kalt und glitschig wie ein Fisch, und ich versuchte verzweifelt, meinen Kopf wegzudrehen. »Du könntest gar nichts dagegen ausrichten«, hauchte er lüstern in mein Ohr.

während seine Finger über meinen Hals glitten. »Aradia, die große mächtige Hexenkönigin, ist ein Märchen.«

Abrupt ließ er von mir ab, warf mir einen letzten Blick zu, der von einer Mischung aus Begierde und Abneigung geprägt war, und verließ dann mit seiner Wache den Raum. Verwirrt und gleichzeitig alarmiert blieb ich zurück. Seine Worte hinterließen ein dumpfes Echo in meinem Kopf. Es ergab keinen Sinn! Er war doch derjenige gewesen, der in den Sternen die strahlende Zukunft des Königs gelesen hatte – eine Zukunft, die nur mit Hilfe Aradias, der Hexenkönigin, möglich war. Er hatte dem König geraten, mich zu fangen, hatte die Flausen über Hexenverbrennungen in seinen Kopf gesetzt. Und jetzt? Jetzt schien er selbst nicht mehr an die Macht Aradias zu glauben. Was hatte er vor? Panik durchflutete meinen Körper. Ich musste aus diesem Schloss, und zwar so schnell wie möglich. Ich würde jetzt sofort den Geheimgang erneut absuchen. Ich durfte keine Zeit mehr verlieren. Schnell ergriff ich den neuen Wasserkrug und schüttete das Wasser über das Feuer. Dampf schoss empor. Natürlich reichte dieser eine Krug nicht aus, das Feuer gänzlich zu löschen. Vorsichtig schob ich die heißen Holzscheite auseinander, sodass sie sich nicht wieder gegenseitig entzünden würden. Da hörte ich auf einmal laute, schnelle Schritte hinter der Wand näherkommen. Verdammt, Malfois hatte bestimmt etwas vergessen. Jetzt würde er sehen, dass ich den Geheimgang im Kamin gefunden hatte. Das nasse Holz wäre nicht anders zu erklären. Alles war umsonst gewesen. Mein Herz raste, als ich ein glühendes Holzscheit ergriff, bereit, mich zu verteidigen, wenn es sein musste. Die Tür zu meinem Zimmer schwang auf, und ich hielt den Atem an. Ich würde zuschlagen. Doch es war nicht der Hofastrologe, der aus der Dunkelheit trat. Es war Fabio. Vor Erleichterung warf ich das Holzscheit zurück in den Kamin. So schnell es meine Fußfesseln erlaubten, stürmte ich auf ihn zu und warf mich ihm um den Hals. »Gott sei Dank, du bist es! Ich dachte Malfois kehrt zurück.«

In diesem Moment spürte ich, wie sich die Anspannung in mir löste. Die Wärme seiner Umarmung erfüllte mich mit Trost, und ich konnte nicht anders, als mich an ihn zu klammern, als wäre er mein einziger Halt in dieser grausamen Welt.

Fabios Hände hielten mich fest. Endlich würde sich alles zum Guten wenden. Ich küsste ihn und sah dann in seine eisblauen Augen. »Wie hast du mich gefunden?«

»Ich bin Malfois heimlich gefolgt. In dem dunklen Geheimgang war es ein Leichtes unentdeckt zu bleiben. Die Schritte seiner Leibwache mit den schweren eisenbeschlagenen Schuhen übertönte jedes andere Geräusch. Nachdem ich wusste, welche Biegung ich nehmen musste und wo sich diese Tür hier befand, bin ich zurückgeeilt und habe gewartet.«

»Du kannst von Glück sagen, dass Malfois wieder zu den königlichen Gemächern zurückgekehrt ist.«

»Was meinst du damit?«

»Malfois kennt das Schloss wie seine Westentasche. Er kam auch schon mal von der anderen Seite. Ich habe die Schritte hinter der Wand gehört.« Ich deutete auf die Kopfseite des Zimmers, an der sich der Abort befand.

»Umso besser«, Fabio strahlte, »dann versuchen wir einen anderen Weg hier hinaus. Ich hatte nämlich schon befürchtet, mit dir aus dem Fenster der königlichen Gemächer klettern zu müssen.«

Ich hob meinen rechten Fuß, um ihm zu zeigen, dass ich für Klettertouren nicht geeignet war.

»Die Fesseln bekommen wir noch ab. Aber jetzt lass uns keine Zeit verlieren.« Fabio zog mich zur Tür und gemeinsam verschwanden wir im dunklen Gang. Wir wandten uns nicht nach rechts zu den königlichen Gemächern, sondern nach links. Fabio hielt meine Hand und ging voraus. Wie zu erwarten, machte der Gang eine Biegung. Wir mussten uns mittlerweile hinter der Kopfseite des Zimmers befinden. Dann bog der Gang kurz rechtwinklig nach rechts ab und nur wenige Meter danach wieder nach links. Wir umrundeten wohl gerade den Abort und liefen nun parallel zum Geheimgang im Kamin.

»Es ist so dunkel, wir übersehen sicherlich eine Tür«, flüsterte ich, während ich Fabio hinterherstolperte.

»Das glaube ich nicht, immerhin endete oder begann der Gang im Kleiderschrank des Königs«, antwortete Fabio. Da war etwas dran. Doch ich erinnerte mich schmerzlich an die Sackgasse in der Nähe der

Küche. Ich hoffte, dass wir nicht in einer solchen landen würden. Andererseits waren die Männer ebenfalls schon von dieser Seite gekommen. »Hoffentlich landen wir nicht in Malfois' Gemächern.« Bitter lachte ich auf. Das wäre Ironie des Schicksals.

»Das glaube ich nicht. Noch befinden wir uns weiterhin im dritten Stockwerk.«

Fabio ging zügig. Für meinen Geschmack etwas zu schnell. »Pass auf, im Kamingang kamen irgendwann Treppen.«

Auf meine warnenden Worte hin zügelte er seine Geschwindigkeit und tastete nun mit dem Fuß immer den nächsten Schritt voraus. Der Gang verlief endlos geradeaus. So lange, dass ich dachte, wir müssten bald die Außenwand des Schlosses durchbrechen. Auf einmal hämmerte Fabios tastender Schuh gegen ein Hindernis.

»Oh nein, eine Sackgasse«, flüsterte ich.

Doch dann hörte ich ein Klicken und dumpfes, rötlich gefärbtes Licht strömte durch den schmalen Spalt einer Tür. Fabio lugte vorsichtig hindurch.

»Wo sind wir?«, fragte ich leise. Mein Herz hämmerte wie wild vor Aufregung. Meine Freiheit war zum Greifen nahe.

Fabio begann leise zu lachen. »Jetzt verstehe ich, warum Malfois ständig hierhergekommen ist.«

Verwirrt zog ich die Stirn kraus. Fabio öffnete die Tür ganz, und ich erkannte, dass wir in einem kleinen, hölzernen Raum gelandet waren, der mit einem roten Vorhang abgedeckt war.

»Wir sind in einem Beichtstuhl?«, fragte ich ungläubig.

Fabio nickte und hielt seinen Zeigefinger vor die Lippen. Still lauschten wir nach Geräuschen. Nichts war zu hören. Vorsichtig schob er den Vorhang ein Stück zur Seite und lugte in die Kapelle. »Die Luft ist rein«, raunte er und zog mich hinaus. Die Schlosskapelle war zwar klein, dennoch strahlte sie in einem unvergleichlichen Glanz. Goldene Ornamente zierten die Wände und die Säulen, die den Raum in ihrer majestätischen Höhe trugen. Das Licht, das durch die bunten Glasfenster fiel, tauchte die Kapelle in ein warmes, sanftes Farbenspiel, das mit jedem Atemzug zu flüstern schien. Die gewölbte Decke war ein wahres

Meisterwerk, geschmückt mit unzähligen Malereien, die biblische Szenen und himmlische Wesen darstellten. Engel in prächtigen Gewändern schwebten auf bauschigen Wolken, ihre Gesichter voller Mitgefühl und Staunen, während sie einem Krieg auf der Erde zusahen.

»Komm«, riss mich Fabio aus meinem Staunen und zog mich hinter sich zwischen den Kirchenbänken zum Ausgang. Plötzlich blieb er so abrupt stehen, dass ich gegen ihn stieß. »Was ist?«, fragte ich.

Mit offenem Mund deutete er vor sich. »Ich wusste, dass ich dieses Ungeheuer auf der Münze des Hexers schon einmal gesehen habe.«

Ich folgte seinem ausgestreckten Finger und erblickte ein düsteres Bildnis. Zwischen unzähligen Flammen streckte sich das gehörnte Ungeheuer auf Ziegenfüßen empor. In seinen riesigen Pranken hielt es zwei Kinder, das Maul mit spitzen Zähnen weit aufgerissen, um diese gleich zu verschlingen. Von oben stieß ein geflügelter Mensch hinab, um die Kinder zu retten. Ein heller Schein umspielte seine Gestalt.

»Es ist der Teufel«, sagte Fabio so leise, als hätte er Angst, ihn aus der Unterwelt zu rufen.

Kalt lief es mir den Rücken hinab. Wessen Hilfe hatte ich in der Kammer voll Stroh angenommen? Und zu welchem Preis? Fabio und ich sahen uns an. Ich konnte die gleiche blanke Angst in seinen Augen erkennen.

»Lass uns von hier verschwinden«, sagte er, und ich nickte. Ich wollte dieses verdammte Schloss nur noch hinter mir lassen. Hand in Hand eilten wir zum Ausgang. Das Glück war auf unserer Seite. Auch der Gang dahinter war menschenleer.

Fabio blieb stehen. »Wir befinden uns auf der Südwestseite des Schlosses. Unter uns befinden sich die Dienstbotenkammern.« Er strich sich nachdenklich übers Kinn. »Ich weiß, wie wir es machen.« Und schon zog er mich wieder hinter sich her.

»Hast du keine Angst, dass wir hier jemandem über den Weg laufen?«, fragte ich. Meine Fußfesseln klirrten laut.

»Die Zimmer dieses Stockwerks sind verwaist. Ich kann dir gar nicht sagen, wann hier oben jemand zuletzt gewesen ist.« Wir eilten inzwischen durch ebenso edle Gemächer wie die des Königs. Ich erblickte

Kronleuchter, edle Vasen und einen hübschen Frisiertisch. Allerdings war hier alles von einer dicken Staubschicht bedeckt. »Wo sind wir hier?«, fragte ich neugierig.

»Das sind die Gemächer der Königin, wenn es eine geben würde.« Das erklärte, warum die Zimmer verwaist waren. »Warum hat Gaspare eigentlich keine Frau?« Der Gedanke war mir vorher noch nie gekommen. Eigentlich wurden zwischen Königshäusern immer geschickte Ehen arrangiert. Eine pragmatische Angelegenheit, um die eigenen Beziehungen zu erweitern.

»Warum hätte ein anders Königreich ein Interesse daran haben sollen, eine Verbindung mit Rascara einzugehen? Kein König möchte seine Tochter in arme Hände geben«, bestätigte Fabio meine Vermutung. Und er hatte Recht. Unser König war nie eine gute Partie gewesen. »Die Gemächer werden sicher bald Verwendung finden. Mit seinem jetzigen Vermögen kann Gaspare sich einen ganzen Harem leisten«, meinte ich.

Wir erreichten ein prunkvolles Esszimmer, das von vergoldeten Leuchtern und schweren Vorhängen dominiert wurde. Mein Atem ging stoßweise, und die Fesseln an meinen Füßen verwehrten mir nicht nur die Bewegungsfreiheit, sondern dämpften auch meinen Mut. Fabio hielt meine Hand mit festem Griff, zog mich unnachgiebig weiter durch die düstere Opulenz des Schlosses.

»Hier entlang«, flüsterte er und deutete auf eine unscheinbare Tür an der Seite. »Die Dienstbotengänge«, erklärte er mir auf meinen fragenden Blick hin. Natürlich, die Dienerschaft musste sich möglichst unsichtbar im Schloss bewegen können.

Doch bevor wir einen weiteren Schritt gehen konnten, öffnete sich die gegenüberliegende Tür des Esszimmers und kein geringerer als Malfois' Leibwache Bosco trat ein. Im Schlepptau hatte er eine Gruppe Diener, die Eimer und Lappen trugen. Als Bosco uns sah, erstarrte er. Seine dunklen Augen verengten sich, und ein grimmiges Lächeln breitete sich auf seinem Gesicht aus.

»Nun, wen haben wir denn hier?«, fragte er, seine Stimme tief und bedrohlich.

Die Diener hielten inne, sahen uns mit großen Augen an und wichen unsicher einen Schritt zurück.

Ohne Vorwarnung griff Bosco an seinen Gürtel, zog ein Messer hervor und schleuderte es in unsere Richtung. Fabio riss mich zur Seite, und ich stolperte rückwärts, als das Messer mit einem dumpfen Schlag in der Wand stecken blieb.

»Bleibt hier!«, wies Bosco die Diener mit scharfer Stimme an. »Ihr werdet Zeugen, wie man mit Verrätern verfährt.«

Die Diener gehorchten, wenn auch blanke Angst in ihren Gesichtern stand.

»Hinter mich«, befahl mir Fabio, während er sein Schwert zog.

Mein Herz raste als ich hinter ihm zurück an die Wand wich.

Bosco zog ebenfalls sein Schwert und grinste breit. »Dachtest du wirklich, du könntest sie einfach so hier rausbringen?«

Fabio antwortete nicht, sondern parierte den Schlag, mit dem Bosco ihn unvermittelt angriff. Ihre Schwerter trafen mit einem scharfen Klang aufeinander. Die rohe Gewalt des kräftigen Mannes war beängstigend.

»Fabio!« schrie ich, als Bosco einen heftigen Schlag landete, der ihn gegen einen Schrank taumeln ließ.

Zum Glück fing er sich schnell wieder, trat der Wache gegen das Knie und schlug ihr mit voller Wucht die Faust ins Gesicht. Boscos Kopf ruckte nach hinten, und er heulte qualvoll auf. Mit dem Handrücken wischte er sich über die Platzwunde oberhalb seines rechten Auges und knurrte: »Ich bring dich um.«

Doch Fabio ließ ihm keine Zeit, sich zu erholen. Mit einer schnellen Bewegung entwischte er Boscos Angriff und rammte ihm dabei den Knauf seines Schwertes gegen die Rippen. Bosco knickte ein, was wiederum Fabio die Zeit verschaffte zu mir zu eilen.

»Schnell, durch den Dienstbotengang.«

Das ließ ich mir nicht zweimal sagen. Gemeinsam eilten wir durch die Tür, doch meine Fußfesseln hinderten mich daran, die steile Treppe zügig hinabzueilen. Kurzerhand warf mich Fabio über seine Schulter. Er bewegte sich mit einer Entschlossenheit, die mich fast vergessen ließ, wie aussichtslos unsere Lage schien.

»Stehen bleiben!«, schrie Bosco von weiter oben.

Ich hörte seine Schritte näherkommen.

Endlich erreichten wir die letzten Stufen und stürmten schließlich hinaus auf den Schlosshof, wo mich Fabio wieder absetzte.

Der Hof wimmelte vor Leben. Bedienstete eilten hin und her, trugen Körbe mit Obst und Krüge mit Wasser, schoben Wäschekarren oder kehrten den Hof. Bisher nahm niemand Notiz von uns. Das änderte sich allerdings, als Bosco kurz nach uns auf den Hof trat. »Aradia flieht! Wachen! Ergreift sie!«

»Schnell zum Stall!«, rief Fabio und zog mich an der Hand hinter sich her. Mein Herz raste, die Fesseln machten es fast unmöglich, mit ihm Schritt zu halten.

Die Wachen im Schlosshof reagierten sofort. Ein halbes Dutzend Männer in glänzenden Brustpanzern rannte augenblicklich auf uns zu.

Fabio packte mich fester. »Nicht stehen bleiben. Immer weiter!«

Der Stall, ein imposantes Gebäude aus Stein mit hohen Bögen und schweren Holztüren nahe der Schlosstore, kam in Sicht. Davor standen einige Knechte, die uns mit überraschten Gesichtern ansahen. »Aus dem Weg!«, rief Fabio ihnen zu. Die Knechte sprangen zur Seite, als wir heranstürmten.

Boscos brüllende Stimme und das Klirren der Rüstung der heraneilenden Wachen ließen uns keine Zeit zum Nachdenken. Fabio erreichte seine Schimmelstute, die für unsere Flucht vorbereitet worden war und angebunden auf uns wartete. Er riss die Zügel los und hob mich mit einem entschlossenen Ruck in den Sattel.

»Halt dich gut fest!«, wies er mich an, bevor er selbst aufstieg.

Ein Wachsoldat tauchte plötzlich am Eingang auf, doch Fabio trieb die Stute bereits an. Das Pferd bäumte sich auf, wieherte laut und setzte sich mit einem Satz in Bewegung. Die Wache sprang gerade noch zur Seite, um nicht totgetrampelt zu werden.

Ich hielt mich am Sattel fest, die Welt raste an uns vorbei, während die Stute im Galopp über den Hof preschte. Ein Karren voller Gemüse kippte zur Seite, als das Pferd knapp daran vorbei galoppierte, Schreie hallten über den Hof.

»Schließt das Tor!«, brüllte Bosco hinter uns, doch wir waren schneller.

Die Stute erreichte das offene Haupttor, und Fabio trieb sie mit einem scharfen Ruck an den Zügeln an. Die schweren Türen begannen sich zu schließen, als wir bereits hindurchgaloppiert waren.

Das Schloss verschwand hinter uns, und der offene Weg vor uns war wie ein Versprechen. In meinem Inneren hallte noch immer Boscos wütendes Brüllen nach. Wir waren zwar entkommen, aber die Jagd hatte gerade erst begonnen.

Aradia

Fabio zügelte sein Pferd erst als wir tief in den Wald vorgedrungen waren und die vorgegebenen Pfade verließen. Hier standen die Bäume dicht beisammen, es schien kaum noch Licht durch das Blätterdach und die vielen kreuz und quer gewachsenen Äste machten es unserem Pferd unmöglich sich schneller als im Schritt vorzubewegen. Die Stille im Wald und die Schatten des Zwielichts hinterließen bei mir ein unbehagliches Gefühl. Dieser Wald hatte trotz der vielen bunten Blätter, die den Boden bedeckten und unter den Pferdehufen knisterten, etwas Schauriges an sich. Die Baumstämme waren knorrig und manchmal so abstrus verbogen, dass ein fester Stand schier unmöglich schien. Und doch irrte ich lieber hier im Wald, abseits der Wege umher auf der Suche nach einem Unterschlupf, als weiter gefangen im Schloss zu sein.

»Keiner folgt uns, wir haben es geschafft«, durchbrach ich die Stille und drehte meinen Kopf zu Fabio. Ich strahlte vor Erleichterung übers ganze Gesicht. Und als mich Fabio küsste, wusste ich, dass alles gut werden würde.

»Ja, wir haben es geschafft«, wiederholte er sanft und lehnte seine Stirn an meine.

»Wohin reiten wir?«, fragte ich leise und ließ meinen Blick in den düster werdenden Wald gleiten. »Ich meine, kennst du dich hier in diesem seltsamen Wald aus?« Die Dunkelheit schien sich schleichend zu verdichten. Ein Gefühl tief in mir sagte, dass dieser Wald mehr verbarg. Etwas Uraltes, Mächtiges, das jenseits unserer Vorstellung lag.

»Noch sind wir zu nah am Schloss. Wichtig ist, dass uns zunächst niemand findet«, antwortete Fabio nicht direkt auf meine Frage.

»Wie weit erstreckt sich dieser Wald?« Ich hatte von den

königlichen Ländern ungefähr so viel Ahnung wie von Hexerei. Von meinem Turmzimmer aus hatte sich der Wald wie ein grünes Meer bis zum Horizont erstreckt.

»Weit«, Fabio machte eine Pause, »Sehr weit.«

Ich schluckte. Diese Antwort gefiel mir ganz und gar nicht. »Aber weißt du, wohin wir gelangen, wenn wir immer weiter geradeaus reiten?«

»Irgendwann erreichen wir wieder den Fluss Rano und die Felder bei Triessa.«

Ich atmete erleichtert aus. Das war auch mir bekanntes Gebiet.

Fabio streichelte sanft über meinen Rücken. »Keine Sorge. In den Satteltaschen habe ich zwei Wasserschläuche, mehrere Äpfel und Trockenbrot. Wir kommen für die ersten Tage gewiss zurecht.«

Wir ritten weiter durch den dichten Wald und die unheimliche Stille. Das Einzige, was ich hören konnte, waren die Geräusche des Pferdes und hin und wieder das Ächzen der Bäume. Plötzlich blieb die Stute stehen, den Kopf erhoben, die Ohren gespitzt, die Nackenmuskulatur angespannt.

»Was ist meine Gute?«, fragte Fabio mit besorgter Stimme.

Ich hielt den Atem an und sah in die Richtung, die das Pferd fixierte. Es war schwer, etwas zwischen den so dicht stehenden, dünnen Stämmen zu erkennen. Erst geschah nichts. Dann blitzte ein grünes Augenpaar auf, bevor sich etwas rührte und so schnell verschwand, wie ich noch nie zuvor ein Geschöpf hatte wegrennen sehen. Vor Schreck bäumte sich die Stute auf, wieherte und trat wild mit den Vorderhufen um sich. Wäre Fabio nicht hinter mir gewesen, wäre ich abgeworfen worden. Fabio zog die Zügel hart an. »Ruhig, Amica. Ruhig.« Seine Stimme schien sie zu beruhigen. Trotzdem tänzelte sie weiter rückwärts, immer noch mit angstvoll aufgerissenen Augen auf die Stelle gerichtet, an der das Wesen gelauert hatte.

»Was war das?«, fragte ich, als sich mein Herzschlag beruhigt hatte.

»Wahrscheinlich nur ein Reh oder ein junges Wildschwein.«

»Es war so schnell«, keuchte ich.

»Rehe können verdammt schnell sein.« Fabio klang nicht überzeugend. Wahrscheinlich glaubte er selbst nicht an ein Reh und wollte mich nur beruhigen. Das Geschöpf war so schnell verschwunden, dass ich keine Details hatte erkennen können. Und doch war ich mir sicher, dass das Wesen auf zwei Beinen gestanden hatte und nicht auf vier. Und dann diese grünen Augen! »Ich habe das Gefühl, dass uns dieses Wesen beobachtet hat.« Gänsehaut wanderte über meine Arme. Diese grünen Augen hatte ich schon mehr als einmal gesehen. Konnte es sein, dass der unheimliche Hexer hier draußen im Wald hauste?

»Es ist nichts passiert. Die Dunkelheit des Waldes lässt einen Dinge sehen, die nicht da sind«, sagte Fabio mit fester Stimme und klopfte seiner Amica nochmal zur Beruhigung auf den Hals. »Aber wir sollten jetzt weiter.«

Es kostete das Pferd zunächst Überwindung, wieder einen Schritt nach vorne zu setzen, doch schon bald schritten wir durch die Bäume hindurch, als wäre nichts geschehen.

»Ich werde meinen Vater suchen«, durchbrach ich die Stille erneut, um auf andere Gedanken zu kommen. Ich wollte den Blick nun nach vorne richten. Pläne schmieden, denn endlich war ich frei. Fabio und ich hatten immer nur von meiner Flucht gesprochen. Nie, was danach geschehen würde.

»Und ich werde dich dabei begleiten«, sprach er meine Hoffnung aus. Eine wohlige Wärme machte sich in mir breit. »Es tut mir leid, dass du wegen mir deine Heimat verloren hast«, sagte ich, denn ich erinnerte mich an unser Gespräch im Turmzimmer. Wie er mir von seiner Kindheit erzählt hatte und von seiner Dankbarkeit gegenüber König Gaspare.

»Es muss dir nicht leidtun. Ich bin schließlich selbst schuld an meiner Misere. Ich habe dich unschuldig gefangen genommen, weil ich es leid war, nur ein armer Bote des Königs zu sein. Wie auch Gaspare wollte ich mehr. Ich wollte Ritter werden und genauso wichtig sein wie Marco di Gallo. Ich glaube, für diese Gier muss ich jetzt büßen. Wenn es jemandem leidtun sollte, dann mir.« Er atmete tief durch. »Ich habe mich noch nie bei dir entschuldigt. Es tut mir aufrichtig leid, dich in eine Falle gelockt zu haben.«

Auch wenn mich seine Worte freuten, wären sie nicht nötig gewesen.

»Ich habe dir längst verziehen«, sagte ich leise und strich gedankenverloren über die Mähne seiner Schimmelstute.

»Erinnerst du dich noch an unsere erste Begegnung?«, fragte er.

Ich nickte. Wie könnte ich diese vergessen?

»Ich hatte dir damals meine Hilfe im Kampf gegen den Hexenwahn des Königs angeboten. Ich hatte dir gesagt, ich hätte dem Königshaus den Rücken gekehrt.« Fabio hatte sich nach vorne gelehnt und drehte sachte meinen Kopf, sodass er mir in die Augen sehen konnte. »Genau das ist jetzt eingetroffen. Lass uns das beginnen, was wir uns damals versprochen haben. Lass uns durch die Lande streifen und alle vermeintlichen Hexen befreien. Lass uns den Wahnsinn Gaspares und Malfois' bekämpfen.« Fabios entschlossener Blick ließ keine Zweifel zu. Er meinte es ernst.

»Ich möchte nichts lieber tun als das«, sagte ich. Dann zog mich Fabio eng an sich und gab mir einen leidenschaftlichen Kuss, der mir den Atem raubte.

»Die Abenteuer der falschen Hexe und des verdammten Ritters«, flüsterte er, und ich musste lachen. Es klang wie eine kitschige Ballade.

Amica schnaubte, und Fabio sah auf. Wir hatten zuletzt kaum etwas von unserer Umgebung wahrgenommen.

»Sieh nur, da vorne!«, entfuhr es Fabio, und er zeigte geradeaus.

Vor uns lichtete sich der Wald und gab die Sicht auf eine kleine Holzhütte mit einer Feuerstelle frei. Dieser Ort wirkte unwirklich, wie eine Blase in dem sonst so dichten Wald. Wir ritten auf die schäbige Hütte zu, und ich war froh, absteigen zu können. Mein Körper war steif von dem langen Ritt, den ich die ganze Zeit über aufgrund der Fußfesseln im Damensitz hatte über mich ergehen lassen müssen. Ich streckte mich ausgiebig. Während Fabio die Feuerstelle näher in Augenschein nahm, schlurfte ich zu einem der Fenster und schirmte meinen Blick gegen die Spiegelung mit den Händen ab. Viel konnte ich vom Inneren nicht erkennen. Im hinteren Eck stand ein kleines Bett, außerdem sah ich einen Tisch und einen Stuhl sowie einen kleinen Ofen. »Scheint nicht dauerhaft bewohnt zu sein. Zumindest sehe ich keine persönlichen Gegenstände. Vielleicht ist das eine Schutzhütte für Jäger?«

»Das ist gut möglich. Die Feuerstelle wurde benutzt. Hier sind überall kleine Knochen. Wie von Mäusen, Kaninchen oder Vögeln. Seltsam. Aber die Glut ist kalt. Keine Ahnung, wann hier zuletzt jemand war.«

Ich lief um die Hütte und trat vor die Tür. Überrascht stellte ich fest, dass sie nicht verschlossen war. Quietschend schwang die Tür nach innen auf. Fabio trat hinter mich. »Das ist perfekt. Einen besseren Rastplatz für die Nacht finden wir sicher nicht mehr. Und es ist schon spät.«

Er hatte Recht. Es dämmerte bereits. Unweigerlich musste ich wieder an das seltsame Wesen denken, von dem ich glaubte, dass es uns belauert hatte. Nein, die Nacht ungeschützt im Wald wollte ich nicht verbringen. Die Hütte war ein Geschenk des Himmels. Blieb nur zu hoffen, dass der Eigentümer nicht ausgerechnet heute Nacht kommen würde. Ich hörte, wie Fabio zurück zu Amica lief, die genüsslich am Gras der Lichtung knabberte. Eine Spinne huschte hinaus, als ich in die Hütte trat. Der Hauptraum war lieblos eingerichtet. Das Bett, der grobe Tisch und der einsame Stuhl dominierten die karge Einrichtung. An der hinteren Wand befand sich der offene Kamin, schwarz von Ruß und voller Reste von Asche. Eine weitere Tür führte daneben in einen angrenzenden Raum, und obwohl mir dabei mulmig war, öffnete ich sie.

Diverse Schränke reihten sich an den Wänden entlang. Zögernd begann ich, sie zu durchsuchen. In einem fand ich allerlei nützliche Dinge: Kessel, dicke Seile, Kerzen und alte Planen, die muffig rochen. Ein weiterer Schrank entpuppte sich als Vorratskammer. Mehl, getrocknete Bohnen und Gewürzsäckchen, deren exotischer Duft mich an fremde Länder erinnerte, lagen ordentlich gestapelt. Ein Jutesack war randvoll mit Kartoffeln und Möhren gefüllt. In einer Ecke stand eine alte, schwere Truhe. Als ich den Deckel hob, sah ich darin ordentlich geschichtetes, gepökeltes Fleisch.

Die Hütte war nicht nur bewohnt, sondern gut versorgt. Hier lebte jemand, der auf längere Zeit vorbereitet war.

Ich ging zurück in den Wohnraum, wo Fabio bereits dabei war, den Kamin zu entfachen. Die ersten Flammen tanzten im Schatten des Raumes.

»Die Hütte ist bewohnt«, sagte ich in alarmiertem Ton. »Im Nebenraum gibt es genug Vorräte für Wochen.«

Fabio sah auf. »Nur die Ruhe. Mag sein, dass hier hin und wieder
jemand wohnt und seine Vorräte lagert. Im Schrank dort drüben habe
ich Kleidung gefunden. Edle Kleidung, fein säuberlich zusammengelegt.
Ansonsten wirkt alles aber viel zu leer, als dass hier jemand dauerhaft lebt.
Der Besitzer ist jedenfalls nicht da und wir brauchen einen Rastplatz.«

Wir brachen in eine Hütte ein, die offensichtlich genutzt wurde. Wir
hatten keine Ahnung, wem diese Behausung gehörte. Am Ende lagerte
hier jemand Diebesgut. Das gefiel mir ganz und gar nicht. Mein Blick
musste Bände sprechen.

»Wir bleiben nur diese eine Nacht hier. Oder willst du irgendwo
draußen im Wald nächtigen? Vergiss nicht, wir sind auf der Flucht.«

Ich schüttelte den Kopf.

»Außerdem, warum sollte jemand sein Zuhause unverschlossen zurücklassen? Das ist bestimmt eine Schutzhütte für den hiesigen Jäger.
Würde auch zu der Kleidung im Schrank passen ...«

Fabio hatte Recht. Wahrscheinlich bot die Hütte einem Jäger für ein
paar Tage eine bequeme Unterkunft. Eine dauerhafte Wohnstätte war
sie sicherlich nicht. Mit einem Seufzen nickte ich. »In Ordnung.«

»Na also. Morgen früh richten wir wieder alles so her, wie wir es vorgefunden haben. Der Besitzer wird gar nicht merken, dass jemand hier
war.«

»Du hast Recht. Ich sollte mir nicht so viele Gedanken machen.«

»Meinst du, der Besitzer kann ein paar seiner Vorräte entbehren?«,
fragte Fabio. »Ich könnte nach der Aufregung des Tages und dem langen Ritt etwas mehr als nur einen Apfel und Trockenbrot vertragen.«
Er grinste.

»Ich denke, das Fehlen von ein paar Kartoffeln und Möhren würde er
nicht bemerken.« Der Jutesack im Nebenraum quoll über.

»Dann machen wir daraus eine schöne, kräftige Suppe. Die wird uns
zusätzlich wärmen.«

Allein der Gedanke daran ließ mir das Wasser im Mund zusammenlaufen. Nach Tagen, in denen ich mich allein von Trockenobst und

Nüssen ernährt hatte, war das verlockend. Eilig lief ich zurück in die Vorratskammer, wo ich einen der großen Kessel schnappte, ein paar Kartoffeln und Möhren herauszog und mir die Gewürzsäckchen mitnahm. Die Aromen waren so intensiv, dass ich niesen musste.

Während ich das Gemüse vorbereitete, schüttete Fabio das letzte Wasser, das wir hatten, in den Topf. »Wir finden sicherlich morgen einen Fluss, an dem wir unsere Wasservorräte auffüllen können.«

Ich fand ein scharfes Messer in einem weiteren Schrank und schnitt die Kartoffeln und Möhren klein, während Fabio das Feuer im Kamin weiter entfachte. Der Kessel war bald auf den Flammen platziert, und das leise Blubbern der Suppe erfüllte den Raum mit einer wohltuenden Ruhe. Die Luft war schwer vom Duft der kochenden Brühe, und als ich begann, mit den vielen fremden Gewürzen abzuschmecken, konnte ich mir ein Lächeln nicht verkneifen.

Gemeinsam probierten wir uns durch die exotischen Aromen. Besonders mochte ich ein orangefarbenes Gewürz, das Fabio als Safran erkannte. Er erzählte, wie er auf seinen Reisen für den König in weit entfernte Länder gekommen war, wo solch kostbare Zutaten wuchsen. Seine Erzählungen faszinierten mich – sie ließen den Moment leicht und unbeschwert erscheinen, so weit weg von allem, was uns bisher bedrängt hatte.

Als die Suppe schließlich fertig war, überraschte mich ihr Geschmack. Sie war zwar schlicht, dennoch erfüllte sie mich mit einer Zufriedenheit, die ich lange nicht gespürt hatte. Sie schmeckte nach Freiheit und für einen Moment schienen all unsere Sorgen von dem Dampf, der aus dem Kessel aufstieg, fortgetragen zu werden.

Draußen war es inzwischen stockfinster geworden, und die Stille der Nacht legte sich wie ein samtener Schleier über die Hütte. Der Besitzer war noch immer nicht zurückgekehrt, und es schien unwahrscheinlich, dass er jetzt noch kommen würde. Fabio hatte in der Vorratskammer eine dicke, alte Decke und ein kleines Weinfass entdeckt. Anfangs war ich dagegen gewesen, den Wein zu öffnen. Es fühlte sich nicht richtig an, sich über die Maße an den fremden Vorräten zu bedienen, doch der süße, kräftige Geschmack vertrieb meine Bedenken rasch.

Wir saßen eng beieinander vor dem prasselnden Kamin, die Decke wärmend um unsere Schultern gelegt. Die Flammen warfen tanzende Schatten an die Wände, und ich spürte, wie die Müdigkeit des Tages langsam von mir abfiel. Fabio erzählte Geschichten aus seiner Vergangenheit, von fernen Ländern und Abenteuern, und seine Stimme hatte etwas Beruhigendes, beinahe Magisches. Mit jedem Schluck Wein und jeder seiner Erzählungen schien die Welt ein Stück weiter weg zu rücken.

Ich fragte ihn nach seiner aufregendsten Reise, nach seinem längsten Ritt, erfuhr von den Sitten anderer Länder und den dortigen Speisen. Schließlich kamen wir wieder an den Punkt, unsere weitere Reise zu planen. Der Wein ließ alles so einfach erscheinen.

»Wir werden deine Mutter rächen. Das verspreche ich dir. Ich bin fortan an immer an deiner Seite«, flüsterte Fabio zu später Stunde in mein Ohr und strich mit seiner Nasenspitze über meine Wange. Seine Lippen berührten sanft meine, und der Kuss fühlte sich an, als würde die Welt um uns stillstehen. Zärtlich und gleichzeitig fordernd strich seine Hand meinen Rücken hinunter, als wollte er jede Linie, jede Kurve erkunden. Ich ließ meine Augenlider sinken und legte die Arme um seinen Nacken, zog ihn näher zu mir, während seine Küsse tiefer wurden. Seine Bartstoppeln kratzten angenehm über meine Haut, als er sich langsam zu meinem Hals vorarbeitete, dort verweilte und sanfte Küsse hinterließ. Jeder Kuss schickte eine Welle von Wärme und prickelnder Erregung durch meinen Körper.

Seine Hände wanderten weiter, sanft über meinen Rücken hinab, bis sie schließlich auf meinen Schenkeln ruhten.

»Du bist mein Licht und mein Schatten zugleich«, sagte er, als seine Finger sich langsam unter den Stoff meines Kleides schoben. Ein Schauer aus reiner Erregung durchlief mich, mein Herz schlug schneller, und jeder Teil meines Körpers sehnte sich danach, ihm näher zu sein. So nah wie damals im Turmzimmer, am liebsten noch näher.

»Du bist derjenige, der all meine Facetten kennt.« Ich öffnete die Knöpfe seines Hemdes.

Wir sahen uns tief in die Augen. Sein Atem wurde flacher, und die Wärme seiner Haut strahlte mir entgegen, als ich die letzten Knöpfe öffnete, über seine Brust strich und das Hemd langsam von seinen Schultern gleiten ließ. Seine Hände umschlossen meine Taille, zogen mich behutsam zu sich, bis keine Lücke mehr zwischen uns blieb. Meine Fingerspitzen glitten über die starken Linien seines Rückens, fühlten jede Bewegung, jeden leichten Muskeltonus unter meiner Berührung. Unsere Blicke trafen sich in tiefer Vertrautheit. Als er seine Lippen wieder an meinen Hals legte, schloss ich die Augen, spürte seinen Herzschlag gegen meinen, fest und unerschütterlich. Ich keuchte und ließ mich nach hinten auf die dicke Decke sinken. Fabio rollte sich auf mich, und ich spürte sein Gewicht angenehm auf mir. Durch den Stoff, der uns noch voneinander trennte, spürte ich deutlich seine Erregung. Er schob mein Kleid nach oben und begann meine Schenkel zu küssen. Hätten die Fußfesseln es erlaubt, so hätte ich meine Beine vor Erregung noch weiter gespreizt. Schließlich erreichte Fabio meine intimste Stelle und küsste sie. Mir wurde schwindelig von all den Gefühlen, die in mir tobten. Seine Zunge strich über mich. Ich keuchte, stöhnte seinen Namen. Ich wollte mehr von ihm. Wollte ihn noch mehr spüren. Ich zog seinen Kopf zu mir und küsste ihn. Dann fanden meine Hände seinen Hosenknopf, und ich befreite ihn von dem letzten Stoff, der uns noch trennte. Sein Glied war warm und steif, pulsierte unter meinen Berührungen.

»Ich will dich fühlen«, flüsterte ich.

Fabio hielt inne, suchte meinen Blick mit einem Ausdruck, der mehr sagte als Worte. Pures Verlangen. Ich ließ mich zurücksinken, während Fabio langsam und vorsichtig in mich eindrang. Es war ein unbeschreibliches Gefühl, als ich ihn endlich in mir spürte. Behutsam, als sei ich das Kostbarste, das er je in Händen gehalten hatte, begann er sich in mir zu bewegen. Ich stöhnte, als er tiefer in mich drang. Irgendwann wurden seine Stöße schneller, genauso wie unser Atem. Unsere Bewegungen fanden in einem gemeinsamen Rhythmus zueinander, einem Takt, der mit jedem Augenblick intensiver wurde. Seine Hände umfassten meine, und seine Lippen streiften über meine Haut, ein zärtliches Flüstern, das wie eine geheime Melodie unser Verlangen nährte. Die Spannung zwischen uns stieg, wuchs zu einem Strudel aus Verlangen und Hingabe, dem wir uns beide willenlos hingaben.

Sein Atem war heiß an meinem Hals, jeder Herzschlag brachte uns näher an diesen Punkt, an dem sich alles verlieren und zugleich finden würde. Ich konnte das Kribbeln spüren, wie es sich in mir ausbreitete, wie es mich mit sich riss, bis ich nichts mehr halten konnte. Und als dieser letzte, unausweichliche Augenblick kam, fanden wir uns in einem leisen, kraftvollen Aufschrei wieder.

Ich fühlte mich so frei wie noch nie zuvor in meinem Leben.

Aradia

Ich erwachte mit meinem Kopf auf Fabios starker Brust, die sich ruhig und gleichmäßig hob und senkte. Sein vertrauter Herzschlag unter meinem Ohr war beruhigend. Durch die Fenster fiel bereits das erste Licht des Morgens, das den Raum in ein sanftes Gold tauchte. Ich konnte mich nicht erinnern, wann ich das letzte Mal so tief und ungestört geschlafen hatte. Langsam hob ich meinen Kopf und sah ihn an. Fabio lag entspannt da, seine Augen noch geschlossen, sein Atem gleichmäßig und tief. Er sah so friedlich aus, und dennoch der Gedanke an die vergangene Nacht brachte mein Herz zum Stolpern. Die Hitze stieg mir in die Wangen, als die Erinnerungen an seine Berührungen und Küsse über mich hereinbrachen – an die Nähe, die wir miteinander geteilt hatten, intensiver als jemals zuvor. Vorsichtig, um ihn nicht zu wecken, schob ich mich von ihm herunter und zog mein Kleid über. Mit leisen Schritten verließ ich die Hütte und trat ins Freie. Die kühle Morgenluft empfing mich frisch und klar, und auf dem Gras glitzerte der Tau wie unzählige kleine Diamanten, die das Sonnenlicht einfingen. Amica sah kurz auf, als ich hinaustrat, widmete sich jedoch gleich wieder dem frischen Gras. Fabio hatte sie an einem Baum, der nahe der Lichtung stand, angebunden. Wieder hatte ich den Eindruck, dass diese Lichtung mit der Holzhütte inmitten des dichten Waldes etwas Unwirkliches an sich hatte. Ich hörte Schritte hinter mir. Fabio schlang seine Arme um mich. »Guten Morgen, hübsche Müllerstochter.« Er küsste mich auf die Wange.

»Guten Morgen.« Ich strahlte übers ganze Gesicht. Ich war so glücklich wie schon lange nicht mehr.

»Lass uns die Hütte aufräumen und dann so schnell wie möglich aufbrechen.«

Ich nickte. Wir sollten unser Glück nicht weiter herausfordern. Auch wenn es sich in diesem Moment nicht so anfühlte, waren wir immer noch auf der Flucht. Und ich war mir sicher, dass Malfois bald sämtliche Boten ausgesandt hatte, um uns zu finden.

Wir verräumten alles so, wie wir es vorgefunden hatten. Fabio säuberte den Kamin und ließ wie bei unserer Ankunft ein wenig Asche übrig. Den Rest vergrub ich hinter dem Haus. Dabei entdeckte ich verstreute Tierknochen – vermutlich stammten sie von der Beute des Jägers, die er hier immer ausnahm. Auf den ersten Blick würde der Besitzer jedenfalls keinen Hinweis auf unsere Anwesenheit finden. Lediglich das kleine, nun leere Weinfass verriet, dass jemand sich an den Vorräten bedient hatte.

Der Morgentau war verschwunden, als wir schließlich aufbrachen. Sobald wir den ersten Schritt zurück in den dichten Wald setzten, wirkte die Hütte hinter uns wie ein ferner Traum. Das Zwielicht des Waldes empfing uns mit kühlen Schatten, und die hohen Bäume schienen das Licht zu verschlucken, sodass nur vereinzelte Strahlen den Boden erreichten. Um uns herum flüsterte das Rascheln der Blätter im Wind.

»Heute müssten wir die Felder Triessas erreichen. Dahinter liegt die große Handelsstraße. In ihrer Nähe kommen wir am schnellsten voran, um so viel Abstand wie möglich zwischen uns und das Schloss zu bringen«, sagte Fabio. Und so hielten wir unseren Kurs unbeirrt, stets Richtung Norden, als würden die Bäume uns den Weg weisen.

Fabio behielt Recht. Am späten Nachmittag erreichten wir die Ausläufer von Triessa. Erleichtert atmete ich auf, als wir den dichten Wald hinter uns ließen und der Fluss Rano sich wie ein schimmerndes Band durch die weite Ebene schlängelte. Die Felder lagen brach, stumme Zeugen der vergangenen Erntezeit. Niemand bemerkte unser seltsames Auftauchen aus dem tiefen Wald. Eilig ritten wir über das leere Land auf die kleine Stadt zu, die friedlich am Horizont lag.

Als wir uns den Toren Triessas nährten, hielt Fabio die Stute an. »Wir müssen dich endlich von deinen Fesseln befreien.«

»Meinst du nicht, dass es auffällt, wenn wir so mir nichts dir nichts in die städtische Schmiede laufen? Der Schmied wird Fragen stellen. Und das Geschwätz der Bewohner wird bis zum Schloss gelangen. Malfois hat sicher bereits erste Boten ausgesandt, um uns zu finden.« Fabio musterte die Stadt gedankenversunken. »Ich weiß um die Gefahr. Aber was sollen wir tun? Wir können uns nicht ewig im Wald verstecken und je länger wir warten, umso eher erfahren die Stadtbewohner, dass wir gesucht werden. Dich wird ohne deine schwarze Kleidung niemand auf den ersten Blick erkennen. Wir haben keine andere Wahl, als den Schmied für sein Schweigen zu bezahlen.« Er griff in seine Satteltasche und zog ein langes, dunkelrotes Tuch hervor. »Hier, bedecke deine Füße und Beine damit. Niemand darf sehen, dass du Fußfesseln trägst.«

Ich tat wie geheißen. Dann schwang Fabio die Zügel und wir schritten zu den Stadttoren.

In Triessa herrschte reges Treiben. Zimmerleute schleppten schwere Holzplanken und Werkzeug quer durch die Gassen, während Schweine, Hühner und Schafe auf dem Marktplatz durcheinander wuselten. Händler boten ihr letztes Gemüse der Saison an. Triessa war klein, keine der großen Handelsstädte, hier kannte jeder jeden und so dauerte es nicht lange, bis unser Erscheinen Aufmerksamkeit erregte. Neugierige Gesichter tauchten in den Fenstern auf, und die Menschen kamen aus ihren Häusern, um uns unverhohlen anzustarren.

Neuer Besuch war immer ein Ereignis, besonders wenn ein Ritter — erkennbar an seinem Wappen — gemeinsam mit einer unbekannten Frau auf einem Pferd in die Stadt ritt. Das Getuschel und Gegacker der Marktfrauen waren unüberhörbar. Fragen wurden uns zugerufen, doch Fabio ließ sie unbeachtet und ritt mit fester Miene weiter.

Um nicht länger in der Stadt herumzuirren, fragte er schließlich einen Zimmermannsjungen in wichtigem Ton: »Sagt mir, wo finde ich die Schmiede?«.

Der Junge zuckte zusammen und stammelte: »D-dort lang, direkt an der Stadtmauer, m-mein Ritter.« Er deutete energisch in genannte Richtung.

Kaum war die Antwort gefallen, hörte ich schon, wie eine Frau die Neuigkeit laut weitertrug. Wir setzten unseren Weg fort, allerdings nicht allein. Innerhalb kürzester Zeit folgte uns eine neugierige Gruppe von Frauen. Fabio zügelte abrupt sein Pferd und drehte sich mit wütendem Blick um. »Habt ihr naseweisen Schnattergänse nichts Besseres zu tun?« Seine Stimme war scharf wie eine Dolchklinge. »Ich bin im Auftrag des Königs hier. Verschwindet, bevor ihr euch in Schwierigkeiten bringt!«

Die Frauen stoben erschrocken auseinander und gingen zurück an ihre Arbeit, trotzdem folgten uns ihre Blicke unbeirrt weiter. Immerhin schien niemand Verdacht zu schöpfen. Wir hatten Triessa vor den königlichen Boten erreicht.

Die Schmiede befand sich am anderen Ende der Stadt, direkt an der Stadtmauer, genau wie der Junge es beschrieben hatte. Als wir endlich ankamen, hielt Fabio Amica direkt vor dem Eingang der Schmiede an. Der Anblick des Schmieds war beeindruckend: Er war ein Mann von robuster Statur, so kräftig und mächtig wie ein Bär. Mit jeder heftigen Bewegung, die er auf dem Amboss ausführte, klang das rhythmische Hämmern wie das Schlagen eines Herzens durch die Luft. Funken sprühten von dem glühenden Metall, während er sich mit voller Hingabe seiner Arbeit widmete. Fabio schwang sich vom Pferd und half dann mir herunter.

»Warte hier«, beschied er mir und machte sich auf den Weg zum Schmied, während ich etwas abseits bei Amica stehen blieb und sanft über ihre glänzende Mähne strich. Ich konnte das Gespräch der beiden Männer nicht hören, aber ich beobachtete aufmerksam, wie Fabio dem Schmied, dessen breites Grinsen eine markante Zahnlücke offenbarte, ein Säckchen in die Hand drückte. Nach einem kurzen Moment der Verständigung winkte er mich zu sich. Der Schmied stellte keine Fragen, auch wenn sein neugieriger Blick über mein Gesicht verriet, dass er mehr über mich erfahren wollte.

»Stell dich hierhin, Mädchen«, verlangte er und deutete auf den Platz neben dem Amboss. Mit einem mulmigen Gefühl in der Magengegend beobachtete ich, wie er einen Hammer ergriff, dessen Kopf so groß war wie meine Hand. Die Angst ließ mein Herz schneller schlagen, während ich zitternd zusah, wie der Schmied ausholte und den Hammer in Richtung meines Fußes schwang. Ich kniff die Augen zusammen, bereit, den Schmerz zu empfangen, der mir unweigerlich bevorstand. Doch anstatt des erwarteten Schmerzes hörte ich nur das klingende Geräusch von Eisen. Ein erleichterndes Gefühl durchflutete mich.

»Du kannst die Augen wieder öffnen«, hörte ich Fabio sagen. Er sah mich grinsend an und deutete auf den Boden. Neben meinem rechten Fuß lag der Eisenbolzen, der meine Fußfesseln geschlossen hatte. Der Schmied holte erneut aus und schlug den Hammer auf den zweiten Bolzen an meinem linken Fuß. Dieser war ein wenig verkeilt, und erst beim zweiten Schlag flog auch dieser davon. Vorsichtig hob und drehte ich meine Beine, als hätte ich sie seit Jahren nicht mehr richtig benutzt. Nun war ich endgültig frei.

»Ich danke Euch«, sagte ich freudestrahlend an den Schmied gewandt.

Fabio trat neben mich und legte seine Arme um meine Schultern. »Ihr habt mehr als genug für Eure Dienste bekommen.« Er sah den Schmied eindringlich an. Ich hatte keine Ahnung, was Fabio für sein Schweigen bezahlt hatte, doch der Schmied schien zufrieden und nickte. »Ihr wart nie da.« Dann wandte er sich wieder seinem Amboss zu und tat genau das, was er gesagt hatte: So zu tun, als wären wir nicht da, als hätte es unseren Besuch nie gegeben.

Die Schritte hinaus fühlten sich an, als würde ich fliegen. Die Fußfesseln ließen wir zurück. Der Schmied würde für das schwere Eisen sicherlich eine passende Verwendung finden.

»Vielleicht wird der Schmied schweigen, die Marktfrauen werden es nicht«, meinte ich, als wir aus Triessa ritten und uns die Blicke der Bewohner neugierig folgten.

»Und wenn schon. Bis dahin sind wir Malfois meilenweit voraus.«

Ich hoffte, Fabio würde Recht behalten. Im Wald hatte ich mich geborgen gefühlt. Hier draußen mitten unter den Leuten kam mir unsere Flucht wie ein heikles Wagnis vor. Zu viele Augen waren auf uns

gerichtet, und ich wusste, dass es Menschen gab, die für Geld alles tun würden. Fabio lenkte Amica in Richtung der großen Handelsstraße.

»Wohin reiten wir?«, fragte ich.

»Was hältst du von der alten Schenke *Zum vollen Krug*?«

Überrascht warf ich einen Blick über meine Schulter.

»Der Wirt ist ein guter Freund. Zumindest das war damals keine Lüge gewesen.«

Ich schüttelte den Kopf und konnte mir ein Lächeln nicht verkneifen.

»Mal sehen wer mir öffnet, wenn ich im Takt der Nationalhymne an die Tür klopfe.«

Verlegen wandte Fabio den Blick ab, doch mir entging nicht das leichte Schmunzeln, das sich um seine Lippen legte.

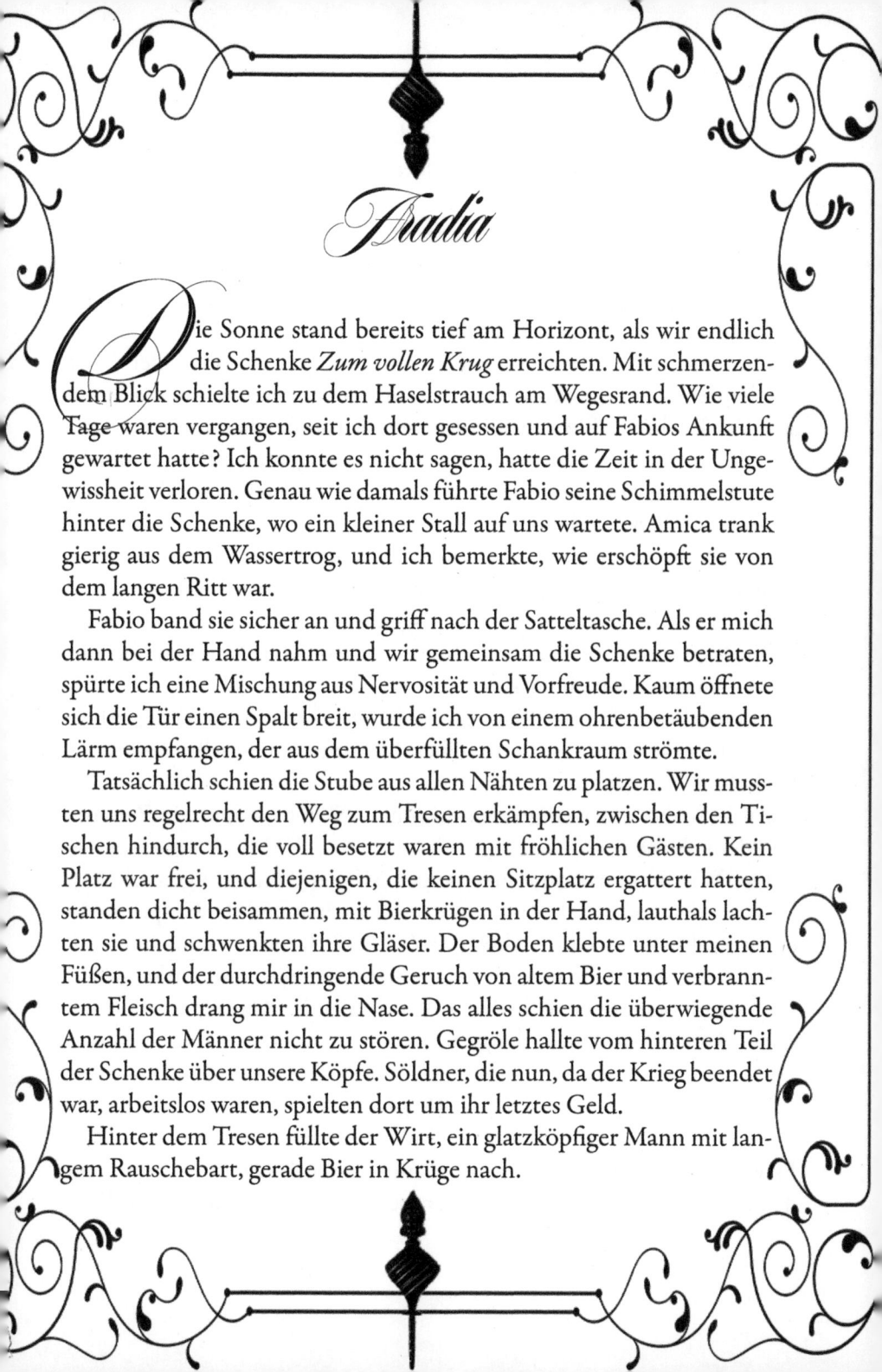

Aradia

Die Sonne stand bereits tief am Horizont, als wir endlich die Schenke *Zum vollen Krug* erreichten. Mit schmerzendem Blick schielte ich zu dem Haselstrauch am Wegesrand. Wie viele Tage waren vergangen, seit ich dort gesessen und auf Fabios Ankunft gewartet hatte? Ich konnte es nicht sagen, hatte die Zeit in der Ungewissheit verloren. Genau wie damals führte Fabio seine Schimmelstute hinter die Schenke, wo ein kleiner Stall auf uns wartete. Amica trank gierig aus dem Wassertrog, und ich bemerkte, wie erschöpft sie von dem langen Ritt war.

Fabio band sie sicher an und griff nach der Satteltasche. Als er mich dann bei der Hand nahm und wir gemeinsam die Schenke betraten, spürte ich eine Mischung aus Nervosität und Vorfreude. Kaum öffnete sich die Tür einen Spalt breit, wurde ich von einem ohrenbetäubenden Lärm empfangen, der aus dem überfüllten Schankraum strömte.

Tatsächlich schien die Stube aus allen Nähten zu platzen. Wir mussten uns regelrecht den Weg zum Tresen erkämpfen, zwischen den Tischen hindurch, die voll besetzt waren mit fröhlichen Gästen. Kein Platz war frei, und diejenigen, die keinen Sitzplatz ergattert hatten, standen dicht beisammen, mit Bierkrügen in der Hand, lauthals lachten sie und schwenkten ihre Gläser. Der Boden klebte unter meinen Füßen, und der durchdringende Geruch von altem Bier und verbranntem Fleisch drang mir in die Nase. Das alles schien die überwiegende Anzahl der Männer nicht zu stören. Gegröle hallte vom hinteren Teil der Schenke über unsere Köpfe. Söldner, die nun, da der Krieg beendet war, arbeitslos waren, spielten dort um ihr letztes Geld.

Hinter dem Tresen füllte der Wirt, ein glatzköpfiger Mann mit langem Rauschebart, gerade Bier in Krüge nach.

»Mit Wasser verdünnt lässt sich mehr Geld machen. Selbst das durstigste Schwein würde diese dünne Plörre nicht anrühren!«, pöbelte Fabio über den Tresen hinweg.

Mir klappte der Mund auf. Wie redete er denn auf einmal?

Der Wirt sah sich verärgert nach dem Unruhestifter um. Als er seinen Freund erkannte, trat ein freudiges Lächeln in sein Gesicht. »Und genau deshalb ist es gut genug für dich!«

Die beiden Männer verfielen in schallendes Gelächter. Der Wirt knallte den vollen Bierkrug zum Ärgernis der anderen Gäste vor Fabio auf den Tisch. »Fabio Cavalli, der neue Ritter des Königs. Du musst mir alles erzählen.« Die maulenden Gäste, die gerne bestellen wollten, ignorierte er gekonnt und legte seine Hand auf Fabios Schulter. »Ich freue mich, dich zu sehen.«

»Ich freue mich auch, dich zu sehen, Giuda.« Fabio lächelte und deutete auf mich. »Ich bin diesmal nicht allein gekommen.«

Die kleinen, wieselähnlichen Augen des Wirts ruhten auf mir. »Oho!«, tönte er mit einem breiten Grinsen. »Du hattest schon immer einen guten Geschmack.«

Hitze schoss mir in die Wangen, doch ich ließ mir meine Verlegenheit nicht anmerken und erwiderte seinen Blick mit einem selbstbewussten Lächeln.

Fabio senkte ein wenig seine Stimme. »Wir brauchen ein Zimmer und deine Hilfe.«

Der Wirt musterte uns einen langen Moment, seine Augen schweiften über den vollen Schankraum, wo das Lachen und die Gespräche in einem fröhlichen Chaos verklangen. Schließlich nickte er zustimmend. »Wir reden später. Sucht euch erst einmal einen Platz und stärkt euch.« Und damit wandte er sich wieder den maulenden Gästen zu, die nach seiner Aufmerksamkeit verlangten.

***

Es war bereits spät in der Nacht, als die letzten Gäste mit schwankenden Schritten nach oben in ihre Zimmer oder hinaus in die Dunkelheit torkelten, hoffend, dass ihre müden Beine oder die treuen Pferde sie sicher nach Hause tragen würden. Fabio und ich hatten uns irgendwann einen Tisch in der Nähe des Tresens erkämpft, umgeben von leeren Krügen und dem Duft von altem Bier, der in der Luft hing.

Der Wirt schloss mit einem kräftigen Riegel die Tür und warf einen schnellen Blick die Treppe hinauf, als wollte er sicherstellen, dass niemand lauschte. Nachdem er sich vergewissert hatte, dass die Stube leer war, setzte er sich mit ernstem Blick zu uns an den Tisch. »Sagt mir erst, in welcher Art von Schwierigkeiten ihr steckt. Dann entscheide ich, ob ich helfe«, raunte er.

Ohne Umschweife kam Fabio auf den Punkt. Er musste Giuda wirklich vertrauen. »Das ist Aradia oder zumindest wird sie für Aradia gehalten.« Er legte beschützend seine Hand auf meine.

Giudas Augen weiteten sich vor Überraschung. »Ist das wahr?«

»Ich bin keine Hexe«, beeilte ich mich zu sagen. Es war dem Wirt anzusehen, dass er seinen Freund nicht ganz verstanden hatte.

»Aradia ist ein Märchen«, half mir Fabio aus. »Wir alle dachten, die Hexenkönigin befreie die ganzen Frauen vor den Scheiterhaufen, doch wir haben uns alle geirrt.«

»Ich bin nichts weiter als eine einfache Müllerstochter«, ergänzte ich.

Fabio nickte. »Als ich vor ein paar Tagen bei dir war, habe ich mich von der Wahrheit ihrer Worte persönlich überzeugt. Sie ist nicht Aradia, und sie ist keine Hexe. Ich habe ihr nun geholfen zu fliehen.«

»Aber das viele Gold, dass Aradia dem König gezaubert haben soll!« Guida schüttelte ungläubig den Kopf, und ich sah das Glitzern in seinen Augen, das auch Gaspare erfasst hatte.

Fabio indes griff in seine Weste und holte etwas hervor. »Hast du eine solche Münze schon einmal gesehen?« Die Münze des kleinen Hexers lag in seiner Hand und funkelte im Schein der Kerzen.

Der Wirt lehnte sich interessiert vor. »Darf ich?«

Fabio nickte und ließ ihn die Münze von nahem begutachten. »Wenn jemand die Münzen der Welt kennt, dann ein Wirt«, meinte Fabio und blickte seinen Freund voller Hoffnung an.

Giuda drehte und wendete die Goldmünze mit der alten Schrift und dem seltsamen Fabeltier. »Das gefällt mir nicht.« Er legte die Münze zurück in Fabios Hand und lehnte sich mit hinter dem Kopf verschränkten Händen zurück, sodass der Stuhl gefährlich ächzte.

»Was gefällt dir nicht?«, fragte Fabio.

Der Wirt blieb lange stumm und musterte uns. Schließlich sagte er: »Ich habe eine solche Münze noch nie zuvor gesehen.«

Fabio atmete enttäuscht aus. Meine Skepsis gegenüber diesem Giuda wuchs. Er hatte für meinen Geschmack etwas zu lange überlegt.

»Woher habt ihr zwei diese Münze?« Er musterte uns interessiert.

Vielleicht vertraute Fabio diesem Giuda. Doch ich hatte das Glitzern in seinen Augen gesehen, die Gier nach Gold. Und so antwortete ich an Fabios Stelle, bevor dieser zu viel verriet: »Ich habe sie im Schloss gefunden, im Kerker, in den man mich gesperrt hat.« Mehr wollte ich nicht verraten.

Giuda sah mich nachdenklich an.

»Wie dem auch sei. Wir benötigen eine sichere Unterkunft, um eine Weile unterzutauchen. Malfois sucht uns bestimmt bereits. Kannst du uns helfen?«, griff wieder Fabio das Thema auf, weshalb wir in die Schenke gekommen waren.

Giudas Blick wanderte langsam von mir zu seinem Freund. »Weißt du, was du da von mir verlangst?«

»Sie ist nicht Aradia. Sie ist keine Hexenkönigin. Sie besitzt keine Magie.«

»Und doch ist es Hochverrat!«

Fabio schluckte. »Bitte, du bist mein ältester Freund. Ich würde dasselbe für dich tun.«

Der Wirt schnaubte und verschränkte die Arme vor sich. »Was ist euer Plan? Wo wollt ihr hin, wenn der König hinter euch her ist?«

Fabio und ich blieben stumm. Wir wollten diesen Hexenverbrennungen ein Ende setzen. Aber wo sollten wir anfangen? Wo sollten wir leben? All diese Fragen hatten wir noch nicht geklärt.

»Ihr habt keinen Plan«, sprach der Wirt meine Gedanken aus.

Fabio legte seinen Arm um mich.

»Du liebst dieses Mädchen«, stellte er fest.

»Ja«, bestätigte Fabio. »Und ich lasse nicht zu, dass ihr noch einmal Unrecht geschieht.«

Bei Fabios Worten wurde mir ganz warm ums Herz. Er liebte mich. Mich, eine einfache Müllerstochter.

»Man wird euch beide töten, wenn der König euch in die Finger bekommt.«

»Darum brauchen wir Hilfe. Du bist mein ältester Freund, bitte. Nur ein paar Tage, bis wir einen Plan haben.«

Giuda schnaubte erneut. In seinem Gesicht war der Kampf seiner Gedanken deutlich zu sehen. Und schließlich schien sein Widerstand zu bröckeln. »Zwei Tage. Dann habt ihr einen Plan und seid verschwunden.«

»Zwei Tage«, bestätigte ihm Fabio.

Es war nicht viel, aber zumindest ein Anfang. Der Wirt stand auf und griff nach einer Kerze. »Dann folgt mir.«

Wir folgten ihm die Treppe hinauf. Oben angekommen, fanden wir uns in einem schmalen Flur wieder, der von Türen gesäumt war, hinter denen sich die Zimmer für Übernachtungsgäste verbargen.

»Ich bin ausgebucht. Seit der Krieg mit Eaban vorbei ist und uns das Land gehört, ist jeder Händler und jeder, der glaubt, einer zu sein, auf den Straßen unterwegs.«

»Das ist gut für dich«, meinte Fabio.

»Ja, endlich rollen die Münzen wieder über den Tresen.« Giuda klopfte mit zufriedenem Gesichtsausdruck gegen das große Säckchen, das an seinem Gürtel baumelte. Er führte uns die nächste Treppe hinauf, und ich ahnte, dass wir nun in den Bereich seiner privaten Räume gelangten. Wir wandten uns nach rechts, und der Wirt blieb abrupt stehen. Mit einer geschickten Bewegung griff er nach einem Haken über sich, klappte eine versteckte Tür auf und entblößte eine daran angebrachte Leiter.

»Ihr könnt euch auf dem Dachboden verstecken. Ich bringe euch gleich noch Laken, Kissen und eine Kerze. Dort oben steht noch irgendwo eine Öllampe. Die könnt ihr anzünden.«

»Ich danke dir. Du bist ein wahrer Freund«, sagte Fabio und schlug auf die Schulter des Wirts.

»Verharrt ruhig und kommt erst nächste Nacht wieder herunter.«

Wir nickten zustimmend und kletterten die knarrenden Stufen zum Dachboden hinauf, der unser Versteck für die nächsten zwei Tage sein sollte. Muffiger Geruch von alten Kisten und Staub umfing uns. Der Raum war groß, und das Schrägdach wölbte sich hoch über uns, sodass wir in der Mitte aufrecht stehen konnten, ohne uns bücken zu müssen. An den Seiten waren diverse Kisten übereinandergestapelt, ihre Ecken waren abgenutzt und einige waren sogar mit geheimnisvollen Siegeln versehen. Fabio machte sich sofort auf die Suche nach der Öllampe, während ich auf Giuda wartete. Nach kurzer Zeit erschien er mit einem Arm voller Laken und Kissen, die er mir heraufreichte.

»Gute Nacht«, flüsterte er, gab mir noch die brennende Kerze und verschloss dann die Luke.

Im sanften Schein der kleinen Kerze richteten wir unser Nachtlager. Es war eisigkalt hier oben, und ich zitterte als wir uns zum Schlafen hinlegten.

Fabio zog mich an sich. »Gleich wird dir wärmer.« Seine Küsse auf Hals und Dekolleté heizten mir tatsächlich sofort ein. Ich nahm sein Gesicht in meine Hände und gab ihm einen leidenschaftlichen Kuss. »Als Giuda meinte, dass du mich liebst, hast du ohne zu zögern, ›Ja‹ gesagt. Hast du das ernst gemeint?« Ich sah ihm tief in die Augen, die im Kerzenlicht in einem warmen Blauton funkelten.

»Ja«, raunte Fabio, »Ich liebe dich, und ich werde niemals mehr zulassen, dass dir etwas geschieht.«

Und dann küsste und berührte er mich an jeder nur erdenklichen Stelle meines Körpers, dass mir schwindelig wurde.

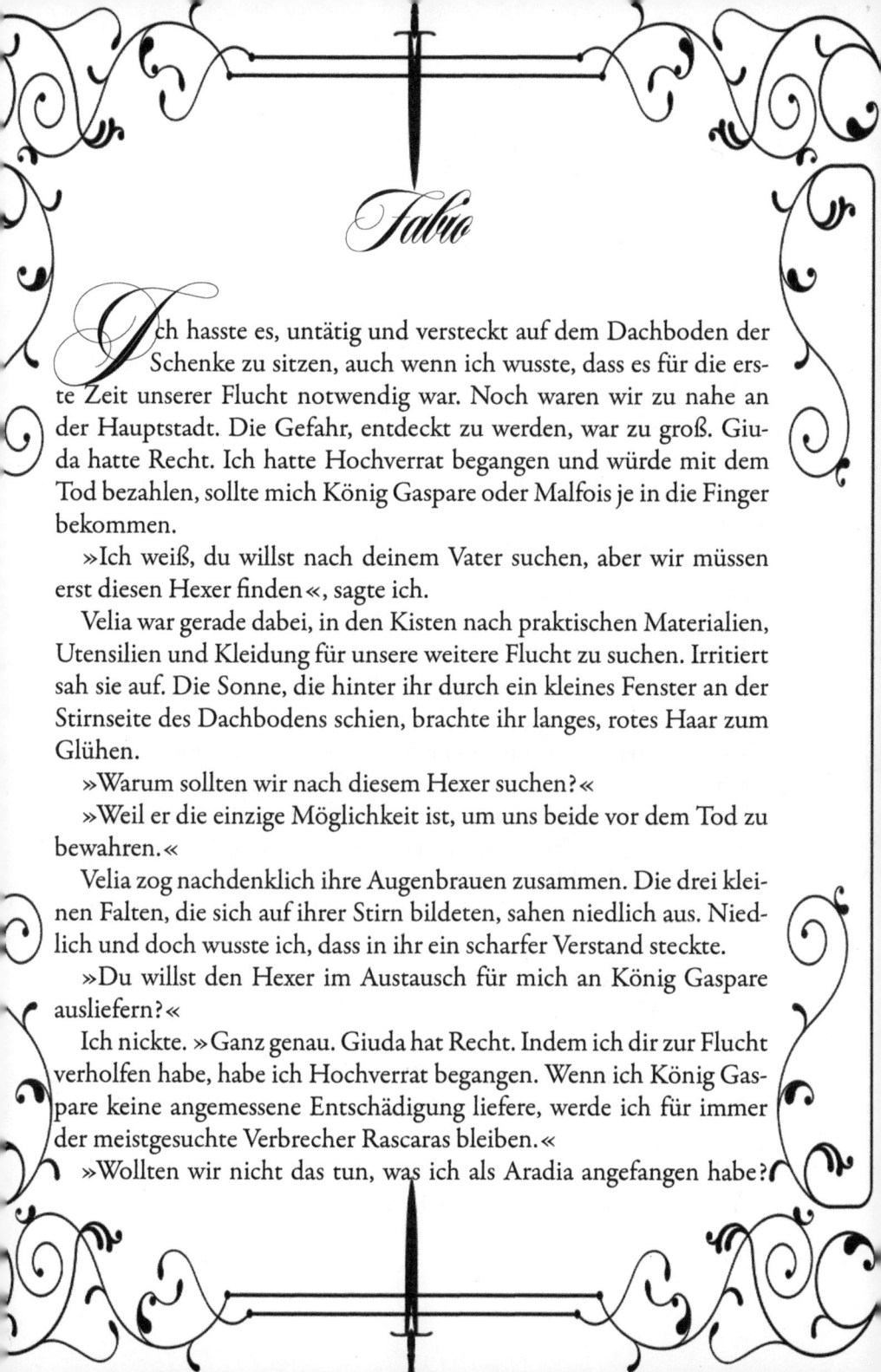

Fabio

Ich hasste es, untätig und versteckt auf dem Dachboden der Schenke zu sitzen, auch wenn ich wusste, dass es für die erste Zeit unserer Flucht notwendig war. Noch waren wir zu nahe an der Hauptstadt. Die Gefahr, entdeckt zu werden, war zu groß. Giuda hatte Recht. Ich hatte Hochverrat begangen und würde mit dem Tod bezahlen, sollte mich König Gaspare oder Malfois je in die Finger bekommen.

»Ich weiß, du willst nach deinem Vater suchen, aber wir müssen erst diesen Hexer finden«, sagte ich.

Velia war gerade dabei, in den Kisten nach praktischen Materialien, Utensilien und Kleidung für unsere weitere Flucht zu suchen. Irritiert sah sie auf. Die Sonne, die hinter ihr durch ein kleines Fenster an der Stirnseite des Dachbodens schien, brachte ihr langes, rotes Haar zum Glühen.

»Warum sollten wir nach diesem Hexer suchen?«

»Weil er die einzige Möglichkeit ist, um uns beide vor dem Tod zu bewahren.«

Velia zog nachdenklich ihre Augenbrauen zusammen. Die drei kleinen Falten, die sich auf ihrer Stirn bildeten, sahen niedlich aus. Niedlich und doch wusste ich, dass in ihr ein scharfer Verstand steckte.

»Du willst den Hexer im Austausch für mich an König Gaspare ausliefern?«

Ich nickte. »Ganz genau. Giuda hat Recht. Indem ich dir zur Flucht verholfen habe, habe ich Hochverrat begangen. Wenn ich König Gaspare keine angemessene Entschädigung liefere, werde ich für immer der meistgesuchte Verbrecher Rascaras bleiben.«

»Wollten wir nicht das tun, was ich als Aradia angefangen habe?

Den Hexenwahn des Königs beenden?« Sie stemmte ihre Hände in die Hüften.

»Ich weiß nicht. Je länger ich darüber nachdenke, umso irrsinniger kommt mir der Plan vor. Wir haben kein Versteck, keinen Rückzugsort, geschweige denn Waffen.«

Velia schnaubte. »Waffen, die habe ich nicht gebraucht, als ich dutzende Frauen gerettet habe.«

»Aber du siehst doch ein, dass wir so den Hexenwahn des Königs nicht beenden werden. Im Gegenteil, ich glaube wir schüren ihn sogar an.« Mir kam ein zündender Gedanke. »Was, wenn uns der Hexer noch ein weiteres Mal hilft und König Gaspares Sterndeutung zunichtemacht? Er könnte alles Gold zurück in Stroh verwandeln und den König vielleicht in eine kleine Maus ...«

Velia schüttelte vehement den Kopf. Ihre Augen blitzten vor Entschlossenheit, als ob sie mir die Ernsthaftigkeit der Lage vor Augen führen wollte. »Das ist gefährlich. Du unterschätzt diesen Mann, diesen Hexer. Ich weiß bis heute nicht, warum er mir geholfen hat. Er hat mir weder seinen Namen noch etwas anderes über sich selbst verraten. Auf jeden Fall ist er ein Spieler. Ich traue ihm nicht. Und wer weiß, eine Allianz mit solch mächtigen Kräften könnte uns am Ende alle ins Verderben stürzen.«

Verzweiflung machte sich in mir breit. Velia hatte zwar Recht, dennoch war der Hexer unser einziger Hinweis auf tatsächlich existierende Magie. Die Sterndeutung Malfois' hatte nicht gelogen. Und vielleicht war Magie der Schlüssel, um den Hexenwahn des Königs endgültig zu beenden.

»*Nomen atque omen.* Ich habe den Satz übrigens übersetzen können.« Das hatte ich Velia noch gar nicht erzählt.

Neugier flackerte in ihren Augen auf, und sie trat zu mir. »Erzähl, was bedeuten die Worte?«

»*Nomen atque omen* bedeutet *Name und zugleich auch Vorbedeutung.*« Velia stutzte. »Was soll das heißen?«

»Wenn ich das wüsste. Das zweite Wort, *Magia*, bedeutet schlichtweg Magie oder Zauber. Möglicherweise geht es um irgendeinen magischen Namen.«

»Vielleicht hat er mir deshalb nicht seinen Namen verraten?«

»Das könnte sein ...« Ich überlegte.

»Mal angenommen, wir suchen nach dem Hexer. Wo würdest du damit anfangen? Dieses Wesen kann in verschlossenen Kammern wie aus dem Nichts erscheinen. Wo willst du nach ihm suchen? Wir haben überhaupt keinen Anhaltspunkt.«

Genau über diese Frage zermarterte ich mir seit Tagen den Kopf. »Wenn ich das nur wüsste ...« Ich sah Velia an. »Erzähl mir mehr von ihm. Wie sieht er aus, was habt ihr gesprochen?«

Velia seufzte, begann dann jedoch zu erzählen. »Dieser Mann scheint etwa in deinem Alter zu sein, und dennoch geht von ihm eine spürbar alte Macht aus. Seine Haut ist so ebenmäßig, dass es übernatürlich wirkt. Am gruseligsten sind seine Augen. Tiefgrün wie Smaragde. Manchmal erscheinen seine Pupillen geschlitzt wie die von Schlangen.« Sie erschauderte bei diesen Worten.

Dieser Mann schien wahrlich unheimlich zu sein.

Von draußen drangen aufgeregte Stimmen zu uns. Es klang, als würde eine größere Reisegruppe eintreffen. Die aufgeregten Gespräche der Reisenden vermischten sich mit dem Wiehern der Pferde, die ungeduldig in ihren Geschirren scharrten.

Velia berichtete weiter: »Geredet haben wir nicht viel. Immer wenn ich ein Gespräch aufbauen wollte, fragte er, ob es mir lieber sei, zu quatschen, als dass er das Stroh zu Gold spann.« Sie schüttelte den Kopf. »Dieser Hexer hat mir drei Mal geholfen. Er hat sich immer an die Abmachung gehalten. Ich verstehe nur nicht, warum er mir geholfen hat. Ich meine, er kann Stroh zu Gold spinnen. Und das Einzige, was er dafür haben will, ist meine Kette, meinen Ring und...«, sie brach kurz ab und schüttelte den Kopf. »Wer Stroh zu Gold spinnen kann, braucht doch keinen solch armseligen Schmuck. Er trug jedes Mal edle Kleidung. Ein rotes Wams mit goldenen Knöpfen.«

Ich zuckte zusammen. Bilder schossen durch meinen Kopf. »Ein rotes Wams mit goldenen Knöpfen? Die Kleidung in der...« Doch weiter kam ich nicht, denn in diesem Moment wurde die Dachluke mit einem lauten Knarren aufgerissen, und wir sahen in die beiden Gesichter von Malfois' Leibwachen, Bosco und Lejan.

Aradia

Wie konnte das sein? Wie hatten uns Malfois' Wachen, verborgen auf dem Dachboden von Giudas Schenke, gefunden? Fabio trat sofort schützend vor mich und zog sein Schwert, das im Tageslicht gefährlich aufblitzte. »Wehe ihr wagt es, ihr auch nur ein Haar zu krümmen!« Seine Stimme klang bedrohlich.

»Ihr nicht, aber dir. Wir beide haben noch eine Rechnung offen«, knurrte die glatzköpfige Wache, deren Gesicht vom letzten Kampf ein dunkelblaues, geschwollenes Auge zierte, und fletschte drohend die Zähne. Mit einem Satz stürmte sie auf Fabio los.

Der Kampf begann sofort. Schwert prallte auf Schwert. Ich hielt den Atem an, und meine Brust fühlte sich an, als würde sie jeden Moment zerspringen. Fabios Schwert blitzte im Tageslicht, während er mit aller Kraft versuchte, den Angreifer zurückzudrängen. Doch diesmal war der Glatzkopf vorbereitet und mehr denn je entschlossen, seine körperliche Überlegenheit auszuspielen. Noch dazu mischte sich sein Kamerad in den Kampf ein. Die Augen des Bärtigen funkelten vor Mordlust, als er auf den Dachboden stieg. »Du bist ein toter Mann, kleiner Ritter«, höhnte er und kesselte Fabio von der anderen Seite mit gezücktem Schwert ein.

Fabio war nun zwischen beiden Wachen gefangen, und ich konnte die Verzweiflung in seinen Augen sehen. Er atmete schwer und schüttelte den Kopf, als wollte er die Realität dieser ausweglosen Situation abschütteln. Er war ein Ritter und ein guter Schwertkämpfer, das hatte er auf unserer Flucht bewiesen, doch wie sollte er gegen zwei muskelbepackte Leibwächter bestehen? Der Kahlköpfige holte mit seinem Schwert aus und jagte Fabio einen gewaltigen Hieb entgegen. Fabio parierte den Schlag. Der Aufprall war dabei so stark, dass selbst ich die

Erschütterung spüren konnte. Er taumelte zurück, während der Bärtige ihn attackierte.

Ich griff nach der erstbesten Kiste neben mir und warf Kerzen nach Malfois' Leibwachen. »Verschwindet!«, schrie ich, doch die Kerzen prallten bedeutungslos an ihren Brustpanzern ab wie Fliegen an Glas.

Fabio sammelte sich und wich dem Hieb des Bärtigen aus, der mit einem ohrenbetäubenden Krachen den Holzfußboden traf. Holzsplitter flogen durch die Luft. »Das ist alles, was du zu bieten hast? Steckt dir unser letzter Kampf etwa noch in den Knochen?«, spottete der Glatzkopf, lachte und stürmte erneut vor, sein Schwert zielte direkt auf Fabios Brust.

Fabio duckte sich, der Angriff verfehlte ihn nur um Haaresbreite. Doch in dem Moment, in dem er sich wieder aufrichtete, schlug der Bärtige von der anderen Seite mit einem brutalen Hieb zu. Ich hörte etwas fürchterlich knacken, als Fabio vor Schmerzen aufschrie.

Der Glatzkopf nutzte die Gelegenheit und schlug erneut zu – diesmal mit voller Wucht, sodass Fabio gegen die Wand prallte. Er sank stöhnend auf die Knie.

»Jetzt wirst du bluten!«, knurrte der Bärtige und schlug ihm mitten ins Gesicht. Es knackte ekelerregend, und ein Blutschwall ergoss sich aus seiner Nase auf den Boden.

»Nein!«, schluchzte ich, aber die Worte waren nichts weiter als ein verzweifelter Schrei in der grausamen Realität des Kampfes.

Die beiden Wachen lachten.

»Und so etwas nennt sich Ritter«, höhnte der Kahlköpfige.

Fabio versuchte unter Qualen, nochmals sein Schwert zu ergreifen. Vergebens. Der Bärtige trat ihm mit einem heftigen Tritt in die Seite. Fabio schrie schmerzerfüllt auf.

In diesem Moment durchflutete mich eine Mischung aus Panik und Wut. Ich musste etwas tun. Mit einem Aufschrei rannte ich auf die beiden Leibwachen zu. »Hört auf, oder ich verhexe euch!«

Sie lachten. Mühelos packte mich der Glatzkopf, verdrehte mir den Arm schmerzhaft hinter dem Rücken und presste mich gegen seinen massiven Körper.

»Lass mich los!«, schrie ich verzweifelt.

Die Wachen schienen sich von meinem Flehen nicht im Geringsten beeindrucken zu lassen. Während der Bärtige Fabio packte, zerrte mich der Glatzkopf die Leiter hinunter. Ich wehrte mich mit allen Kräften, schlug und trat, doch meine Versuche, mich zu befreien, waren vergeblich. Sein Brustpanzer hielt meine Schläge mühelos ab. Schließlich warf er mich über seine Schulter wie einen Sack Kartoffeln und trug mich in den Schankraum.

Im Schankraum wurde ich mit einem ruckartigen Wurf auf den kalten Boden gepresst. Ein stechender Schmerz durchfuhr meinen Körper, und für einen Moment war ich benommen. Gequält und zitternd versuchte ich, mich wieder aufzurappeln, während meine Glieder protestierten.

Der Schankraum war bis auf zwei weitere Personen leer: Giuda, der mit einem gleichgültigen Blick auf mich herabsah, und Malfois, dessen schadenfrohes Grinsen direkt in mein Herz stach.

»Da ist ja meine Goldhexe.«

»Du Verräter!«, fuhr ich den Wirt an, der feige wegsah.

Das Grinsen auf Malfois' Gesicht indes wurde breiter. »Giuda ist ein wahrer Held des Königreichs.« Er legte seine Hand auf dessen Schulter. »Wie versprochen. Hier eine erste Entschädigung für Eure Dienste.« Der Hofastrologe öffnete einen Sack und zog drei Spulen voll Gold hervor und legte sie auf den Tresen. Giudas Augen begannen bei dem glitzernden Anblick zu leuchten.

»Ihr habt Euch an der Schatzkammer des Königs bedient?«

Malfois' Augen blitzten auf.

»Wie habt Ihr uns gefunden?« Zwar war mir klar, dass der Wirt zuletzt den entscheidenden Hinweis gegeben haben musste, doch wir waren zwei Tagesreisen vom Schloss entfernt. So schnell konnte keine Nachricht Giudas Malfois erreicht haben.

Der königliche Berater lachte. »Man kann keinen Mann für sein Schweigen bezahlen. Wenn man die Schwachpunkte eines Menschen kennt, redet jeder.«

Der Schmied, schoss es mir in den Kopf.

»Außerdem wart ihr zu einfältig, eure Spuren zu verwischen.«

Malfois griff erneut in den Sack vor seinen Füßen. »Kommt dir das bekannt vor?« Er zog die schweren Fußfesseln hervor, die ich in der Schmiede zurückgelassen hatte. »Ihr habt nicht bedacht, dass das keine normalen Fußfesseln sind. Oder habt ihr meine eingravierten Gebete und Schutzzauber vergessen?«

Wütend sah ich ihn an. Doch noch wütender war ich auf uns selbst. Wir hätten diese verdammten Fußfesseln nicht zurücklassen dürfen.

»Die Frauen in Triessa konnten mir genau sagen, auf welcher Straße ihr wieder davongeritten seid.«

Ich ballte meine Fäuste. Wären wir doch nur vorsichtiger gewesen.

»Ich wusste, dass ich euch über kurz oder lang finden würde. Dass uns aber eine einfache Schankmaid mit der Information über euren Verbleib entgegenritt, ist wahrlich die Handschrift meiner geliebten Sterne. Einst wirst du tief fallen. Habe ich dir das nicht vorausgesagt?« Malfois wandte sich an Fabio, der zusammengesackt neben mir auf dem Boden kauerte. Immer noch floss Blut aus seiner Nase. »Du undankbarer Junge. Hat dir Gaspare nicht alles gegeben?«

Fabio stöhnte etwas Unverständliches.

Malfois trat näher, in seinem Blick lag reinste Verachtung. »Das hat er. Meiner Meinung nach viel zu viel. Zuletzt mehr als mir. Und du hast nichts Besseres im Sinn als Aradia, den Triumph des Königreichs, zu befreien? Du bist kein Ritter. Du bist nichts als ein jämmerlicher Stallbursche, der hin und wieder ein paar Nachrichten im Land verkünden durfte.« Und mit diesen Worten boxte er Fabio hart in den Bauch, sodass dieser wimmernd zusammensackte.

Ich wollte mich losreißen, auf Malfois zu stürmen, meine ganze Wut an ihm auslassen. Doch die Wache, die mich vom Boden hochgezogen hatte, hielt mich mit eisernem Griff fest.

»Du widerliches Scheusal!«, schrie ich und spuckte vor ihn auf den Boden. Mein Hass gegenüber diesem Menschen wurzelte so tief wie ein Baum.

Das Lächeln Malfois' verschwand und auf sein Gesicht huschte ein irrer, besessener Ausdruck. »Tötet ihn!«, knurrte er.

»Nein, nein!«, flehte ich. Nein, das durfte nicht sein. Es durfte nicht

so enden. Ich zerrte, trat gegen die Beine der Wache und wandte mich wie eine Schlange, um mich aus ihrem Griff zu befreien. Und es gelang mir tatsächlich. Noch bevor die andere Wache ihr Schwert erhob, warf ich mich schützend über Fabio. »Nein«, flehte ich. »Bestraft nicht ihn. Er ist unschuldig.« Das Schwert hing bedrohlich über uns.

»Er hat dir zur Flucht verholfen und damit das Königreich verraten.«

»So war es nicht«, ich überlegte fieberhaft. »Ich habe ihn verhext. Er wusste nicht, was er tut.«

Malfois lachte laut auf. »Dann tötet diesen verhexten Jungen!« Seine Stimme wurde schrill.

Noch immer hockte ich schützend vor Fabio. »Lasst ihn gehen, und ich werde niemandem etwas antun. Verschont sein Leben, und ich werde das Angebot annehmen.«

Der Blick des Hofastrologen heftete sich auf meinen. Ich legte all meine Hoffnung hinein.

»Du wirst an meine Seite treten?«, fragte er.

Ich nickte. »Wenn Ihr sein Leben verschont.«

Malfois wandte sich an seine Wachen. »Tötet Cavallis Pferd. Nehmt ihm alles, was er bei sich hat und dann werft ihn auf die Straße.«

Bosco zog Fabio wortlos von mir fort.

Malfois trat vor ihn. »Sieh mich an!«

Fabio hob mühsam den Kopf. Er sah fürchterlich aus. Überall klebte Blut.

»Ich lasse dich gehen. Doch kommst du dem Schloss oder Aradia zu nahe, lasse ich dich köpfen. Hast du verstanden?«

Fabio ignorierte die Worte und blickte mich trotzig an.

»Sag ja«, flehte ich, und Tränen rannen mir über die Wangen. Lieber in diesem Leben getrennt, als dass der Tod uns schied. Dann sah er wieder zu Malfois und nickte.

Der Hofastrologe packte mein Handgelenk. »Solltest du mit Cavalli in irgendeiner Weise in Kontakt treten oder ihm helfen, dann töte ich ihn.«

Ich versuchte den Kloß in meinem Hals hinunterzuschlucken.

Auf einen Wink Malfois' zog Bosco Fabio schließlich aus der Schenke.

An der Tür trafen sich unsere Blicke ein letztes Mal. Seine Lippen bewegten sich, und ich glaubte ein *Ich liebe dich* auf ihnen lesen zu können. Dann schlug die Tür zu. Malfois trat zu mir und nahm meinen Kopf in seine kalten Hände. »Aradia an meiner Seite«, er lachte, »Gemeinsam regieren wir Rascara und bald schon die ganze bekannte Welt.«

Ich biss meine Zähne fest aufeinander und zischte. »Es ist immer noch König Gaspare der das Land regiert.«

Seine Augen funkelten gefährlich auf. »Nicht mehr. Gaspare ist tot.«

Die Neuigkeit traf mich wie ein Schlag. Malfois ließ mich los, trat ein paar Schritte zurück und breitete seine Hände aus. »Lang lebe der neue König Rascaras.«

Aradia

ie Kammerzofe zog die Bänder an meinem Rücken stramm, sodass mir die Luft wegblieb. Ich keuchte und stütze meine rechte Hand am Bettpfosten des Himmelbettes ab, während ich mit der anderen über meinen Bauch strich. Mir war übel. Ich hatte mich heute Morgen bereits übergeben müssen. Aber bei dem mir bevorstehenden Ereignis am heutigen Tag, war das kein Wunder. Heute würde das passieren, vor dem ich im Sommer davongelaufen war. Ich würde heiraten. Ich würde Malfois' Frau und damit Königin von Rascara, Regentin von Eaban und bald schon Herrschergemahlin des ganzen Kontinents werden. Bei der Vorstellung traten mir Tränen in die Augen. Es war mein Opfer für Fabio gewesen. Ich hatte mit dieser Entscheidung zumindest sein Leben verschont. Wo er jetzt wohl war? Seit unserer Flucht waren fast sechs Wochen vergangen. Wusste er von Malfois' zwischenzeitlicher Krönung? Offiziell hieß es, Gaspare sei bei einem tragischen Unfall auf der Rückreise nach Rascara zu Tode gekommen. Doch ich konnte den irren Blick seines ehemaligen Vertrauten nicht vergessen, als dieser vom Tod des Königs gesprochen hatte. Außerdem erinnerte ich mich an die tagelange Abwesenheit seiner einen Leibwache. Es gab keinen Thronfolger und da Malfois die Dienerschaft in seiner Gewalt und die Kirche mit seinem Hexenwahn auf seiner Seite hatte, krönte er sich selbst zum neuen König. Keiner stellte sich ihm in den Weg. Solange die Bürger zu trinken, zu essen und ein paar Freuden im Leben hatten, war es ihnen egal, wer ihr König war. Malfois hatte als Geschenk seiner Krönung jedem Haushalt ein Säckchen voll Münzen geschenkt. Und so liebten die Bürger ihren neuen König, Raoul Malfois, der Erste von Rascara, dessen Gesicht nun auf den Münzen eingeprägt war. Ich hatte Gaspare für das, was er dem Land und damit meiner Mutter angetan hatte, gehasst. Wie oft hatte ich mir vorgestellt, ihn für all seine Verbrechen zu bestrafen. Jetzt war er tot. Trotzdem hatte sich nichts zum Besseren gewandt. Im Gegenteil. Der neue König war schlimmer als der alte. Schließlich war Malfois der Fanatiker gewesen, der Gaspare zum Scheusal gemacht hatte.

Eine neue Woge der Übelkeit schwappte über mich, doch ich konnte sie hinunterschlucken. Meine Kammerzofe zog ein letztes Mal und schnürte das weiße Unterkleid fest. Dann trat sie vor mich und beschied mir, die Arme zu heben. Ich tat wie geheißen. Das Überkleid, das sie mir über Arme und Kopf zog, war aus weißer, glänzender Seide. Die langen Ärmel schmiegten sich kühl an meine nackten Arme. Dann wuselte sie zur Truhe und holte einen üppigen Unterrock hervor. Das Mädchen und ich verstanden uns auch ohne Worte. Es war mein Wunsch gewesen, die stumme Magd zu meiner Kammerzofe zu machen. Malfois hatte gelacht: »Eine anregende Unterhaltung wirst du mit ihr nicht führen können!« Aber er hatte mir meinen Wunsch erfüllt. Die junge Magd war mehr als begeistert gewesen, zur Kammerzofe der neuen Königin berufen zu werden. Und ich war froh, bei meiner Rückkehr wenigstens in kein Turmzimmer gesperrt worden zu sein, sondern die Gemächer der Königin beziehen zu dürfen und normale Gesellschaft um mich zu haben. Ich brauchte kein Geplapper um mich herum. Ich brauchte jemanden in diesem kalten, bösen Schloss, dem ich vertrauen konnte. Und das stumme Mädchen hatte mir seine Loyalität bereits mehr als genug bewiesen. Sie hieß offenbar Naara. Das Einzige, was sie lesen oder schreiben konnte, war nämlich ihr Name. Und so hatte ich irgendein Buch aufgeschlagen und mir notiert, auf welche Buchstaben sie gedeutet hatte.

Es klopfte eindringlich an die Tür.

»Herein!«, rief ich.

Die Tür schwang auf und die beiden Leibwachen des Königs, Bosco und Lejan, warteten auf mich, um mich zur Schlosskapelle zu eskortieren.

»Ich bin gleich so weit«, sagte ich und trat vor den goldgerahmten Spiegel an der Wand. Ich sah eine junge Frau in prachtvollem Gewand. Meine roten Haare waren am Hinterkopf zusammengesteckt und vorne

umrahmten zwei Strähnen mein Gesicht. Mir strahlte eine wunderschöne Königin entgegen. Nur die Augen waren voller Trauer. Wer war ich? Von der Müllerstochter zur Hexe. Von der Hexe zur Königin. Was würde ich alles dafür geben, die Zeit zurückdrehen zu können. Doch an welchen Punkt? An welcher Lebenskreuzung hätte ich anders abbiegen sollen? Wäre ich bei meinem Vater geblieben, hätte ich niemals so viele Frauen gerettet. Ich hätte Giorgio geheiratet und wäre mein Leben lang unglücklich geblieben. Niemals hätte ich Fabio kennengelernt, den Mann meiner Träume. Und womöglich hätte Eaban uns den Krieg erklärt, hätte uns annektiert, weil König Gaspare kein zu Gold gesponnenes Stroh gehabt hätte, um die Schulden zu tilgen. Nein, alles war Schicksal. Und auch wenn ich es nicht zugeben wollte, in einem hatte Malfois Recht: Die Sterne logen niemals. Es blieb mir nichts anderes übrig, als das Beste aus meinem Schicksal zu machen. Ich nickte mir aufmunternd zu und wandte mich dann an die Wachen. »Ich bin bereit.«

Naara umarmte mich zum Abschied, und ich spürte, dass sie mit mir litt. Es tat gut, eine Freundin zu haben.

Die Wachen eskortierten mich durch die Gemächer und schließlich den langen Korridor zur Schlosskapelle entlang. Die Türen standen weit offen. Eine kleine Auswahl der Dienerschaft sowie einige Ritter gehörten zu den geladenen Gästen. Sie hatten bereits auf den Bänken der Kapelle Platz genommen. Malfois stand mit dem Priester Angelito vorne beim Altar. Er trug unter seinem blauen Umhang eine lederne Rüstung, und auf seinem Kopf thronte die goldene fünfzackte Krone, die zuvor Gaspares Kopf geschmückt hatte. Seit er König war, hatte er sie nicht mehr gegen sein albernes Barett mit der Feder eingetauscht. Über der ledernen Rüstung hing sein Amulett mit dem eingeschlossenen Rosmarinzweig, das er niemals ablegte. Als ich die Kapelle betrat, wandten sich alle Köpfe mir zu. Stolpernd begann über mir die Orgel zu spielen. Die Melodie klang eher nach Beerdigung als nach Hochzeit. Aber sie passte zu meiner Stimmung. Ich lief den Gang hinauf zu meinem Grab. Kühn reckte ich den Kopf und vermied es in die Gesichter der Gäste zu blicken. Sie sollten alle wissen, dass ich nicht freiwillig heiratete. Auch

Malfois sah ich nicht an, als ich mich neben ihn vor den Priester stellte. Vielmehr fiel mein Blick auf den Beichtstuhl an der Wand, der den Geheimgang verbarg. Meine Gedanken wanderten wieder zu Fabio. Ich vermisste ihn so sehr. Die Orgelmusik endete, und der Priester erhob seine Hände. Er war ein dicklicher Mann mit schütterem, weißem Haar und blasser Haut. Man sah es ihm an, dass er noch nie hatte in der Sonne arbeiten müssen.

»Versammelte Gemeinde. Heute ist ein besonderer Tag«, ertönte seine Stimme. »Wir feiern heute die Vermählung von Raoul Malfois, König unseres Landes Rascara sowie Regent Eabans.« Der Priester stolperte über seine nächsten Worte. »Und Aradia, Königin der Hexen.«

Ich grinste. Wenigstens bereitete mir mein Ruf ein paar kleine Freuden.

Der Priester räusperte sich. »Wir feiern heute eine ganz besondere Hochzeit. Sie wird unser Land zu noch größerer Macht, zu noch größerem Wohlstand verhelfen. Es war Gottes Wille, dass Malfois zu uns kam. Es war Gott, der Aradia zur Vernunft brachte, kein Leid mehr über dieses Land zu bringen, sondern den Zauber in Gutes umzuwandeln. Liebe Gemeinde, wer noch Zweifel an dieser Verbindung hegt, der höre meine Worte: Gott hält seine schützende Hand über diese Vermählung.«

Dem Blick des Priesters nach zu urteilen, war er sich seiner Worte selbst nicht sicher.

Priester Angelito wandte sich an Malfois. »Ihr seid hierhergekommen, um nach reiflicher Überlegung und aus freiem Entschluss mit Aradia den Bund der Ehe zu schließen?«

»Ja«, verkündete er so laut, dass es jeder in der Kapelle hören konnte.

»Wollt Ihr eure Frau lieben und achten und ihr die Treue halten alle Tage ihres Lebens?«

Was für eine Frage. Das Einzige, was Malfois mehr begehrte als Reichtum, war Macht.

»Ja«, bestätigte er für alle hörbar.

Dann wandte sich der Priester an mich und wiederholte seine Fragen. Ich bejahte beide und verneinte sie gedanklich. Ich hatte keine Wahl.

»Seid ihr bereit, die Kinder anzunehmen, die Gott euch schenken will und sie im Geiste der Kirche zu erziehen?«

Bei den Worten wurde mir wieder schlecht. Ich hatte noch gar nicht darüber nachgedacht, dass die eheliche Pflicht mit sich brachte, Nachkommen zu zeugen. Niemals würde ich mit Malfois das Bett teilen. Während mein Gemahl deutlich Ja sagte, nickte ich nur stumm. Der Priester winkte, und Bosco trat mit einem kleinen Schmuckkästchen nach vorne. Priester Angelito segnete die Trauringe und wandte sich dann erneut an den König: »So frage ich Euch vor Gottes Angesicht: Nehmt Ihr Aradia als Eure Frau und versprecht Ihr, ihr die Treue zu halten in guten und schlechten Tagen und sie zu lieben, zu achten und zu ehren, bis dass der Tod euch scheidet?«

»Ja«, ertönte seine Stimme.

»Nehmt den Ring, das Zeichen eurer Liebe, steckt ihn an die Hand Eurer Braut und sprecht die Worte: Im Namen unseres Gottes.«

Malfois nahm den goldenen, schlichten Ring aus dem Kästchen und drehte sich zu mir. Er nahm meine Hand und steckte den Ring an meinen Finger. »Im Namen unseres Gottes«, sagte er und sah mich begierig an.

Ich schluckte, da ich wusste, dass die gleiche Prozedur mir bevorstand. Noch nie waren mir vier Worte so schwer über die Lippen gekommen. Ich hauchte sie mehr, als dass ich sie sprach. Doch der Priester, Gottes Diener auf Erden, hatte die Worte gehört.

»Nun seid ihr Mann und Frau, König und Königin.« Der Priester nahm vom Altar eine kleinere, dreigezackte Krone und setzte sie auf meinen Kopf. »Nun hat Rascara wieder eine Königin. Aradia Malfois die Erste.« Die Krone wog schwer auf meinem Kopf. »Ihr dürft euch nun küssen.« Ein Schauer fuhr von meinem Kopf bis hinunter in meine Fußspitzen. Malfois grinste, zog mich an sich und drückte mir einen widerlichen Kuss auf meine fest zusammengepressten Lippen. Beifall erklang von den Bänken. Als mich der König wieder freigab, musste ich dem Drang widerstehen, den Kuss mit meinem Ärmel abzuwischen. Erneut ertönte die wehleidige Orgelmusik. Malfois führte mich durch die Kapelle hinaus, die Gäste folgten uns. Wir wandten uns im Gang nach rechts und betraten das große Audienzzimmer an der Stirnseite des Schlosses. Von hier gelangte man auf den großen Balkon, der dem König für Ansprachen an das Volk diente. Beim Anblick der Massen, die uns zujubelten, als wir den Balkon betraten, verschlug es mir die Sprache. Hunderte waren gekommen, um unsere Hochzeit zu feiern. Hatten die Bürger noch vor wenigen Wochen meinen Namen mit Hass ausgerufen, so jubelten sie mir jetzt zu. Mir, ihrer neuen Königin. Aradia, deren Boshaftigkeit von Malfois gebrochen worden war. Die ihre Hexenkünste nicht mehr gegen, sondern für das Wohlergehen des Volkes einsetzte. So das Narrativ, welches der einstige Hofastrologe im ganzen Land hatte verbreiten lassen. Wie lange würde diese Lüge halten? Wann würde herauskommen, dass ich nicht Aradia war, sondern nur eine einfache Müllerstochter, die eine Krone trug, die sie nie gewollt hatte?

Aradia

Die folgenden Tage verbrachte ich zurückgezogen im Schloss in meinen Gemächern. Keine Menschenseele interessierte sich für mich, und Malfois ließ mich weitestgehend in Ruhe. Lediglich auf ein tägliches gemeinsames Abendessen bestand er. Wenn ich meine Gemächer verließ, folgten mir die postierten Wachen auf Schritt und Tritt. Um ihre Hälse trugen sie ähnlich aussehende Amulette wie die von Malfois und einst Gaspare. Ich durfte nirgendwo allein hingehen. Mein Gemahl vertraute mir nicht. Aber warum sollte er das auch? Und so blieb ich lieber in meinem Zimmer und verbrachte die Tage in Ruhe und Einsamkeit. Ich genoss die Gesellschaft von Naara oder schwelgte in Erinnerungen an Fabio, erträumte mir eine gemeinsame Zukunft, die wir nicht hatten.

Ich las gerade in einem Gedichtband aus der Schlossbibliothek, als es an der Tür klopfte.

»Herein!«, rief ich.

Naara trat ein und deutete auf das große Fenster, durch das die untergehende Sonne zu sehen war. Sie tauchte den Himmel in ein kräftiges orange und den umliegenden Wald in schwarze Schatten. Seufzend legte ich das Buch aus der Hand und stand von meinem bequemen Sessel am Kamin auf. Es war mal wieder Zeit, mich für das Abendessen mit Malfois zu richten. Plötzlicher Schwindel erfasste mich, doch ich fing mich gleich wieder. Seit dem Tag meiner Hochzeit ging es mir nicht gut. Immer wieder hatte ich mit Übelkeit und Kreislaufproblemen zu kämpfen, das gestrige Abendessen hatte ich sogar gar nicht bei mir behalten können. Mir war bereits der Gedanke gekommen, Malfois könne mich mit irgendwelchen Gegenmitteln gegen die böse Hexerei vergiften. Zuzutrauen wäre es ihm jedenfalls. Oder mein körperlicher Zustand war Spiegel meiner Seele. Ich litt an einem gebrochenen Herzen.

Naara sah mich besorgt an.

Ich winkte ab. »Es ist nichts. Es geht schon wieder.«

Sie sah mich nachdenklich an.

»Mach dir keine Sorgen. Wenn mir morgen immer noch übel ist, werde ich den Hofarzt aufsuchen.«

Naara nickte zögernd. Als meine ergebene Dienerin und Vertraute machte sie sich natürlich Sorgen. Das würde ich mir an ihrer Stelle auch machen.

Ich folgte ihr ins Ankleidezimmer, das mich an jenes in den königlichen Gemächern erinnerte. Sie öffnete einen der Wandschränke, der sich über die gesamte Längswand erstreckte. Anders als in den Räumen des Königs, hatte ich hier jedoch keinen verborgenen Durchgang entdeckt – nur puren Luxus. Obwohl mein Herz sich danach sehnte, mit Fabio durch die Wälder zu fliehen und in einfachen Hütten Zuflucht zu finden, konnte ich nicht umhin, die Pracht dieser Gewänder zu bewundern. Vor mir hingen fein säuberlich sortiert Roben, die aus den kostbarsten Stoffen gefertigt waren: schimmernder Brokat, glitzernde Steine, goldbestickte Broschen, weicher Samt und glänzende Seide. Es waren die Kleider der verstorbenen Königin Anna I., der Mutter von Gaspare. Obwohl sie vor meiner Zeit gelebt hatte, hatten diese Gewänder nichts von ihrem Glanz verloren. Der Hofschneider hatte kaum etwas abändern müssen – ihre zeitlose Eleganz passte sich jeder Figur an.

Naara zog ein bodenlanges, tiefblaues Kleid hervor und hielt es mir mit fragendem Blick entgegen. Der Stoff schimmerte wie der nächtliche Himmel, und für einen Moment fühlte ich mich, als könnte ich die Sterne darin sehen.

Ich klatschte entzückt in die Hände. »Das gefällt mir für heute Abend.«

Sie lächelte und signalisierte mir, dass ich mich mit dem Rücken zu ihr drehen sollte. Naara half mir aus meinem weniger prächtigen Alltagskleid, brachte eine Schüssel mit warmem Wasser und wusch mich. Dann half sie mir beim Anziehen des edlen Abendkleides. Als ich mich

schließlich vor dem großen goldenen Wandspiegel betrachtete, klatschte sie zufrieden in die Hände. Das Kleid stand mir ausgezeichnet. Es ließ meine roten Haare leuchten und verlieh mir einen frischen Teint. Ich sah kein bisschen kränklich oder schwach aus, wie ich mich eigentlich fühlte. Zum Schluss schlüpfte ich noch in zwei lederne Riemenschuhe. Dann war ich bereit für das gemeinsame Abendessen mit meinem verhassten Gemahl. Die Wachen brachten mich zu seinen Gemächern. Wir aßen immer in seinem Esszimmer, nie in meinem. Heute waren überdies zwei Ritter anwesend. Sie waren mir unbekannt, obwohl ich sie auch bei der Hochzeit vor wenigen Tagen gesehen hatte. Wahrscheinlich wollte Malfois heute die weitere Vorgehensweise im Vormarsch Rascaras auf dem Kontinent besprechen. Zwar hatte Gaspare vor seinem Ableben einige Länder mit dem Gold ködern können. Die Inseln weigerten sich jedoch, Malfois als ihren neuen Herrscher anzuerkennen. Schon die letzten Tage war es das einzige Gesprächsthema bei Tisch gewesen. Die Männer standen auf als ich mit Bosco und Lejan den Raum betrat.

»Da ist ja meine wunderschöne Goldhexe«, begrüßte mich Malfois.

Ich lief achtlos an meinen Platz am Kopfende des Tisches. Mindestens fünf Meter trennten mich von diesem Scheusal von König.

Irritiert über mein Benehmen sahen die Ritter zu ihrem König, der mir wiederum einen bösen Blick schenkte. »Verzeiht, Aradia muss erst noch das königliche Benehmen lernen und sich an die neuen Sitten gewöhnen.«

Ich zuckte mit den Schultern und tat uninteressiert. Niemals würde ich vor Malfois knicksen oder mich verbeugen. Schließlich nahm auch er wieder Platz, und die Ritter taten es ihm gleich.

»Aradia, ich möchte dir meine beiden treuesten Ritter vorstellen.« Er zeigte zu seiner Rechten. »Das ist Sandro di Verossa, Herr über die Ländereien von Verossa.«

Der ältere Ritter mit den weißen Haaren nickte mir freundlich zu. Uninteressiert nahm ich mein Weinglas und nippte daran.

Dann zeigte Malfois zu seiner Linken. »Und das ist Marco di Gallo, Anführer meiner Streitkräfte.«

Vor Überraschung verschluckte ich mich fast. Marco di Gallo, das war

Fabios früherer Kinderfreund gewesen. »Tatsächlich? Ich habe schon viel von euch gehört«, sagte ich und fixierte den jungen, von der Sonne geküssten Mann.

Marco di Gallo bekam es sichtlich mit der Angst zu tun. Sie alle wussten nicht, meine Macht einzuordnen. Sie schien nicht so groß, als dass ich mich auf der Stelle in Luft auflösen und dem Schloss entfliehen konnte, allerdings konnte ich Stroh in Gold verwandeln und ebenso meine Lüge, ich hätte Fabios Geist verhext, hatte die Runde gemacht. »Sagt mir, wann kam der Zeitpunkt, an dem Ihr euch von Euren eigentlichen Freunden abgewendet habt?«

Di Gallo schluckte.

»Geht nicht auf Ihr Geschwätz ein. Sie verhext zu gern die Sinne junger Männer«, ergriff Malfois das Wort. »Aber seid unbesorgt, eure Amulette schützen euch.«

Ich lachte und nippte wieder an meinem Wein. Es machte Spaß, den ach so großen Männern ein wenig Angst einzujagen. Die Türen schwangen auf und eine ganze Dienerschaft trug das Abendessen auf großen, silbernen Servierplatten herein. Der Duft frisch zubereiteter Speisen erfüllte augenblicklich den Raum. Auf den Platten türmten sich knackige Bohnen, leuchtend orange Möhren und fein geschnittener Rettich, daneben standen Schüsseln mit duftenden Saucen, die in allen Farben glänzten. Zwei Diener trugen stolz eine goldbraun gebratene Gans herbei und platzierten sie in der Mitte des langen Tisches. Mit geübten Handgriffen schnitten sie saftige Fleischstücke ab und legten sie kunstvoll auf unsere Teller.

Das Festmahl hätte ein wahres Vergnügen für alle Sinne sein können, doch mir war immer noch übel. Während alle anderen sich gierig auf die Gans und das Gemüse stürzten, stocherte ich nur matt in meinem Essen herum und nahm gelegentlich einen kleinen Bissen.

Malfois plauderte zunächst unbeschwert mit den Rittern über ihre prächtigen Pferde, fragte nach ihren Ländereien und machte dabei den Eindruck eines höflichen, freundlichen Gastgebers. Die Stimmung war entspannt, das Gespräch plätscherte leicht dahin, während der Hauptgang langsam verzehrt wurde. Schließlich wurde der Nachtisch

aufgetragen – ein prachtvolles Arrangement aus saftigen Früchten, begleitet von einem reichhaltigen Honigkuchen, dessen süßer Duft den Raum füllte.

Erst als die Teller leer waren und die Weingläser noch einmal gefüllt wurden, lenkte Malfois das Gespräch auf das Thema, das unausgesprochen im Raum schwebte. Seine Stimme nahm einen nüchternen Ton an, als er fragte: »Wie können wir die Jolnora-Inseln dazu bewegen, sich der Krone anzuschließen?« Eine höflichere Umschreibung für: Wie konnte man die Inseln möglichst gewaltfrei annektieren?

Ich hörte aufmerksam zu. Während di Gallo darauf pochte, mit einer ganzen Flotte von Zacronia aus loszusegeln und möglicherweise die Hauptinsel unter Beschuss zu nehmen, überlegte di Verossa viel taktischer und fragte sich, ob die Jolnora-Inseln nicht mit irgendetwas erpressbar wären. Das Gold hatten sie im Gegensatz zu den anderen Königreichen abgelehnt. Ihr kostbarstes Gut war das Salz, dessen Handel sie reich gemacht hatte.

»Das Problem ist, wir haben keine eigene Flotte«, meinte Malfois und griff die Idee di Gallos auf.

»Aber Zacronia hat eine«, entgegnete dieser. »Und Zacronia steht inzwischen unter Eurem Befehl.«

»Die Inseln und Zacronia waren einst Verbündete. Soweit ich weiß, haben sie dieses Band bisher nicht gelöst«, gab di Verossa zu bedenken.

Malfois nickte nachdenklich. »Es bräuchte etwas Kostbares im Austausch, um Zacronia dazu zu bringen, die Jolnora Inseln mit Ihrer Flotte anzugreifen.« Seine Hand wanderte zu seinem Talisman, der auf seiner Brust ruhte. Plötzlich fuhr sein Kopf ruckartig zu mir. »Wenn Zauberkräfte einfaches Stroh in Gold verwandeln können, dann kann sicherlich auch anderes Material in noch kostbareres verwandelt werden.«

Die Richtung, die das Gespräch nun nahm, gefiel mir ganz und gar nicht. Mein Gemahl lies mich nicht aus den Augen.

»Du überschätzt meine Fähigkeiten«, sagte ich in bemüht ruhigem Ton.

Doch seine Iriden funkelten bereits wie geschliffene Edelsteine. »Was braucht es, um Diamanten herzustellen?«

Die Männer sahen mich gespannt an.

Verdammt. Ich musste mich irgendwie aus dieser misslichen Lage befreien. »Ich kann keine Diamanten herzaubern.«

Malfois kniff seine Augen zusammen. »Das werden wir sehen. Morgen Abend sperre ich dich wieder in eine Kammer. Mit Stroh und einem Spinnrad. Entweder ich finde am Morgen Diamanten vor oder du hast zumindest eine Idee, welches Material du zum Spinnen benötigst.«

Vor Wut begann es in mir zu brodeln. »Vielleicht suchst du dir lieber die sieben Zwerge hinter den sieben Bergen. Die können dir sicher ein paar Edelsteine aus den Stollen hauen.«

Malfois griff ungehalten nach einer Schüssel und warf sie in meine Richtung. Ich konnte mich gerade noch rechtzeitig ducken. Scheppernd schlug sie auf dem Boden auf und wurde erst durch die Wand gestoppt. »Halte mich nicht zum Narren. Du weißt, was auf dem Spiel steht, wenn du dich nicht an unsere Abmachung hältst.« Er schnaubte wie ein Ochse. »Dein hübscher Fabio Cavalli glaubt, sich unbeobachtet ein neues Leben aufbauen zu können, doch ich habe meine Augen überall.«

Ich schluckte. Fabio würde sterben, wenn ich mich Malfois widersetzte, daran ließ er keinen Zweifel. Mein Herz krampfte sich zusammen bei dem Gedanken, und der Schmerz war kaum zu ertragen. Seufzend ergab ich mich meinem Schicksal. »Stroh und Spinnrad reichen aus.«

Der König nickte zufrieden und strich selbstgefällig über seinen Mantel.

Und mir blieb nichts als die Hoffnung, der Hexer möge mir erneut zu Hilfe kommen.

Aradia

Ich saß auf meinem Bett und nestelte an meinem Rockzipfel. Gleich würde ich in die vierte Kammer voll Stroh gebracht werden. Malfois hatte nicht lange gezögert. Das Stroh war längst im Schloss und es drängte ihn, die lästigen Jolnora-Inseln einzunehmen. Ich sollte das Stroh zu Diamanten spinnen. Was sollte als nächstes kommen? Ich war nervöser als bei allen Kammern zuvor. Malfois hatte nun mehr denn je ein Druckmittel: Fabio. Mein geliebter Fabio würde sicherlich sterben, wenn morgen früh nicht mindestens ein paar Edelsteine auf dem Kammerboden glitzerten. Doch was, wenn der Hexer nicht mehr kam? Oder er Stroh nicht in Diamanten verwandeln konnte? Ich schob die Gedanken beiseite. Er war bisher immer gekommen und hatte mir geholfen. Da fiel mir ein, ich sollte vielleicht etwas Wertvolles mit in die Kammer als Tauschgegenstand für seine Dienste nehmen. Ich stand auf und wandelte durch meine Gemächer. Es gab hier allerhand wertvolle Gegenstände. Ich dachte an die edlen Stoffe in meinem Kleiderschrank. Eine der Truhen war aus dem selten gewordenen Zedernholz gefertigt und mit Ornamenten aus Elfenbein geschmückt. Auf dem Kaminsims stand ein schwerer dreiarmiger Kerzenständer aus reinstem Gold. Alles Gegenstände, die zu groß waren, um sie in die Kammer zu schmuggeln. Da fiel mein Blick auf den Frisiertisch. Dort lag die edelsteinbesetzte Kette, die mir Malfois zur Hochzeit geschenkt hatte. In ein filigranes, goldenes Muster waren Rubine, Saphire und Smaragde eingelassen. Ich hatte diese Kette bisher kein einziges Mal getragen. Und das wollte ich auch nicht, da sie mich immer an die Hochzeit mit diesem Scheusal erinnern würde. Die Kette war teuer. Einen besseren Tauschgegenstand konnte ich nicht finden. Ich ließ die Kette in die Tasche meines Kleides gleiten und sah zufrieden im Spiegel, dass sie das Kleid nicht ausbeulte und somit nicht auffiel. Nun, da ich einen Tauschgegenstand bei mir hatte, beruhigte sich mein Herzschlag ein wenig. Dieses Mal stand ich nicht mit leeren Händen da.

***

Bosco und Lejan eskortierten mich unter Führung Malfois' in die vierte Kammer. Alles war gleich, einzig und allein die fehlenden Fußfesseln erinnerten mich daran, eigentlich Königin Rascaras zu sein. Königin und dennoch gefangen. Der ehemalige Hofastrologe zeichnete wieder seine merkwürdigen Kreidekringel an die Tür und sperrte mich dann ein. In der Kammer setzte ich mich auf einen Strohballen in der Nähe des Spinnrads und wartete auf den Hexer. Angenommen, er konnte sogar Stroh zu Diamanten spinnen, fragte ich mich, wie das aussehen mochte. Spulen voll funkelnder Fäden, jeder einzelne mit Juwelen gespickt wie Perlen an einer Kette aufgereiht. Malfois würde zweifelsfrei der reichste und mächtigste Herrscher aller Zeiten werden. Doch wäre sein Durst gestillt, wenn er die letzten Widerstände besiegt hatte? Wenn endlich auch die Jolnora-Inseln sich ihm beugten? Oder würde er immer weiter nach mehr streben, bis nichts mehr übrigblieb, was er noch erobern konnte?

Ein Windhauch wehte durch den Raum und brachte die Fackeln an der Tür zum Flackern.

»Guten Abend, schöne Königin.«

Erschrocken sah ich auf. Der Hexer stand neben der Tür und grinste mich unverhohlen an. Er trug wie immer sein rotes Wams mit den goldenen Knöpfen.

»Ihr seid gekommen!« Erleichtert sprang ich von dem Strohballen.

»Das bin ich«, bestätigte der Hexer. Er ging ein paar Schritte in den Raum und blieb dann mit hinter dem Rücken verschränkten Armen vor mir stehen. »Allerdings nicht um Euch zu helfen.« Seine smaragdgrünen Augen funkelten auf.

Das Herz sank mir in die Hose. »Warum seid Ihr dann hier?« Meine Stimme klang zart und zerbrechlich.

»Um mir etwas zurückzuholen, das Ihr genommen habt.«

Was meinte er damit? Verwirrt schüttelte ich den Kopf. »Ich weiß nicht, was Ihr meint. Ich habe nichts von Euch genommen.«

Der rothaarige Mann lachte, und es klang wie das Zischen einer Schlange. »Belügt mich nicht. Ich sehe alles.« Er trat zum Spinnrad und gab dem Rad einen Schubs, sodass es sich drehte.

In Gedanken rekapitulierte ich nochmals alle drei Aufeinandertreffen mit ihm, aber es wollte mir beim besten Willen nicht einfallen, was ich von ihm genommen haben könnte. »Ihr habt meine Kette und den Ring bekommen. Was soll ich Eurer Meinung nach von Euch genommen haben?«

Das Rad kam zum Stillstand, und der Hexer drehte sich langsam zu mir um. Sein Gesicht war eine zornerfüllte Fratze. »Meine Münze«, zischte er.

Ein Schauder lief mir über den Rücken, und meine Nackenhaare stellten sich auf. Und in diesem Moment wusste ich, dass dieser Mann gefährlich war. Beruhigend hob ich die Hände. »Ihr habt Recht. Ich habe Eure Münze genommen, aber nicht in böser Absicht. Sie lag auf dem Boden, und ich habe sie mitgenommen, bevor noch am Ende Gaspare oder Malfois sie finden würden.«

»Dann gebt sie mir zurück!«, forderte er mit eisiger Stimme und verschränkte die Arme vor der Brust. Seine Augen glühten in giftigem Grün.

Ich spürte, wie sich mein Herz zusammenzog. Verzweifelt ließ ich meine Schultern hängen. »Das kann ich nicht.« Die Augen des Mannes weiteten sich. »Ich habe Eure Münze nicht mehr«, gestand ich leise.

Ein markerschütternder Schrei durchdrang den Raum, so laut und voller Schmerz, dass ich unwillkürlich zusammenzuckte. Es fühlte sich an, als würden die Mauern um mich herum beben. Ich war mir sicher, gleich würden die königlichen Wachen die Tür aufbrechen, um nach mir zu sehen, doch niemand kam.

Obwohl ich mir die Ohren zuhielt, konnte ich seine verzweifelte Wut hören. Es war, als schrie er die ganze Welt an, als sei all seine Qual auf diese eine Münze fokussiert. Warum war sie ihm so wichtig? Mein Herz raste vor Angst, und mein Körper bebte unkontrolliert.

Langsam, quälend langsam, beruhigte er sich. Die Schreie verklangen, und als die Stille wieder in die Kammer zurückkehrte, ließ ich meine zitternden Hände von den Ohren sinken. Ich wagte kaum zu atmen, während der Hexer schwer und ungleichmäßig ein- und ausatmete.

Dann sagte er mit zusammengepressten Zähnen: »Ich habe mich immer an unseren Handel gehalten. Doch Ihr ...« Seine Stimme war jetzt so ruhig, dass dieser Umstand beunruhigender war als sein Wutanfall. »Schon bald werden wir uns wiedersehen ...« Er ließ seinen Blick langsam zu meinem Bauch wandern, als wisse er etwas, das ich noch nicht ahnte. Unwillkürlich hielt ich meine Hände schützend davor.

Ich schüttelte den Kopf. »Nein. Wartet! Als Königin Rascaras verspreche Euch alle Reichtümer des Schlosses, wenn ihr mir helft dieses Stroh zu Diamanten zu spinnen«, schnell zog ich die edelsteinbesetzte Kette aus meiner Tasche. »Hier nehmt diese Kette. In ihr sind Rubine, Saphire und Smaragde eingelassen. Nehmt diese Kette meinetwegen als Vorschuss, falls sie für den Handel nicht reicht, aber geht nicht.« Meine Stimme zitterte vor Angst.

Der Hexer grinste kalt und triumphierend, dass es mich fröstelte. Ohne ein weiteres Wort schnippte er mit den Fingern, und im nächsten Augenblick begann sein Körper zu flimmern, als sei er nichts weiter als ein Schatten. Langsam löste er sich in Luft auf, bis nur noch seine smaragdgrünen Augen vor mir schwebten – starrend, bedrohlich, voller unausgesprochener Drohungen. Ein paar Herzschläge lang verweilten sie, und ich konnte meinen Blick nicht abwenden, als zögen sie mich in einen dunklen Abgrund. Dann waren auch sie verschwunden, als wären sie nie da gewesen.

Zitternd stand ich da, mitten in der Kammer, umgeben von nichts als kaltem Stroh. Die dumpfe Stille war drückend, als würde sie mir die Luft aus den Lungen pressen. Mein Herz raste, und in meinem Kopf tobten die Gedanken, doch eine Wahrheit bohrte sich unerbittlich in mein Bewusstsein: Der Hexer würde mir nicht mehr helfen. Ich schlang meine Arme um mich und spürte, wie die Panik in mir aufstieg. Der

Hexer war meine letzte Hoffnung gewesen, und nun war auch diese verflogen, genauso wie er. Ein kalter Schauer lief mir über den Rücken, als ich mich zwang, nicht weiter an das drohende Morgenlicht zu denken. Was würde geschehen, wenn Malfois in der Früh hereinstürmte und das Stroh noch immer Stroh war?

Die Wut Malfois' war eine andere Dimension des Schreckens, viel schlimmer als die des Hexers. Ein einzelner, kräftiger Schrei entrann seiner Kehle und hallte durch die Kammer, gedämpft nur durch die vielen Strohballen, die wie schweigende Zeugen um uns herum lagen. Ich hatte mich ins hinterste Eck zurückgezogen, verborgen hinter einem Haufen Stroh, in der verzweifelten Hoffnung, dass er mich nicht sehen und glauben würde, ich sei erneut geflohen. Doch das Schicksal war mir nicht wohlgesonnen. Malfois schritt wütend durch die Kammer, und ich wusste, dass er mich bald finden würde.

»Du Miststück!« Seine Stimme war ein rasendes Gewitter, und seine Augen glühten vor Zorn, als er mich entdeckte. Mit einer ruckartigen Bewegung riss er mich hinter den Strohballen hervor und schleuderte mich mit solcher Wucht auf den Boden, dass ich hart gegen das Spinnrad krachte. Der Aufprall ließ mir für einen Moment den Atem stocken, und ich konnte die Welt um mich herum nur noch verschwommen wahrnehmen. Kaum hatte ich mich gesammelt, stand Malfois bereits über mir, sein finsteres Gesicht ein bedrohlicher Schatten. Mit der Kraft eines wilden Tieres packte er mich am Hals, als wäre ich nichts weiter als ein Sack voll Mehl und hob mich mühelos in die Höhe. Die Kälte in seinen Augen versprach nichts Gutes. Ich fühlte, wie meine Kehle sich unter seinem Griff zusammenzog und die Luft aus meinen Lungen entwich.

Sein Gesicht kam bedrohlich nahe. »Wir hatten eine Abmachung!« Er drückte mich gegen die Strohballen. Seine Augen hatten etwas Irres an sich.

Heute würde ich gewiss sterben.

»Was ist geschehen? Warum ist die Kammer immer noch voll Stroh?« Ich versuchte meinen Kopf abzuwenden, um nicht in die hässliche

Fratze, zu der sein Gesicht geworden war, schauen zu müssen, aber er festigte seinen Griff und schüttelte mich, als ob so eine Antwort aus mir fallen würde. Ich schwieg. Was sollte ich sagen? Ich hatte keine Lügen mehr parat. Und ich wollte auch nicht mehr lügen. Die Lügen hatten mich erst zu einer Gefangenen gemacht. In diesem Moment wollte ich nur noch, dass diese ganze Tortur endete.

»Sprich oder willst du, dass Cavalli stirbt!«

Ich röchelte, da ich kaum noch Luft bekam.

»Was ist geschehen, dass der Hexer dir nicht mehr geholfen hat?«, knurrte Malfois.

Es dauerte einen Augenblick, bis die Worte in meinen Verstand sickerten. Der Hexer. Malfois hatte von dem Hexer gesprochen. Meine Augen weiteten sich.

»Oh ja, ich weiß, dass du nicht Aradia bist!« Sein Grinsen war ein grausames Spiel aus Siegesfreude und Verachtung. »Ich weiß, dass du keine Hexe bist. Ich weiß, dass du kein Stroh zu Gold spinnen kannst. Ich weiß von dem Hexer, denn du warst mein Köder.«

Wie konnte das sein? Mein Verstand wirbelte durcheinander, während ich versuchte, die Wahrheit seiner Worte zu begreifen. Hatte er uns alle an der Nase herumgeführt? War ich in ein Netz aus Intrigen und Manipulation geraten, von dem ich nichts geahnt hatte? Ich war gefangen in einem Albtraum, aus dem es nur noch einen Ausweg gab. Sich ergeben.

»Es ist vorbei«, krächzte ich, »Keine Diamanten, kein Gold, kein gar nichts mehr. Der Hexer wird mir nicht mehr helfen.«

»Warum nicht? Was hat er von dir verlangt, was du ihm nicht gegeben hast?« In Malfois' Augen trat etwas Bedrohliches.

Schockiert musste ich feststellen, dass er viel zu viel über den Hexer und seine Tauschgeschäfte wusste.

»Ich weiß nicht, was du meinst«, presste ich zwischen zusammengebissenen Zähnen hervor.

»Dieser Hexer ist das mächtigste Wesen auf der Erde. Keiner kennt seinen Namen. Er tut nichts ohne eine Gegenleistung. Wie viele Nächte habe ich versucht, ihn zu mir zu rufen. Ich hätte ihm für seine Macht

alles gegeben. Die Teufelsmale an den Türen haben ihn einzig zu dir geführt. Eines ist daher gewiss: Er erscheint nur in größter Not jenen Menschen, die bereit sind alles für ihr Leben zu geben.«

Ich hielt seinem starren Blick stand, obwohl es mich bei seinen Worten innerlich zerriss. Hatte ich wirklich so sehr an meinem Leben gehangen, dass ich jeden und alles verkauft hätte? Ich hatte doch nur den Hexenwahn des Königs beenden und meine Mutter rächen wollen. Ich presste die Lippen aufeinander. Nichts würde ich Malfois mehr über den Hexer verraten.

»Was hast du ihm verwehrt?«, blaffte mein verhasster Gemahl und schüttelte mich erneut.

Tränen rannen mir heiß über das Gesicht. Sie weckten jedoch kein Mitleid. Im Gegenteil, sie nährten seine Erregung. »Was soll ich jetzt mit dir machen?«, brüllte er. »Wenn ich dich umbringe, habe ich gar nichts mehr. Noch nicht mal mehr eine vermeintliche Hexe als Frau.« Er sah mir direkt in die Augen. »Aber ich kann mit dir machen, was ich will.«

Und mit diesen Worten drückte er mich mit seinem ganzen Körper fest gegen die Strohballen in meinem Rücken. Halb benommen spürte ich, wie er meinen Rock nach oben zog. Ich schrie, wie ich noch nie zuvor geschrien hatte. Ich schlug um mich, versuchte ihn wegzudrücken, doch ich war nicht stark genug. Niemand kam mir zur Hilfe.

Schmerzen.

Kälte.

Dunkelheit.

Ein Keuchen, dann ließ Malfois von mir ab, und ich sackte auf den kalten Boden.

»Mehr bist du nicht wert!« Mit diesen Worten verließ Malfois die Kammer voll Stroh.

Noch nie in meinem Leben hatte ich mich so dreckig und erniedrigt gefühlt.

Ich wollte sterben.

Doch das Schicksal hatte etwas anderes für mich vorgesehen.

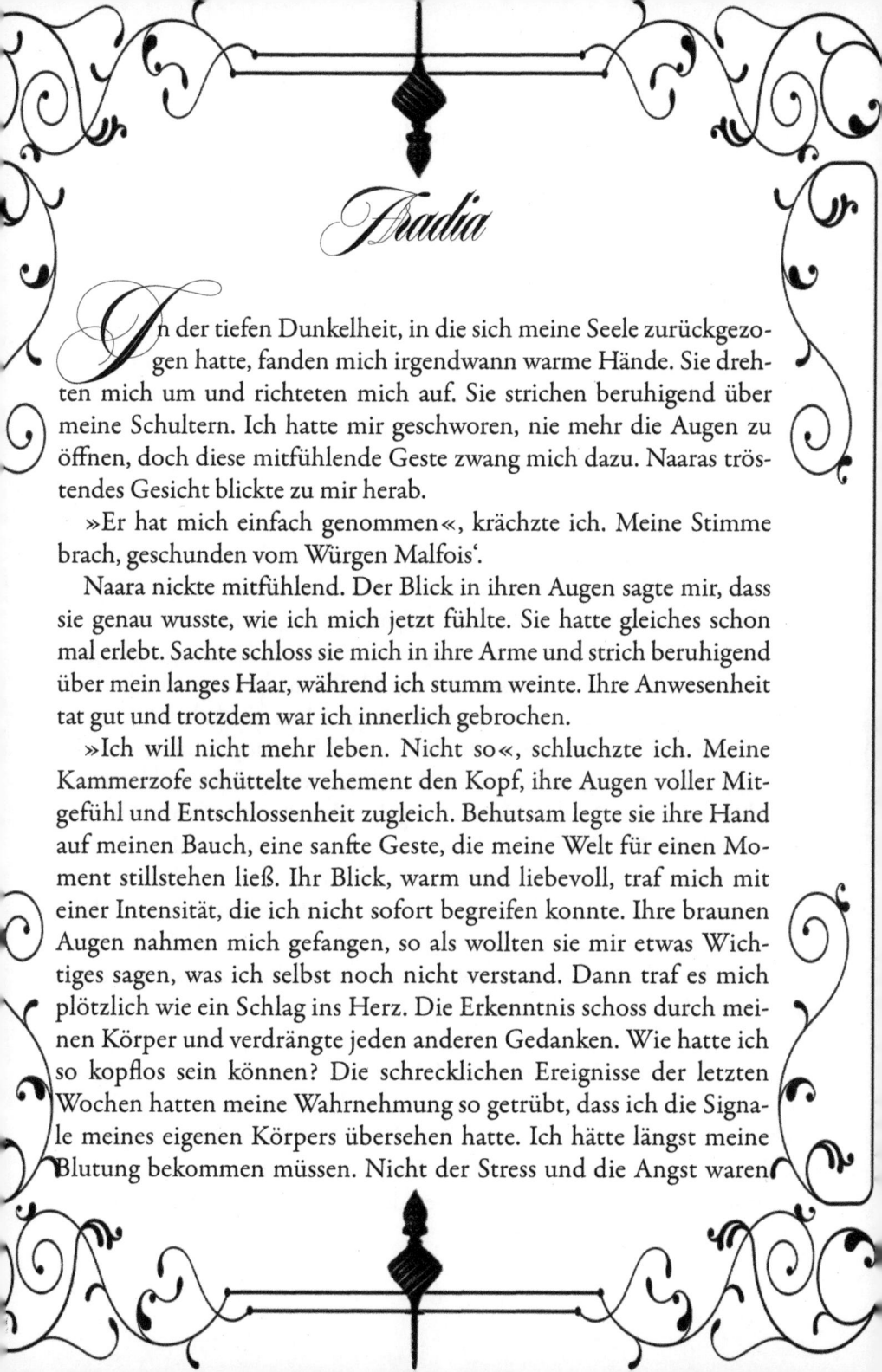

Aradia

In der tiefen Dunkelheit, in die sich meine Seele zurückgezogen hatte, fanden mich irgendwann warme Hände. Sie drehten mich um und richteten mich auf. Sie strichen beruhigend über meine Schultern. Ich hatte mir geschworen, nie mehr die Augen zu öffnen, doch diese mitfühlende Geste zwang mich dazu. Naaras tröstendes Gesicht blickte zu mir herab.

»Er hat mich einfach genommen«, krächzte ich. Meine Stimme brach, geschunden vom Würgen Malfois'.

Naara nickte mitfühlend. Der Blick in ihren Augen sagte mir, dass sie genau wusste, wie ich mich jetzt fühlte. Sie hatte gleiches schon mal erlebt. Sachte schloss sie mich in ihre Arme und strich beruhigend über mein langes Haar, während ich stumm weinte. Ihre Anwesenheit tat gut und trotzdem war ich innerlich gebrochen.

»Ich will nicht mehr leben. Nicht so«, schluchzte ich. Meine Kammerzofe schüttelte vehement den Kopf, ihre Augen voller Mitgefühl und Entschlossenheit zugleich. Behutsam legte sie ihre Hand auf meinen Bauch, eine sanfte Geste, die meine Welt für einen Moment stillstehen ließ. Ihr Blick, warm und liebevoll, traf mich mit einer Intensität, die ich nicht sofort begreifen konnte. Ihre braunen Augen nahmen mich gefangen, so als wollten sie mir etwas Wichtiges sagen, was ich selbst noch nicht verstand. Dann traf es mich plötzlich wie ein Schlag ins Herz. Die Erkenntnis schoss durch meinen Körper und verdrängte jeden anderen Gedanken. Wie hatte ich so kopflos sein können? Die schrecklichen Ereignisse der letzten Wochen hatten meine Wahrnehmung so getrübt, dass ich die Signale meines eigenen Körpers übersehen hatte. Ich hätte längst meine Blutung bekommen müssen. Nicht der Stress und die Angst waren

der Grund für meine Übelkeit und die ständigen Schwindelanfälle –
ich war schwanger.

Ich bekam ein Kind. Von Fabio.

Ein Sturm an Emotionen brach über mich herein, Tränen füllten
meine Augen. Nicht vor Verzweiflung, sondern vor Freude. Tiefe, alles
durchdringende Freude, die sich wie ein Licht in meinem Herzen ausbreitete. Ein neuer Funke Hoffnung brannte in mir. Mein Leben hatte
wieder einen Sinn, trotz all der Dunkelheit um mich herum. Ein Teil
von Fabio lebte in mir weiter, und mit ihm die Liebe, die wir teilten.

***

Was hätte ich nur ohne Naara getan. Die Tage nach der Kammer waren fürchterlich. Ich hatte Angst, von Malfois erneut eingesperrt zu
werden oder dass er nachts käme und mich erneut misshandelte. Für
diesen Fall hatte ich den schweren Kerzenständer neben mein Bett gestellt und von Naara ein Messer aus der Hofküche bekommen, das ich
unter mein Kissen legte. Doch nichts dergleichen geschah. Mein verhasster Gemahl ignorierte mich. Er kam mich weder besuchen noch
war ich beim sonst gemeinsamen Abendessen erwünscht. Stattdessen
wurde das Essen in meine Gemächer gebracht, und ich verbrachte die
Abende in der Gesellschaft von Naara. Auch wenn wir uns ohne Worte
verstanden, hätte ich gerne ihrer Stimme gelauscht. Inzwischen hatten
wir einen guten Weg gefunden, uns miteinander zu unterhalten. Ich
verstand ihre Handzeichen von Tag zu Tag besser. Und so glaubte ich,
zu verstehen, dass sie ursprünglich eine Bauerstochter irgendeines umliegenden Dorfes gewesen war.

Es vergingen zwei Wochen, bis Malfois mich in meinen Gemächern
wieder besuchen kam. Die Türen wurden abrupt aufgerissen, und mit
schwerem Schritt polterte er durch die Zimmer, als würde er das gesamte Schloss erschüttern wollen. Mein Herz setzte einen Schlag aus, als er
mich schließlich auf dem Sessel neben dem Kamin entdeckte. Instinktiv

drückte ich mich tiefer in den weichen Stoff, als könnte er mich vor seiner gierigen Präsenz schützen. Ich war unvorbereitet, hatte nichts zur Hand, um mich zu verteidigen.

Sein Blick wanderte fordernd und hungrig über meinen Körper, während er fahrig mit der Hand über sein Gesicht strich. Zu meinem Glück blieb er mitten im Raum stehen, wie ein Raubtier, das seine Beute abschätzte, bevor es zuschlug. Seine Augen verrieten seine Ungeduld. Mit schneidender Stimme durchbrach er die Stille: »Heute Nacht gehst du erneut in die Kammer.«

Ich seufzte und ließ das Buch in meiner Hand sinken. »Nein.«

Mein Widerspruch ließ seine Augen gefährlich aufblitzen. »Du hast scheinbar den Ernst der Lage nicht verstanden.« Mit wütenden Schritten stürmte er auf mich zu. Mein Herz raste, und ich drückte mich verzweifelt tiefer in den Sessel, als könnte ich mich darin verbergen. Meine Hände legte ich instinktiv schützend um meinen Bauch, mein Atem stockte.

In diesem Moment stürzte Naara ins Zimmer, stellte sich mutig zwischen uns und hielt den König mit weit ausgestreckten Armen auf Abstand. Ihr entschlossener Blick richtete sich auf sein überraschtes Gesicht. Malfois hielt inne, einen Moment lang verwirrt, dann verzog sich sein Mund zu einem gehässigen Lächeln. »Wie ich sehe, hast du eine Freundin gefunden.« Er lachte kalt und trat einen Schritt zurück. Sein Blick wanderte hämisch über Naaras Schulter direkt zu mir. »Cavalli ist ganz in der Nähe, weißt du? Er hat Arbeit bei einem Bauern in Triessa gefunden. Ein cleverer Bursche – entfernt genug, dass ich ihn nicht köpfen lassen kann, und nah genug, um schnell bei dir zu sein.« Seine Stimme senkte sich zu einem bedrohlichen Flüstern. »Aber wenn du dich weigerst, brauche ich nur einen Befehl zu geben, und er ist tot.«

Meine Kehle schnürte sich zu. »Ich habe es dir schon einmal gesagt. Der Hexer wird mir nicht mehr helfen. Du kannst mich in noch so viele Kammern sperren. Er wird nicht mehr kommen.«

Malfois lachte schneidend. »Die Kreidezeichnungen, die Teufelsmale, haben ihn bisher immer angelockt.«

Mir wurde mehr und mehr bewusst, dass ich von Anfang an ein

Werkzeug Malfois' gewesen war.

»Es hat mich Jahre gekostet, Wissen über den Hexer zu sammeln. Jahre voller harter Arbeit, Recherche ... und Verdammnis!«

Fabios Worte über die Gerüchte um den einstigen Hofastrologen hallten in meinem Kopf wider. War er womöglich deshalb aus Narzieu geflohen, weil er die Geheimnisse des Hexers dort gestohlen hatte? Seine Stimme wurde schneidender, seine Geduld schwand. »Ich lasse mir meine harte Arbeit von einem Miststück wie dir nicht kaputt machen.« Er beugte sich vor, streckte seine Hand nach mir aus, versuchte mich über Naara hinweg zu packen, die nicht zurückwich und felsenfest an Ort und Stelle blieb, so unerschütterlich wie die Wurzeln eines Baumes. Ihr Mut war beeindruckend, aber der König verlor endgültig die Beherrschung. »Bosco! Lejan!«, brüllte er.

Seine beiden Leibwachen stürmten sofort ins Zimmer.

»Nehmt dieses stumme, nichtsnutzige Mädchen von ihr!«

Ohne zu zögern, griffen die beiden Männer nach ihr. Sie versuchte sich zu wehren, doch Bosco war schneller. Er packte ihren Arm und zog sie grob von mir. Naara strampelte und schlug um sich, ihre Augen voller Entschlossenheit und Wut. Mit all ihrer Kraft trat sie Bosco gegen das Schienbein, was ihn kurzzeitig zurücktaumeln ließ. Da packte sie Lejan an den Schultern und drückte sie brutal zu Boden.

Ich sah ihr vor Schmerz gequältes Gesicht. Panik überkam mich. Mein Herz raste, und meine Hände begannen zu zittern. Ohne weiter darüber nachzudenken, schrie ich: »Aufhören! Ich bin schwanger!«

Die Worte hallten durch den Raum, laut und eindringlich. Bosco und Lejan hielten inne. Malfois fuhr zu mir herum.

»Etwa von mir?« Seine Stimme überschlug sich fast vor Schock und Unglauben.

Für einen Moment zögerte ich. Sollte ich die Wahrheit sagen? Würde das nur noch mehr Unheil über mich und das ungeborene Kind bringen? Die Wahrheit fühlte sich wie ein tödliches Risiko an. Also tat ich das Einzige, was mich in diesem Moment schützen konnte. Ich nickte.

Malfois' Reaktion war unerwartet und schockierend. Mit einem erstickten Laut sank er auf die Knie, als hätte ihn diese Lüge zu Boden geworfen. »Ich werde Vater«, murmelte er ungläubig.

Naara und ich sahen uns kurz an. Natürlich wurde er nicht Vater. Aber war es nicht klug, ihn das einfach glauben zu lassen? Es schien etwas in ihm auszulösen.

»Ja, du wirst Vater«, log ich zum Schutz meines ungeborenen Kindes. Er atmete tief ein und aus, seine Brust hob und senkte sich schwer. Für einen Augenblick hatte ich Hoffnung, dass er sich ändern könnte, dass das Kind, von dem er glaubte, es sei seines, ihn vielleicht von seiner Gier abbringen würde. Aber dann, so schnell wie die Veränderung gekommen war, härtete sich sein Blick wieder. »Das ändert dennoch nichts an der Tatsache, dass du heute Nacht wieder in die Kammer gehst.«

Ich schüttelte den Kopf, das Herz schwer vor der Wahrheit, die ich ihm offenbaren musste. »Der Hexer wird erst in neun Monaten wieder kommen«, sagte ich traurig. In diesem Moment erinnerte ich mich wieder an den grausamen Tauschhandel. An die grausame Vorhersage, die mir der Hexer gemacht hatte. Alles war eingetroffen. Ich war Königin geworden, und ich würde ein Kind gebären. Und dieses Kind hatte ich ihm in meiner aussichtslosen Lage versprochen.

»Warum?«, fragte Malfois misstrauisch.

Ich schüttelte den Kopf, das Herz schwer vor der Wahrheit, die ich ihm offenbaren musste, die ich nicht länger verdrängen durfte. »Weil ich ihm für das letzte Mal Stroh zu Gold spinnen mein Kind versprochen habe.«

Für einen Moment herrschte Stille, dann zog sich ein gefährliches Lächeln über sein Gesicht. »Das ist gut«, zischte er und rieb sich die Hände. »Der Hexer wird in neun Monaten kommen und endlich werden wir uns von Angesicht zu Angesicht sehen.« In seinen Augen blitzte wieder unstillbare Gier auf. Mit einem plötzlichen, beinahe wahnsinnigen Ausdruck in den Augen klatschte er in die Hände. »Wachen, holt Priester Angelito. Er soll Aradia und das Ungeborene segnen.« Und mit diesen Worten verließ er meine Gemächer.

Naara und ich sahen uns lange an. Für die nächsten neun Monate würde mich Malfois in Frieden lassen. Fliehen konnte ich nicht mehr. Der König würde mich finden. Außerdem hatte ich nicht mehr nur Verantwortung für mich selbst, sondern auch für mein Kind. Für Fabios Kind.

Aradia

Die Jolnora-Inseln blieben die letzte Bastion, die sich gegen die Vorherrschaft Malfois' auf dem Kontinent stemmte. Kein Gold der Welt wollte sie in die Knie zwingen. Ein fürchterlicher Krieg entbrannte an der norischen Meerzunge, doch unsere Kriegsschiffe zerschellten wie Regentropfen an den Klippen, die wie schützende Stacheln die Inseln umringten. Rascaras neuer König hatte keine Chance. Seine Tobsuchtsanfälle hallten durch das ganze Schloss, wenn ein Bote von den neuesten Niederlagen berichtete. Malfois war inzwischen Herrscher von fünf Ländern und damit der mächtigste und reichste Mann der bekannten Welt. Er hätte sich damit begnügen können, stattdessen schickte er einen Mann nach dem anderen in den sicheren Tod. Er würde keine Ruhe geben, bevor er nicht die Jolnora-Inseln erobert hatte. Und wenn er sie dafür komplett vernichten würde. In den folgenden Monaten reiste er einmal an die norische Meerzunge. Ich hatte gehofft, wenigstens in diesen Wochen das Schloss verlassen zu können, doch Malfois hütete mich wie seinen Augapfel. Bosco und Lejan folgten mir überall hin auf Schritt und Tritt. Und so verweilte ich im Schloss, hatte bald alle Bücher der kleinen Bibliothek gelesen, besuchte täglich die prächtigen Pferde im Stall und lief im Schlosshof spazieren.

Nach anfänglichem Zögern hatte ich das Vertrauen der gesamten Dienerschaft gewonnen. Inzwischen war ich nicht mehr Aradia, die böse Hexenkönigin, die Unheil über Rascara gebracht hatte. Ich war die sanfte, gute Magierin, die dem Land zu Wohlstand verhalf. Etwas Gutes hatte meine Krönung gebracht: Die Hexenverbrennungen im Land hatten auf einen Schlag aufgehört. Und je ungehaltener Malfois aufgrund seiner Niederlagen an der norischen Meereszunge wurde umso lieblicher wurde ich in den Augen des Volkes. Sie fürchteten meine Macht und doch war ich es, der sie Geschenke vor die Schlosstore legten. Ich war es, zu der sie beteten. Das Volk verehrte ihre magische Königin. Malfois der Gierige, der Maßlose, der Grausame wurde er genannt. Und es stimmte. Den letzten Boten hatte er nicht mehr einfach nur geschlagen, er hatte ihm kurzerhand für die schlechten Nachrichten mit seinem Langschwert den Kopf abgeschlagen. Die Dienerschaft zitterte vor ihrem König. Jeder war froh, wenn er nach Malfois' Gesellschaft das Zimmer wieder heil verließ.

***

Der Winter war nass und kalt. Als im Frühjahr endlich die ersten warmen Sonnenstrahlen meine Nase kitzelten, half ich dem Schlossgärtner draußen ein paar Beete zu bepflanzen. Wir setzten Bohnen, Radieschen und verschiedene Salate. Er war erstaunt über mein Wissen zu Kräutern und Gemüse. Und doch kam niemand auf den Gedanken, dass ich einst eine einfache Müllerstochter gewesen war. Es verging kein Tag, an dem ich nicht an Fabio dachte. Was hätte ich alles für das kleinste Lebenszeichen von ihm gegeben. Das letzte, was ich wusste, war, dass er in Triessa Arbeit gefunden hatte. Hatte er sich dort inzwischen ein neues Leben aufgebaut? Oder dachte auch er jeden Tag an mich? Unwissend in wenigen Monaten Vater zu werden. Die fahrenden Händler, die hin und wieder unser Schloss belieferten, fragte ich nach den Regionen an der Grenze zu Eaban, in der Hoffnung, etwas über meine Heimat zu erfahren. Sie erzählten, dass sich die meisten zerstörten Dörfer von den Plünderungen erholt hatten und nun wiederaufgebaut waren. Doch einen Federico Molinari oder Giorgio Agricola kannte keiner. Sie versprachen mir, bei ihrer nächsten Reise nach ihnen zu fragen. Ich hatte die Hoffnung, mein Vater könnte noch leben, nie aufgegeben, auch wenn ein kleiner Zweifel an meinem Herzen nagte.

Als ich die ersten Bohnen erntete, war mein Bauch bereits eine große Kugel, und nur wenige Tage später lag ich mit Wehen im Bett. Naara und die Hebamme saßen an meiner Seite, kühlten meine heiße Stirn mit

nassen Tüchern und halfen mir, das Kind zu gebären. Meine qualvollen Schreie hallten durch die Nacht. Als der Morgen schließlich graute, legte mir die Hebamme das kleine Geschöpf an meine Brust. Erschöpft, aber überglücklich hielt ich mein Kind in den Armen. Ich hatte zum Missfallen Malfois' eine Tochter geboren. »Velia«, flüsterte ich auf die Frage der Hebamme, wie die kleine Prinzessin heißen sollte. Velia, die Glückliche. Velia, in Erinnerung an meine Mutter.

Kaum war das Kind geboren, stürmte Malfois in meine Gemächer. Er kam nicht, um seine vermeintliche Tochter in den Armen zu wiegen oder sie mit einem liebevollen Blick zu betrachten – nein, sein Gesicht war hart und angespannt, seine Augen unruhig. Er war hier, um auf den Hexer zu warten. Seit neun Monaten hatte er auf diesen Moment hin gefiebert, und nun, wo das Kind das Licht der Welt erblickt hatte, war er wie ein Raubtier auf der Jagd.

Er durchstreifte den Raum mit der ungeduldigen Nervosität eines Hundes, der eine Fährte wittert. Er kritzelte seine seltsamen Kreidezeichnungen an die Türen, durchsuchte jede Ecke meiner Gemächer, als könnte der Hexer sich irgendwo verstecken, jederzeit auftauchen, bereit, den düsteren Pakt einzufordern.

Doch der Hexer kam nicht. Weder an diesem Tag noch in den darauffolgenden Wochen. Jede Nacht wartete Malfois, verfolgte jede kleinste Bewegung, jedes noch so leise Geräusch, als könne es die Rückkehr des Hexers ankündigen. Nichts geschah.

Ein Teil von mir atmete erleichtert auf. Solange der Hexer nicht kam, war mein Kind in Sicherheit. Keine smaragdgrünen Augen, die in den Schatten leuchteten, keine drohenden Worte, die mich an unser grausames Abkommen erinnerten. Aber diese Erleichterung wurde schnell von einer dunklen Vorahnung überschattet, die mir den Schlaf raubte. Ich wusste, dass es nur eine Frage der Zeit war, bis Malfois' Geduld erschöpft sein würde.

Und so lebte ich zwischen der Angst vor dem Hexer und der Gewissheit, dass mein Kind und ich in noch größerer Gefahr schwebten, wenn sein Erscheinen weiterhin ausblieb.

Aradia

ie kleine Velia ist ein wahres Goldstück«, befand Amme Maia, die mit mir und Naara neben der Wiege stand. Das war sie wahrhaftig. Sie lächelte uns mit ihren strahlend blauen Augen an und griff mit ihren kleinen Händchen in die Luft. Ich hatte noch nie so viel Liebe für einen Menschen verspürt wie für meine kleine Tochter. Für sie würde ich alles tun. Für sie würde ich sterben.

»Einst wirst du über einen ganzen Kontinent herrschen«, sagte Maia, »aber bis es so weit ist werden noch viele Jahre vergehen, und ich werde an deiner Seite sein.« Sie stupste ihre kleine Nase.

Ich lächelte. In den bisherigen drei Monaten ihres Lebens hatte sie nicht nur mein Herz, sondern auch das aller Bediensteten im Schloss gestohlen.

»Ich danke Euch für Eure Hilfe«, sagte ich und legte meine Hand auf die Schulter der Amme. »Es ist schon spät, Maia. Geht nach Hause zu Eurer Familie. Die braucht Euch auch.«

Maia nickte. »Ihr habt Recht. Aber wenn Ihr etwas benötigt, ruft nach mir. Ich komme auch in der Nacht. Das wisst Ihr.«

»Ich weiß, dass ich mich voll und ganz auf Euch verlassen kann«, bestätigte ich.

Maia lächelte, packte ihre Sachen zusammen und verließ dann den Raum.

Während Naara mein Bett für die Nacht richtete, gab ich der Wiege einen sanften Schubs. Velias Lachen wurde durch ein großes Gähnen unterbrochen. Sie steckte ihren Daumen in den Mund und schloss die Augen. Bald würde sie friedlich schlafen. Auch ich musste gähnen. Der Tag war lang gewesen. Das Stillen und die unruhigen Nächte zehrten an meinen Kräften. Wie Frauen auf den Dörfern ihre Kinder großzogen, war mir inzwischen ein Rätsel. Ich hatte mich an die Hilfe der vielen Bediensteten gewöhnt.

Ein Luftzug wehte durch das Zimmer und ließ die Tücher am Himmelbett erzittern. Kurz fröstelte es mich.

»Guten Abend, schöne Königin.«

Mein Herz setzte für einen Schlag aus, während Naara vor Schreck aufschrie. Mit zitternden Händen presste sie die Bettlaken gegen die Brust, die Augen weit aufgerissen. Ich drehte mich verwirrt um. Auf dem Fenstersims saß der Hexer. In all den Monaten hatte er sich nicht verändert. Es schien, als berührte die Zeit ihn nicht. Seine smaragdgrünen Augen leuchteten in dem mit Kerzen erhellten Raum. Seine fuchsroten Haare hingen ihm strähnig ins Gesicht. Er sprang vom Fenstersims und richtete sich grinsend auf.

»Was wollt Ihr?«, fragte ich mit zitternder Stimme, obwohl ich genau wusste, weshalb er hier war.

»Mir das holen, was Ihr mir versprochen habt.« Die Stimme des namenlosen Mannes zischte durch den Raum.

»Und wenn ich mich nicht an den Tauschhandel halte?«

»Einen Handel mit mir kann man nicht brechen!« Der Hexer warf einen gierigen Blick auf meine Tochter.

Ich schrie aus Leibeskräften: »Wachen! Malfois! Der Hexer ist da!«

Der Hexer schnipste mit den Fingern und noch ehe die schweren Schritte der Wachen mein Zimmer erreichten, schlugen die Türen wie durch Geisterhand zu. Die Wachen rüttelten an den Flügeltüren, doch sie ließen sich nicht mehr öffnen.

Der Hexer grinste. »Was man versprochen hat, muss man auch halten. Es war ein einfaches Tauschgeschäft und Ihr habt eingewilligt.«

Verzweifelt klammerte ich mich an die Wiege hinter meinem Rücken. »Dann machen wir ein neues Tauschgeschäft. Alle Reichtümer des Schlosses, die Ihr wünscht, wenn Ihr mir nur meine Tochter lasst.«

Der Hexer verzog sein Gesicht zu einer Fratze und lachte so schrill, dass es in den Ohren weh tat. »Was will ich mit Reichtümern, wenn ich sie mir selbst herbeizaubern kann!« Der unheimliche Mann beruhigte sich und fixierte mich mit seinen giftgrünen Augen. »Etwas Lebendes ist mir lieber als alle Schätze dieser Welt.«

Bei diesen Worten stellten sich mir meine Nackenhaare auf. Was hatte er mit meiner Tochter vor? Ich zwang mich die Horrorszenarien in meinem Kopf zu verdrängen.

»Gebt mir das Kind«, verlangte er erneut.

»Nur über meine Leiche«, erwiderte ich.

Dann ging alles ganz schnell.

Der Hexer stürmte auf mich zu, Wut brannte in seinen smaragdgrünen Augen, die sich wie Dolche in mein Herz bohrten. Noch bevor ich auch nur einen Laut von mir geben konnte, warf sich Naara zwischen uns. Mit einem verzweifelten Schrei riss sie das Messer hervor, das sonst unter meinem Kopfkissen verborgen lag, und hielt es schützend vor sich. Ihre Hände zitterten, aber ihre Entschlossenheit war unerschütterlich.

Der Hexer blieb kurz stehen, sein Blick glitt über die Waffe – und er lachte kalt. Ein unheilvolles, schauerliches Lachen. Mit einem schnellen Ruck stieß er seine Hände vor, und noch bevor ich schreien konnte, wurde Naara von einer unsichtbaren Kraft erfasst. Wie eine Puppe in einem Sturm wurde sie in die Luft geschleudert. Ihr Schrei erstarb, als sie gegen die hintere Wand prallte. Der Aufprall hallte dumpf durch den Raum, und ihr schlaffer Körper sank bewusstlos zu Boden.

Entsetzen überkam mich. »Naara!« Mein Ruf war nicht mehr als ein ersticktes Flüstern.

Die Wachen, die das Geschehen im Zimmer hörten, hämmerten wie wild an die verschlossenen Türen.

»Was geht da drin vor sich?«, hörte ich Malfois rufen. »Hexer, lasst mich herein. Ich will Euch in die Augen blicken. Ich kenne Euer Geheimnis!«

Der rothaarige Mann hielt inne. Seine Augen verengten sich zu schmalen Schlitzen, in denen blanker Hass aufblitzte. Mit einem fast gelangweilten Schnippen seiner Finger schwang die Tür plötzlich auf, als wäre sie nie verschlossen gewesen. Malfois stolperte ins Zimmer, von der Wucht seines eigenen Vorwärtsdrangs überrascht. Die Tür fiel mit

einem donnernden Knall hinter ihm zu. Die Wachen hämmerten sofort wieder wie wild gegen das Holz.

Malfois richtete sich auf und grinste triumphierend. »Ich muss zugeben, ich habe mir Euch ganz anders vorgestellt. Irgendwie größer und ... hässlicher.« Er machte eine wegwerfende Handbewegung, als ob er die Worte wegwischen könnte. »Aber egal. Jahre habe ich mir diesen Moment erträumt.«

Die Augen des Hexers glühten in einem unnatürlichen Grün, das den Raum mit unheilvoller Energie erfüllte. Seine Stimme war leise, aber von einer dunklen, bedrohlichen Kraft durchdrungen, die mir einen Schauer über den Rücken jagte.

»Niemand kennt mein Geheimnis.«

Der König lachte siegessicher. Er trat näher an den Hexer heran, seine Augen funkelten vor Hochmut, als hätte er das letzte Puzzleteil in diesem makabren Spiel in der Hand. »Ich kenne es«, begann er mit tiefer Genugtuung. »Einst wart Ihr der uneheliche Sohn des ersten Königs Narzieus. Eure Mutter? Eine einfache Küchenmagd, die kaum beachtet wurde. Der König erkannte Euch nicht als seinen Sohn an, wollte Euch nicht – den Bastard mit den seltsamen roten Haaren, ein Stigma in den Augen des Hofes. Ihr wurdet missachtet, gedemütigt und oft genug misshandelt, als wäret Ihr nicht mehr als ein Stück Dreck unter den königlichen Stiefeln.« Malfois' Lächeln vertiefte sich, während er den Hexer anstarrte, der bis jetzt keine Miene verzogen hatte. Nur das leise Knistern von dunkler Energie in der Luft verriet seine aufsteigende Wut.

»Doch in Eurem Zorn habt Ihr den Weg der Verzweiflung gewählt. Ihr wolltet Rache. Unbändige Macht um jeden Preis. Also schlosst Ihr einen Pakt mit dem Teufel selbst.« Er streckte den Finger triumphierend auf den Hexer, als wolle er ihm seine Schuld regelrecht ins Gesicht schleudern. »Rache und unendliche Macht für den Preis eines einsamen Lebens. Ihr habt sie alle getötet, nicht wahr? Den König, seine Nachfahren, seine Getreuen. Ihr habt sie ausgelöscht, und dann seid Ihr verschwunden – ein Phantom, eine Legende, deren Name niemand kennt. Aber«, Malfois beugte sich vor, seine Stimme wurde zu einem harten

Flüstern, »ich weiß, dass jeder, der Euren wahren Namen herausfindet, fortan Eure Macht besitzt.«

Die Spannung im Raum war fast unerträglich, als sich ein düsterer Schatten über das Gesicht des Hexers legte. »Genug!«, fuhr dieser dazwischen. Seine Stimme durchbrach das Schweigen wie ein Donnerschlag, so laut und mächtig, dass es sich anfühlte, als würde die Erde selbst unter dem Zorn erzittern, der von ihm ausging. Ein unsichtbarer Sturm schien von ihm auszugehen, und Malfois wich instinktiv einen Schritt zurück, seine Arroganz kurzzeitig ins Wanken gebracht.

»Ich habe mehr Blut vergossen, als Ihr jemals sehen werdet, und mein Name? Mein Name gehört niemandem!«

Die Temperatur im Raum schien zu sinken, und ein kalter, todbringender Wind strich durch die Kammer, während der Hexer Malfois mit einem Blick durchbohrte, der Tod und Verdammnis versprach. »Am besten ich töte Euch gleich.« Er hob den Finger.

»Nein!«, hörte ich mich rufen. Nicht, weil ich meinen verhassten Gemahl retten wollte, sondern weil ich die einzige Chance nutzen musste, meine Tochter vor diesem übernatürlichen Wesen zu schützen. »Sagt mir erst, warum Ihr mein Kind wollt. Ihr seid mächtig. Ihr könntet König Rascaras sein. Die Menschen würden Euch verehren. Sie würden Euren Namen in den Himmel rufen und nicht den Aradias. Warum mein Kind?«

Der Hexer schloss die Augen. Und als er sie wieder öffnete, sah ich Sehnsucht in ihnen. Zum ersten Mal wirkte er schwach und zerbrechlich. Dann, ganz schnell, verhärteten sich wieder seine Züge. »Ein namenloses Kind erlöst mich endlich von meinem Fluch. Ihr mögt es Velia getauft haben, doch bin ich es, der dem Kind seinen wahren und rechtmäßigen Namen gibt. Es war mir bereits vor seiner Geburt versprochen. Das Kind ist mein.« Mit zornigem Blick wandte er sich wieder Malfois zu. »Ihr kennt eben doch nicht die ganze Geschichte.« Wieder hob er den Finger.

Panik durchflutete mich. Was hatte das alles zu bedeuten?

»Was, wenn ich Euren Namen errate?«, sprach ich. »Lasst uns einen neuen Handel vereinbaren. Errate ich euren Namen, so darf ich mein Kind behalten.«

»Nein, sein Name gehört mir«, rief Malfois, doch ich achtete nicht

auf ihn. Ich beobachtete den Hexer, wie er mit unbewegtem Gesicht auf die Wiege mit meiner schlafenden Tochter starrte. Etwas in seinen Augen ließ mich hoffen – er zögerte. Irgendetwas hielt ihn davon ab, sofort das schreckliche Schicksal zu vollstrecken, das uns bevorstand. Verzweiflung ergriff mich.

»Gebt mir drei Tage Zeit«, flehte ich, meine Stimme kaum mehr als ein Flüstern. »Wenn ich bis dahin Euren Namen nicht herausgefunden habe ...« Die Worte blieben mir im Hals stecken, als mein Blick auf das unschuldige Gesicht meiner Tochter fiel. Wie konnte ich nur so etwas sagen? Welche Mutter würde ihr eigenes Kind zum Spielball eines Ungeheuers machen? Die Wahrheit lastete schwer auf mir: Ich hatte keine Wahl.

Der Hexer hob den Kopf und vollendete gnadenlos meinen Satz: »... dann ist Euer Kind mein.« Seine Stimme hallte wie ein Urteilsspruch in der Kammer wider. Ein Moment endlosen Schweigens folgte, während mein Herz in meiner Brust raste.

Ich hielt den Atem an, meine Brust schmerzte vor der Last der Entscheidung. Jeder Wimpernschlag, der verstrich, fühlte sich an wie eine Ewigkeit, bis der Hexer schließlich sprach: »Nun gut. Was sind schon drei Tage in einem endlosen Leben?« Seine Worte waren so leicht dahingesagt, als wäre das Schicksal meines Kindes nichts weiter als ein Spiel für ihn. Für mich waren sie die einzige Hoffnung auf Rettung.

Die Erleichterung brach über mich herein wie ein Sturm, und meine Beine gaben nach. Ich sank auf die Knie, unfähig, die Tränen zurückzuhalten, die heiß über mein Gesicht rollten.

»Drei Tage«, wiederholte der Hexer, seine Augen blitzten kalt und grausam. »Ihr habt drei Tage Zeit, um meinen Namen herauszufinden. Wenn Ihr ihn bis zum Sonnenuntergang des dritten Tages nicht kennt, so gehört Eure Tochter mir.«

Mit einem schnellen Schnippen seiner Finger löste er sich auf, verschwand in einem Wirbel aus Schatten, der kaum mehr als einen kühlen Hauch in der Luft hinterließ. Im selben Augenblick rissen die Flügeltüren mit einem Krachen auf, und die Wachen stolperten herein, ihre Schwerter erhoben, die Blicke suchend.

»König, Königin, was ist geschehen?«, fragte einer von ihnen atemlos.

Doch Malfois verschwendete keinen Blick auf sie. Ohne ein Wort drehte er sich auf dem Absatz um, sein Mantel flog hinter ihm her wie ein Schatten.

Mit zitternden Händen deutete ich auf Naara, die immer noch regungslos auf dem Boden lag.

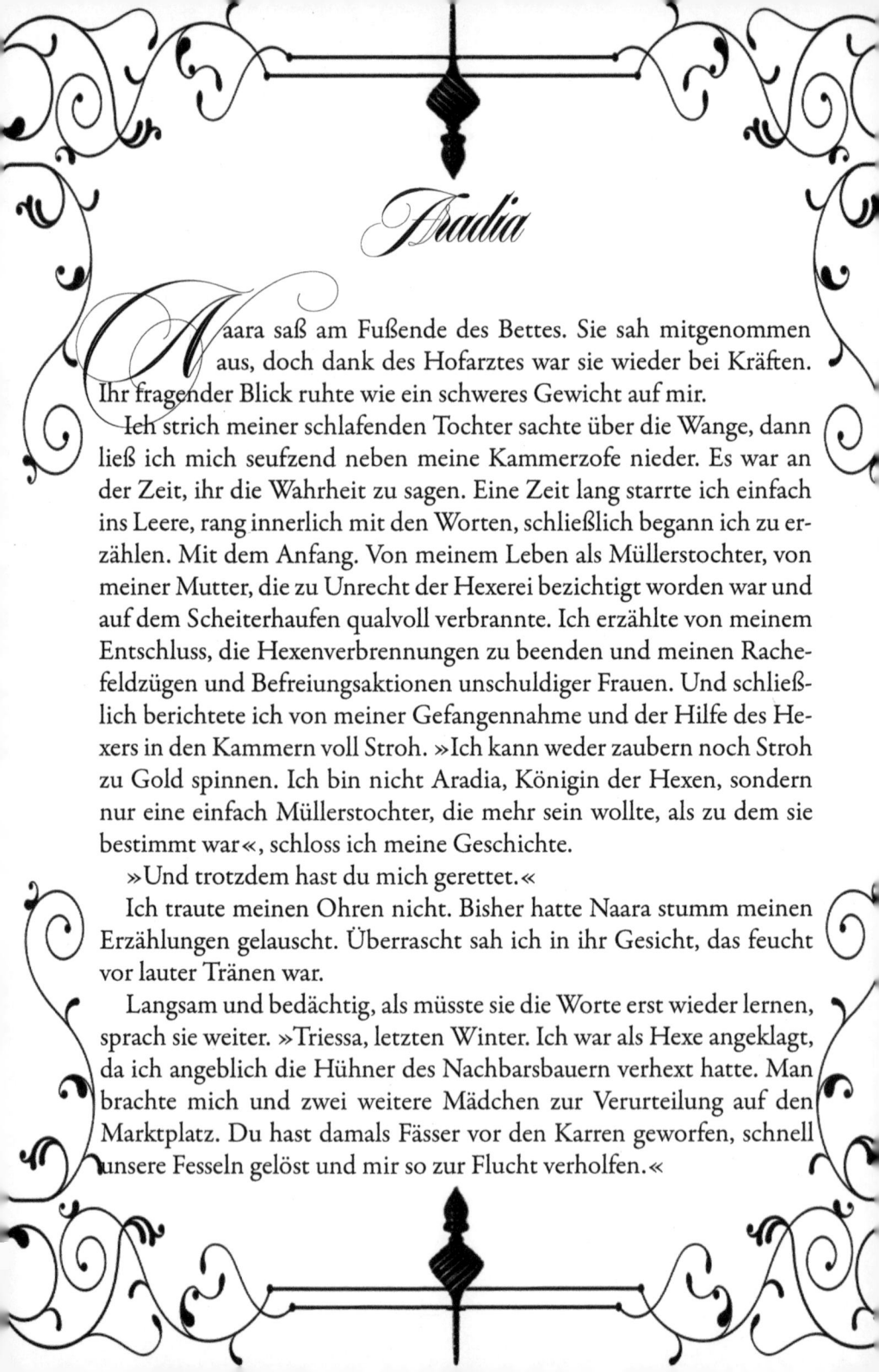

Aradia

Naara saß am Fußende des Bettes. Sie sah mitgenommen aus, doch dank des Hofarztes war sie wieder bei Kräften. Ihr fragender Blick ruhte wie ein schweres Gewicht auf mir.

Ich strich meiner schlafenden Tochter sachte über die Wange, dann ließ ich mich seufzend neben meine Kammerzofe nieder. Es war an der Zeit, ihr die Wahrheit zu sagen. Eine Zeit lang starrte ich einfach ins Leere, rang innerlich mit den Worten, schließlich begann ich zu erzählen. Mit dem Anfang. Von meinem Leben als Müllerstochter, von meiner Mutter, die zu Unrecht der Hexerei bezichtigt worden war und auf dem Scheiterhaufen qualvoll verbrannte. Ich erzählte von meinem Entschluss, die Hexenverbrennungen zu beenden und meinen Rachefeldzügen und Befreiungsaktionen unschuldiger Frauen. Und schließlich berichtete ich von meiner Gefangennahme und der Hilfe des Hexers in den Kammern voll Stroh. »Ich kann weder zaubern noch Stroh zu Gold spinnen. Ich bin nicht Aradia, Königin der Hexen, sondern nur eine einfach Müllerstochter, die mehr sein wollte, als zu dem sie bestimmt war«, schloss ich meine Geschichte.

»Und trotzdem hast du mich gerettet.«

Ich traute meinen Ohren nicht. Bisher hatte Naara stumm meinen Erzählungen gelauscht. Überrascht sah ich in ihr Gesicht, das feucht vor lauter Tränen war.

Langsam und bedächtig, als müsste sie die Worte erst wieder lernen, sprach sie weiter. »Triessa, letzten Winter. Ich war als Hexe angeklagt, da ich angeblich die Hühner des Nachbarsbauern verhext hatte. Man brachte mich und zwei weitere Mädchen zur Verurteilung auf den Marktplatz. Du hast damals Fässer vor den Karren geworfen, schnell unsere Fesseln gelöst und mir so zur Flucht verholfen.«

»Du kannst sprechen!«, entfuhr es mir vor Staunen, ehe ich Naara in meine Arme schloss.

»Die Folter im Hexenturm hat mich verstummen lassen«, sagte sie leise, aber deutlich.

Ich sah sie an, und plötzlich fiel es mir wie Schuppen von den Augen. Sie war mir bei unserer ersten Begegnung schon seltsam vertraut vorgekommen, und jetzt wusste ich endlich warum. Ich hatte sie einst in Triessa vor dem Scheiterhaufen gerettet. Damals musste sie in die umliegenden Wälder geflohen und wie Fabio erzählt hatte, dort vom Jäger völlig unterkühlt und traumatisiert gefunden worden sein. Die Qualen hatten ihr die Sprache geraubt. Doch jetzt, ausgerechnet durch den Schock einen wahren Hexer gesehen zu haben, war etwas in ihr erwacht, das den Bann gelöst hatte. »Dir wird nie mehr solches Unheil geschehen. Solange ich Königin bin, haben die Hexenverfolgungen ein Ende.«

Naara nickte. »Aber was ist mit dem Hexer?«

»In der dritten Kammer hatte ich nichts mehr bei mir, was ich ihm zum Tausch für seine Hilfe hätte geben können. Er forderte, wenn ich Königin sei, mein erstes Kind. Die Forderung kam mir damals wie ein schlechter Scherz vor. Niemals wäre ich freiwillig Gaspares Frau geworden. Ich nahm sie nicht ernst und willigte daher ein. Alles kam anders als gedacht ...«

»Aber Velia ist noch da«, stellte Naara fest. Ich berichtete ihr von dem neuen Handel mit dem Hexer, den sie in ihrer Bewusstlosigkeit nicht mitbekommen hatte.

»Und darauf hat sich der Hexer eingelassen?«, fragte Naara perplex. »So viele Namen kann es doch gar nicht geben, dass wir ihn nicht finden. Lass uns eine Liste mit allen uns bekannten Namen machen.« Sie war voller Tatendrang.

»Dieser Hexer ist uralt. Malfois meinte, er sei der uneheliche Sohn des ersten Königs von Narzieu. Wer weiß, welche Namen die Menschen früher trugen?«

»Dann forschen wir in der Bibliothek. Bestimmt gibt es irgendwo einen Stammbaum. Wir finden den Namen heraus. Ich bin mir da sicher!«

In Gedanken ließ ich alles noch einmal Revue passieren, was ich über den Hexer wusste. Das einzige Rätsel, das blieb, war seine Münze – und die hatte Fabio. »Wir müssen Fabio informieren.«

»Was? Wieso?«, fragte Naara, die mir nicht folgen konnte.

»Weil er die Münze des Hexers hat. Vielleicht ist sie der Schlüssel zu seinem Namen. Und außerdem ist es an der Zeit, Fabio zu erzählen, dass er Vater ist.« Bei diesen Worten musste ich lächeln.

Meine Freundin runzelte die Stirn. »Aber Malfois!«

»Ich glaube nicht, dass Malfois noch lange zu leben hat. Der Hexer wollte ihn heute bereits töten. Wenn wir in drei Tagen seinen Namen nicht herausgefunden haben, wird er das nachholen. Und dann sind wir alle verloren. Wir wissen zu viel. Seinen Namen zu kennen, bedeutet, Macht zu erlangen. Zumindest waren das Malfois' Worte.«

Naara sah mich nachdenklich an, nickte dann aber. »Was meinte Malfois? Fabio hat Arbeit in Triessa gefunden? Ich reite hin und hole ihn.«

»Was? Nein, Naara, das ist zu gefährlich. Lass mich gehen. Der vermeintlich magischen Königin wird niemand etwas antun.«

»Du musst hier bei deinem Kind bleiben. Oder willst du, dass der Hexer es einfach nimmt?« Ihre Augen funkelten vor Entschlossenheit. »Wir haben keine andere Wahl. Niemand hier im Schloss weiß von deinen Geheimnissen. Und Fabio ist, sollte er sich dem Schloss nähern, vogelfrei.«

Ich schluckte. Sie hatte Recht.

»Ich breche sofort auf. Bei Nacht wird mich niemand entdecken, und so bin ich bereits morgen früh in Triessa.« Sie lief ins Ankleidezimmer und riss die Schranktüren auf. »Hier irgendwo müssten sie sein …«

Verwirrt folgte ich ihr. »Nach was suchst du?«

Sie war mit halbem Körper im Schrank verschwunden und warf etliche Tücher und Decken hinter sich auf den Boden. Eine Weile kramte sie herum, ehe sie das Gesuchte gefunden zu haben schien. »Ah, hier hinten sind die Sachen.« Naara zog schließlich eine schwarze Lederhose, ein schwarzes Oberteil mit schwarzem Umhang sowie ein schwarzes Tuch hervor.

»Meine alten Kleider!«, rief ich vor Überraschung aus.

Sie lächelte. »Nachdem dich Malfois in dieses Geheimzimmer gesteckt hat, war es meine Aufgabe, das Turmzimmer aufzuräumen. Ich habe die Kleider an mich genommen und sie versteckt.«

In diesem Moment fühlte ich nichts als Dankbarkeit durch meine Adern fließen. Naara war wahrlich eine Freundin. »Jetzt ist es an dir, die Kleider der Hexenretterin zu tragen.«

Naara nickte stolz und zog sich dann schnell um. Die Kleidung verlieh ihr Selbstbewusstsein, so wie sie einst mir Sicherheit gegeben hatte. Vor mir stand kein schüchternes Mädchen, keine einfache Magd oder Kammerzofe mehr, sondern eine entschlossene, junge, kampfbereite Frau.

Sie drückte meine Hand. »Ich finde Fabio und bin rechtzeitig mit ihm zurück. Das verspreche ich dir. Nach allem, was du für mich getan hast, bin ich dir das schuldig. Dieses Mal rette ich dich.«

Ich nahm sie fest in den Arm. »Ich danke dir.«

Dann lief sie hinaus, der schwarze Umhang bauschte sich hinter ihr. Ich trat ans Fenster und sah zum vollen Mond hinauf. Während Naara nach Triessa unterwegs sein würde und nach Fabio suchte, würde ich mich morgen in der Bibliothek vergraben und jeden nur erdenklichen Namen auf eine Liste schreiben. Naara hatte Recht, dieses Rätsel konnte nicht so schwierig sein. Drei Tage ... Im hellen Schein des Mondes nahm ich eine Bewegung im Augenwinkel wahr. Durch das Südtor des Schlosshofes sah ich eine verhüllte Gestalt huschen und dahinter mit den Schatten der Nacht verschmelzen.

Fabio

*J*edes Mal, wenn ich die Mistgabel ins feuchte, modrige Stroh rammte, stellte ich mir Malfois' Gesicht vor. Der Schmerz in meinen Armen, das Brennen in meinen Schultern – all das vermischte sich mit meiner Wut. Ich wollte sein Gesicht zertrümmern, bis es nichts mehr war als ein formloser Haufen. Dieser Mann hatte mir alles genommen. Mein treues Pferd, meine Stellung am Hof, meine große Liebe.

Und nun stand ich wieder da, wo alles begonnen hatte: als einfacher Stallbursche bei einem Pferdewirt.

»Ihr werdet ein Held des Königreichs sein und dennoch tief fallen«, hallten seine Worte in meinen Ohren, als ob sie mich verhöhnen wollten. Er hatte mir damals bereits mein Schicksal vorausgesagt. Ich war der Held, der Aradia gefangen hatte, um sie dann wieder zu befreien. Ich stöhnte verächtlich, stach in den Mist und katapultierte diesen mit enormer Wucht aus dem Stall. Velia. Es verging kein Tag, an dem ich nicht an sie dachte. Und doch war da ein Stich in meinem Herzen, der meine Liebe zu ihr ein wenig verblassen ließ. Natürlich hatte ich die Nachricht vernommen, dass sie vor drei Monaten eine Tochter geboren hatte. Die Vorstellung, dass sie sich mit diesem Scheusal eingelassen hatte, verzehrte mich. Die Leute waren verzückt von der neuen kleinen Prinzessin. Man erzählte sich, sie sei magisch, genau wie ihre Mutter. Darüber konnte ich nur den Kopf schütteln. Die Menschen waren so einfältig. Noch vor einem Jahr hatten sie vermeintliche Hexen verbrannt, jetzt jubelten sie ihrer Hexenkönigin und Hexenprinzessin zu, als wären sie Heilige. Und Velia schien ihre neue Rolle als Herrschergemahlin des nahezu gesamten Kontinents zu gefallen. Sie stand auf dem Schlossbalkon und winkte ihren Untertanen zu als hätte sie nie etwas anderes getan. Wie hatte ich mich so in einem Menschen täuschen können. Oder täuschte Velia uns? Hatte sie bloß zu ihrem eigenen Schutz wieder die Rolle Aradias angenommen?

Ich hatte die Vorgänge rund um das Schloss die letzten Monate genauestens beobachtet. Zumindest seitdem ich wieder auf den Beinen war. Zwei Monate hatte ich das Krankenbett hüten müssen. Mein Überleben verdankte ich einem Pferdewirt, der mich schwer verletzt auf der Straße vor der Schenke *Zum vollen Krug* gefunden und in seine Obhut genommen hatte. Zu den gebrochenen Rippen und dicken Blutergüssen am ganzen Körper hatte sich ein paar Tage später noch eine gefährliche Lungenentzündung gesellt. Die Frau des Pferdewirts hatte mich liebevoll gepflegt. Ich erinnere sie an ihren eigenen Sohn, sagte sie ständig. Ihr eigener Sohn war vom Krieg mit Eaban nicht wieder zurückgekehrt. Ich verdankte den beiden mein Leben. Und so war ich bei ihnen geblieben und half im Stall, wo ich nur konnte. An meinen freien Tagen hatte ich mich aufgemacht, wieder die Hütte im Wald zu finden. Jene Hütte, in der Velia und ich auf unserer Flucht Unterschlupf gefunden hatten, in der wir uns so nahe gewesen waren … Ich war mir sicher: Sie war das Zuhause dieses fremden Hexers. Ich hatte die Kleider mit den goldenen Knöpfen in dem Schrank gesehen. Genauso hatte mir Velia auf dem Dachboden der Schenke seine Kleidung beschrieben. Auch wenn mich die Entwicklungen im Schloss an meinen Gefühlen für sie zweifeln ließen, war ich mehr denn je entschlossen, diesen Hexer zu finden. Ich brauchte Antworten. Musste wissen, ob es stimmte, was Velia mir erzählt hatte. Doch es schien, als hätte es die Hütte auf der kleinen, unwirklichen Lichtung mitten im dichten Wald nie gegeben. Ich fand sie nicht mehr.

Die Turmglocken läuteten zur Mittagspause. Erschöpft ließ ich die Mistgabel fallen und wischte mir mit dem Ärmel den Schweiß von der Stirn. Es war ein heißer Spätsommertag, die Luft über den Äckern flirrte. Genau wie die vielen Feldarbeiter, freute ich mich nun auf ein stärkendes, kühles Dunkelbier im Wirtshaus. Mit zügigen Schritten überquerte ich den Hof, als mich plötzlich eine Hand packte und in den Hühnerstall zog.

»He«, rief ich und schon legte sich eine Hand auf meinen Mund.

»Psssst«, hörte ich eine Stimme an meinem Ohr, bevor sich die Gestalt in mein Sichtfeld schob. Sie trug einen schwarzen Umhang, die Kapuze tief ins Gesicht gezogen. Schwarze Lederhosen steckten in ledernen Stiefeln. War das ...? Nein, das konnte nicht sein. Mein Herz hämmerte wie wild.

Die Gestalt schob die Kapuze nach unten und ich stutzte.

»Der Hexer ist wieder erschienen. Er trachtet nach dem Leben deiner Tochter. Wir brauchen deine Hilfe.«

Völlig perplex von den Worten und dem Anblick, der sich mir bot, ließ ich mich auf den Boden des Hühnerstalls nieder und verfehlte ein Ei nur knapp. Vor mir stand nicht Velia, sondern ganz eindeutig die stumme Magd aus dem Schloss. Nur, dass sie jetzt weder stumm noch schüchtern war. In den Kleidern Aradias strahlte sie eine unbändige Selbstsicherheit aus. Und was hatte sie gesagt? Der Hexer war aufgetaucht und trachtete nach dem Leben meiner Tochter? *Meiner Tochter?*

»Du kannst sprechen«, war das Einzige, was ich für den Moment herausbrachte, während die Gedanken in mir wie ein Wirbelsturm tobten.

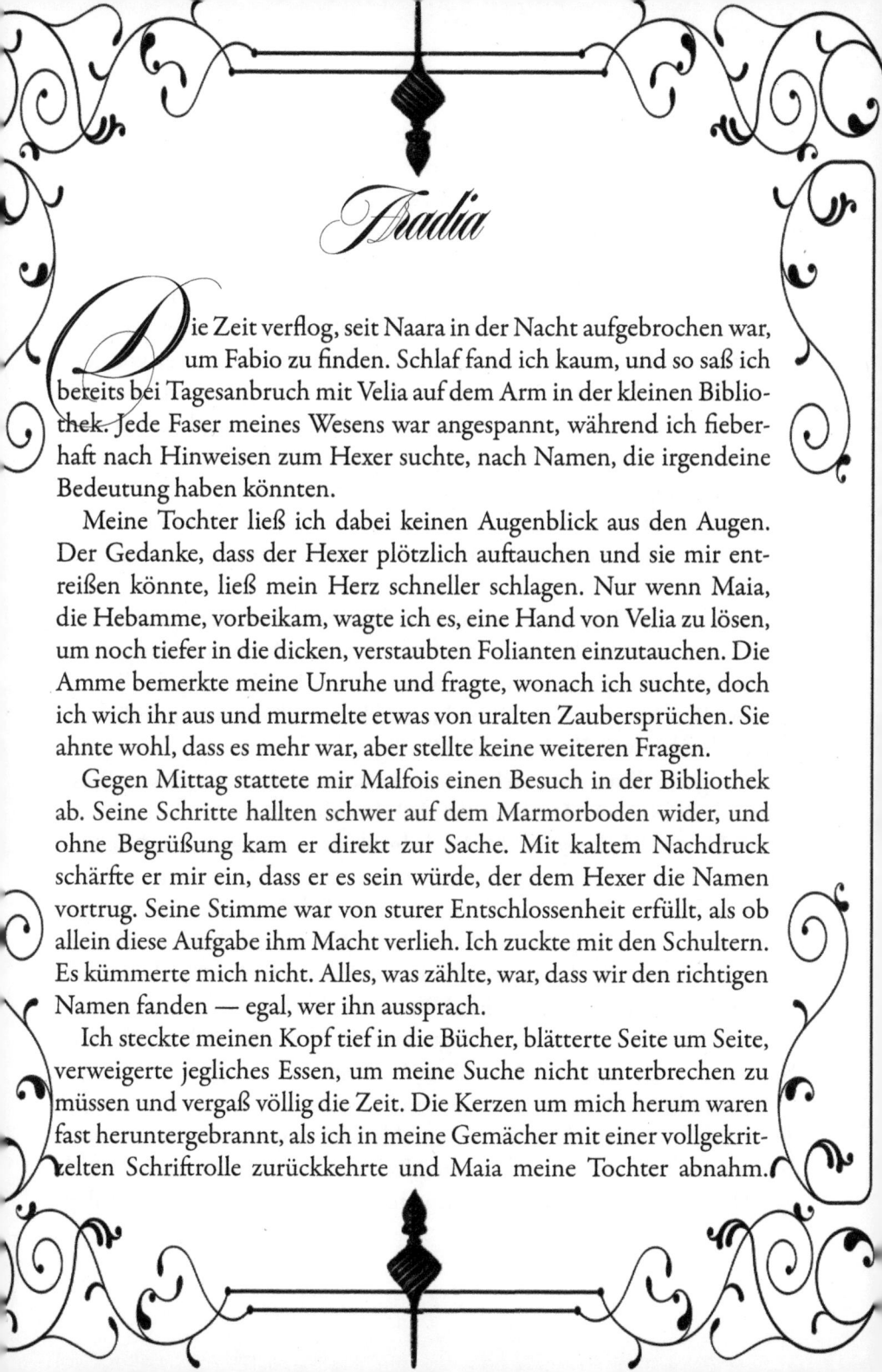

Aradia

Die Zeit verflog, seit Naara in der Nacht aufgebrochen war, um Fabio zu finden. Schlaf fand ich kaum, und so saß ich bereits bei Tagesanbruch mit Velia auf dem Arm in der kleinen Bibliothek. Jede Faser meines Wesens war angespannt, während ich fieberhaft nach Hinweisen zum Hexer suchte, nach Namen, die irgendeine Bedeutung haben könnten.

Meine Tochter ließ ich dabei keinen Augenblick aus den Augen. Der Gedanke, dass der Hexer plötzlich auftauchen und sie mir entreißen könnte, ließ mein Herz schneller schlagen. Nur wenn Maia, die Hebamme, vorbeikam, wagte ich es, eine Hand von Velia zu lösen, um noch tiefer in die dicken, verstaubten Folianten einzutauchen. Die Amme bemerkte meine Unruhe und fragte, wonach ich suchte, doch ich wich ihr aus und murmelte etwas von uralten Zaubersprüchen. Sie ahnte wohl, dass es mehr war, aber stellte keine weiteren Fragen.

Gegen Mittag stattete mir Malfois einen Besuch in der Bibliothek ab. Seine Schritte hallten schwer auf dem Marmorboden wider, und ohne Begrüßung kam er direkt zur Sache. Mit kaltem Nachdruck schärfte er mir ein, dass er es sein würde, der dem Hexer die Namen vortrug. Seine Stimme war von sturer Entschlossenheit erfüllt, als ob allein diese Aufgabe ihm Macht verlieh. Ich zuckte mit den Schultern. Es kümmerte mich nicht. Alles, was zählte, war, dass wir den richtigen Namen fanden — egal, wer ihn aussprach.

Ich steckte meinen Kopf tief in die Bücher, blätterte Seite um Seite, verweigerte jegliches Essen, um meine Suche nicht unterbrechen zu müssen und vergaß völlig die Zeit. Die Kerzen um mich herum waren fast heruntergebrannt, als ich in meine Gemächer mit einer vollgekritzelten Schriftrolle zurückkehrte und Maia meine Tochter abnahm.

Auf der Schriftrolle standen sowohl gängige Männernamen als auch alte, die kaum noch in Gebrauch waren. Es waren Namen aus unserer Region, aber vor allem Namen aus Narzieu. Nachdem Maia gegangen war, setzte ich mich zu Velia an die Wiege. Ich hatte nicht vor, zu schlafen. Ich würde die ganze Nacht über meine Tochter wachen.

»Guten Abend, schöne Königin«, zischte die Stimme des Hexers durch den Raum, wie ein leiser Windhauch, der an den Fenstern rüttelt. Erschrocken blickte ich mich um. Und tatsächlich stand er vor den geschlossenen Flügeltüren. Fast unschuldig sah er aus, wie er die Hände hinter dem Rücken verschränkt hielt. Einzig seine smaragdgrünen Augen funkelten in der Dämmerung gefährlich. Was wollte er? Ich hatte erst in zwei Tagen mit seinem Auftauchen gerechnet.

»Ihr habt mir drei Tage Zeit gegeben, um Euren Namen herauszufinden«, erinnerte ich ihn bemüht, die Angst in meiner Stimme zu verbergen.

Ein bösartiges Grinsen huschte über sein Gesicht. »Ich bin neugierig. Wer weiß, vielleicht habt Ihr ja bereits meinen Namen herausgefunden?« Sein Blick glitt durch den Raum, bis er bei der Schriftrolle auf meinem Bett hängen blieb. Er nickte anerkennend, ein wenig amüsiert. »Wie ich sehe, wart Ihr heute sehr fleißig.«

Ich zögerte. Was, wenn ich es jetzt versuchte? Andererseits ... Was, wenn ich falsch lag? »Es bleibt aber bei drei Tagen?«

Der Hexer lächelte schmal. »Ihr habt bis übermorgen Abend Zeit«, bestätigte er und seine Stimme klang, als hätte er bereits gewonnen.

Ich griff nach der Schriftrolle und begann die Namen von oben nach unten vorzulesen. »Heißt Ihr Antonio?« Prüfend sah ich zum Hexer, der leider den Kopf schüttelte. »Heißt Ihr Alessandro?« Wieder schüttelte er den Kopf. »Vielleicht heißt Ihr ja Adolfio?«

»Nein, so heiße ich nicht«, sagte er und grinste bei jedem falschen Namen, den ich nannte, breiter übers Gesicht.

Je weiter ich auf der Schriftrolle vorankam, umso verzweifelter wurde ich. Kein Name schien zu passen. Als ich beim letzten Namen von der Liste ankam, war es bereits tiefe Nacht und der abnehmende Mond stand hoch über dem Schloss. Ich atmete tief aus, um meinen Herzschlag zu beruhigen und legte alle Hoffnung auf den letzten Namen. »Heißt Ihr Zenone?«

Der Hexer lachte. »Zum Glück nicht!«

Frustriert warf ich die Schriftrolle auf den Boden. Die ganze heutige Arbeit war umsonst gewesen.

»War das alles?«, fragte der rothaarige Mann gehässig. »Habt Ihr keine weiteren Namen parat?«

Ich ballte meine Hände zu Fäusten und zischte durch zusammengebissene Zähne: »Ich werde Euren Namen schon noch erraten.«

»Noch zwei Tage habt Ihr dafür Zeit, ansonsten ist Euer Kind mein.« Und mit diesen Worten verschwand der Hexer im Nirgendwo.

Fabio

ch habe eine Tochter. Ich bin Vater«, flüsterte ich ehrfürchtig. Die Nachricht sickerte nur langsam in meinen Verstand. Ein verträumtes Lächeln stahl sich auf meine Lippen.

»Jetzt noch. Aber vielleicht schon bald nicht mehr, sollten wir diesen bösen Hexer nicht aufhalten«, riss mich Naara wieder ins Hier und Jetzt. Es war immer noch seltsam, sie reden zu hören. »Wir haben nur noch zwei Tage Zeit, um seinen Namen herauszufinden. Übermorgen bei Sonnenuntergang kommt er die kleine Velia holen.« Panik hatte sich in ihre feste Stimme gemischt.

Ich sprang sofort auf. »Ich glaube zu wissen, wo wir den Hexer finden. Seine Hütte, in der er haust, ist tief im Wald. Ich war schon einmal dort. Mit Velia.«

»Mit deiner Tochter?«, fragte Naara verwirrt.

»Nein, mit Aradia, also Velia. Das ist ihr eigentlicher Name.«

Naara stutzte. »Sie hat ihr Kind nach sich selbst benannt?«

Ich zuckte mit den Schultern. »Das machen Väter mit ihren Söhnen doch auch.«

Sie wirkte wenig überzeugt.

»Wir müssen sofort aufbrechen und diese verdammte Hütte finden. Ich habe in den letzten Monaten immer mal wieder nach ihr gesucht. Aber sie war wie vom Erdboden verschluckt nicht mehr auffindbar.«

»Wir haben zwei Tage Zeit, um den ganzen Wald abzusuchen.«

Ich nickte. »Hast du ein Pferd?«

Naara bejahte. »Ich hatte eines aus Rascara gestohlen. Aber es ist erschöpft. Ich bin die ganze Nacht über geritten.«

Ich sah aus dem Hühnerstall hinüber zur Pferdekoppel. »Dann werden wir uns eben ein anderes für die nächsten Tage borgen.«

»Worauf warten wir dann noch. Die Zeit drängt!« Und schon schob sich Naara an mir vorbei und stapfte über den Hof.

***

Ich hatte keine Zeit mehr gehabt, mich vom Pferdewirt und seiner Frau zu verabschieden. Daher hatte ich im Stall eine Nachricht hinterlassen. *Die Königin braucht mich. Ich habe mir Cito ausgeliehen und bringe ihn heil zurück. Ich komme wieder, versprochen. Fabio.*

Dann hatte ich den schwarzen Hengst namens Cito, das schnellste Pferd des Stalls, gesattelt, das Nötigste in die Satteltaschen gepackt und war mit Naara, noch bevor die Turmglocken wieder zur Arbeit läuteten, in wildem Galopp über die Felder zum Waldrand geritten.

»Mit dem Namen des Hexers muss es irgendwas Besonderes auf sich haben«, sagte ich, als wir in den Wald schritten. Ich glaubte die Stelle gefunden zu haben, aus der Velia und ich damals aus dem Wald geritten waren. Die Bäume standen hier noch weit auseinander.

»Warum?«, fragte Naara, die sich verkrampft an der Mähne des Hengstes festhielt. Das Reiten schien sie nicht gewohnt zu sein.

Ich griff in meine Hemdtasche, zog das Gesuchte heraus und hielt es ihr schließlich vors Gesicht. »Erinnerst du dich noch daran?«

»Ja, Aradia glaubt auch, dass die Münze etwas zu bedeuten hat. Hast du eine Idee?« Fragend blickte sie mir über ihre Schulter ins Gesicht.

»Siehst du das eingravierte Ungeheuer? Das ist eine Abbildung des Teufels«, dann drehte ich die Münze, »und auf dieser Seite stehen die Worte - *Nomen atque omen.*« Schließlich drehte ich die Münze um die eigene Achse, damit Naara die eingravierten Buchstaben am Rand lesen konnte. »Und rund um die Münze steht in Großbuchstaben das Wort *Magia.*«

Sie nickte. »Schon damals kam mir die Münze seltsam vor. Ich habe noch nie eine solche gesehen. Weißt du, was die Inschrift bedeutet?«

»Magia bedeutet nichts anders als Magie oder Zauber. Nomen atque omen hat eine kryptische Bedeutung. Es heißt so viel wie - Name und zugleich auch Vorbedeutung.«

»Das verstehe ich nicht.«

»Ich ebenfalls nicht. Aber dieser Hexer macht um seinen Namen ein riesiges Geheimnis. Und ich glaube nicht ohne Grund. Vielleicht hängen seine Hexenkünste ja mit seinem Namen zusammen?«

»So etwas ähnliches hat wohl auch Malfois behauptet. Aber wenn dem so wäre, würde sich der Hexer dann auf ein solches Namensrätsel einlassen?«

»Vielleicht ist er sich sicher, dass niemand seinen Namen errät.«

Naara seufzte. »Egal wie, ich bin froh, wenn wir diesen Hexer los sind. Ich habe noch nie etwas so Unheimliches und beängstigend Mächtiges gesehen, wie diesen Mann. Er hat mich mit einer Handbewegung in die Lüfte gehoben und an die Wand geschmettert.« Sie erschauderte bei der Erinnerung daran.

Ihren Erzählungen nach wollte ich mir gar nicht ausmalen, was dieser Hexer mit meiner Tochter vorhatte. Und wenn ich ihm am Ende mit bloßen Händen gegenübertreten musste, ich würde für meine kleine Familie bis aufs Letzte kämpfen.

»Was machen wir eigentlich, wenn wir die Hütte gefunden haben? Ich meine, der Hexer wird wohl kaum seinen Namen über der Tür eingeritzt haben.«

Ich schnaubte. »Das wäre zu schön, um wahr zu sein.« Ich lenkte den Hengst durch eng beieinanderstehende Bäume. Der Wald wurde dichter und ließ immer weniger Sonnenlicht durch sein Blätterdach.

»In der Hoffnung, dass der Hexer nicht da ist, durchsuchen wir die Hütte. Irgendwo muss sein Name stehen.« Die letzten Worte sagte ich mehr zu mir selbst, um mir Mut zu machen.

Wir ritten quer durch den Wald, abseits der gängigen Pfade. Und wir schienen uns dem Herzen des Waldes zu nähern. Immer wieder mussten wir unsere Köpfe einziehen, um nicht an Ästen hängen zu bleiben. Die unwirkliche Lichtung mit der Hütte hatte genau in einem solchen Teil des Waldes gestanden. Während die Sonne allmählich den Horizont erreichte und es im Wald immer dunkler wurde, erzählte mir Naara von der Dienerschaft im Schloss, den Tobsuchtsanfällen Malfois' und wie es Velia in den Monaten seit ihrer Krönung ergangen war.

Als sie mir von den Geschehnissen in der letzten Kammer berichtete, knackten meine Finger, so fest hatte ich sie geballt. Ich würde Malfois für das, was er Velia angetan hatte, büßen lassen. Doch zunächst musste ich mich um das drängendere Problem kümmern: den Namen des Hexers herausfinden.

Es wurde so dunkel, dass wir kaum noch Einzelheiten ausmachen konnten. Als mir schließlich ein Ast fast das Auge ausstach, musste ich einsehen, die Suche für heute zu beenden. »Lass uns das Nachtlager aufschlagen«, beschloss ich, wenn auch widerstrebend. Am liebsten hätte ich noch die ganze Nacht den Wald durchsucht. Doch es hatte keinen Sinn. Die Gefahr war zu groß, die Lichtung zu übersehen.

»Morgen bei Tageslicht haben wir bessere Chancen die Hütte zu finden«, bekräftigte Naara meine Gedanken.

Ich schwang mich vom Pferd und half meiner Gefährtin abzusteigen. »Wir sind heute weit gekommen. Weiter, als ich es bisher bei meinen Erkundungen zu Fuß geschafft habe.«

Wir blieben an Ort und Stelle. Während ich Cito an einen dicken Ast anband und ihm eine Möhre gab, legte Naara die Pferdedecken, die wir kurzerhand als Bettdecke umfunktionierten, aus. Die Schritte des Pferdes und unsere Unterhaltung hatten bisher die Geräusche des Waldes übertönt. Als wir nun still nebeneinander auf dem Waldboden unsere Äpfel aßen, knackte nicht weit entfernt das Geäst und es raschelte im Unterholz.

»Was war das?« Naara fuhr herum.

»Wahrscheinlich nur eine Maus. Das gefährlichste hier im Wald sind Wildschweine. Aber wir sind mit dem Pferd eingerechnet zu dritt. Da traut sich sicher keines heran.« Ich schleuderte das restliche Kerngehäuse meines Apfels davon.

»Wildschweine sind nicht das Gefährlichste hier im Wald«, meinte Naara ganz leise.

Sie spielte auf den Hexer an. Ich schluckte. So gesehen konnte ich ihr nicht widersprechen. »Leg dich ruhig hin und schlafe ein wenig. Ich halte die erste Wache.«

»Danke«, sagte sie und wickelte sich in die Decke ein. Sie hatte

einen langen Weg hinter sich und so war sie kurze Zeit später bereits eingeschlafen.

Ich saß mit den Beinen angewinkelt neben ihr und spielte mit der Münze in meiner Hand. Ab und an sah ich nach oben, in der Hoffnung, die Sterne zu sehen, doch die meiste Zeit stierte ich ins Dunkel und hing meinen Gedanken nach. Wenn der Hexer besiegt war, würde ich Velia und meine Tochter aus den Fängen Malfois' befreien. Koste es, was es wolle.

Plötzlich hörte ich ein leises Lachen in der Ferne. Es war kaum mehr als ein Flüstern im Wind, dennoch ließ es mir augenblicklich die Nackenhaare zu Berge stehen. Das Blut in meinen Adern schien zu gefrieren, und ich hielt den Atem an. Hatte ich mir das eingebildet? Oder war jemand – oder etwas – hier draußen mit uns, mitten im Wald? Meine Gedanken rasten. Der Hexer ... Geisterte er durch die Dunkelheit?

Ich hielt mich für mutig, trotzdem, die Vorstellung, diesem mächtigen Mann gegenüberzustehen, ließ mich innerlich erbeben. Ein weiteres Mal erklang die Stimme, diesmal als unheimliches Summen. Ich drehte mich hastig um und versuchte, die Richtung zu bestimmen. Waren wir etwa näher an der Hütte, als wir geglaubt hatten? Oder lauerte uns jemand auf?

Schnell rüttelte ich Naara wach und legte ihr sofort eine Hand auf den Mund, bevor sie erschrocken aufschreien konnte. Ihre Augen weiteten sich, und ich konnte ihren rasenden Herzschlag förmlich spüren. Sie keuchte leise, und ich schüttelte langsam den Kopf. »Ruhig. Ich bin es. Ich glaube, die Hütte ist ganz nah«, ihr Atem beruhigte sich, »Spitz mal deine Ohren. Hörst du es auch?«

Ich hatte meine Hand immer noch auf ihrem Mund und spürte ihr Nicken.

»Lass uns nachsehen.« Ich löste meine Hand.

»In Ordnung«, flüsterte Naara.

Langsam und darauf bedacht, keine Geräusche zu machen, krochen wir durch das feuchte Laub. Das seltsame Summen, das uns zuvor nur wie ein ferner Klang im Wind erschienen war, wurde allmählich lauter. Es hatte eine unheimliche Melodie, fremdartig und düster, die in meinem Kopf nachhallte und ein Gefühl tiefster Unruhe in mir auslöste. Der Boden unter uns war uneben, weshalb wir es nicht wagten, uns schneller fortzubewegen.

Das Summen wurde immer klarer und bedrohlicher. Schließlich, als wir durch das dichte Unterholz spähten, brach ein Schimmer von flackerndem Licht durch die Dunkelheit – ein Feuer. Es brannte auf einer Lichtung, und davor stand die Hütte. Der Anblick ließ meine Kehle eng werden. Wir hatten tatsächlich die Behausung des Hexers gefunden.

Das Summen verwandelte sich in einen tiefen, rituellen Gesang, der die Luft vor uns vibrieren zu lassen schien. Wir lagen regungslos im feuchten Gras am Rande der Lichtung und wagten es kaum zu atmen, als der Schatten einer Gestalt neben das Feuer trat.

Mein Herz hämmerte so laut in meiner Brust, dass ich Angst hatte, uns dadurch zu verraten.

»Ist das der Hexer?«, fragte ich Naara ganz leise.

Sie nickte.

Ich hatte ihn mir trotz Velias Beschreibung anders vorgestellt. Irgendwie hässlicher und älter. Der Mann, der dort am Feuer stand, war nicht viel älter als ich selbst. Er beugte sich über einen kleinen Kessel, der an einem eisernen Gestell über den Flammen hing. Vom heraufsteigenden Wasserdampf klebten ihm fuchsrote Haarsträhnen im Gesicht. Er trug das rote Wams mit den goldenen Knöpfen, das ich damals im Schrank in der Hütte gesehen hatte.

Als er nochmals ums Feuer trat, machte er den Blick auf etwas Seltsames frei. Auf dem Kessel lag ein Kissen und darauf ruhte ein weißes Ei. Der Hexer sah kurz auf und ich erschrak regelrecht. Smaragdgrüne Augen glühten förmlich im Licht des Feuers. Der rothaarige Mann hob die Hände und murmelte etwas Unverständliches, woraufhin der Kessel zu vibrieren begann. Das Ei bewegte sich leicht, als ob etwas darin lebendig wurde.

Ich hielt den Atem an, meine Finger krallten sich in den Boden. Neben mir presste Naara ihre Hand auf den Mund, um keinen Laut von sich zu geben.

Plötzlich gab das Ei ein knackendes Geräusch von sich. Ein feiner

Riss zog sich über die Schale, dann noch einer. Mit einem dumpfen Laut brach die Schale auf, und ein kleines, federloses Geschöpf krabbelte heraus – ein Eulenküken, hilflos und zitternd. Es sah schwach und verletzlich aus. Die Augen des Hexers funkelten voller Erwartung.

Er trat näher an das Küken heran und flüsterte mit einer Stimme, die die Luft zum Zittern brachte: »Namenloses Geschöpf. Nenne meinen Namen!«

Das Küken, zu jung, um wirklich zu verstehen, was geschah, hob den winzigen Kopf, als ob es dem Befehl folgen wollte. Ein Zittern lief durch seinen kleinen Körper, dann begann es zu sprechen – nicht in piepsenden, unschuldigen Lauten, sondern in einem ohrenbetäubenden Kreischen: »Euer Name ist Rumpelstilzchen.«

Unwillkürlich krümmte sich das Küken, als ob es von einer fremden Macht kontrolliert wurde. Für einen kurzen Moment veränderte sich die Umgebung. Die Flammen loderten höher, die Dunkelheit um uns herum schien sich zu verdichten. Ein Gefühl tiefer, uralter Magie erfüllte die Luft.

Das Eulenküken wurde größer, Federn sprossen, es wuchs binnen kürzester Zeit zu einer erwachsenen Eule heran. Gleichzeitig begannen die Augen der Eule unnatürlich grün zu leuchten, während das Leuchten in den Augen des Hexers erlosch. Ein erwartungsvolles Lächeln lag auf seinem Gesicht. Plötzlich begann die Eule zu kreischen, so als ob sie die Last der Magie nicht mehr ertragen konnte. Ihre Flügel begannen unkontrolliert zu zucken. Die Eule wand sich vor lauter Qualen und sackte mit einem letzten, jämmerlichen Laut in sich zusammen. Regungslos blieb der Vogel liegen, die Augen nicht länger leuchtend grün, sondern glasig und tot.

Eine drückende Stille legte sich über die Lichtung.

Ich erinnerte mich an die vielen kleinen Knochen auf der Feuerstelle und verstreut um die Hütte herum. Wie viele Tier waren auf dieser Lichtung schon jämmerlich verendet? Wegen irgendwelcher satanischen Experimente?

Der Hexer starrte auf die leblos daliegende Eule, seine wieder grün leuchtenden Augen weit aufgerissen vor Entsetzen und Zorn. Dann plötzlich brach aus ihm ein Schrei heraus – ein Schrei so durchdringend und verzweifelt, dass er die Bäume um uns zum Zittern brachte. Es war nicht nur Wut, es war Trauer, unermesslicher Verlust, der sich in jeder Silbe widerspiegelte. Er hob die Hände, als wolle er das zerbrochene, tote Wesen wiederbeleben, doch er wusste, dass es sinnlos war.

»Warum?«, fragte er in die Dunkelheit, seine Stimme voll bitterer Verzweiflung. »Jahrhunderte der Suche, der Opfer!«

Er wandte sich ab, seine Gestalt zitternd vor unbändigem Zorn. Ich konnte ihn aus meinem Versteck heraus beobachten, wie er sich um sich selbst drehte, die Hände verkrampft zu Fäusten geballt. »Es gibt keinen anderen Weg mehr«, zischte er, seine Worte wie Gift in der Nacht. »Das Kind der Königin ... Es ist die einzige Lösung, der Schlüssel zu meiner Freiheit.« Seine Worte klangen wie ein dunkler Schwur. Der Hexer stand reglos da, während das Feuer in seinem Rücken unheilvoll flackerte, und in diesem Moment wusste ich, dass er alles tun würde, um sein Ziel zu erreichen. Ich bekam Gänsehaut am ganzen Körper. Mit einem Kopfnicken bedeutete ich Naara zurückzukriechen. Wir hatten gefunden, was wir gesucht hatten.

Aradia

Unruhig lief ich von einer Zimmerseite zur anderen und wieder zurück. Velia lag brabbelnd in ihrer Wiege. Heute Abend wollte sie nicht so recht einschlafen. Vielleicht spürte sie meine Nervosität. Nachdem ich erneut den ganzen Tag in der Bibliothek verbracht hatte, lag nun eine zweite vollgeschriebene Schriftrolle auf meinem Bett. Ein zerfleddertes Buch mit mir unbekannten Geschichten hatte mir ein paar seltene Namen offenbart. In einer Geschichte war sogar ein Hexenmeister vorgekommen, der den seltsamen Namen *Fitcher* trug. Hoffnungsvoll hatte ich diesen Namen auf meine Liste geschrieben.

Mein Blick wanderte immer wieder sehnsüchtig zum Südtor, in der Hoffnung, Naara und Fabio jeden Moment hereingaloppieren zu sehen, aber der Horizont blieb leer, und die Ungewissheit nagte an mir.

Wenn Naara Fabio in Triessa tatsächlich gefunden hatte, hätten sie längst zurückkehren können. Aber ich durfte mich nicht von der Ungeduld überwältigen lassen – noch hatten wir Zeit. Vor mir lag die Schriftrolle, voll mit Namen, die vielleicht das Geheimnis des Hexers lüften könnten.

Es war spät am Abend als wieder der Hexer in meinem Zimmer erschien. Wie aus dem Nichts saß er auf dem Fenstersims bei plötzlich geöffnetem Fenster. Die Vorhänge flatterten in die laue Abendluft hinaus.

»Guten Abend, schöne Königin«, begrüßte er mich in gespielter Höflichkeit. »Habt Ihr heute meinen Namen gefunden?« Grinsend sprang er vom Fenstersims und lehnte sich lässig mit verschränkten Armen an die Wand.

»Ich denke schon!« Kühn reckte ich das Kinn, erstaunt über die Stärke in meiner Stimme. Ich griff nach der Schriftrolle und begann die Namen vorzulesen: »Heißt Ihr vielleicht Rosario?«

Er schüttelte den Kopf.

»Carlo? Moreno? Pasquale? Salvatore oder Vito?« Irgendwann kam ich zu den ungewöhnlichen Namen wie *Rippenbiest* oder *Hammelswade*. Es waren ebenfalls Namen aus dem alten, zerfledderten Buch.

»Welch seltsame Namen«, lachte der Hexer, »doch mein Name ist viel außergewöhnlicher.«

»Wie wäre es mit dem Namen Fitcher?« Voller Hoffnung hielt ich den Atem an.

Der Hexer schüttelte so sehr den Kopf, dass ihm fuchsrote Haarsträhnen ins Gesicht fielen wie eine bedrohliche Flamme. »Nicht schlecht, doch immer noch falsch!«

Enttäuscht atmete ich aus. »Sagt Ihr mir überhaupt die Wahrheit? Kann es sein, dass von hunderten Namen kein einziger zu Euch gehört?«

Die Kerzen in meinem Zimmer loderten gefährlich auf, bevor sie alle gleichzeitig erloschen. Meine Unterstellung hatte ihn gereizt.

»Ich mag vielleicht nicht wie ein vertrauensvoller Mann aussehen. Aber seid Euch eins gewiss«, seine Augen begannen im Halbdunkel des Zimmers gefährlich zu funkeln, »ich halte mich immer an Abmachungen.« Langsam trat er an die Wiege und sah hinab zu meiner Tochter. »Schöne Königin, Ihr werdet niemals meinen Namen erraten.« Er streckte seine Hand mit den langen, knorrigen Fingern aus, um Velia zu berühren.

»Nicht«, wimmerte ich verzweifelt.

Der Hexer verharrte in seiner Regung und grinste. »Morgen bist du kleines namenloses Geschöpf mein«, flüsterte er und seine Augen leuchteten gierig auf.

»Fort mit dir«, forderte ich und rannte zu meiner Tochter. Schnell hob ich sie aus der Wiege und drückte sie fest an mich. Natürlich begann sie, so überrascht aus der Wiege gerissen, zu weinen. »Ganz ruhig. Ruhig, meine Schöne. Es ist nichts geschehen.« Ich begann sie hin und her zu schaukeln. Als ich wieder aufsah, war der Hexer bereits verschwunden, obwohl ich noch nicht alle Namen auf meiner Liste vorgetragen hatte. Ich trat ans Fenster und blickte schweren Herzens zum Südtor. Wo blieben Naara und Fabio?

Fabio

Wir hatten uns verirrt. In diesem gottverdammten, dunklen Wald. Hätte ich doch nur auf Naara gehört. Nachdem wir in der Nacht so unverhofft den Hexer entdeckt und seinen Namen herausgefunden hatten, hatte sie vorgeschlagen, bei Tagesanbruch zurück nach Triessa zu reiten und die große Handelsstraße Richtung Rascara, Hauptstadt und Sitz des Schlosses, zu nehmen. Zu Pferd hätten wir die Strecke bis am Abend geschafft, doch ich hatte darauf beharrt, noch in der Nacht aufzubrechen und den kürzeren Weg, quer durch den Wald zu nehmen. Die Nähe des Hexers saß mir wie ein Pfeil auf gespanntem Bogen im Nacken. Naara hatte noch versucht, mich zu überreden, wenigstens erst bei Tageslicht loszuziehen. Ich hatte mich störrisch wie ein Esel geweigert, weitere Zeit zu vergeuden. In der Nacht waren wir blind in die entgegengesetzte Richtung der Hütte gelaufen. In meiner Erinnerung waren Velia und ich damals von dort gekommen. Mehrmals war einer von uns beiden über eine Wurzel gefallen, mehrmals hatten wir uns in Geäst und Dornen verfangen. Trotzdem war ich beharrlich weitergelaufen und Naara war mir gefolgt. Jetzt musste ich einsehen, dass es ein Fehler gewesen war, in der Nacht weiterzugehen. Denn auch nachdem die Sonne aufgegangen war, irrten wir in diesem Wald ohne rechte Orientierung umher. Das dichte Blätterdach ließ uns den Sonnenstand lediglich erahnen. Als ich gegen Nachmittag zwischen zwei Windböen einen kurzen Blick auf die Sonne hatte erhaschen können, hatte ich unsere Route durch den Wald angepasst. Nach meinen Berechnungen hätten wir dennoch längst die andere Waldseite nahe dem Schloss erreichen müssen.

»Wir laufen im Kreis«, meinte Naara auf einmal, die ein paar

Schritte hinter mir ging. Wir waren abgesessen, um die Kräfte des Hengstes zu schonen.

»Das kann nicht sein. Wir laufen doch immer geradeaus«, sagte ich und stapfte genervt weiter. Ich war nicht wütend auf sie, sondern auf mich selbst.

»Immerhin haben wir jetzt die Chance nach Triessa zurückzukehren und die große Handelsstraße zu nehmen«, fuhr Naara unbeirrt fort.

»Wieso das denn?« Ich blieb stehen und drehte mich verwirrt um. Naara hielt mir zur Antwort das Kerngehäuse des Apfels, den ich gestern Abend weggeworfen hatte, entgegen.

Ich stöhnte und grub meinen Kopf vor Frust in die Mähne des Pferdes. Das durfte doch nicht wahr sein! Am liebsten hätte ich vor Wut geschrien oder noch besser, einen Baum mit bloßen Händen entwurzelt. Der Fund des Kerngehäuses bedeutete aber, dass die Hütte des Hexers nur wenige hundert Meter entfernt war und den Hexer wollte ich ungern auf uns aufmerksam machen.

»Wir saßen hier«, hörte ich Naara sagen und sah auf.

Ich ging zu ihr und zog den Hengst hinter mir her. »Cito war hier angeleint«, bestätigte ich ihre Aussage und zeigte auf den dicken Ast zu meiner Rechten. »Das heißt, wir kamen ganz sicher aus dieser Richtung.« Ich deutete nach vorne.

Naara nickte. »Wir erreichen Triessa bei Nacht.«

»Und dann nehmen wir die große Handelsstraße, wie wir es bereits heute Morgen hätten tun sollen«, entschied ich bitter.

»Wir haben noch etwas mehr als einen Tag Zeit, das Schloss zu erreichen.«

»Es wird knapp. Aber wir werden es schaffen.« Ich nahm Naara das Kerngehäuse aus der Hand und hielt ihn Cito vor die Nase. »Für dich, damit du so schnell reitest wie der Wind.«

Aradia

o sollte ich noch nach Namen suchen? Ich war nahezu alle Bücher der Bibliothek durchgegangen, hatte alle Namen der Bediensteten im Schloss aufgeführt, sogar fremdländische Namen genannt und doch traf keiner auf den Hexer zu. Heute war der dritte Tag. Wenn ich an diesem Abend seinen Namen nicht kannte, würde mir das einzige genommen werden, was mich noch am Leben hielt. Ich könnte versuchen, mit meiner Tochter zu fliehen, aber wenn der Hexer aus dem Nichts in Räumen erscheinen konnte, würde er mich wahrscheinlich überall im Land finden. Malfois und seine Wachen würden heute Abend zwar bei mir sein, aber beschützen konnten sie uns nicht. Ich hatte die Macht des Hexers gesehen. Er hatte einfach mit einem Wink seiner Hand Naara an die Wand geklatscht. Es war sinnlos zu denken, als normaler Mensch gegen das Übernatürliche ankämpfen zu können.

Ich stand vor den weit geöffneten Fenstern in meinem Schlafgemach. Die Morgenluft strich frostig kühl um mein Gesicht. Es waren die ersten Boten des Herbstes, die ich roch. Den restlichen Tag verbrachte ich in rastloser Unruhe. Mal rannte ich in die Bibliothek, wälzte verzweifelt alte Bücher, mal stand ich am Fenster, die Augen fest auf das Schlosstor gerichtet. Naara und Fabio mussten jeden Moment zurückkommen! Doch mit jeder Minute, die verstrich, wuchs die Unruhe in mir. Keine neuen Namen fand ich außer denjenigen, die noch ungefragt auf der gestrigen Schriftrolle standen. Was, wenn etwas geschehen war? Vielleicht hatte Naara Fabio gar nicht gefunden? Die Strecke nach Triessa und zurück hätte sie längst bewältigen müssen. Wo blieben sie nur? Oder hatte Fabio sich geweigert, mit ihr zu gehen? Schließlich stand sein Leben auf dem Spiel, sollte Malfois ihn entdecken. Aber Fabio war mutig. Und sollte Naara ihm von seiner Tochter erzählt haben, war ich mir sicher, dass er kommen und helfen würde. Koste es, was es wolle. Meine Beine zitterten und drohten einzuknicken, obwohl ich mich am Fenstersims festhielt. Alles drehte sich in meinem Kopf. Ich konnte keinen klaren Gedanken mehr fassen. Gedankenfetzen, Erinnerungen, Ängste und Stoßgebete gen Himmel vermischten sich vor meinem inneren Auge zu einem schnellen Strudel. Ich fühlte mich schwach und ausgezehrt. Seit zwei Tagen hatte ich nicht mehr richtig gegessen und geschlafen. Doch lieber wollte ich sterben, als meine Tochter in die Hände dieses teuflischen Hexers zu geben. Jeder Atemzug, an dem keine Naara und kein Fabio in den Schlosshof ritten, schmerzte wie tausend Nadelstiche. Und als die Sonne hinter dem Schloss verschwand und Malfois gemeinsam mit Bosco, Lejan und drei weiteren Wachen in meine Gemächer kam, begrub ich meine letzte Hoffnung auf ihre Rückkehr. Ich gab es nicht gerne zu, aber mein verhasster Gemahl war nun mein einziger Anker. Hatte er den Namen des Hexers herausgefunden? Schließlich war er schon Jahre auf der Suche nach dem namenlosen Mann.

»Hast du den Namen des Hexers?«, fragte ich ihn daher ohne Umschweife.

Malfois wich meinem Blick aus, ließ sich gemächlich in den Sessel am Kamin sinken und verschränkte die Hände. »Möglicherweise ...«, erwiderte er nur und starrte ins Feuer, als würden wir einen alten Freund erwarten. Ich seufzte leise und hob Velia sanft auf den Arm. Sie schlief friedlich und tief, unwissend, was sich um sie herum zusammenbraute. Meine rechte Hand schloss sich fest um das Messer, das Naara mir einst als Schutz vor Malfois gegeben hatte. Ich würde meine Tochter nicht kampflos hergeben. Ich würde sie bis aufs Letzte verteidigen. Behutsam hauchte ich ihr einen Kuss auf die Stirn. »Egal, was geschieht, ich werde für immer bei dir sein.« Ein Lächeln legte sich auf meine Lippen. Diese Worte, sanft und wie ein Versprechen, hatte mir einst meine Mutter zugeflüstert, bevor der Rauch und die gierigen Flammen sie für immer verschlungen hatten.

Und so warteten wir.

Die Fenster schwangen knarrend auf und eine dunkle Gestalt erschien auf dem Fenstersims. Erst als die Gestalt sich nach vorne lehnte, beschien der Kerzenschein das alterslose, ebenmäßige Gesicht des Hexers. Ein erregtes Funkeln lag in seinen grünen Augen.

»Guten Abend, edles Königspaar. Die Sonne geht gleich unter, und wie ich sehe, erwartet ihr mich schon.« Er sprang vom Fenstersims und legte seinen Kopf schief.

Ich hielt das Messer zitternd hinter meinem Rücken bereit.

»Dem Messer nach zu urteilen, habt Ihr meinen Namen wohl nicht herausgefunden?« Der Hexer blieb reglos an Ort und Stelle stehen und sah mich grinsend an.

Malfois schnellte mit funkelnden Augen zu mir herum. »Was machst du, einfältiges Weib?«, herrschte er mich an, dann wandte er sich hastig wieder dem Hexer zu. »Wir haben sehr wohl noch einen Namen.« Seine Stimme bebte vor Anspannung. Mit einem selbstgefälligen Funkeln in den Augen erhob er sich. »Lange habe ich gesucht. Doch wie heißt es so schön in den alten Schriften: Und wer da sucht, der findet. Ihr, der mächtigste Hexer der Welt, heißt … Aldobrando.« Er dehnte den Namen genüsslich und siegesgewiss aus. Und für einen kurzen Moment dachte ich, Malfois läge richtig, denn die Augen des Hexers weiteten sich vor Erstaunen. Dann jedoch warf er den Kopf in den Nacken und lachte schallend. »Ihr seid gut, Malfois! Ihr seid gut! Ihr liegt nah dran. Ja, König Delron hatte einen unehelichen Sohn mit diesem Namen. Aber das war nicht ich.«

Malfois' selbstgefällige Miene zerfiel in pure Panik. »Das kann nicht sein! Die Schriften waren eindeutig!«

»Wer so lange lebt wie ich«, erwiderte der Hexer kalt, »hat Zeit, seine Spuren auszulöschen.« Sein Blick verfinsterte sich. Der Raum schien sich mit der Kälte seiner Anwesenheit zu füllen, als er einen Schritt auf uns zumachte. »Genug gerätselt«, knurrte er. »Jetzt gebt mir das Kind.«

Ich schüttelte den Kopf.

»Wir hatten eine Abmachung«, sagte er und kam langsam auf mich zu.

Ich hob das Messer. Meine zitternde Hand umklammerte es so fest, dass meine Knöchel weiß hervortraten. »Niemals gebe ich meine Tochter in die Hände des Teufels.«

Der Hexer lachte höhnisch und verneigte sich theatralisch. »Teufel? Ich fühle mich geehrt.« Dann schnellte er in einer fließenden Bewegung hoch, und mit einem einzigen Fingerzeig entglitt mir das Messer. Es flog durch den Raum und zerschmetterte eine Vase, die in einem Regen aus Scherben zu Boden fiel.

Velia erwachte und begann herzzerreißend zu schreien. Ich hielt sie noch fester an mich gedrückt, meine Arme zitterten vor Anstrengung. Aber ich wusste, dass die unsichtbare Macht stärker war als ich. Die langen, bleichen Finger des Hexers streckten sich in unsere Richtung, seine Augen glühten. Ich spürte, wie Velia meinen Händen entglitt, als wäre sie aus Luft gemacht, und dann flog sie wie von Geisterhand gelenkt direkt auf den Hexer zu.

In diesem Moment stürmten Bosco und Lejan heran, ihre Schwerter gezückt. Sie stürzten sich mutig auf den Hexer. Doch es dauerte nur einen Herzschlag, bevor dieser sie mit einem verächtlichen Winken seiner Hand zurückschleuderte. Sie prallten gegen die Wand, ein ekelerregendes Knacken ertönte und beide blieben regungslos auf dem Boden liegen.

Panik breitete sich in mir aus, als ich sah, wie meine Tochter schwebend auf den Hexer zutrieb.

Plötzlich hörte ich Malfois' nervöse Stimme, der hinter mir stand und versuchte, sich unauffällig zurückzuziehen. »Vielleicht ... vielleicht sollten wir uns alle beruhigen«, stammelte er, seine Hände zitterten, als er langsam Richtung Tür ging. »Ihr könnt das Kind haben und Euer Name bleibt Euer Geheimnis.«

Der Hexer riss seinen Kopf blitzartig zu ihm herum. »Malfois, Ihr jämmerlicher Feigling.« Seine Stimme war jetzt eiskalt und schnitt wie ein Dolch durch den Raum. »Glaubt Ihr wirklich, Ihr könntet jetzt noch einfach verschwinden?«

Der König machte noch einen weiteren Schritt rückwärts, als der Hexer mit den Fingern schnippte. Malfois, der bereits mit einer Hand

die Türklinke erreicht hatte, wurde augenblicklich mit einem gewaltigen Ruck in die Luft gezogen und durch den Raum geschleudert, bis er hart gegen die gegenüberliegende Wand prallte. Er schrie vor Schreck auf, als sein Körper von unsichtbaren Kräften gefesselt wurde.

»Ihr werdet keinen Schritt weiter tun«, zischte der Hexer mit unheilvollem Blick. »Niemand entkommt mir, der so viel weiß.«

Malfois rang nach Luft, panische Angst in seinen Augen, während er hilflos an der Wand hing, unfähig, sich zu befreien. Der Hexer ließ ihn einen Moment lang zappeln, als ob er das Vergnügen genoss, bevor er sich wieder mir und Velia zuwandte.

»Nun«, sagte der Hexer leise, als meine Tochter sanft in seinen Armen landete, »ist das Kind mein.«

Fabio

Die Sonne im Westen war nur noch ein halber, blutroter Feuerball, als wir die letzten Meilen zum Schloss zurücklegten. Mit jedem Schlag meiner Fersen trieb ich den Hengst an, doch Citos Schritte wurden schwerer, langsamer. Mein Herz raste. Die Zeit lief uns davon. Schließlich zwang ich das Pferd zu einem letzten verzweifelten Galopp. Angst schnürte mir die Kehle zu – ich würde es bis in den Tod antreiben, denn nur ein Gedanke hallte in mir wider: Wenn ich das Schloss nicht rechtzeitig erreichte, würde meine Tochter mit der untergehenden Sonne verloren sein.

Das Schweigen zwischen Naara und mir war erdrückend. Kein Wort, nur die dröhnenden Hufe und unsere Blicke, die abwechselnd zur sinkenden Sonne und der Straße vor uns huschten. Die Zeit verstrich erbarmungslos wie Sand, der durch die Finger rieselt. Endlich, nach einer Biegung im Wald, sahen wir die Türme des Schlosses vor uns aufragen. Das südliche Tor stand offen – ein letztes Fünkchen Hoffnung.

»Achtung, da kommt ein Reiter«, hörte ich eine Wache von ihrem Aussichtsposten aus rufen. Ich ignorierte sie.

»Zügelt Euer Pferd!«, rief eine andere alarmiert.

Doch ich dachte nicht daran, jetzt anzuhalten, so kurz vorm Ziel. Ich trieb Cito rücksichtslos ein letztes Mal zur Höchstleistung an und ritt mit bahnbrechendem Tempo durch die Tore in den Schlosshof. Um das Geschrei der Schlosswachen scherte ich mich nicht.

»Wir müssen in Aradias Gemächer!«, schrie Naara gegen den tosenden Wind. Ihr schwarzer Umhang bauschte sich. Ich zügelte den erschöpften Hengst vor dem Palast und ohne zu zögern, schwangen wir uns aus dem Sattel. Die Wachen eilten uns bereits entgegen, die Hände an den Schwertern.

»Ich bin Naara, die Kammerzofe der Königin!«, rief sie atemlos. In ihrer Eile vergaß sie, dass niemand im Schloss jemals ihre Stimme gehört hatte.

»Eindringlinge! Haltet sie auf!«, brüllte eine der Wachen, und zog ihr Schwert. Panik durchflutete mich, doch wir durften keine Zeit verlieren. Mit pochendem Herzen rannten wir in den Schlosstrakt, die Treppe hinauf. Hinter uns hörte ich das Rasseln von Rüstungen und stampfende Schritte. Endlich erreichten wir den Korridor zu Velias Gemächern. Die Wachen waren jedoch dicht hinter uns. Jeder Atemzug brannte in meiner Brust, aber ich ignorierte die Erschöpfung. Da vorne war die ersehnte Flügeltür. Ich hörte das Schreien eines Kindes.

Naara stieß die Tür auf.

Der Anblick, der sich uns bot, war verstörend. Bosco und Lejan lagen regungslos auf dem Boden. Malfois klebte mit den Füßen zappelnd an der Wand und Velia stand in der Mitte des Raumes, die Arme verzweifelt ausgestreckt, während das Kind durch die Luft schwebte, wie von unsichtbaren Fäden gezogen. Der Hexer stand am anderen Ende des Zimmers, seine langen Finger ausgestreckt, und das Kind flog direkt in seine wartenden Arme. »Nun ist das Kind mein.«

»Nein!«, brüllte ich und rannte ins Zimmer.

Der Hexer drehte sich überrascht zu uns um. Er hatte nicht mit weiteren Gästen gerechnet. Dennoch lag ein breites Grinsen auf seinem Gesicht. »Wie rührend, der wahre Vater sieht noch sein Kind, bevor es für immer fort ist.«

»Gib mir meine Tochter«, knurrte ich, während mir das Herz bis zum Hals schlug. Meine Stimme zitterte vor Wut. Der Hexer indes blieb selbst angesichts der Wachen, die hinter uns eintrafen, ungerührt. Mit einem langsamen, bedrohlichen Kopfschütteln trat er einen Schritt näher, das Kind fest in seinen Armen haltend.

Er schüttelte den Kopf. »Das Kind ist mein. Oder kennst du meinen Namen?« Sein Grinsen war selbstgefällig, sicher in seinem Triumph.

Fast hätte ich geschmunzelt. »Oh ja, ich kenne deinen Namen ... Rumpelstilzchen.« Meine Worte waren geschliffen wie eine scharfe Klinge.

Der Ausdruck in den Augen des Hexers veränderte sich augenblicklich.

Seine Überheblichkeit wich blankem Entsetzen. Seine Augen weiteten sich, und für einen Moment sah ich die Angst, die in seiner Seele widerhallte. Doch bevor ich mich an diesem Sieg erfreuen konnte, durchfuhr mich ein heftiger Schwindel. Die Welt um mich begann zu schwanken, und meine Knie gaben nach. Ich fiel zu Boden. Der Raum drehte sich und verschwamm vor meinen Augen.

Aradia

Die Ereignisse überschlugen sich. Alles geschah so schnell, dass mein Verstand kaum folgen konnte. Fabio sackte plötzlich ohnmächtig zu Boden, ohne das ersichtlich war, was ihm zugestoßen sein könnte. Malfois rutschte von der Wand, als hätte ihn die Macht des Hexers plötzlich losgelassen. Sofort rappelte er sich auf und schrie: »Nein! Rumpelstilzchen, Rumpelstilzchen, Rumpelstilzchen!« Dabei streckte er die Hände von sich, als ob er auf etwas warte.

Überfordert mit der Situation, war es Naara, die geistesgegenwärtig handelte. Mit einem kraftvollen Ruck riss sie Velia aus den Armen des Hexers, der für einen Augenblick völlig überrumpelt dastand. Sein darauffolgender Wutausbruch war unbeschreiblich. Ein tiefes, durchdringendes Geschrei ließ uns alle frösteln und brachte die Wände zum Beben.

Ich erwachte aus meiner Schockstarre und rannte zu Fabio, klatschte ihm vorsichtig gegen die Wangen. Seine Haut war erschreckend blass, und als er die Augen öffnete, sah ich, wie ein unheimliches grünes Leuchten darin aufflammte und die eisblaue Farbe seiner Iriden verdrängte. Ich hielt den Atem an – was war das?

»Fabio,« sagte ich eindringlich, »komm zu dir.«

Er blinzelte, als würde er sich erst langsam aus einem finsteren Traum lösen.

Doch bevor er etwas sagen konnte, durchbrach der Hexer das Chaos, seine Stimme grollte durch den Raum wie ein drohender Sturm: »Deinen Namen kenne ich ... Fabio Cavalli.«

Der Hexer trat vor und starrte uns mit irritierend matt braunen Augen an. Das Glühen in Fabios Augen flackerte bei Rumpelstilzchens Worten auf, so als ob es auf das Gesagte reagierte. Schließlich verschwand das Glühen und als ich zurück zum Hexer blickte, sah ich wieder in bekannte smaragdgrüne Augen. Ein selbstgefälliges Grinsen legte sich auf sein Gesicht. Mit einem Wink des Zeigefingers flog erneut meine Tochter aus Naaras Armen in seine.

Panik stieg in mir auf. Ich sprang auf. »Du Scheusal«, warf ich ihm an den Kopf. »Du wagst es meine Freunde zu verhexen? Wir haben gewonnen. Wir haben deinen Namen erraten!«

Mit wutverzerrtem Gesicht sah er mich an. Seine Augen glühten in stechendem Grün. »Nicht Ihr habt meinen Namen erraten. Das Kind ist mein.« Er hob seine Hand, und ich machte mich auf einen schmerzhaften Zauber gefasst.

»Nein, meine Tochter war niemals dein, Rumpelstilzchen«, ich spie die Worte hasserfüllt aus.

Der Schrei des Hexers, der zur Antwort folgte, fuhr mir durch Mark und Bein und hallte von den Schlosswänden wider.

Plötzlicher Schwindel überkam mich, und ich wankte zum Fenstersims, um mich auf den Beinen zu halten. Das Zimmer vor mir drehte sich. Mir wurde schlecht.

Wie durch eine Dunstglocke hörte ich die Worte des Hexers. »Das wird Euch nichts nutzen. Ich kenne auch Euren Namen. Ich kenne all Eure Namen. Doch weil Ihr nun meinen kennt, werdet ihr alle sterben!«

Ich hörte die Worte, dennoch drangen sie nicht zu meinem Verstand. Langsam klärte sich mein Blick wieder und ich sah den Hexer in seinen Taschen kramen. »Aber erst muss ich mir wieder zurückholen, was Ihr mir genommen habt.«

Ich schluckte die Übelkeit herunter. »Ich habe dir bereits in der Kammer gesagt, dass ich deine Münze nicht mehr habe.« Meine Stimme zitterte. Was war nur mit mir los? Hatte mich Rumpelstilzchen verhext?

Er lachte. »Nein, meine Münze könnt Ihr behalten. Die brauche ich nicht mehr.«

Nachdenklich zog ich die Stirn kraus. Was konnte er dann noch von mir wollen? Etwas anderes besaß ich nicht von ihm.

»Ihr habt es immer noch nicht verstanden?« Seine gewöhnlichen braunen Augen musterten mich, lauernd und forschend. Ohne das

giftig grüne Leuchten wirkten sie fast sanft – und sein Gesicht, seltsam vertraut, erschien menschlicher als je zuvor. »Nun, vielleicht hilft Euch ja das auf die Sprünge.« Er griff in seine Hosentasche und hielt mir schließlich meine Kette und den Verlobungsring vor die Nase. Meine ersten beiden Tauschobjekte. Rumpelstilzchen grinste und hob die Hand, wie um etwas zu verkünden: »Velia Agricola.«

Ich blickte ihm verdutzt entgegen. Rumpelstilzchen verharrte noch eine kurze Zeit in seiner theatralischen Pose, öffnete dann aber unsicher seine Augen. Mit einer schnellen Handbewegung wischte er durch die Luft und zeigte auf die zerbrochene Vase auf dem Boden. Nichts geschah.

»Velia Agricola«, sprach er noch einmal und führte die gleiche Handbewegung in Richtung der Scherben aus. Ungehalten nannte er noch ein drittes Mal diesen Namen. Spätestens jetzt bemerkten alle, dass etwas nicht stimmte. Meine Tochter fing wieder bitterlich an zu weinen und wieder war es Naara, die sie aus den Armen Rumpelstilzchens zog. Der hatte nur noch Augen für den Anhänger der Kette und die Innengravur meines Verlobungsrings. »Velia Agricola, Velia Agricola«, faselte er vor sich hin, »Es stimmt alles, ich habe es richtig gesagt, es ist ihr Name.«

»Du besitzt seine Magie«, stieß Malfois hervor, seine Miene von wilder Entschlossenheit verzerrt, während er das Spektakel mit wachsender Wut verfolgt hatte. »Wachen, knebelt Aradia!«

Die Männer erstarrten und warfen einander unsichere Blicke zu. Die Zweifel standen ihnen ins Gesicht geschrieben – sollten sie wirklich Hand an ihre eigene Königin legen?

Es ist ihr Name.

Du besitzt seine Magie.

Und während die Wachen, wenn auch zögerlich, dem harschen Befehl ihres Königs Folge leisteten und meine Hände fest hinter meinem Rücken zusammenschnürten, begann ich langsam zu verstehen.

Zeitgleich hob Malfois das Messer vom Boden auf, ließ es gefährlich in seiner Hand kreisen und trat zu Fabio, der unbewaffnet vor ihm stand. Die harten Augen des verblendeten Mannes spiegelten sich in der stählernen Klinge des Messers. »Sag mir ihren Namen«, knurrte er bedrohlich.

Fabio schüttelte stumm den Kopf, seine Lippen fest aufeinanderge-presst, obwohl seine Augen vor Furcht glänzten. Da flackerte ein fins-teres Funkeln in Malfois' Blick auf. Ohne Vorwarnung fuhr er herum, sprang auf Naara zu und riss ihr Velia mit einem brutalen Ruck aus den Armen. Die Kleine schrie auf, ihre winzigen Hände griffen verzweifelt nach ihrer Mutter, aber Malfois hielt sie mühelos fest. Mit grausamer Präzision legte er die Klinge an ihre zarte Kehle und funkelte Fabio wü-tend an. »Sag mir Aradias wahren Namen oder dieses Kind, das offen-bar deins ist, stirbt!«

Ich sah, wie Fabios Lippen zitterten. Er rang mit sich, seiner Loyalität gegenüber mir und wog dies alles gegen das Leben seiner Tochter ab.

Malfois drückte die Schneide des Messers fester an den kleinen Hals meiner Tochter. Sie quäkte und wand sich in seinem Griff, ihr kleiner Kopf sackte nach hinten.

»Velia!«, schrie ich, wollte zu ihr rennen, doch die Wachen hielten mich eisern. Meine Lippen bebten.

Fabio sah kurz zu mir, und ich sah, dass er sich entschieden hatte. »Aradias Name ist Velia Molinari.«

Malfois ließ das Messer sinken und grinste. Feierlich sagte er wiederum: »Fabio Cavalli.«

Ich schloss meine Augen. Der bisher anhaltende Schwindel wich lang-sam einem stetigen Summen, einer leichten Erregung in meinem Kopf. Ich fühlte etwas in mir, das ich noch nie zuvor gespürt hatte. Eine unbän-dige und unendliche Kraft. In diesem Moment stellte ich mir vor, frei zu sein. Ich stellte mir vor, die Schnüre um meine Hände hielten mich nicht länger gefangen. Dann schlug ich die Augen auf und richtete meinen Blick auf die Männer vor mir. »Weder Velia Agricola noch Velia Molinari sind meine Namen.« Ich spürte den überraschten Blick aller Anwesenden auf mir. »Ihr alle kennt nicht meinen wahren Namen.« Ein schelmisches Lächeln zauberte sich bei dem Gedanken daran auf meine Lippen. Die nächsten Worte richtete ich direkt an Fabio. Den Mann, den ich liebte. Den Mann, dem ich alles von mir anvertraut hatte, außer meinem Namen. »Velia ist nicht nur der Name unserer Tochter, sondern auch der Name meiner Mutter. Es war ihre Kette, die ich als Andenken trug.«

Fabio sah mich lange an, bevor er nickte.

»Das kann nicht sein! Kennt keiner den Namen dieses Miststücks?«, fragte Malfois und sah hilfesuchend um sich. Er griff nach Naara, die angsterfüllt den Kopf schüttelte.

Währenddessen wich Rumpelstilzchen stolpernd zurück, stürzte, ließ meine Kette und den Ring fallen, rappelte sich wieder auf und rannte an Malfois und den Wachen vorbei aus dem Zimmer.

Mit einem wütenden Aufschrei spannte ich meine Arme und zerriss die Fesseln in einer einzigen, unerwarteten Bewegung. Die Wachen starrten mich verdutzt an. Noch bevor sie reagieren konnten, stürzte ich los, meine Augen fest auf Malfois gerichtet. Er blinzelte einen Moment lang wie erstarrt und erkannte zu spät, dass er nun die gejagte Beute war. Ich entriss ihm meine Tochter, und in derselben Bewegung packte ich auch das Messer. Meine Finger schlossen sich fest um den Griff, während ich das Herz des Mannes anvisierte, der meine Welt in Schatten getaucht hatte. Ohne zu zögern, stieß ich die Klinge tief in seine Brust. Mein verhasster Gemahl schnappte nach Luft, sein Ausdruck wandelte sich von Schock zu Furcht, als ihm das Blut aus dem Mund rann. In dem Moment als die Klinge sein Herz erreichte, verwandelte sie sich in pures Gold. Seine Augen weiteten sich. Bevor er zusammenbrach, tödlich verwundet durch das Metall seiner größten Begierde, krächzte er: »Du verlogene Hexe.«

Unbarmherzig drehte ich die Klinge. Mehr als ein Jahr lang hatte er mich gefangen gehalten, mich misshandelt, mich als Köder für Rumpelstilzchen benutzt und mich jeden verdammten Tag an die Hinrichtung meiner Mutter erinnert. An ihre Schreie und den Geruch von verbranntem Fleisch. Ich hasste ihn. Jetzt bekam ich meine Rache. Raoul Malfois, König Rascaras, Regent von Eaban und den vier Landen, starb durch die Hand einer Hexe.

Fabio und Naara starrten auf die Überreste der zerrissenen Fesseln, die nun als Strohhalme über den Boden verstreut lagen. Mit Velia sicher in meinem Arm ging ich zu Fabio und hob sein Kinn, um ihm in die Augen zu sehen. »Jetzt sind wir endlich frei«, sagte ich.

Er nickte, doch sein Blick flackerte. Da waren Zweifel und

unausgesprochene Fragen. Und ein Hauch von Angst. Ich konnte es ihm nicht verübeln.

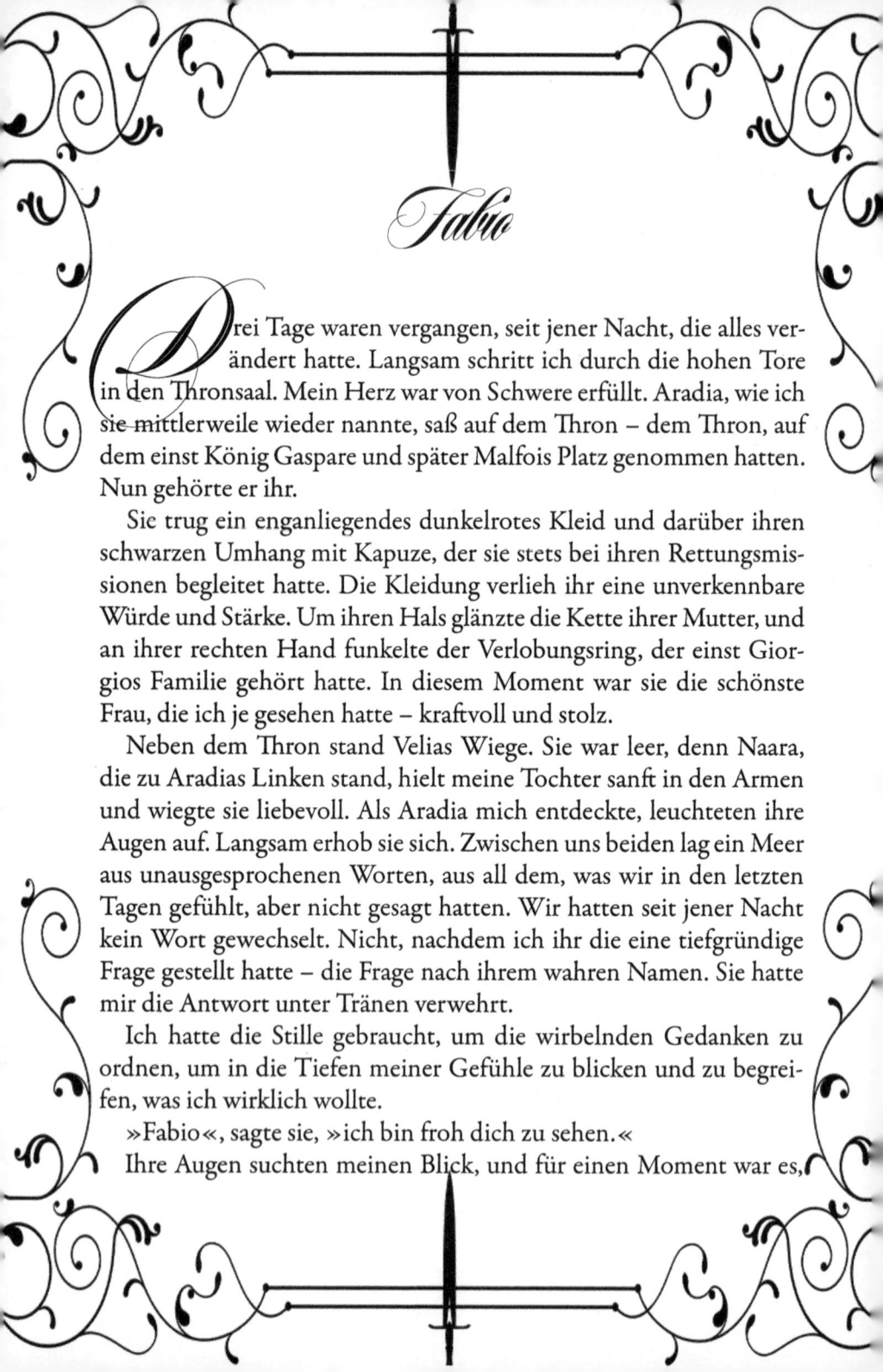

Fabio

Drei Tage waren vergangen, seit jener Nacht, die alles verändert hatte. Langsam schritt ich durch die hohen Tore
in den Thronsaal. Mein Herz war von Schwere erfüllt. Aradia, wie ich
sie mittlerweile wieder nannte, saß auf dem Thron – dem Thron, auf
dem einst König Gaspare und später Malfois Platz genommen hatten.
Nun gehörte er ihr.

Sie trug ein enganliegendes dunkelrotes Kleid und darüber ihren
schwarzen Umhang mit Kapuze, der sie stets bei ihren Rettungsmis-
sionen begleitet hatte. Die Kleidung verlieh ihr eine unverkennbare
Würde und Stärke. Um ihren Hals glänzte die Kette ihrer Mutter, und
an ihrer rechten Hand funkelte der Verlobungsring, der einst Giorgios Familie gehört hatte. In diesem Moment war sie die schönste
Frau, die ich je gesehen hatte – kraftvoll und stolz.

Neben dem Thron stand Velias Wiege. Sie war leer, denn Naara,
die zu Aradias Linken stand, hielt meine Tochter sanft in den Armen
und wiegte sie liebevoll. Als Aradia mich entdeckte, leuchteten ihre
Augen auf. Langsam erhob sie sich. Zwischen uns beiden lag ein Meer
aus unausgesprochenen Worten, aus all dem, was wir in den letzten
Tagen gefühlt, aber nicht gesagt hatten. Wir hatten seit jener Nacht
kein Wort gewechselt. Nicht, nachdem ich ihr die eine tiefgründige
Frage gestellt hatte – die Frage nach ihrem wahren Namen. Sie hatte
mir die Antwort unter Tränen verwehrt.

Ich hatte die Stille gebraucht, um die wirbelnden Gedanken zu
ordnen, um in die Tiefen meiner Gefühle zu blicken und zu begreifen, was ich wirklich wollte.

»Fabio«, sagte sie, »ich bin froh dich zu sehen.«

Ihre Augen suchten meinen Blick, und für einen Moment war es, als würde die ganze Welt nur noch aus uns beiden bestehen. Mein Herz pochte wild, als ich direkt vor sie trat und das sagte, was ich mir den Morgen über zurechtgelegt hatte: »Du verrätst mir nicht deinen Namen.«

Sie senkte den Blick, und in ihren Zügen lag ein Schmerz, der mich durchdrang, als wäre er mein eigener. »Fabio, ich wünschte, ich könnte dir meinen Namen verraten, aber es ist zu gefährlich.« Sie sah mich voller Trauer an. Diese Entscheidung schien sie innerlich zu zerreißen.

»Ich weiß«, bestätigte ich.

Ein leises Aufatmen huschte über ihre Züge, ein Hoffnungsschimmer in ihrem Blick, der leuchtend und zugleich zerbrechlich war. Es waren diese Augen, die seit jener Nacht eine magische Tiefe und ein grünes Glitzern angenommen hatten, als wären sie direkt aus den Tiefen eines Märchens entsprungen.

Langsam trat ich noch einen Schritt vor und nahm ihre Hand. »Dein Name bedeutet Macht, Aradia. Solange Rumpelstilzchen noch auf freiem Fuß ist, ist er eine Bedrohung für uns alle. Würde er deinen wahren Namen erfahren, so würde seine dunkle Macht zurückkehren, und wir wären ihm ausgeliefert. Es ist sicherer, wenn niemand jemals deinen Namen erfährt. Nicht einmal ich.«

Tränen rannen über ihre Wangen, als sie leise murmelte: »Ich wollte nie eine Hexe sein. Ich dachte immer, es gäbe keine Magie.« Ihre Stimme zitterte, und in ihrem Blick lag eine Sehnsucht nach Normalität und Freiheit.

Behutsam nahm ich sie in die Arme, und sie legte ihren Kopf an meine Schulter. Ich konnte die Last, die auf ihr lag, spüren. Ich würde sie mit dieser niemals allein lassen. »Ich habe dich als Aradia kennen und lieben gelernt«, flüsterte ich, »und daran wird sich nichts ändern. Für mich bist du Aradia, Müllerstochter und Königin der Hexen zugleich.«

Ein Lächeln stahl sich auf ihre Lippen, als meine Fingerspitzen sanft ihre Wange entlangstrichen, meine Nase, ihre zarte Haut berührte. Ihr Lächeln war ruhig und klar, als sie zu mir aufsah, und ihre Augen leuchteten in diesem stillen, intensiven Grün. In ihnen erkannte ich das Versprechen, das einzig zwei Menschen einander geben können, die alle Stürme gemeinsam überstanden hatten.

»Ich liebe dich«, sagte ich.

»Ich liebe dich auch«, antwortete sie.

Und mit diesen Worten verschwand der letzte Zweifel. Wir küssten uns, und in diesem Kuss lagen all die Worte und Hoffnungen, die für ein ganzes Leben reichten – für alles, was kommen würde, und für das, was wir bereits überwunden hatten.

Epilog

Ich sitze an dem großen Eichentisch in meinen königlichen Gemächern, das Licht der flackernden Kerzen tanzt über die grobe Holzoberfläche. Draußen, hinter dem Fenster, das mit hunderten filigranen Eisblumen geschmückt ist, hat der Winter Einzug gehalten. Eine frostige Stille umhüllt das Schloss. Es ist ein Winter, der härter ist als alle Jahre zuvor, mit eisigen Winden, die durch die kahlen Äste der Bäume heulen und die Stille des Schnees durchdringen.

Hinter mir prasselt das Feuer im Kamin, seine lodernden Flammen werfen tanzende Schatten an die Wände. Die wohlige Wärme umhüllt mich wie eine schützende Decke, doch das Licht kann die Kälte, die in die Welt draußen eindringt, nicht ganz vertreiben. Ich lehne mich zurück, lasse meinen Blick über die schimmernde Frostdecke des Waldes gleiten und fühle, wie die Melancholie des Winters sich in meinem Herzen niederlässt. In dieser Einsamkeit wird mir bewusst, dass die Schönheit des Frostes oft von einer stillen Traurigkeit begleitet wird.

Macht ist eine Bürde. Die Magie, die in mir wohnt, ist wie ein wilder Fluss, der stets droht, über die Ufer zu treten. Vor mir liegen die Halskette meiner Mutter und der ehemalige Verlobungsring Giorgios. Es sind die einzigen Gegenstände, die mir von meinem alten Leben noch geblieben sind und die dennoch nichts über mich verraten.

Ich sehe wieder hinaus und suche den Waldrand auf ein Zeichen der Rückkehr meiner Reiter ab. Ich hoffe, sie haben Rumpelstilzchen endlich gefasst. Er ist neben Fabio und Naara noch der Einzige, der um die Macht meines Namens weiß, und er wird alles daransetzen, meinen Namen herauszufinden, um sich seine Macht zurückzuholen.

Nomen atque omen. Magia.

Inzwischen habe ich verstanden, was die Gravur der Münze bedeutet.

Nomen atque omen - Name und zugleich auch Vorbedeutung.

Es war ein Namenszauber, der mich wirklich zu Aradia, der Hexenkönigin werden ließ. Die Hexenverfolgungen haben unter mir ein Ende gefunden. Meine Mutter habe ich gerächt.

Doch was würde sie über mich denken, wenn sie mich heute sehen könnte? Würde Fabio mich verlassen, wenn er wüsste, was ich getan habe? Würde Naara, meine Freundin und Vertraute, wieder vor Angst verstummen?

Ich hatte auf dem Hügel gestanden, mit tränenüberströmtem Gesicht, und der Anblick meines Heimatdorfes ließ mir das Herz brechen. Stumm sah ich zu, wie ich die Katastrophe über die Menschen brachte, die ich geliebt hatte, die mir so vertraut waren. Ich tat es, um mein eigenes Leben zu retten, das Leben meiner Familie und letztlich das aller Menschen vor der unbändigen Bosheit Rumpelstilzchens. Es war eine verzweifelte Entscheidung, aber ich wusste, dass meine Macht niemals wieder in fremde Hände fallen durfte.

Die Magie war oben auf dem Hügel wie ein reißender Strom aus mir herausgeflossen, wild und ungezähmt. Sie hatte sich tief in die Erde gebohrt und war mit ohrenbetäubendem Krach in Richtung Cremonone gerast. Die Nacht war zum Albtraum geworden, als die Häuser in sich zusammengestürzt und ihre Bewohner unter sich begraben hatten. Alle, die mich einst als einfache Müllerstochter gekannt hatten, waren nun tot.

Einzig und allein meinen Vater hatte ich gerettet. Er hatte mich nach meinem Fortgang tatsächlich gesucht und war zur Zeit des eabanischen Überfalls nicht in Cremonone gewesen. Ich wende meinen Blick zu dem großen, goldenen Wandspiegel, dessen Oberfläche wie ein stiller See in der Morgendämmerung schimmert. Anstelle meines eigenen Spiegelbildes blickt mir mein Vater entgegen. Seine Augen sind voller Trauer, und ich spüre, wie ein warmer Schauer über meinen Rücken läuft.

»Spieglein, Spieglein an der Wand. Wer ist die Mächtigste im ganzen Land?«

»Du bist es«, antwortet mein Vater, seine Stimme trägt eine Schwere, die mir das Herz zusammenzieht. Es schwingt kein Stolz in seinen Worten, nur ein tiefes Bedauern.

Für alle bin ich Aradia, die Hexenkönigin. Mächtiger als jeder König, der je über diese Lande herrschte, mit einer Magie, die selbst die ältesten Geheimnisse der Welt durchdringt. In mir lodert kein Hunger nach Macht, keine Gier, die mich in den Abgrund reißen könnte. Ich bin keine böse Königin, die in ihrer Herrschaft Gefallen findet. Vielmehr bin ich eine Wächterin, die die Schatten bekämpft, die über mein Reich ziehen. Das Volk fürchtet meine Macht und verehrt mich zugleich für die Reichtümer, die ich dem Land beschere. Der Krieg mit den Jolnora-Inseln ist beendet. Den Königen der Länder habe ich ihre Kronen zurückgegeben. Es herrscht Frieden auf dem Kontinent. Doch mein persönlicher Krieg wird erst enden, wenn ich Rumpelstilzchens Herz in den Händen halte.

Ein Reiter prescht aus dem Wald auf das Schloss zu. Ich hoffe, er hat gute Neuigkeiten. Ich stehe auf, lege die Kette meiner Mutter um den Hals und stecke Giorgios Ring an meinen Finger. Beide Schmuckstücke erinnern mich daran, einst eine einfache Müllerstochter gewesen zu sein.

Ich hatte schon viele Namen in meinem Leben.

Müllerstochter, Hexe, Königin.

Doch keiner kennt meinen wahren Namen. Mein Name ist der Schlüssel zu einer Macht, die tiefer reicht als die Wurzeln des ältesten Baumes im Wald, eine Macht, die ich wie einen kostbaren Schatz hüte. Er ist die Quelle meiner Stärke, das Band zu meiner Vergangenheit und zugleich das Versprechen an meine Zukunft. Mein Name bedeutet Macht. Und diese Macht möchte ich niemals mehr verlieren.

Und so wird mich fortan ein Mantra leiten, das in meinem Herzen wie ein leiser, aber unaufhörlicher Puls widerhallt:

Ach wie gut, dass niemand weiß ...

Die Namen und ihre Bedeutung

Alle Personen in diesem Roman haben nicht ohne Grund einen bestimmten Namen. Namen haben immer eine Bedeutung.

Amaury: der reiche Herrscher

Amica: die Freundin

Ancilla: die Magd

Angelito: der Bote Gottes

Aradia: die große Gebieterin. Göttin und erste Hexe auf Erden.

Bosco: der starke Beschützer

Cito: der Schnellere, der Flinkere

Delron: König

Fabio Cavalli: der edle Reiter

Federico Molinari: der friedvolle Müller

Gaspare: der Schatzmeister

Giorgio Agricola: der Bauer, der Landwirt

Giuda: italienische Form von Judas, dem Apostel, der Jesus verriet.

Lejan: der Männer Abwehrende

Maia: die Amme

Matteo: das Geschenk Gottes

Matus: Wortspiel aus dem Namen Matsuo. Wahrer Mann.

Naara: die Magd

Raoul Malfois: der Ratgeber, aber auch der Wolf. Malfois ist ein Wortspiel aus dem Ausdruck *mouvaise fois*, was für Boshaftigkeit und Unehrlichkeit steht.

Pippo: der Pferdefreund

Rumpelstilzchen: spukender Kobold

Velia: die Verborgene

Danksagung

Noch bevor ich lesen oder schreiben konnte, sprach ich die Märchen, die mir meine Eltern jeden Abend vorlasen, auswendig mit. Dabei konnte ich von manchen Märchen nie genug bekommen – zum Beispiel von *Der Froschkönig* oder *Rapunzel* – vor anderen fürchtete ich mich eher. Zu letzterem gehörte schon immer das Märchen *Rumpelstilzchen*. Insbesondere, weil ich sein Ende furchtbar fand. Als die Königin durch die Hilfe des königlichen Boten Rumpelstilzchens Namen offenbart, ist das Männlein so erzürnt, dass es zornig auf den Boden stampft und sich selbst entzweireißt. Für mich als Kind unvorstellbar grausam. Selbst als erwachsene Frau ließ mich das Märchen von Rumpelstilzchen nie ganz los, weil es vor so vielen Ungereimtheiten strotzt. Warum sollte ein Vater seine geliebte Tochter einem grausamen König überlassen und behaupten, sie könne Stroh zu Gold spinnen, wenn sie das doch gar nicht kann? Außerdem fragte ich mich, warum sich der König mit nur drei Kammern begnügen sollte, wenn er unendlich viel Gold haben könnte. Ein Mann, der im Besitz solcher Reichtümer ist, würde doch nicht nach drei Kammern Ruhe geben. Irgendwann müsste er etwas anderes verlangen, und spätestens dann käme der Schwindel des Müllers ans Licht. Was mich vielleicht am meisten störte, war die unlogische Liebesgeschichte. Wie konnte die Müllerstochter einen Mann heiraten, der ihr zuvor mit dem Tod gedroht hatte? Aus diesen Fragen entwickelte sich letztlich meine Motivation, eine andere Version des Märchens zu schreiben. Das Ende ist sicherlich alles andere als ein klassisches Happy End. In meiner Märchenadaption verschwimmen die Grenzen zwischen Gut und Böse, denn manchmal sind Helden nicht nur rechtschaffen, und selbst die Dunkelheit birgt Licht. Es kommt auf den Blickwinkel des Betrachters an.

Ein Märchen mag aus Fantasie entstehen, aber ohne die Menschen, die einen ermutigen, die Geschichte zu schreiben, bleibt sie ein Traum. Daher möchte ich mich nun bei allen bedanken, die diesen Traum – meinen Debütroman – wahrgemacht haben.

Mein besonderer Dank gilt meinen beiden wunderbaren Verleger*innen Noa und Lisa, die an mich und diese Geschichte geglaubt haben. Mit eurer Unterstützung, eurer Begeisterung und eurem Vertrauen habt ihr dieser Märchenadaption ein Zuhause im Dunkelstern Verlag gegeben, das schöner nicht sein könnte. Ich bin euch von Herzen dankbar für alles, was ihr möglich gemacht habt.

Vielen Dank an meine Eltern, die mich auf so viele Arten unterstützen. Papa, du bist immer der Erste, der meine Geschichten zu lesen bekommt, und deine Hinweise sind für mich von unschätzbarem Wert. Erst durch deine Rückmeldungen konnte Fabios Perspektive entstehen, die der Geschichte nun so viel mehr Tiefe verleiht. Mama, du bist meine persönliche Korrektorin und entdeckst mit deinen scharfen Augen nahezu jeden Fehler. Deine Geduld und dein Blick für Details bedeuten mir mehr, als ich in Worte fassen kann. Vielen Dank, dass ihr beide immer an meiner Seite seid.

Ich danke meinem Ehemann, der mir stets mit unerschütterlicher Ruhe zur Seite stand, wenn die Geschichte und ich mal nicht einer Meinung waren. Philipp, du bist und bleibst mein Ruhepol – danke, dass du immer für mich da bist.

Danke auch an meine Freundinnen Lisa und Ina, die mit mir gemeinsam der Veröffentlichung entgegengefiebert haben.

Vielen Dank an alle Blogger*innen, die ihre Plattformen mit so viel Leidenschaft füllen und Bücher wie dieses hier sichtbar machen.

Und zum Schluss, danke an euch Leser*innen. Danke, dass ihr meine Geschichte zu einem Teil eurer Welt macht. Ich freue mich über jede Nachricht, jedes Bild, jede Rezension und jede Buchbesprechung.

Eure Tori

Content Notes:

A Name So Cursed ist eine Märchenadaption, die in einer an das Mittelalter angelehnten Welt spielt. Es kommen Elemente wie Hexenverbrennungen, Foltermethoden, Krieg, Nahkampf, Blut, Gewaltszenen, übergriffiges Verhalten, sexuelle Handlungen, derbe Sprache, sexueller Missbrauch, Mord, Tierquälerei, Andeutung von Kannibalismus, Trauer sowie Suizidgedanken vor.